월곡집

이 책은 2016·2017년도 정부(교육부)의 재원으로 한국고전번역원의 지원을 받아
수행된 '권역별거점연구소협동번역사업'의 결과물임.

This work was supported by Institute for the Translation of Korean Classics - Grant funded by the Korean Government.

한국고전번역원 한국문집번역총서/이화여자대학교 한국문화연구원

월곡집 3

月谷集

오원 지음
吳瑗

박재금
이은영
홍학희 옮김

일러두기

1. 이 책의 번역 대본은 한국고전번역원에서 간행한 한국문집총간 218집 소재《월곡집(月谷集)》으로 하였다. 번역 대본의 원문 텍스트와 원문 이미지는 한국고전종합DB(http://db.itkc.or.kr)에서 확인할 수 있다.
2. 내용이 간단한 역주는 간주(間註)로, 긴 역주는 각주(脚註)로 처리하였다.
3. 한자는 필요한 경우 이해를 돕기 위하여 넣었으며, 운문(韻文)은 원문을 병기하였다.
4. 맞춤법과 띄어쓰기는 한글 맞춤법과 표준어 규정을 따랐다.
5. 이 책에서 사용한 부호는 다음과 같다.
   ( ) : 번역문과 음이 같은 한자를 묶는다.
   〔 〕 : 번역문과 뜻은 같으나 음이 다른 한자를 묶는다.
   " " : 대화 등의 인용문을 묶는다.
   ' ' : " " 안의 재인용 또는 강조 문구를 묶는다.
   「 」 : ' ' 안의 재인용을 묶는다.
   『 』 : 「 」 안의 재인용을 묶는다.
   《 》 : 책명 및 각주의 전거(典據)를 묶는다.
   〈 〉 : 책의 편명 및 운문·산문의 제목을 묶는다.

차례

월곡집 제6권

소차疏箚

월곡집 제7권

소차疏箚

월곡집 제8권

소차疏箚

월곡집

제6권

소차 疏箚

사서를 사직하면서 겸하여 소회를 진달한 소[1] 무신(1728, 영조4)

辭司書兼陳所懷疏 戊申

삼가 아룁니다. 신이 삼가 은혜로운 말미를 얻어 부모님 산소에 귀영(歸榮)[2]하였사온데 제물(祭物)[3]의 하사가 다시 특별한 보살핌에서 나왔으니 선영의 소나무, 가래나무에 빛이 나고 무덤길에 영광이 넘쳐흘렀습니다. 살아서는 충성을 다하고 죽어서는 결초보은하고자 하오나[4] 성상의 큰 은혜를 조금이나마 갚기에도 부족하여 멀리서 대궐을 바라보며 오직 감격하여 울 따름입니다.

돌아보건대 신의 어리석은 실상과 외람되이 관직을 받은 부끄러움을 이전에 올린 글에서 진달한 바, 감히 터럭만큼도 부질없는 말을

1 사서를……소(疏) : 오원(吳瑗)은 29세이던 1728년(영조4) 5월 문과(文科)에 장원으로 급제한 후 성균관 전적(典籍), 시강원 사서(司書)에 임명되었다. 이 글은 이때 사서를 사직하면서 올린 글이다.

2 귀영(歸榮) : 부모가 돌아가신 뒤 과거에 급제하였거나 관직에 처음 임용된 자가 부모 및 조상의 묘소에 나아가 자신의 영예를 고(告)하는 것을 말한다.

3 제물(祭物) : 원문의 '澆奠'은 산소에 차리는 제사상의 제물을 가리킨다.

4 살아서는……하오나 : 원문의 '隕結'은 '운수결초(隕首結草)'의 준말로 살아서나 죽어서나 은혜를 갚겠다는 말이다. 중국 진(晉)나라의 신하 이밀(李密)이 세마(洗馬)에 임명되자 96세인 조모의 봉양 때문에 벼슬에 나아갈 수 없다며 〈진정표(陳情表)〉를 올려 "조모의 여생을 끝까지 지킬 수 있다면 신은 살아서는 목숨을 바쳐 충성을 다하고 죽어서는 결초보은 하겠습니다.〔卒保餘年, 臣生當隕首, 死當結草.〕"라고 한 데서 나온 말이다.

한 것이 아니온데 끝내 성명(聖明)의 윤허를 받들지 못하였사오니 이는 전하께서 신(臣)의 말씀을 한바탕 괜한 사양을 늘어놓은 것으로 보신 것입니다. 정성스러운 뜻이 이르지 못하였사오니 신이 참으로 부끄럽습니다.

더구나 이제 사사로운 연고에 얽매여 고향에 내려와 엎드려 살고 있사온데 그 사이 서연(書筵)[5]이 열렸는지 철폐되었는지 세자 저하[6]는 공부를 부지런히 하는지 게을리하는지 아득하여 소식을 받들 길이 없으니 꿈속에서도 잊지 못하고 애태웁니다. 오랫동안 동위(銅闈)와 학금(鶴禁) 사이에 있으면서[7] 병을 핑계로 직무를 이행하지 못한 죄가 있어 잠시도 마음이 편안하지 못하였사오니, 이것이 신이 당초에 감히 말미를 청하지 않고 해직(解職)을 청하게 된 까닭입니다. 또한 신에게는 외려 간절한 사정이 있으니 저의 직임을 교체하지 않으면 이 인정과

5 서연(書筵) : 원문의 '胄筵'은 왕세자가 강학(講學)하는 서연을 달리 일컫는 말이다.

6 세자 저하 : 효장세자(孝章世子, 1719~1728)를 가리킨다. 이름은 행(緈)이고 자는 성경(聖敬)이다. 영조의 맏아들로, 정빈 이씨(靖嬪李氏)의 소생이며 사도세자(思悼世子)의 이복형이다. 6세이던 1724년(영조 즉위년) 경의군(敬義君)에 봉해지고 이듬해 왕세자에 책봉되었으나 10세에 작고하였다. 양자인 정조(正祖)가 즉위한 후 진종(眞宗)으로 추존되었다. 능은 영릉(永陵)이며, 효장(孝章)은 시호이다.

7 동위(銅闈)와……있으면서 : 동위는 '동룡문(銅龍門)'에서 나온 말로, 중국 한(漢)나라 때 태자의 궁문(宮門) 위에 동(銅)으로 만든 용이 있었던 데서 동궁(東宮)의 문을 가리키는 말로 쓰이게 되었다. 학금은 동궁을 가리키는 말로, 중국 주(周)나라 영왕(靈王)의 태자 진(晉)이 숭산(嵩山)에서 도를 배웠는데 죽은 지 30년이 지난 후에 하얀 학을 타고 날아와서 후씨산(緱氏山)에 머물다가 며칠 후에 떠났다. 이후 태자의 수레를 '학가(鶴駕)', 태자가 머무는 동궁(東宮)을 '학금(鶴禁)'이라고 하게 되었다. 여기서 동위와 학금 사이에 있었다는 말은 오원(吳瑗)이 세자시강원의 사서(司書)를 역임한 사실을 가리킨다.

도리를 펼 수가 없으므로 문득 감히 몽매함을 무릅쓰고 진달합니다.

신의 할아버님 이상 누대(累代)의 선영이 모두 양성(陽城)[8] 땅에 있사온데 신이 사는 곳과 불과 하루 정도의 거리에 떨어져 있습니다. 영분(榮墳)[9]의 예는 인정(人情)의 중한 바입니다. 그런데 체직(遞職)을 청하였사오나 허락받지 못하여 관직에 몸이 매여 있은즉 은혜로운 휴가로 인하여 사사로운 용무로 시간을 허비하니 끝내 마음이 떨리고 불안합니다. 얼마 떨어지지 않은 곳[10]에 장차 성묘 한 번 하러 가서 선산을 영화롭게 하지 못한다면 자손으로서의 인정과 도리상 슬픔과 그리움의 절박함이 응당 어떠하겠습니까. 저의 구구(區區)한 바람은 오직 하루라도 빨리 현직(現職)에서 해면(解免)되어 사사로운 정을 다 펼 수 있게 되는 것입니다.

엎드려 바라옵건대, 성명(聖明)하신 전하께서는 신이 불초(不肖)하여 이 직임에 합당하지 않음을 헤아리시고 신의 이 직임이 잠시도 비워둘 수 없는 것임을 살피시어 신이 외람한 바의 직명(職名)을 체임할 것을 속히 허락하신다면 신의 미천한 몸이 조금이나마 편안하게 될

8 양성(陽城) : 경기도 안성(安城) 지역의 옛 이름이다.

9 영분(榮墳) : 부모가 돌아가신 뒤 과거에 급제하였거나 관직에 처음 임용된 자가 부모 및 조상의 묘소에 나아가 자신의 영예를 고(告)하는 것을 말한다.

10 얼마……곳 : 원문의 '莽蒼'은 푸릇푸릇한 근교(近郊)의 경치라는 뜻으로, 아스라이 바라보이는 그리 멀지 않은 거리를 말한다. 《장자》 〈소요유(逍遙遊)〉에 "망창을 가는 자는 세 끼 먹을 양식만 가지고 갔다 와도 배가 여전히 부르고, 백 리를 가는 자는 전날 밤새도록 양식을 찧어 준비해야 하고, 천 리를 가는 자는 석 달 전부터 양식을 모아야 한다.〔適莽蒼者三飡而反, 腹猶果然, 適百里者宿舂糧, 適千里者三月聚糧.〕"라고 한 데서 나온 말이다.

것이며 간절한 개인적 사정도 겸하여 스스로 이룰 수 있을 것입니다.

신이 바야흐로 강직(講職)[11]에서 해임되기를 청하는 중이니 다시 다른 말로 번거롭게 하는 것이 마땅치 않사오나, 삼가 생각건대 우리 왕세자의 나이가 바야흐로 스승에게 나아가 공부할 때가 되었사오니[12] 영명(英明)한 세자의 자질로 덕을 향상시키고 학업을 닦아[13] 덕성과 재주를 성취하려면 지금이 바로 놓칠 수 없는 기회입니다.

엎드려 생각하건대, 전하께서 종묘사직의 중요함을 깊이 생각하시어 무릇 세자 저하의 교유(教諭)를 진작함에 극진하지 않음이 없으심은 신하의 말씀을 기다릴 필요가 없을 것입니다. 그러나 제가 전후(前後)로 올린 장독(章牘)[14]에서 동궁(東宮)의 교도(教導)를 말씀드린 것이 한두 번이 아니온데, 외관상으로 볼 때 시행되고 있는 실상을 깊이 살펴보심이 끝내 없으신 것으로 보입니다. 이제 온화하고 문아(文雅)한[15] 자질을 기르고 제왕의 학문을 궁구하여 치국평천하의 근기(根基)

11 강직(講職) : 여기서는 세자시강원의 사서(司書)를 가리키는데, 사서는 세자에게 경사(經史)와 도의(道義)를 가르친다.

12 스승에게……되었사오니 : 원문의 '就傅'는 스승에게 나아가 공부할 나이라는 뜻으로, 보통 10살을 가리킨다. 《예기(禮記)》 〈내칙(內則)〉에 "남자가 10살이 되면 집을 나가 스승에게 취학하고 바깥채에서 거숙하며 육서(六書)와 계수(計數)를 배운다.〔十年, 出就外傅, 居宿於外, 學書計.〕"라고 한 데서 나온 말이다. 이 글을 쓴 1728년(영조4)에 효장세자(孝章世子)의 나이가 10살이었다.

13 덕을……닦아 : 원문의 '進修'는 '진덕수업(進德修業)'의 준말로, 덕을 향상시키고 학업을 닦는다는 뜻이다. 《주역(周易)》 〈건괘(乾卦) 문언(文言)〉에 나오는 말이다.

14 장독(章牘) : 여기서는 오원(吳瑗)이 임금에게 올린 상소(上疏)를 가리킨다.

15 온화하고 문아(文雅)한 : 원문의 '溫文'은 마음이 온화하고 행동거지가 예절에 맞는다는 의미이다.

을 세우고자 하신다면 참으로 이와 같이 엉성하고 느슨하게 하여서는 안 될 것입니다.

어리석은 신이 죽을죄를 무릅쓰고 말씀드립니다. 신은 감히 알지 못하겠거니와 궁중에서 교도하는 방법이 또한 다만 이와 같을 따름입니까. 진토(塵土)에 사는 미천한 신하가 은혜를 입음이 망극하여 또한 일찍이 서연(書筵)에 드나들면서[16] 돌보아주심을 입다가 대궐을 떠난 지 이제 이미 여러 날이 지났는데 충군애국(忠君愛國)의 정성을 더욱 스스로 이길 수 없어 이에 감히 어리석은 소견을 간략하게 덧붙여 밝게 살피심에 우러러 대비합니다. 전하께서는 사람 때문에 말을 버리지 마시고[17] 깊이 유념하시어 신의 가슴속의 충정으로 하여금 다만 종이 한 장의 쓸모없는 말이 되지 않게끔 하여주신다면 신이 천만다행한 마음을 어찌 견디겠습니까. 신이 간곡하게 기원하는 마음을 이기지 못하여 삼가 죽음을 무릅쓰고 조목별로 나열하여 아뢰나이다.

첫 번째는 강독(講讀)에 힘써 학업에 매진하는 것입니다. 대저 학문의 도는 강독보다 중요한 것이 없으며 독서의 공부는 일과(日課)를 정해놓고 하는 것보다 절실한 것이 없으니, 혹시라도 하다 말다하여 일정함이 없다면 곧 포기하고 배우지 않는 것과 같습니다. 하물며 어릴 때에는 외물의 유혹에 현혹되기 쉽고, 존귀한 자리는 번잡하고 화려한 것이 교접되는 자리임에리까. 참으로 이러한 마음을 유지하여 다른

16 서연(書筵)에 드나들면서 : 오원(吳瑗)이 세자시강원 사서(司書)로 있었음을 뜻한다.

17 사람……마시고 : 《논어(論語)》 〈위령공(衛靈公)〉에 나오는 말로, "군자는 말 때문에 사람을 등용하지 않고, 사람 때문에 말을 버리지 않는다.〔君子不以言擧人, 不以人廢言.〕"라고 하였다.

곳으로 치달려 가지 않게 하고자 한다면 책을 가까이 하여 날마다 우유함영(優遊涵泳)[18]하게 하는 방법만한 것이 없습니다. 또 성년(盛年)은 쉽게 흘러가므로 촌음(寸陰)을 아껴야 하는 법인데[19] 혹여 세자의 지혜가 처음 열리는 시기에 미쳐서 꾸준히 지속하여 게으름을 피우지 않는 공부를 가하지 않는다면 어찌 꽉 막혀서 들어가기 어려운 데에 이르지 않겠습니까.

근래에 국사(鞫事)로 인하여[20] 오랫동안 서연을 중지하였으니 뭇 신하들의 마음이 근심스럽고 답답하지 않음이 없었습니다. 그런데 엎드려 듣건대 얼마 전에 서연과 소대(召對)[21]를 통하여 모두 《소학(小學)》을 강론하기로 품정(稟定)[22]한 바 있다고 합니다. 이제 만약 날마다 소대를 하도록 하시어 자주 이 책을 강론한다면 이는 또한 서연을 여는 것과 같을 것이니 영민한[23] 세자의 배움에 도움이 되는 것이 어찌 적겠

18 우유함영(優遊涵泳) : 충분히 무젖는다는 뜻으로, 오랫동안 깊이 탐구하여 체득하는 것을 이른다. 《논어》 〈위정(爲政)〉에 "70살에 마음이 하고자 하는 바를 좇아도 법도를 넘지 않았다.〔七十而從心所欲, 不踰矩.〕"라고 하였는데, 주희(朱熹)가 이에 주를 달면서 호인(胡寅)의 말을 인용하여 "성인께서 이 말씀을 하여 한편으로 배우는 자들은 마땅히 우유함영하여야 할 것이요, 등급을 뛰어넘어 나아가서는 안 됨을 보이신 것이다.〔聖人言此, 一以示學者當優遊涵泳, 不可躐等而進.〕"라고 하였다.

19 성년(盛年)은……법인데 : 주희(朱熹)의 〈권학문(勸學文)〉에 나오는 말로, "소년은 늙기 쉽고 학문은 이루기 어려우니 짧은 시간이라도 가볍게 여기지 말라〔少年易老, 學難成, 一寸光陰不可輕.〕"라고 하였다.

20 근래에 국사(鞫事)로 인하여 : 이인좌(李麟佐)의 난으로 인하여 국청(鞫廳)이 열린 것을 가리킨다.

21 소대(召對) : 경연(經筵)의 종류 가운데 하나로, 임금이 임시로 경연관을 불러서 강론하는 것을 말한다.

22 품정(稟定) : 임금에게 물어서 결정하는 것이다.

습니까. 다만 계절이 바야흐로 한창 더울 때라 하루 종일 심하게 글을 읽기는 실로 어려우나 아침저녁으로 청량한 때에 5~6줄의 글을 읽는다면 또한 반드시 과로하여 병이 나는 데에는 이르지 않을 것입니다.

신이 세자 저하 곁에서 시독(侍讀)할 때에 번번이 항상 배움에 힘써[24] 혹시라도 중간에 끊어짐이 없게 할 것을 우러러 권면한 바 있습니다. 그러나 두세 명의 궁료(宮僚)[25]들이 어설프게 독서를 권하는 말을 어찌 가정 안에서 학업을 권장하고 가르침을 베푸는 유익함과 동등하게 논할 수 있겠습니까. 엎드려 바라옵건대 전하께서는 깊이 유념하시어 항상 힘써 타이르고 자주 깨우침을 더하시어, 반드시 학업의 과정이 중단되는 일이 없어서 의리(義理)가 날로 더욱 무젖게 하신다면 그보다 더 큰 다행이 없겠습니다.

두 번째는 형식적인 것을 떨어버리고 실질적인 효과를 구하는 것입니다. 대저 강론의 유익함은 오로지 조용하게 어려운 것을 토론하는 것에 있고, 깨우쳐 인도하는 방법은 반드시 마음과 뜻이 신실하게 융화

23 영민한 : 원문의 '時敏'은 《서경》 〈열명 하(說命下)〉에 나오는 말로, 어느 때고 민첩하지 않음이 없다는 말이다. 고종(高宗)이 부열(傅說)에게 배움에 대하여 묻자 "배울 때는 뜻을 겸손하게 하여야 하니 시민(時敏)에 힘쓰면 그 수양이 이루어질 것이니 이를 마음 깊이 새겨 두면 도가 그 몸에 쌓일 것입니다.〔惟學遜志, 務時敏, 厥修乃來, 允懷于玆, 道積于厥躬.〕"라고 하였다. 주희(朱熹)는 이에 주를 달아 "시민은 어느 때고 민첩하지 않음이 없는 것이다.〔時敏者, 無時而不敏也.〕"라고 하였다.

24 항상 배움에 힘써 : 원문의 '典學'은 항상 배움에 힘쓴다는 뜻으로, 《서경(書經)》 〈열명(說命)〉에서 부열(傅說)이 고종(高宗)에게 "처음부터 끝까지 항상 배움에 힘쓴다면 그 덕이 깨닫지 못하는 사이에 닦아질 것입니다.〔念終始典于學, 厥德脩罔覺.〕"라고 한 데서 나온 말이다. 이에서 전하여 제왕의 학문을 뜻하기도 한다.

25 궁료(宮僚) : 세자시강원에 속한 관원을 가리킨다.

되기를 기다려야 합니다. 하물며 임금과 신하의 사이는 집안에 있어 아버지와 아들의 사이와 다름이 없으며 세자 저하는 요속(僚屬)[26]에게 의리상 더욱 가까우니, 참으로 마땅히 마음을 터놓고 대화를 하며 자신의 뜻을 끝까지 미루어 질문하여야 할 것입니다. 가령 글의 뜻을 묻고 답하는 데 있어서 혹 논리정연하게 통하지 않거나 유년(幼年)의 말이 혹 사실과 어긋나는 점이 있을 때에도 성심을 미루어 숨김이 없음을 똑바로 보이는 것이 또한 어찌 일찍이 터럭만큼이라도 손상됨이 있는 것이겠습니까. 이에 엎드려 생각하건대 스승과 제자의 관계가 비록 엄하나 또한 질문의 도가 있습니다. 궁료들이 진강(進講)[27]할 때에는 본래 마땅히 의문 나는 곳마다 우러러 질문하여 반복해서 일깨워야 하니, 어찌 다만 엄숙하고 경건한 태도를 견지하여 강학과 토론에 방해가 되게 할 수 있겠습니까.

또 보도(輔導)의 직책[28]은 다만 책을 읽고 토론하는 것일 따름이 아닙니다. 장차 좋은 말과 좋은 일을 베풀어서 날마다 세자의 귀와 눈으로 들어가게 하여야하니, 반드시 조용히 모시고 앉아서 시간이 흐름에 따라 글 밖에 있는 모든 아름다운 말과 착한 행실부터 인간의 감정과 사물의 이치, 백성들의 고통에 이르기까지 모두 말하지 못할 것이 없어야 합니다. 이와 같지 않으면 아래위가 서로 막히고 마음과 뜻이 통하지 않아 비록 하루에 세 번씩 강독하는 자리를 열더라도 또한 형식을

26 요속(僚屬) : 궁료(宮僚)와 같은 의미로 쓰였다.

27 진강(進講) : 임금이나 세자의 앞에서 글을 강론(講論)하는 것을 말한다.

28 보도(輔導)의 직책 : 세자를 잘 보좌하여 좋은 데로 인도한다는 뜻으로, 세자시강원 소속 관원의 직책을 가리킨다.

갖추는데 그칠 따름이니 어찌 한 오라기의 터럭만큼도 실익이 있겠습니까.

신이 근자에 강연(講筵 경연(經筵))의 규례를 살펴보니 그저 숫자나 채우는 것에 가까워서 강독을 겨우 마치고 글의 뜻을 겨우 진술했는데 동궁이 이미 책을 덮어버리면 서로 앞서거니 뒤서거니 물러 나가서 일찍이 세자가 하문하고 신하가 우러러 질문하며 서로 간격 없이 소통하려는 뜻이 없습니다. 신이 적이 의아하니 문득 동궁은 격의 없이 자주 부지런히 자순(咨詢)[29]하고 신하는 동궁을 우러러 권면하는 것으로써 물러난 후 동료들과 서로 이야기하니 모두 신의 말이 옳다고 합니다. 돌아보건대 근래 강연(講筵)의 규례가 답습하는 것이 이와 같기 때문에 감히 스스로 당돌하게 못합니다.

엎드려 바라옵건대, 전하께서는 깊이 유념하시어 자주 동궁을 훈유하시어 동궁으로 하여금 형식에 얽매이지 말고 자방(咨訪)[30]하는 것을 인색하지 말게 하시며, 이어 궁료들에게 명하여 책을 가지고 있을 때에는 의심나는 바를 우러러 질문하고 책을 덮은 후에는 속에 온축된 생각을 다 베풀며 자질구레한 예절은 힘써 제거하고 실익(實益)은 전적으로 구하게 하신다면 그보다 더 큰 다행이 없겠습니다.

세 번째는 세자의 보양(輔養)[31]을 삼가 덕성을 바로잡는 것입니다. 대저 사람의 품성(禀性)이 비록 하늘로부터 나왔으나 익혀서 사람을 변화시키는 것이 그 효과가 매우 빠릅니다. 이렇기 때문에 옛사람들이

29 자순(咨詢) : 윗사람이 아랫사람에게 상의하는 것이다.

30 자방(咨訪) : 윗사람이 아랫사람에게 의견을 묻는다는 뜻이다.

31 보양(輔養) : 세자와 세손을 교육하는 것이다.

반드시 말하기를 "어릴 때에 바른 도리로 기른다."[32]라고 하였으며, 반드시 말하기를 "습관은 바른 사람과 함께 거처하도록 한다."[33]라고 하였던 것입니다.

이제 우리 동궁의 춘추 바야흐로 아직 어리고 타고난 자질이 매우 아름다워 양심(良心)의 선한 실마리가 성대한 것이 마치 샘물이 솟아나고 불이 타오르는 것과 같습니다.[34] 다만 높은 지위에 처하면 교만한

32 어릴……기른다 : 《주역》 〈몽괘(蒙卦) 단사(彖辭)〉에 나오는 말로, "어릴 때에 바른 도리로 기르는 것이 성인이 되는 공부이다.〔蒙以養正, 聖功也.〕"라고 하였다.

33 습관은……한다 : 《대대례(大戴禮)》 〈보부(保傅)〉에 나오는 말로, 태자(太子) 교육에 관한 내용 가운데 일부이다. 원문과 내용은 다음과 같다. "이에 견문이 넓고 도술(道術)이 있는 천하의 단정한 선비들을 모두 선발하여 태자의 익위(翊衛)로 삼아 태자와 함께 거처하고 출입하게 하였다. 그러므로 태자는 태어나면서부터 정사(正事)만 보고 정언(正言)만 듣고 정도(正道)만 행하였으니, 이는 전후좌우가 모두 정인(正人)이기 때문이다. 대체로 습관은 항상 정인과 거처하면 바르지 않을 수 없는 것이니 이는 마치 제(齊)나라에서 나고 자라면 제나라 말을 하지 않을 수 없는 것과 같고, 습관은 항상 부정한 사람과 거처하면 부정하지 않을 수 없는 것이니 이는 마치 초(楚)나라에서 나고 자라면 초나라 말을 하지 않을 수 없는 것과 같다.〔於是皆選天下之端士博聞有道術者, 以衛翊之, 使與太子居處出入. 故太子乃生而見正事、聞正言、行正道, 左右前後皆正人也. 夫習與正人居之, 不能毋正, 猶生長於齊, 不能不齊言也; 習與不正人居之, 不能毋不正, 猶生長於楚, 不能不楚言也.〕"

34 양심(良心)의……같습니다 : 원문의 '泉達火燃'은 《맹자》 〈공손추 상(公孫丑上)〉에 나오는 말로, 사단(四端)이 발현하는 모습을 표현한 것이다. 원문과 내용은 다음과 같다. "무릇 사단이 나에게 있는 것을 모두 확충할 줄 알면 마치 불이 처음 타오르며 샘물이 처음 솟아나오는 것과 같을 것이니 만일 능히 이것을 채운다면 족히 사해를 보호할 수 있고 만일 채우지 못한다면 부모도 섬길 수 없을 것이다.〔凡有四端於我者, 知皆擴而充之矣, 若火之始然, 泉之始達, 苟能充之, 足以保四海, 苟不充之, 不足事父母.〕"

마음이 생기기 쉽고 성대하고 화려한 것을 보면 사치하는 마음이 싹트기 쉬우며 신체가 편안하면 게으른 마음이 자라기 쉬우니 진실로 앞뒤·좌우·기거(起居 일어나거나 거처함)·행좌(行坐 길을 가거나 앉아있음) 간에 항상 본받을 만한 일을 보고 항상 두려워할 만한 말을 들음이 아니면 장차 어떻게 본성을 훈도(薰陶)하고 성덕(盛德)을 성취하겠습니까. 하물며 사대부를 접할 때는 드물고 환관과 궁첩(宮妾)을 대할 때는 많음에리까. 또한 그 형세가 그러한즉 조금씩 젖어들고 물드는 사이에 추울 때는 길고 햇볕을 쬘 때는 짧으니[35] 이러한 무리가 더욱 긴절해지는 것입니다.

참으로 마땅히 성실하고 정직하며 심사(心事)가 단정한 이를 신중하게 선택하여 그로 하여금 항상 노는 곳에서 받들어 모시게 하면서 혹 감히 도리에 어긋난 말과 유익하지 않은 버릇을 동궁의 이목에 띄게 하는 경우는 비록 아주 미세한 것을 범하였다 하더라도 또한 반드시 엄격하게 징벌을 가하여야 할 것입니다. 그리고 항상 마음에 어긋나고 귀에 거슬리는 말과 근검절약하고 부지런히 힘쓰라는 경계를 날마다 동궁의 앞에서 들리게 한다면 곧 그 효과가 어찌 책을 늘어놓고 역사를

35 추울……짧으니 : 원문의 '爲寒爲曝'은 《맹자》 〈고자 상(告子上)〉의 '일폭십한(一曝十寒)'을 말하는 것이다. 즉 하루 볕을 쪼이고 열흘 동안 추우면 싹이 잘 자라지 못한다는 것으로, 임금이 군자를 접함은 짧고 소인을 접함은 길을 은유한 것이다. 원문과 내용은 다음과 같다. "왕이 지혜롭지 못함이 이상할 것이 없구나. 비록 천하에 쉽게 생장하는 물건이 있더라도 하루 동안 햇볕을 쪼이고 열흘 동안 춥게 하면 능히 생장할 수 있는 것이 없다. 내가 임금을 뵘이 드물고 내가 물러나오면 임금의 마음을 차갑게 하는 자가 이른다. 싹이 있은들 내가 어떻게 할 수 있겠는가.〔無或乎王之不智也. 雖有天下易生之物也, 一日暴之, 十日寒之, 未有能生者也. 吾見亦罕矣, 吾退而寒之者至矣. 吾如有萌焉, 何哉?〕"

살펴보는 것보다 못하겠습니까. 엎드려 바라옵건대 성명하신 전하께서는 깊이 유념하시어 혹시라도 그냥 지나치지 마시고, 반드시 기이하고 사특함에 미혹됨이 없어서 덕성이 능히 성취되게 하신다면 그보다 더 큰 다행이 없겠습니다.

네 번째는 성궁(聖躬 임금의 몸)을 닦아서 솔선수범을 다하시는 것입니다. 신이 삼가 생각하옵건대, 전하께서 《조감(祖鑑)》[36]을 가지고 동궁에게 진강(進講)하라고 명하셨는데 대저 성경(聖經)과 현전(賢傳)이 어찌 스승으로 삼을 만한 것이 아니겠습니까마는 조상이 행하신 바는 법으로 취하기가 더욱 절실하니 성상(聖上)의 뜻이 어디에 있는지를 대개 볼 수가 있습니다.

그러나 대궐에서 직접 모시고 가르침을 받으면서[37] 성상(聖上)의 언행에서 본보기를 삼는 것이 또 어찌 책에서 선조의 가르침을 받드는 것과 비교가 되겠습니까. 이제 여항(閭巷)의 서민 가운데 자식을 둔 자들도 오히려 차마 스스로 과오를 밟아 자식을 법도가 아닌 데로 이끌지 않는데 하물며 전하께서는 동궁에 대하여 기대하신 바가 어떠한

36 《조감(祖鑑)》: 조선 역대 왕의 행적 가운데 후세에 교훈이 될 만한 것을 모아 엮은 책이다. 영조(英祖)의 명을 받아 빈객(賓客) 이태좌(李台佐), 문학 조현명(趙顯命), 사서 정석오(鄭錫五) 등이 2권 1책으로 엮었다. 상권은 세계(世系)·부서(符瑞)·창업(創業)·제작(制作)·중흥(中興)·자질(資質)·학문(學問)·덕행(德行)·호간(好諫), 하권은 내정(內政)·근정(勤政)·용인(用人)·애민(愛民)·무농(務農)·미재(弭災)·절약(節約)·돈화(敦化)·숭유(崇儒)·신형(愼刑)·치병(治兵) 등 모두 20편으로 이루어져 있다. 역대 제왕의 선행, 덕치 가운데 선정에 참고가 될 만한 내용을 뽑아서 편찬한 책이라고 할 수 있다.

37 직접……받으면서 : 원문의 '親炙'는 선생이나 장자(長者)로부터 직접 교화를 받는 것을 말한다.

것이온데 도리어 가벼이 행동하실 수가 있겠습니까. 또 아들이 아버지를 섬길 때 무릇 그 모범을 보임은 다만 환하게 드러나는 행사(行事)의 사이에 있을 뿐만 아니라 비록 한 생각의 미세한 것도 또한 서로 숨길 수가 없습니다.

엎드려 바라옵건대 성명하신 전하께서는 깊이 유념하시어 무릇 귀와 눈이 좋아하는 것은 일체 물리치시고 일상적인 언행을 움직이는 것마다 본받을 수 있게 하시어 홀로 조용히 있을 때나 생각의 아주 작은 것에 이르기까지 광명정대하고 진성독실(眞誠篤實)하도록 힘쓰시고 터럭만큼도 사사로운 뜻과 잡된 생각이 그 사이에 간여하지 않아서 반드시 마음이 그 말에 응하고 말이 그 행동을 돌아보아 통연(洞然)히 안과 밖이 한결같도록 하신다면 동궁에게 모범이 되심이 어찌 그림자가 형체를 따르고 메아리가 소리를 따르는 것에 비유할 바이겠습니까.

《예기(禮記)》에 이르기를 "어린아이에게는 항상 거짓말하지 않는 모습을 보여준다."[38]라고 하였으니 어린아이를 가르침에도 또한 반드시 지극정성으로써 하기가 이와 같은데 하물며 이제 동궁께서 조금씩 장성하시면서 양지(良知)가 날로 진전되는데 몸으로 가르치시는 도(道)[39]가 하나라도 혹 미진하다면 폐해를 끼침이 어떠하겠습니까.

38 어린아이에게는……보여준다 : 《예기》 〈곡례 상(曲禮上)〉에 나오는 말이다.

39 몸으로 가르치시는 도(道) : 원문의 '身敎'는 곧 행동으로 솔선하여 가르치는 것으로, 말로 가르치는 언교(言敎)와 상대되는 말이다. 중국 후한(後漢)의 명재상 제오륜(第五倫)이 당시 관리들의 가혹한 행정에 대해 아뢴 상소에서 "몸으로 가르치면 따라오지만 말로 가르치면 시비를 따집니다.〔以身教者, 從; 以言教者, 訟.〕"라고 한 데서 나온 말이다. 《後漢書 卷41 第五倫列傳》

간곡한 신의 정성으로 외람됨을 잊고 망언(妄言)이 이에 미쳤으니 죽을죄를 지은 것처럼 황공할 따름입니다. 오직 전하께서는 그 성심(誠心)을 살펴주시옵소서.

정언을 사직하면서 덧붙여 소회를 진달한 소 기유(1729, 영조5)

辭正言附陳所懷疏 己酉

엎드려 생각하건대, 신이 용렬하고 사리에 어두워 모든 면에서 다른 사람에 미치지 못하니 언책(言責)의 중대한 임무[40]를 어찌 감히 의의(擬議)하겠습니까마는 근자에 천토(天討)가 아직껏 미루어지고 있는 것으로[41] 여론의 분노가 함께 절실하니 목욕(沐浴)의 의리[42]상 감히 편안히 누워 있을 수가 없었습니다. 양양(揚揚)하게 염치를 무릅쓰고 나와 다시 조정에 올랐으나 정성이 부족하여 성청(聖聽)[43]이 더욱 멀어지기에 물러나 집으로 돌아오니 가슴속에 근심과 부끄러움이 교차하였습니다. 뒤이어 바로 하찮은 병을 핑계로 사직 단자(辭職單子)를 꾸며 올렸으나 승정원[44]에서 정입(呈入)하기를 허락하지 않고 이어서 패초(牌招)[45]하여 국청(鞫廳)에 참여할 것을 청하였습니다. 신이 비록

40 언책(言責)의 중대한 임무 : 언책은 언관(言官)의 직책을 말하는 것으로, 오원(吳瑗)은 29세이던 1728년(영조4) 8월에 사간원 정언(正言)에 임명되었다.

41 천토(天討)가……것으로 : 1728년(영조4)에 이인좌(李麟佐)의 난이 일어나자 노론 측에서는 김일경(金一鏡)의 잔당이 난을 일으킨 것이라고 규탄하였다. 그러나 영조는 끝내 소론 정권으로 난을 평정하도록 하고 소론의 거두인 이광좌(李光佐)를 중용하였다.

42 목욕(沐浴)의 의리 : 원문의 '沐浴之義'는 목욕징토(沐浴懲討)의 의리를 말하는 것으로, 역적 토벌을 의미한다.

43 성청(聖聽) : 임금이 귀로 듣는 것을 높여서 쓴 말이다.

44 승정원 : 원문의 '喉司'는 왕명(王命)의 출납을 맡았던 승정원(承政院)의 이칭이다.

허약하여 병이 많으나 이틀 동안 분주하게 뛰어다녔다고 어찌 갑자기 쓰러지기까지 하였겠습니까마는 관례에 따라 정병(呈病)[46]을 하니 참으로 태만하고 해이함에서 나온 것인데 성상(聖上)의 도량이 지극히 관대하시어 벌이 체직(遞職)에 그쳤습니다.

대저 흉악한 역적을 신국(訊鞫)하는 것이 얼마나 중대한 일인데 외람되이 대성(臺省)[47]의 자리를 더럽히며 직무에 태만함을 면치 못하였습니다. 만약 그 죄를 논한다면 참으로 엄중한 처벌을 받을 것이 합당하여 밤새도록 두려워 벌벌 떨며 삼가 처벌을 기다리고 있었는데 뜻하지 않게 다음날 교지(敎旨)를 내려 다시 이전의 관직을 제수하셨습니다. 죄를 두려워하면서도 영광으로 생각하는 것이 소인(小人)의 상정(常情)이라 우러러 각별한 성은에 감격하며 어찌 은혜에 보답하고자 하는 마음[48]이 없겠습니까마는 스스로 생각하옵건대 죄를 지고 있는

45 패초(牌招) : 조선 시대에 비상사태가 일어나거나 임금이 야간에 급히 신하를 만나야 할 경우, 승정원에 명하여 패(牌)를 써서 입궐하게 하던 제도이다.

46 정병(呈病) : 병을 이유로 사직소(辭職疏)를 올리는 것이다.

47 대성(臺省) : 사헌부와 사간원의 합칭이다.

48 은혜에……마음 : 원문의 '銜結'은 각각 '함환(銜環)'과 '결초(結草)'를 의미하는 것으로, 모두 은혜를 갚는 일이다. '함환'은 중국 후한(後漢) 때 양보(楊寶)와 관련된 고사로, 양보가 화음산(華陰山) 북쪽에서 누런 참새가 올빼미에게 공격을 당하여 나무 밑에 떨어진 것을 발견하였다. 이에 집으로 가지고 돌아와 누런 꽃을 먹이며 돌보자 백여 일 만에 깃털이 돋아나 날아갔다. 그날 밤에 누런 옷을 입은 동자(童子)가 와서 양보를 향하여 두 번 절하며 "저는 서왕모(西王母)의 사자(使者)인데, 당신께서 사랑하여 이 몸을 구하여주셨으니 매우 감사합니다."라 하고 하얀 고리 4개를 주면서 "당신의 자손으로 하여금 결백(潔白)하여서 벼슬이 재상의 지위에 오르기를 마땅히 이 옥과 같게 할 것입니다."라고 하였는데, 과연 그 말과 같게 되었다는 고사이다. '결초'는 춘추시대(春秋時代) 진(晉)나라의 대부 위무자(魏武子)가 죽은 후에 그 아들 위과(魏顆)가

이 몸이 참으로 감히 모른 척하고 무턱대고 나아가 거듭 국가의 전형(典刑)의 엄중함을 무너뜨림으로써 대죄(大罪)를 더할 수 없으므로 집에 돌아와 엎드려 죽기를 무릅쓰고 소장(疏章)을 진달하옵니다. 엎드려 바라옵건대, 성명(聖明)하신 전하께서는 속히 신의 관직을 삭탈하고 신의 죄를 엄중히 처벌하여 조정의 기강으로 하여금 무너짐이 없게 하고 조정의 관료들로 하여금 경계를 알게 하시기를 지극히 원하여 마지아니하옵나이다.

이어서 생각하옵건대, 신이 처음에 과거 급제를 훔친 데다 거듭 성대한 은총을 받았사옵고 뒤이어 바로 청환직(淸宦職)에 나아갔으며 다시 외람되게도 간쟁(諫諍)의 직임을 맡게 되었으니 신진(新進)으로서 영광스러운 지우(知遇)를 입음이 신과 같은 경우가 거의 없었으나 스스로 생각건대 완고하고 어리석어 참으로 성심(聖心)에 흡족한 바가 없었으니 신에게는 외람되게도 국가와 고락(苦樂)을 함께 하는 의리가 있음에 불과할 따름이었습니다. 미천한 신의 지나친 복(福)이 재앙을 끼칠까 두려워 항상 전전긍긍할 뿐만 아니라 매양 위로 전하의 명철하심[49]에 누를 끼칠까 두려워하다가 주제넘고 외람됨을 잊고 문득 이렇게 속마음을 털어놓고 진달하오니 말이 가슴 깊은 곳에서 나와 터럭만큼

서모(庶母)를 순사(殉死)시키지 않고 개가하게 하였는데, 그 뒤 위과가 전쟁에 나가서 싸우게 되자 서모의 아버지의 혼이 적장의 앞에 있는 풀을 잡아매어 적장을 넘어뜨려서 위과에게 붙잡히게 하였다는 고사이다.

49 명철하심 : 원문의 '則哲之明'은 《서경(書經)》 〈고요모(皐陶謨)〉에 나오는 말로, 군주의 명철함을 표현한 것이다. 원문과 내용은 다음과 같다. "아! 모든 일을 이같이 하는 것은 요 임금도 어렵게 여기셨던 것이다. 사람을 알게 되면 명철해져 훌륭한 사람을 임용할 수 있게 된다.〔吁! 咸若時, 惟帝其難之. 知人則哲, 能官人.〕"

도 꾸밈이 없는지라 오직 전하께서는 유념하시어 부디 신으로 하여금 마침내 곤경에 빠지는 것을 면하게 하여주시옵소서.

지금 주토(誅討)하라는 논의에 대해 끝내 청을 들어주지 않으시어 대궐의 뜰에서 일제히 호소하고 백관(百官)이 정사(政事)를 폐하였는데도 전하께서는 처음에 정하신 뜻을 굳게 지키고 끝내 유음(兪音)[50]을 내리지 않으시니 신하와 백성들의 억울함과 울분이 마땅히 어떠하겠습니까.

신이 신진(新進)이라 아직 서툴고 말이 어눌하여 이틀간 어전(御前)에서 간쟁(諫爭)한 것이 참으로 전하의 마음을 계발하기에는 부족하였지만 그 공적인 의리와 사적인 은혜, 전법(典法 법과 규칙)과 윤상(倫常 인륜의 상도(常道))의 사이를 넘나들고 이끌어댄 것들은 말을 다하지 않았다고 할 수 없고 뜻을 다하지 않았다고 할 수 없으니, 비록 전하의 강한 고집과 거역으로써도 또한 논리적으로 거절할 수 없을 것입니다. 그런데 인색하게 아끼시는 것이 다만 '유(兪 윤허한다)'라는 한 글자일 따름입니다.

예로부터 종실(宗室)의 이름이 추대하려는 대상에 들어있으면서 능히 목을 보전할 수 있었던 경우를 어찌 사책(史冊)에서 일찍이 듣고 보았습니까. 조종조(祖宗朝)[51]에서 종친을 돈독히 여겼던 뜻으로써 또한 전상(典常 전법(典法)과 윤상(倫常))을 굽히고 사사로운 은혜를 펼 수는 없는 것입니다. 이제 전하께서 조종(祖宗)께서 행하지 않으셨던 바와 고금에 듣지 못하였던 바를 가지고 한때의 사사로운 뜻을 펴고자 하시

50 유음(兪音) : 신하의 말에 임금이 내리는 대답으로, 윤허한다는 뜻이다.

51 조종조(祖宗朝) : 조종은 임금의 조상을 가리킨다.

니 하루 이틀 사이에도 종묘사직의 근심과 위기가 어찌 다함이 있겠습니까. 오늘날 대소신료들이 뜻을 함께하여 통분(痛憤)하며 우러러 전하의 결단을 바라는 것은 다만 종묘사직을 위해서입니다. 전하께서 종묘사직의 주인이 되셨음에도 이에 깊이 근심하고 오래 생각하시는 것이 도리어 뭇 신하들보다 못하시니 신은 참으로 의아합니다. 신의 죄가 크고 마음이 위축되어 대궐에 들어가서 하소연하는 반열에 참여할 수 없으나 충심(忠心)에서 우러나온 분노가 그치지 않아 또 이에 누누이 말씀드립니다. 오직 바라옵건대 전하께서 자신의 의견을 고집하심이 없이 속히 윤허를 내리신다면 종묘사직에 참으로 다행일 것입니다.

아! 지난겨울 이후로 신이 비록 대궐에 가지 못하여 성덕(聖德)[52]을 뵙지 못하였으나 매양 외롭고 위태로운 종묘사직과 꺾이고 다친 전하의 심정을 생각할 때마다 신은 참으로 뼈를 깎는 듯 마음이 아파 차라리 살고 싶지가 않았었는데, 얼마 전에 요행히도 법연(法筵)[53]에서 가까이 모시고 우러러 옥음(玉音)을 듣고서 물러나와 스스로 위로가 된 것은 전하의 달관(達觀)과 이견(理遣)[54]이 평소와 다름이 없으시다는 것을

52 성덕(聖德) : 원문의 '耿光'은 덕(德)이 밝고 성대한 모양으로, 임금의 위엄 있는 모습을 의미한다. 《서경(書經)》 〈입정(立政)〉에 "능히 그대의 융복과 병기를 다스려서 우왕의 옛 자취에 올라서 사방으로 천하에 행하여 해외에 이르기까지 복종하지 않는 자가 없게 하시어, 문왕의 밝은 빛을 보시고 무왕의 커다란 업적을 드날리소서.〔其克詰爾戎兵, 以陟禹之迹, 方行天下, 至于海表, 罔有不服, 以覲文王之耿光, 以揚武王之大烈.〕"라고 한 데서 나온 말이다.

53 법연(法筵) : 임금이 덕망과 학식이 있는 신하를 불러서 도(道)를 강설하게 하는 자리이다.

알았기 때문입니다. 다시 원하옵건대 전하께옵서는 더욱 스스로 억제하시어 오직 국운을 만회하고 나라의 명운(命運)을 공고하게 하는 것으로써 날마다 스스로 면려하시어 억조창생(億兆蒼生)의 커다란 바람에 부응하여 주시기 바랍니다.

아! 전하께옵서는 오늘날의 국사(國事)가 어떠한 지경에 이르렀다고 생각하십니까. 국가의 형세는 외롭고 위태로우며 왕실의 기강은 무너져 결단이 났으며 하늘의 재앙은 거듭 이어지고 백성의 마음은 요동침으로써 정치가 피폐하고 백성이 곤궁하여 모든 것이 고갈되어 바닥이 나기에 이르렀으니, 모두 천고(千古)의 간책(簡冊)에서 듣고 보지 못했던 바입니다. 붕당(朋黨)이 극심해진 뒤로는 무릇 크고 작은 언의(言議)가 걸핏하면 모두 연(燕)나라와 월(越)나라의 사이처럼 멀어져서[55] "나라가 반드시 망할 것이다, 나라가 반드시 망할 것이다."라는 말이 피차를 막론하고 마치 한 입에서 나오는 것처럼 되기에 이르렀으니, 아! 이것이 무슨 일입니까.

아! 우리의 성조(聖祖)이신 신종(神宗)[56]께서 300년 종묘사직을 온

54 이견(理遣) : 이성(理性)으로 사리를 살펴 이해함으로써 문제 삼지 않고 넘겨버리는 것이다.

55 연(燕)나라와……멀어져서 : 원문의 '燕越'은 중국 춘추 시대의 연(燕)나라와 월(越)나라를 가리킨다. 연나라는 황하(黃河)의 북쪽인 지금의 북경(北京) 근처에 위치하고 월나라는 정반대의 남쪽에 위치하여 그 거리가 매우 멀었다. 이러한 까닭에 지역적으로 멀리 떨어져 있거나 생각의 격차가 매우 큰 것을 비유하게 되었다.

56 신종(神宗) : 1563~1620. 중국 명(明)나라의 제13대 황제로, 재위 기간은 1572~1620년이다. 이름은 주익균(朱翊鈞)이며, 연호는 만력(萬曆)이다. 신종의 재위 기간에 임진왜란이 일어났으며, 일본의 침략을 저지하기 위해 조선에 군대를 파견한 바 있다.

전히 우리 전하께 부여하셨으니 그 책임의 크고 무거움이 어떠하겠습니까. 그런데 이제 전하께서 국가의 위기가 터럭만큼 아주 작은 것에 관계되어 있고 무너지고 터지는 재앙이 눈앞에 닥쳐온 것을 목도하셨으니 구중궁궐에 처하여 깊은 밤[57]에도 잠 못 이루실 것입니다. 성상의 마음을 우러러 생각하옵건대 필시 공포에 떨고 두려움을 느끼심이 있으실 것이니, 땅강아지나 개미[58]와 같이 미천한 신하가 한밤중에 이를 생각하면 저도 모르게 눈물 콧물이 얼굴을 뒤덮습니다.

다만 신이 깊이 한스러운 바의 것은 예로부터 재능이 중간쯤 되는 평범한 군주도 도리어 혹 선조가 이루어놓은 사업을 삼가 지켜서 가만히 앉아 태평성세를 누리기도 하는데, 우리 전하의 잠덕의행(潛德懿行)[59]에 대해서는 신이 비록 감히 입에서 나오는 대로 찬탄하여 아첨하는 습관을 배우지는 못하였으나 오직 화기애애하게 효도하고 공경하는 마음과 다른 이를 측은히 여기는 자애롭고 어진 생각은 어찌 대명(大命)[60]을 맞이하여 이어나가고 백성들을 안정시켜서 옛 성왕(聖王)의 다스림에 거의 가까워지기에 부족하시겠습니까. 하물며 임어(臨御)하신 이후로 정신을 가다듬고 다스림을 도모하여 온갖 정사에 부지런히 힘쓰셨으며, 근자에 이르러서는 또 '대분려(大奮勵 크게 분발하여 면려한다)'라는 3글자로 개연히 스스로 면려하셨음에리까. 그런데 도리어 시

57 깊은 밤 : 원문의 '丙枕'은 병야(丙夜), 즉 밤 11시~새벽 1시 사이에 잠자리에 든다는 뜻으로, 임금이 정사(政事)에 열중하다가 늦게 서야 잠자리에 드는 것을 의미한다.

58 땅강아지나 개미 : 신하가 임금 앞에서 자신을 낮추어 부르는 표현이다.

59 잠덕의행(潛德懿行) : 원문의 '德懿'는 '잠덕의행'의 준말로, 세상에 드러나지 않은 아름다운 덕과 행실이라는 뜻이다.

60 대명(大命) : 원문의 '景命'은 하늘이 제왕에게 내리는 명을 이른다.

행(施行)과 조치(措置)의 사이에서 구하면 이에 일체가 어긋나[61] 곧바로 이렇게 허둥지둥 위급한 상황이 됨을 면치 못하니, 전하께서 비록 이러한 뜻을 갖고 계신다 하더라도 그 행하는 방법은 그 도를 얻지 못한 것입니까. 아니면 시운(時運)을 어찌할 수 없고 인력(人力)을 베풀 바가 없다고 여기시어 이른바 '민생을 걱정하며 애쓰고 마음을 가다듬어 힘쓰시는' 뜻이 또한 때때로 사라지고 꺾이시는 것입니까.

아! 천하에는 할 수 없는 때라는 것이 없고 또한 이룰 수 없는 일이라는 것이 없으니, 오늘날의 일이 비록 위급함이 이에 이르렀으나 진작하여 만회하는 것 또한 오직 전하의 한 마음에 달려있을 따름입니다. 신이 일찍이 당(唐)나라 역사책을 읽다가 덕종(德宗)[62]이 국가의 화란(禍亂)을 천명(天命)으로 돌리는 대목[63]에 이르면 일찍이 탄식하고 애

61 어긋나 : 원문의 '緯繣'는 《초사(楚辭)》 〈이소(離騷)〉에 나오는 말로, "총총히 흩어졌다 합하였다 하더니, 홀연 어긋나서 뜻을 바꾸기 어려워라.〔紛總總其離合兮, 忽緯繣其難遷.〕"라고 하였다.

62 덕종(德宗) : 742~805. 중국 당(唐)나라의 제9대 황제로, 재위 기간은 779~805년이다. 이름은 이괄(李适)이며 대종(代宗)의 장자이다. 조용조제(租庸調制)를 폐지하고 양세법(兩稅法)을 시행하여 재정의 충실을 꾀하였으나 세력을 떨치던 지방 번진(藩鎭)들을 진압하려다 실패하고 설상가상으로 군비를 조달하기 위해 설정한 각종 잡세가 백성의 원한을 사서 재정이 궁핍해졌다. 이에 〈자신을 벌하는 조서(詔書)〉를 내리고 번진들의 자립을 인정함으로써 군벌시대의 단초를 열었고, 이후 환관의 횡포로 뜻을 이루지 못하고 세상을 떠났다.

63 덕종(德宗)이……대목 : 중국 당(唐)나라의 덕종이 건중(建中)의 난(亂)은 천명(天命)이지 자신이 초래한 것이 아니라고 변명하자 이필(李泌)이 아뢰기를 "천명이란 말을 다른 사람은 모두 말할 수 있어도 오직 임금과 재상은 말할 수 없습니다. 임금과 재상은 명을 만드는 자이니, 만약 천명을 말하게 되면 예악(禮樂)과 형정(刑政)이 모두 소용이 없어집니다.〔天命, 他人皆可以言之, 惟君相不可言. 蓋君相所以造命也, 若言

통해하며 육지(陸贄)의 간언(諫言)[64]을 깊이 음미하지 않음이 없었습니다. 비유하자면 부모의 병이 위독하여 목숨이 경각에 달려 있으면 자식 된 자가 허둥지둥 급급해하며 의원을 찾고 약을 올려 만에 하나라도 효과를 기대하여야 마땅할 것이지 어찌 팔짱을 끼고 물러서서 목숨이 다하기를 기다리는 것이 마땅하겠습니까. 하물며 국가의 영명(永命)을 하늘에 빎에[65] 사람의 노력이 받아들여질 여지가 있고 국가의 위기를 안정으로 바꾸는 것이 참으로 군주에게 달려있는데, 조종(祖宗 군주의 조상)의 덕택이 매우 넉넉하고 백성들이 임금에게 귀향(歸向 지향하여 귀의함)함이 해이하지 않음에리까. 전하의 춘추 한창 왕성하시고

命, 則禮樂刑政皆無所用矣.〕"라고 하였다.《資治通鑑 卷233 德宗神武聖文皇帝八》

64 육지(陸贄)의 간언(諫言) : 육지(陸贄, 754~805)는 중국 당(唐)나라의 관료이자 학자로, 자는 경여(敬輿)이다. 771년에 진사(進士)에 합격한 후 감찰어사, 한림학사 등을 역임하였다. 783년에 주차(朱泚)가 반란을 일으키자 덕종(德宗)을 따라 피난 가서 조서(詔書)를 지었는데 그 문장이 간절하여 무부한졸(武夫悍卒)조차 눈물을 흘리며 감동하지 않는 사람이 없었다고 한다. 이후 병부시랑, 동문하평장사(同門下平章事) 등을 지내며 폐정(弊政)을 없애고 가혹한 세금을 폐지하였다. 저서로 《육씨집험방(陸氏集驗方)》이 남아있으며, 시호는 선(宣)이다. 육지는 한림학사로 있을 때 덕종의 신임을 얻었으나 황제에게 직언을 잘하여 종종 덕종의 불만을 샀다. 덕종이 길을 가던 중에 참외를 바치는 자가 있었는데 그에게 산시관(散試官)을 제수하려 하자 육지가 상주(上奏)하여 "참외를 바친 자에게 관직을 제수한다면 다른 사람들이 '나는 목숨을 바쳐서 관직을 얻었는데 이 자는 참외를 바쳐서 관직을 얻었으니, 이는 국가가 나의 목숨을 참외와 같이 여기는 것'이라고 할 것입니다."라고 말하며 간쟁하였다고 한다. 오원(吳瑗)은 이 대목에서 이필(李泌)을 육지로 착각한 것으로 보인다.

65 국가의……빎에 : 《서경(書經)》 〈소고(召誥)〉에 나오는 말로, "새 읍에 자리 잡으시어 이에 왕이 빨리 덕을 공경하소서. 왕이 그 덕을 쓰심이 하늘에 명을 길이 하도록 비는 것입니다.〔宅新邑, 肆惟王其疾敬德. 王其德之用, 祈天永命.〕"라고 하였다.

의지와 힘이 바야흐로 강하시니 이는 바로 깊은 근심이 성명(聖明)을 열어줄 기회요, 많은 어려움이 나라를 일으킬 때[66]입니다. 전하께서 동인증익(動忍增益)[67]하시는 소이가 어찌 미천한 신하의 구구한 말씀을 기다리시겠습니까.

신이 대대로 녹봉을 받고 국가와 휴척(休戚 고락(苦樂))을 함께해야 할 몸으로 삼대(三代) 조정의 은사(恩私)를 입음이 천지와 같이 끝이 없사온데다가 또한 일찍이 선신(先臣)[68]의 유훈(遺訓)을 받들어 항상 충성을 다하고 지혜를 다하여 물방울과 티끌만큼이나마 은혜를 갚고자 하는 것이 곧 신이 평소에 마음에 담고 있는 바인데 그 사이에 외람되게도 과거시험에서 우등으로 급제하여[69] 세상에 없는 특별한 은총을 남달리 입었으며 편전(便殿)에서 교유(教諭)하시어 훗날 보궐(補闕)[70]할

66 깊은……때 : 중국 진(晉)나라의 유곤(劉琨)이 원제(元帝)에게 왕위에 오르기를 권고한 글 가운데 나오는 말로, "어려움이 많을수록 나라가 흥하고, 걱정이 많을수록 성군을 만든다.〔多難興邦, 殷憂啓聖.〕"라고 하였다. 《晉書 卷6 元帝紀》

67 동인증익(動忍增益) : 시련을 견디는 과정을 통해 더욱 완숙해진다는 뜻이다. 《맹자》〈고자 하(告子下)〉에 "하늘이 장차 큰 임무를 이 사람에게 내리려 하실 적에는 반드시 먼저 그 심지를 괴롭게 하며, 그 근골을 수고롭게 하며, 그 체부를 굶주리게 하며, 그 몸을 빈궁하게 하여 행함에 그 하는 바를 어지럽게 하니, 이것은 마음을 분발시키고 참을성을 길러 할 수 없었던 것을 더욱 많이 할 수 있도록 해주기 위해서이다.〔天將降大任於是人也, 必先苦其心志、勞其筋骨、餓其體膚、空乏其身, 行拂亂其所爲, 所以動心忍性, 曾益其所不能.〕"라고 한 데서 온 말이다.

68 선신(先臣) : 임금에게 자신의 조상을 이르는 말로, 오원(吳瑗)의 생부는 오진주(吳晋周)이며 오태주(吳泰周)에게 입양되어 자랐다.

69 과거시험에서 우등으로 급제하여 : 오원(吳瑗)은 1728년(영조4) 정시문과에 장원으로 급제하였다.

70 보궐(補闕) : 임금을 보좌하여 잘못된 점을 바로잡는 것을 뜻하는 말로서, 보통

것을 신에게 책임지우기까지 하셨으니 신이 비록 황공하여 감당할 수 없으나 뼈에 새기고 마음에 새기어 감히 잊어버리지 못합니다.

이제 또 외람되이 성상(聖上)의 간택을 입어 다시 과분하게 간관(諫官)의 자리에 앉았는데 신이 이러한 때에 만약 다시 위로 임금의 위엄을 두려워하고 옆으로 뭇 사람들의 비난의 화살[71]을 겁내어 가슴 깊은 곳 정성스러운 마음을 한 번 진달하지 않고 요행히 성명(聖明)에 만에 하나 깨달음이 있기를 바란다면 이는 신이 위로는 삼대의 조정을 저버리고 가운데로는 선신(先臣)을 저버리고 아래로는 신이 평소 쌓아온 마음을 저버리는 것이니 신이 어찌 차마 이러한 일을 하겠습니까.

아! 천하의 병폐가 천 갈래 만 갈래로 갈라져있는데 만약 그 근원을 살피지 않고 다만 하나하나 사안에 따라 힘을 들이고자 한다면 자질구레하고 어지러워져서 마침내 전복(顚覆)을 가속화하는 데 이를 따름입니다. 신이 삼가 생각하옵건대, 나라의 임금이 되어 백성을 보살피는 것은 다른 직임이 없고 오직 천리(天理)를 밝히고 인심(人心)을 바로

대간(臺諫)의 책무를 이야기할 때 쓰는 표현이다.

71 뭇……화살 : 원문의 '衆鏑'은 중국 당(唐)나라의 신하 배도(裴度)의 고사에서 나온 말이다. 헌종(憲宗)이 아첨을 잘하는 황보박(皇甫鎛)과 정이(程异)를 정승으로 삼자 배도가 불가함을 간하였으나 들어주지 않았고 또 배도가 소인과 같은 조정에 서는 것을 수치로 여겨 사직을 청하였으나 그도 허락하지 않았다. 이에 배도가 상소하여 "신이 만약 물러나지 않는다면 천하의 사람들이 신이 염치를 모른다고 할 것이고, 신이 말을 하지 않는다면 천하의 사람들이 신이 은총을 저버린다고 할 것입니다. 지금 물러나려 하는데도 허락하지 않고 말을 하는데도 들어주지 않으니, 신은 뜨거운 불로 심장을 태우고 모든 화살이 온몸에 모여드는 것 같습니다.〔臣若不退, 天下謂臣不知廉恥; 臣若不言, 天下謂臣有負恩寵. 今退旣不許, 言又不聽, 臣如烈火燒心, 衆鏑叢體.〕"라고 하였다.《資治通鑑綱目 卷240 唐紀》

잡는 것이 그 책임입니다. 나라의 치란(治亂)과 흥망의 법칙이 비록 일률적이지 않으나 통요를 궁구하면 일찍이 이에 있지 않음이 없습니다. 전하께옵서는 오늘날의 천리를 밝히실 것입니까, 밝히지 않으실 것입니까. 오늘날의 인심을 바로잡으실 것입니까, 바로잡지 않으실 것입니까. 천리를 밝히고 인심을 바로잡는 것이 전하의 책임이 아니고 누구의 책임이겠습니까. 그러나 천리를 밝히고자 한다면 먼저 나에게 있는 이치를 밝히지 않을 수 없고 인심을 바로잡고자 한다면 먼저 자신의 마음을 바로잡지 않을 수가 없으니, 전하께서는 시험 삼아 나에게 있는 이치가 과연 이미 남김없이 밝아서 가려진 곳이 없는지, 나의 마음이 과연 이미 지극히 발라〔正〕 더럽혀짐이 없는지 스스로 살펴보십시오.

예로부터 성현(聖賢)께서 사람들에게 천리를 밝히고 인심을 바로잡는 방법을 가르치신 것은 《서경(書經)》의 '정일집중(精一執中)'[72]과 《대학(大學)》의 '격치성정(格致誠正)',[73] 《중용(中庸)》의 '명선성신(明善誠身)'[74]과 같은 천 마디 만 마디의 말이 진중하고 친절하오니,

72 정일집중(精一執中) : 《서경》〈대우모(大禹謨)〉에 나오는 말로, "인심은 위태롭고 도심은 미묘하니 인심과 도심을 정밀하게 구별하고 한결같이 행하여야 진실로 중도(中道)를 잡을 수 있다.〔人心惟危, 道心惟微, 惟精惟一, 允執厥中.〕"라고 하였다.

73 격치성정(格致誠正) : 《대학(大學)》의 8조목인 격물(格物)·치지(致知)·성의(誠意)·정심(正心)·수신(修身)·제가(齊家)·치국(治國)·평천하(平天下)의 일부를 제시한 것이다. 격물(格物)은 사물의 이치를 궁구하는 것이고 치지(致知)는 지식을 지극히 하는 것이며, 성의(誠意)는 뜻을 성실히 하는 것이고 정심(正心)은 마음을 바르게 하는 것이다.

74 명선성신(明善誠身) : 《중용(中庸)》에 나오는 말로, "몸을 성실히 함에 방법이 있으니, 선을 밝게 알지 못하면 몸을 성실히 하지 못할 것이다.〔誠身有道, 不明乎善,

전하께옵서는 응당 날마다 보시고 자주 살피셔야 할 것입니다.

신이 두루 인용하고 광범위하게 논할 겨를이 없어 우선 신이 밤낮으로 잊지 못하고 명철하신 군주를 위하여 근심하는 것을 가지고 말씀드리겠습니다. 신이 가만히 살펴보옵건대, 전하께서 총명하게 옛 일을 상고하여 인의(仁義)를 행하고자 하지 않으시는 것이 아니나 정성스런 마음은 물 흐르듯 행하는 실상이 없고 사사로운 뜻은 분란하여 안정되지 못한[75] 폐해가 많아서 이치가 밝지 못함이 있으시고 마음이 바르지 못함이 있으시니 각종 병통이 모두 이에서 나옵니다.

대개 제왕의 학문은 여느 선비의 그것과는 다르니[76] 당우(唐虞 요(堯) 임금과 순(舜) 임금)의 전모(典謨)[77]를 이로부터 날마다 밥 먹고 차 마시듯

不誠乎身矣.〕"라고 하였다.

75 분란하여 안정되지 못한 : 원문의 '膠擾'는 '교교요요(膠膠擾擾)'의 줄임말로, 《장자(莊子)》〈천도(天道)〉에서 나온 말이다. 순(舜) 임금이 일찍이 요(堯) 임금에게 "임금님께서는 마음 쓰기를 어떻게 하십니까?"라고 묻자 요 임금이 곤궁한 백성과 죽은 이와 어린애와 부인을 적극 돌봐주는 데에 마음을 쓴다고 대답하였다. 순 임금이 "좋기는 합니다만 아직 위대하지는 못합니다."라고 하자 요 임금이 그러면 어떻게 해야 하느냐고 다시 물었다. 순 임금이 "천덕(天德)과 부합하면 자취는 드러나도 마음은 편안하여 해와 달이 비치고 사계절이 운행하며 밤낮이 일정한 질서가 있고 구름이 일어 비가 내리는 것과 같이 되는 것입니다."라고 하니 요 임금이 "그렇다면 나의 방법은 분란하여 안정되지 못한 것이 아니겠는가? 자네는 하늘과 합한 사람이고, 나는 사람과 합한 사람이로다.〔然則膠膠擾擾乎? 子, 天之合也; 我, 人之合也.〕"라고 한 데서 온 말이다.

76 제왕의……다르니 : 주희(朱熹)의 《회암집(晦庵集)》〈답장경부(答張敬夫)〉에서 나온 말로, "제왕의 학문은 비록 여느 선비의 그것과 다르고 경륜하는 사업은 진실로 장구나 해석하는 것과 다른 점이 있습니다만 그 본말의 순서를 본다면 저는 서로 다른 도가 없다고 생각합니다.〔帝王之學, 雖與韋布不同, 經綸之業, 固與章句有異, 然其本末之序, 愚竊以爲無二道也.〕"라고 하였다.

익히셔서 이에 반드시 넓은 가슴과 밝은 안목으로 반복하여 완벽하게 능통하고 조용히 궁구하고 분석하여 무릇 성인(聖人)의 광대한 강령(綱領)과 조목(條目), 정심(精深)한 의리와 신묘한 운용을 확연(廓然)히 꿰뚫어보아서 다시 막힘이 없게 된 연후에야 바야흐로 정사에 드러나 제왕의 학문이 될 수 있습니다.

삼가 듣자옵건대, 전하께서 경연(經筵)에 임하심이 비록 빈번하고 강의를 여심이 비록 부지런하나 대충대충 읽어나가면서 글의 뜻을 범범(泛泛)하게 논하시는 것에 불과하면서 문득 일시적인 견해로써 곧 다시 온축되어 남아있는 것이 없다고 하신다 하고, 일찍이 허심탄회한 마음으로 자세히 연구하시어 자신의 몸에 절실하게 체인(體認)하신 후 이를 수용(受用)하여 시행하신다는 말씀을 들은 적이 없습니다. 이는 전하의 강독이 다만 형식에 응하여 예(禮)를 갖추고자 하시는 것일 따름이니, 이는 참으로 선유(先儒)가 이른 바 "글은 글이고 나는 나이니, 무슨 도움이 있겠는가."라고 하는 것입니다.

하물며 성경(聖經)과 현전(賢傳)은 본디 공연히 지은 것이 아니요, 장차 천 년 후에도 억조창생(億兆蒼生)들로 하여금 각각 들쭉날쭉 고르지 못한 마음을 인솔하여 이에서 표준을 취하고 정곡을 정하게 하는 것임에리까. 대개 그 말은 곧 지극한 이치가 있는 바요, 그 이치는 곧 상천(上天)이 명한 바라 해와 달처럼 높고 쇠와 돌처럼 엄격하니 참으로 성현의 사사로운 말씀이 아닌즉 그 말을 바꾸어 업신여길 수 없음이 분명합니다.

77 당우(唐虞)의 전모(典謨) : 《서경(書經)》의 〈요전(堯典)〉·〈순전(舜典)〉과 〈대우모(大禹謨)〉를 이르는 것이다.

이제 전하의 윤음(綸音) 가운데 인용하신 바의 경전(經傳)이 왕왕 그다지 들어맞지 않는 문자를 가지고 반드시 옳거나 마땅하지 않은 의리를 증명하시며, 비슷하게 보이는 데에 나아가서 그것을 취하여 견강부회의 자료를 삼으시며, 자신의 뜻을 버리고 앞사람의 가르침을 따르고자 하지 않고 혹 앞사람의 가르침을 굽히고 자신의 뜻을 억지로 갖다 붙이기까지 하십니다. 이와 같이 하신다면 책을 읽어 도움을 구하려하나 도리어 해가 되나니, 전하께서 만약 그러한 줄을 스스로 깨닫지 못하신다면 궁리(窮理)와 격물(格物)[78]이 지극하지 못하여 참으로 제왕의 학문에 부족함이 있으신 것이고 만약에 이와 같은 줄 알면서도 문득 이러한 것을 능사로 삼으시는 것이라면 성인의 말씀을 함부로 모독하시는 것이니 그 잘못이 더욱 큽니다.

대개 전하의 성실하지 못하고 사의(私意)가 많은 병통이 처음부터 끝까지 일관되시기 때문에 학문에 주력하시는[79] 공부가 이와 같음에 지나지 않아 마침내 의리(義理)의 밝고 넓은 근원을 환히 꿰뚫어 보지 못하시어 방촌(方寸 마음)의 사이에 겉과 속이 한결같고 티끌 한 점 없이 광명(光明)하지 못하시니 그 징험(徵驗)의 밝게 드러나는 데 나아가면 지극히 어리석은 백성도 속일 수 없는 것이 있으십니다.

78 궁리(窮理)와 격물(格物) : 궁리는 '거경궁리(居敬窮理)'로서 잡념을 버리고 마음을 한 군데에 집중하여 사물의 이치를 궁구하는 것을 말하고, 격물은 '격물치지(格物致知)'로서 실제 사물을 통하여 이치를 궁구함으로써 온전한 지식에 도달하는 것을 말한다.

79 학문에 주력하시는 : 원문의 '典學'은 항상 배움에 힘쓴다는 뜻으로, 《서경》〈열명(說命)〉에서 부열(傅說)이 고종(高宗)에게 "처음부터 끝까지 항상 배움에 힘쓴다면 그 덕이 깨닫지 못하는 사이에 닦아질 것입니다.〔念終始典于學, 厥德脩罔覺.〕"라고 한 데서 나온 말이다. 이에서 전하여 제왕의 학문을 뜻하기도 한다.

신이 청컨대 전하를 위하여 대략 헤아려 보겠습니다. 신이 남몰래 살펴보건대, 전하께서는 매번 스스로 말씀하시기를 허문(虛文)[80]을 통렬히 배척한다고 하시지만 시행하고 조처하시는 것을 살펴보면 끝내 돈후(敦厚)하면서 박실(樸實)한 뜻이 부족하고 다만 문식(文飾)을 더함이 날로 증가하고 부화(浮華)함이 날로 자라는 것을 볼 수 있습니다. 옛 사람이 말하기를 "《역(易)》을 잘 아는 이는 《역》을 말하지 않는다."[81]라고 하였습니다. 어리석은 신이 죽을죄를 무릅쓰고 망령되이 말씀드립니다. 전하께서 말씀하실 때마다 반드시 문구(文具)[82]를 경계하시는 것이 바로 문구가 심함을 보여주는 것입니다.

《전(傳)》에 이르기를 "말로 가르치면 시비(是非)를 따지고 몸으로 가르치면 뒤를 따른다."[83]라고 하였습니다. 전하께서 군사(君師)의 자

80 허문(虛文) : 허식(虛飾)과 같은 말로, 실속이 없이 형식만 갖춘다는 말이다.

81 《역(易)》을……않는다 : 중국 삼국 시대 위(魏)나라의 술사(術士) 관로(管輅)가 한 말로, 《자치통감(資治通鑑)》 권75 〈위기(魏紀)〉에 다음과 같은 내용이 실려 있다. "하안이 평원에 사는 관로가 술수에 밝다는 것을 듣고 만나기를 청하였다. 12월 병술일에 관로가 하안에게 나아가자 하안이 그와 《역》을 논하였다. 그때 마침 등양이 자리에 있었는데 관로에게 말하기를 '그대는 스스로 《역》을 잘 안다고 하면서 말이 당초에 《역》의 말과 뜻에 미치지 않는 것은 어째서인가.'라고 물었다. 관로가 '대저 《역》을 잘 아는 사람은 《역》을 말하지 않습니다.'라고 하자 하안이 웃음을 머금고 찬탄하기를 '요점만 말해 번거롭지 않다고 할만하다.'라고 하였다.〔何晏聞平原管輅明於術數, 請與相見. 十二月丙戌, 輅往詣晏, 晏與之論易. 時鄧颺在坐, 謂輅曰: 君自謂善易, 而語不初不及易中辭義, 何也? 輅曰: 夫善易者不言易也. 晏含笑贊之曰: 可謂要言不煩也.〕"

82 문구(文具) : 일의 실속은 없이 형식만 갖춘다는 말로, 앞에 나오는 '허문(虛文)'과 같은 의미이다.

83 말로……따른다 : 중국 후한의 명재상 제오륜이 당시 관리들의 가혹한 행정에 대해 아뢴 상소에서 "몸으로 가르치면 따라오지만 말로 가르치면 시비를 따집니다.〔以身教

리에 계시면서 만약 능히 실천을 몸소 행하신다면 장차 온 천하가 인(仁)에 귀의하는 효과가 있을 것이니 또한 무엇하러 구구한 언어를 사용하시겠습니까. 그런데 근자에 전하의 윤음(綸音)[84]을 보건대 일찍이 장황하게 늘어놓으며 과시하지 않음이 없으시고 일을 시행하는 데서 구하여보면 대부분 서로 부응하지 않습니다. 비록 근자에 이른바 '크게 분발하여 힘쓴다.〔大奮勵〕'라고 말씀하신 것을 가지고 말하더라도, 또한 다만 공언(空言)이 있을 뿐이고 그 실질적 효과를 보지 못하였으니 이것이 이미 '몸으로 가르친다.'라는 것과 다릅니다. 시행하고 조처하는 사이에 앞뒤가 혹 다르고 말하고 행동하는 즈음에 과실과 차이가 이미 드러난 것에 이르러서는 왕왕 임시로 변통하여 엄폐하고자 하시어 자못 명쾌하게 분별하려는 뜻이 부족하시니 비록 구차하게 미루다가 이치에 어긋나는 데 이르게 되어도 구제할 겨를이 없습니다. 이 어찌 깊이 민망스러운 일이 아니겠습니까.

임금과 신하의 사이는 귀함이 성실과 신의에 있는지라 기쁨과 노여움과 위엄과 은택[85]이 한결같이 충심(衷心)에서 말미암아야 마땅한 것인데 전하께서는 아랫사람을 인접하심에 혹 실정보다 과한 말씀과 다

者, 從; 以言教者, 訟.〕"라고 한 데서 나온 말이다. 《後漢書 卷41 第五倫列傳》

84 윤음(綸音) : 원문의 '如綸之言'은 임금의 말씀이나 명령을 이르는 말이다. 《예기(禮記)》〈치의(緇衣)〉에 "왕의 말이 명주실 같으면 그 나오는 것은 인끈과 같고, 왕의 말이 인끈과 같으면 그 나오는 것은 동아줄 같다.〔王言如絲, 其出如綸; 王言如綸, 其出如綍.〕"라고 한 데서 나온 말이다.

85 위엄과 은택 : 원문의 '威福'은 《서경(書經)》〈홍범(洪範)〉에서 나온 말로, "오직 군주만이 복을 짓고 오직 군주만이 위엄을 지을 수 있다.〔惟闢作福, 惟闢作威.〕"라고 하였다. 여기서 복과 위엄은 각각 임금이 내리는 상(賞)과 벌(罰)을 뜻한다.

른 사람의 비위를 맞추는 얼굴빛이 많으셔서 비록 이것으로 총애와 용서의 바탕으로 삼고자 하여도 이것을 얻은 신하가 반드시 진심으로 영광으로 여기지 않을 것입니다.

옛말에 이른바 "나의 성심(誠心)을 미루어 상대방의 복중(腹中)에 간직하게 한다."라는 것이 어찌 음성이나 웃는 얼굴 사이에 있겠습니까. 또 신하가 임금에게서 한 마디 칭찬하는 말을 들으면 종신토록 외우며 화곤(華袞)에 견주기까지 하는데[86] 전하께서 신료에게 장려하고 허여하시는 말씀은 그다지 어렵거나 신중하시지 않아서 과다한 칭찬이 조정에 두루 퍼져있어 만약 이러한 칭찬을 듣지 못하면 도리어 찜찜하게 여깁니다.

심지어 언어(言語)로 사람을 등용하는 것은 본래 종핵(綜核)의 정사(政事)[87]에서 마땅히 우선해야 할 바가 아닌데, 지난번 번신(藩臣)[88]의 장계(狀啓) 가운데 '재용(財用)을 절약할 것'을 가지고 진언한 것은 분명 마땅히 찰납(察納 살펴서 가납하다)하실 만한 바가 있고 또 그 사람이 과연 등용할 만하면 곧 훗날 올려 발탁하는 것 또한 어찌 불가하겠습니까마는 종이 한 장의 장계(狀啓)로 인하여 윤음을 내려 포장(褒奬)

86 신하가……하는데 : 화곤(華袞)은 고대 왕공(王公)과 귀족의 복장으로, 지극한 영예를 뜻한다. 중국 진(晉)나라 범녕(范寧)이 〈춘추곡량전서(春秋穀梁傳序)〉에서 "《춘추》 한 글자의 칭찬이 화곤을 받는 것보다도 영광스럽고, 한 마디의 비판이 시장에서 맞는 회초리보다도 치욕스럽다.〔一字之褒寵逾華袞之贈, 一言之貶辱過市朝之撻.〕" 라고 한 데서 나온 말이다.

87 종핵(綜核)의 정사(政事) : 사안의 본말을 종합적으로 파악하고 치밀하게 밝히는 정사를 뜻한다.

88 번신(藩臣) : 관찰사·병마절도사·수군절도사를 아울러 가리키는 말이다.

하고 표리(表裏)[89]를 하사하심이 너무도 절제가 없으십니다. 정경(正卿)[90]과 아경(亞卿)[91]의 교지(敎旨)도 마치 문서를 가지고 미리 허락하는 것처럼 하시니 한 마디 말만 마음에 들어도 오히려 또 이와 같이 하시거늘, 가령 일을 헤아려 효과를 나타낸 자에게는 장차 무엇으로 그 포장을 더하시겠습니까.

세급(世級)이 점점 쇠퇴한 후로 부화하고 과장됨이 날로 심해졌습니다. 이에 참으로 전하께서 통렬히 스스로 규검(規檢)하여 뭇 신하들을 거느리고 낮은 곳에 거하시는데도 오히려 이와 같음을 면치 못하시니 신료[92]들이 없는 말을 꾸미고 재능을 과시하는 길로 거침없이 다투어 달려드는 것이 괴이할 것이 없습니다.

신이 남몰래 살펴보건대, 전하께서 매양 스스로 "나는 사사로운 뜻이 없다."라고 말씀하시지만 일을 처리하시는 데에서 구하여보면 끝내 허다한 장애가 있음을 면치 못하십니다. 하나의 호령(號令)를 내실 때에도 사람들이 자신을 비판할까 염려하는 생각이 하늘의 법칙을 따르려는 마음보다 앞서시고 억측하거나 남몰래 헤아리는 기지(機智)가 무릇 바른 이치를 따르려고 하는 뜻을 빼앗아, 왕왕 언사를 허다하게 소비하

89 표리(表裏) : 옷 한 벌을 지을 수 있는 안감과 겉감을 말한다.

90 정경(正卿) : 조선 시대 정2품 이상의 벼슬아치를 이르던 말로, 의정부 좌·우참찬, 육조 판서, 한성부 판윤 등 구경(九卿)과 홍문관 대제학 등이 이에 해당한다.

91 아경(亞卿) : 조선 시대 정경(正卿)인 판서(判書)에 버금가는 벼슬이란 뜻으로, 육조의 참판과 한성부 좌·우윤 등을 가리킨다.

92 신료 : 원문의 '臣隣'은 임금을 측근에서 보필하는 신하라는 뜻으로, 《서경(書經)》〈익직(益稷)〉의 "신하가 이웃이며, 이웃이 신하이다.〔臣哉隣哉, 隣哉臣哉.〕"라는 말에서 유래하였다.

여 먼저 스스로 해명하십니다. 이는 모두 전하의 흉중에 먼저 한 개의 '사(私)'자가 있기 때문이니, 그러므로 복잡하게 얽히고 늘어지는 것이 이와 같은 지경에 이르게 된 것입니다.

의리로 보아 마땅히 혐의쩍게 여기거나 구애되어서는 안 될 것에 지나치게 스스로 혐의쩍게 여기고 구애되는 경우가 있으신가 하면, 일에 있어서도 의심하거나 노여워할 만한 것이 아닌데도 갑자기 의심과 노여움을 가하시는 경우도 있고, 곳에 따라서 끌리고 다방면으로 얽매이시어 조처하고 시행함에 있어서 왕왕 명쾌하게 끊어버리지 못하십니다. 심지어는 마땅히 베풀지 말아야 할 곳에 은혜를 베풀고 마땅히 굽히지 말아야 할 사람에게 위엄을 굽히시며 또 반드시 덕색(德色)[93]을 보이시어 그들로 하여금 감격스러움을 알게 하고자 하십니다. 예를 들어 지난번 경지(慶祉)의 자식을 특별히 방송(放送)하심에 윤음을 지나치게 장황하게 하시면서 애초에 가두어두려고 한 것이 아니라는 뜻을 누누이 보이셨으니[94] 이는 흉악한 무리들의 업신여김을 열어주기

93 덕색(德色) : 남에게 조금 은혜를 베풀고 곧 그것을 자랑하는 기색을 보이는 것을 말한다.

94 경지(慶祉)의……보이셨으니 : 1728년(영조4)에 이인좌(李麟佐)의 난이 일어났을 때 나주 영장(羅州營將) 이경지(李慶祉)가 소극적으로 대처하여 반란군이 도망가는 일이 발생하자 조정 대신들이 이경지와 그의 아들 선전관(善傳官) 이은정(李殷鼎)을 처벌할 것을 주장하였다. 그러나 영조가 이은정을 잡아가두는 것을 여러 차례 주저하는데, 이때의 상황을 《국역 영조실록》에서 인용하면 다음과 같다. "1728년(영조4) 3월 25일. 태인 현감(泰仁縣監) 박필현(朴弼顯)이 군사를 일으켜 반란을 꾀했는데,……정사효가 비로소 영장 이경지(李慶祉)를 불러 상황을 이야기하니, 이경지는 병을 핑계대어 가서 박필현을 붙잡지 않고 그가 도망해가도록 내버려 두었다." "7월 16일.……(임금이) 이어서 나주 영장 이경지를 잡아 오라고 명하였다. 승지 홍경보(洪景輔)가 이경지

에 꼭 알맞은 것일 뿐이었습니다.

의 아들인 선전관 이은정을 잡아 가두어야 한다고 아뢰니, 임금이 말하기를 '전에 듣건대, 이경지는 영장이 되어 잘 다스린다 하고, 그 아들은 선전관으로서 여러 번 들어와 시위(侍衛)하였으므로 내가 그 사람됨을 안다. 국가의 사체(事體)에 있어서 사람을 반신반의하여 억지로 가둔다면, 사람마다 반드시 의심할 것이니, 또한 뒷 폐단이 없지 않을 것이다.' 하였다. 장붕익이 말하기를 '내일 맹단(盟壇)에 거둥하실 때에 선전관으로서 배종하여 장전(帳殿)에서 밤을 지낼 것인데, 죄인의 아들이 어찌 가까이 모실 수 있겠습니까?' 하니, 임금이 말하기를 '지금 잡아 가두는 것은 까닭 없는 일인 듯하기는 하나, 경의 말에도 주장하는 바가 없지 않으니, 마지못하여 애써 따른다.' 하였다." "12월 29일. 이경지는 정사효(鄭思孝)의 중군(中軍)으로서 몰래 박사관(朴師寬)과 체결하고 박필몽(朴弼夢) · 박필현과 주무하였다가, 박필몽 · 박필현이 패하고서야 비로소 박사관 · 박필현 등을 잡아 바쳤는데, 군교(軍校) 이주연(李周衍) · 백문채(白文采)가 끌어 대었으므로 세 차례 형신(刑訊)하였다." "1729년(영조5) 1월 10일. 임금이 말하기를, '이은정의 일로 어영대장이 진달한 뒤에 홍경보(洪景輔)가 나래(拿來)할 것을 청하였는데, 나는 잘못이라고 생각하고 있다. 맹단에 동가(動駕)할 때 누차 시위(侍衛)하는 것이 마땅치 않다고 말하였기 때문에 잡아 가두었다가 곧 석방했던 것이다. 그런데 이경지에게 이미 형신(刑訊)을 시작했으므로 다시 잡아 가두라고 했던 것이나, 곧 후회하였다.' 하니, 이광좌가 말하기를, '이경지에게 의심할 만한 것이 없다면 이은정은 즉시 석방하고, 의심할 만한 점이 있다면 정배(定配)하는 것이 마땅합니다.' 하였다. 임금이 말하기를, '이경지의 일은 오한익(吳漢翊)과 이주연(李周衍)이 비록 말한 것이 있으나, 나는 의심하지 않는다. 지금 이미 형장(刑杖)을 맞고 죽긴 했지만 이은정은 애초 잡아 가둔 것이 이미 잘못한 것이었다. 그리고 지금 마침내 정배(定配)한다면 전일의 실수를 미봉하는 것과 같으니, 어찌 재차의 과오를 용납하겠는가?' 하니, 이광좌 · 서종옥 · 김상성이 모두 마땅히 정배해야 된다고 말하였다. 홍치중이 말하기를, '당초의 처분이 끝내 경솔했던 것 같고, 이미 후회스럽다고 생각하신다면, 곧장 석방하는 것이 좋겠습니다. 정배는 곧 의심하는 것입니다. 그리고 죄인의 아들이라고 해서 어찌 사람마다 의심할 수 있겠습니까?' 하니, 임금이 말하기를, '상교(上教)로 즉시 석방하는 것이 옳다.' 하였다." "1월 20일. 임금이 대신에게 이르기를, '내가 이 일에 대해 깊이 후회하는 것이 있으니, 이경지의 아들 이은정을 특별히 잡아 가둔 일이다. 이경지가 만약 형을 집행하기 전에 죽지 않았다면 작처(酌處)하려고 했었다.' 하니, 좌의정 홍치아! 가령 군주가 정사를 행하여 입사(立事)함에 거의 모든 일이 충분히 마땅함을 얻었더라도 그 중의 하나라도 계교(計較 견주고 따짐)를 범하게 되면 문득 편사(偏私)[95]를 이루게 됩니다. 하물며 호리(毫釐)의

중(洪致中)이 말하기를, '이경지는 끝내 의심할 만한 것이 있으니, 3월 20일에 박사관(朴師寬)을 찾아가 만난 것은 명백하여 의심할 나위가 없습니다. 백문채는 곧 그 매부이고 오한익은 곧 아무런 관계가 없는 사람인데, 만약 20일에 찾아가 만난 일이 없었다면 어찌하여 반드시 공공연하게 무고 날조했겠습니까? 17일에 박사관을 만난 일은 승복하였지만, 20일에 박사관을 만난 일은 시종일관 굳게 숨겼으니, 반드시 숨기는 사정이 있는 것입니다. 성상께서는 「성을 닫고 적에게 항거하였으니, 족히 용서할 만하다.」고 생각하시지만, 박필현이 삼천(三川)에 와서 진을 친 것은 조정의 명령이 아니었으니, 사세로 보아 마땅히 군사를 출동시켜 공격해야 했던 것입니다. 그러나 이경지는 군사의 행동을 정지시키고 전진하지 않았으니, 이것이 또한 죽일 만한 죄가 되는 것입니다.' 하였다. 우의정 이태좌(李台佐)는 말하기를, '오명항(吳命恒)이 전주(全州)에서 올라올 때 「이경지가 공이 있다.」고 했는데, 백마를 타고 내도한 사람은 곧 이경지에게 간찰(簡札)을 전하러 온 자였다고 합니다. 만약 그렇다면 이경지의 죄는 다 말할 수가 없을 정도입니다.' 하였다." "3월 23일. 전교를 쓰라고 명하기를, '지난번 이은정이 피눈물을 흘리면서 호소한다는 말을 듣고 마음에 몹시 불쌍하게 여겼다.……해부(該府)로 하여금 문안을 조사하여 등대(登對) 때에 품처(稟處)하게 하라.' 하였다." "3월 25일. 이경지의 초사를 읽으라고 명하였다. 임금이 말하기를, '이것도 또한 애매한 일이다.' 하니, 우의정 김상로(金尙魯)가 말하기를, '무부(武夫)로서 무신년 전에 6적(賊)과 절교하지 않았던 것은 또한 괴이하게 여겨질 것이 없습니다.' 하였다. 전교를 쓰라고 명하기를, '내가 온천에 갈 때 이은정의 혈소(血訴)를 듣고 마음으로 매우 불쌍하고 측은하게 여겨 하교하려고 했었다. 그러나 이런 등등의 일은 관계되는 것이 매우 중대하기 때문에 잇따라 신설시킬 수 없는 것이어서 아직껏 말하지 않고 있었다. 이제 전은군(全恩君) 이돈(李墩)과 이만식(李萬軾)의 일로 인하여 문안을 가져다 조사하여 보았다.……이경지는 이주연의 공초가 매우 황탄스러운 데 관계되는 것이었으며 그 아들의 혈소가 사람을 감동시키게 하였다. 전 완천 도정 이엽, 전 직장(直長) 목천임, 전 영장 이경지에는 모두 직첩을 돌려주고 이혼도 단서에서 설원시켜 주라.' 하였다."

95 편사(偏私) : 특정인에게만 호의를 보이는 것을 말한다.

차이가 반드시 천리의 어긋남에 이르게 됨에리까. 장식(張栻)[96]의 말 가운데 "무엇을 하기 위함이 없이 하는 것은 의(義)이고, 무엇을 하기 위하여 하는 것은 이(利)이다."라고 한 것이 있습니다. 전하께서 시험 삼아 고요히 계실 때 이 말을 깊이 음미해보신다면 반드시 시원하게 깨닫게 되는 곳이 있으실 것입니다.

전하께서는 매양 허심탄회하게 직언(直言)을 받아들이려 스스로 힘쓰시는데 뭇 신하들이 불초하여 옛날의 유직(遺直)[97]과 같이 능히 전하를 위하여 극구 잘못된 점을 말씀드릴 수 있는 자가 없으니, 이는 진실로 신하가 불충한 죄이며 또한 전하께서 마땅히 스스로 반성하셔야 할 점입니다.

까마귀와 솔개의 알이 훼손되지 않아야 봉황이 날아온다고 하였으니[98] 진언(進言)을 한 사람의 말이 설령 어긋남이 있다 하더라도 좋은

96 장식(張栻) : 1133~1180. 중국 북송(北宋)의 철학자로, 자는 경부(敬夫)이며 호는 남헌(南軒)이다. 스승인 호굉(胡宏)의 학문을 이어받아 호상학파(湖湘學派)의 영수가 되었다. 인(仁)이 사덕(四德) 가운데 가장 중요하다 하여 맹자(孟子)의 성선설(性善說)을 더욱 공고히 하는 이론적 근거를 제시하였고, 주희(朱熹)의 경(敬) 사상에 많은 영향을 주었다. 주(州)의 지사(知事)를 역임하고 이부랑(吏部郎)을 지냈다. 저서로 《남헌집》·《남헌역설(南軒易說)》·《수사언인(洙泗言仁)》 등이 남아있다.

97 유직(遺直) : 옛사람의 풍도가 있는 곧은 사람을 가리킨다. 공자(孔子)가 "숙향은 옛날 곧은 신하의 유풍을 지녔다.〔叔向, 古之遺直也.〕"라고 한 데서 나온 말이다. 《春秋左氏傳 昭公 14年》

98 까마귀와……하였으니 : 중국 한(漢)나라의 옥리(獄吏)인 노온서(路溫舒)의 〈상덕완형서(尙德緩刑書)〉에 나오는 말로, 원문과 내용은 다음과 같다. "신은 '까마귀와 솔개의 알이 훼손되지 않아야 봉황이 모여든다.'라고 들었습니다. 비방의 죄를 지어도 벌을 내리지 않아야 훌륭한 진언을 하게 됩니다. 그러므로 옛 사람이 이르기를 '높은 산과 큰 늪은 해로운 것도 품고 냇물과 못은 더러운 것도 받아들인다. 아름다운 옥도

방향으로 해석하는 것[99] 또한 전하께서 취하심에 달려있는 것인데 전하께서는 무릇 어떤 사안을 논한 글에 대하여 이른바 '너그럽게 받아들인다.', '가납(嘉納)한다.'라고 하신 것은 분명하게 시행된 실상이 전혀 없으시고 혹 조금이라도 뜻을 거스르는 것이 있으면 번번이 자질구레한 것까지 가혹하게 지적하여 꾸짖으며 배척해 마지않으시니 이와 같이 하고도 직언을 들으시고자 하는 것은 또한 어렵지 않으시겠습니까.

전하께서 간언(諫言)을 들으시는 도가 이와 같으므로 무릇 인재를 발탁함에 조금이나마 당직(讜直 강직함)에 가까운 사람은 좋아하지 않으시고 대부분 약삭빠르고 교활하고 부드럽고 악착스런 사람만 취하시니 이는 바로 주자(朱子)께서 말씀하신 바 "나의 뜻에 맞는 이를 구하지 않고 나의 덕을 보필할 이를 구한다."라고 한 것과 상반됩니다.

이로 말미암아 올곧은 도가 녹아 없어지고 아첨하는 풍조가 불붙듯 일어나 마침내 감히 한 마디 진언하여 군주의 귀를 거스르고 군주의

티를 갖고 있으며, 임금도 비방하는 말을 포용한다.'라고 하였습니다. 폐하께서는 비방의 죄명을 없애 간절한 진언을 구하시고, 천하 사람들의 입을 열어 경계하고 간하는 언로를 넓히소서.〔臣聞烏鳶之卵不毁而後鳳凰集. 誹謗之罪不誅而後良言進. 故古人有言：山藪藏疾, 川澤納汙. 瑾瑜匿惡, 國君含詬. 唯陛下除誹謗以招切言, 開天下之口, 廣箴諫之路.〕"

99 좋은……것 : 원문의 '郢書燕燭'은 '영서연설(郢書燕說)'과 같은 말로, 남의 글을 지나치게 천착하여 견강부회하거나 원래 내용 이상으로 좋게 받아들여 발전을 가져오는 것을 의미한다. 중국 초(楚)나라 영(郢) 땅에 사는 어떤 사람이 연(燕)나라 상국(相國)에게 편지를 쓰다가 날이 저물자 곁에서 초를 들고 있는 자에게 "촛불을 밝혀라.〔擧燭.〕"라고 말하였는데, 글을 쓰던 사람이 '擧燭'이라고 편지에 받아 적어버렸다. 나중에 이 편지를 받아 본 연나라 재상이 "거촉(擧燭)은 밝음을 숭상한 것이니, 밝음을 숭상하는 사람은 어진 이를 천거하여 맡길 것입니다."라고 임금에게 아뢰자 임금이 크게 기뻐하였다고 한다. 《韓非子 外儲說左上》

마음을 어기는 이가 거의 한 사람도 없는 데 이르게 되어 서로 경쟁적으로 말만 앞세우는[100] 태도와 잘 보이려 아양 떠는 말을 익혀서 '성교(聖教)가 지당하십니다.', '성덕(聖德)이 탁월하십니다.'와 같은 말이 하전(廈氈)[101] 위에 끊어지지 아니하여 마침내 군도(君道)는 날로 교만해지고 성심(聖心)은 날로 오만해졌으며 국사는 날이 갈수록 더욱 벌레 먹혀 무너지게 되었습니다. 그런데도 이러한 무리들은 바야흐로 성상의 뜻을 깊이 얻어 총애와 이익을 보전하는 것을 좋은 계책으로 여기고 있으니 그 가운데 이른바 대료(大僚)[102]라는 자들이 곧 더욱 부끄러움이 없는 자들입니다.

옛사람이 아첨하여 받드는 것을 '완희(玩戲)'라고 하였는데 군부(君父)를 가지고 완희하는 자의 죄가 어떠하겠습니까. 아! 당직(戇直 어리석고 곧음)하고 골경(骨鯁)[103]한 선비가 비록 삐걱거려서 싫어할 만한 것 같으나 필경 국가가 어지러워졌을 때[104]에는 마침내 반드시 이러한

100 말만 앞세우는 : 원문의 '便佞'은 《논어(論語)》 〈계씨(季氏)〉에 나오는 말로, "편벽한 이를 벗하고 아첨하는 이를 벗하며 편녕한 이를 벗하는 것은 손해가 된다.〔友便僻、友善柔、友便佞, 損矣.〕"라고 하였다. 주자는 이에 주를 달아 "편녕은 말만 잘 하고 견문의 실제가 없는 것을 이른다.〔便佞, 謂習於口語而無聞見之實.〕"라고 하였다.

101 하전(廈氈) : '하(廈)'는 큰 집을, '전(氈)'은 털방석을 의미하는 것으로, 여기서는 임금이 거처하는 곳을 일컫는다.

102 대료(大僚) : 정일품인 영의정·좌의정·우의정 등 삼정승을 일컫는 말이다.

103 골경(骨鯁) : 생선가시라는 뜻으로, '골경지신(骨鯁之臣)'은 목구멍에 걸린 생선가시처럼 듣기에 괴로운 직언을 하는 강직한 신하를 가리킨다.

104 국가가 어지러워졌을 때 : 원문의 '板蕩'은 《시경(詩經)》 대아(大雅)의 〈판(板)〉과 〈탕(蕩)〉 두 편의 시가 모두 어지러운 정사를 읊은 데서 나온 말로, 정치를 잘못하여 나라가 어지러워진 모습을 이른다.

사람들에게 의지하게 되실 것이니 전하께서는 시험 삼아 조용히 생각하여 보십시오. 예로부터 어찌 일찍이 알랑거리고 아첨하는 신하 가운데 나라가 어렵고 위태로운 때를 당하여 능히 충성과 절개를 바치는 자가 있는 것을 보셨습니까. 무릇 이러한 상황에 이르게 된 것은 모두 전하께서 사사로운 일념(一念)을 능히 극복하여 제거하지 못하셔서 이렇게 된 것입니다.

아! 천리(天理)가 이미 어둡고 인욕(人欲)이 날로 기승을 부려 온 세상을 둘러보니 모두 사사롭고 부정한 구덩이에 떨어져 있습니다. 전하께서 비록 그 안에서 이 사람들을 꺼내어 구제하실 수는 없다 하더라도 어찌 차마 다시 그 안으로 인도하실 수 있습니까. 이는 모두 신이 말씀 드린바 "성실하지 못하고 사의(私意)가 많은 병통이 처음부터 끝까지 일관되고 있다."라는 것이니, 천리가 밝지 않고 인심이 바르지 않아 그 폐해가 한결같이 이러한 데에 이르게 된 것입니다. 혹시라도 전하께서 야기(夜氣)가 청명(淸明)할 때에[105] 마음을 비우고 생각해보

105 야기(夜氣)가 청명(淸明)할 때에 : 야기는 한밤에 사물의 생장(生長)을 돕는 청명한 기운으로, 인의(仁義)의 마음이 자라도록 돕는다고 한다. 《맹자(孟子)》〈고자상(告子上)〉에 "비록 사람에게 존재하는 것이 어찌 인의의 마음이 없겠는가마는 그 양심을 놓아버림이 또한 도끼와 자귀가 나무를 아침마다 베어가는 것과 같으니 이렇게 하고도 아름다울 수 있겠는가? 밤낮으로 자라나는 바와 아침의 맑은 기운에 그 좋아하고 미워함이 사람과 서로 가까운 게 얼마 안 되는데, 낮에 하는 소행이 이것을 곡망케 한다. 곡망이 반복되면 야기가 족히 보존될 수 없고, 야기가 보존될 수 없으면 금수와 거리가 멀지 않게 된다.〔雖存乎人者, 豈無仁義之心哉? 其所以放其良心者, 亦猶斧斤之於木也旦旦而伐之, 可以爲美乎? 其日夜之所息, 平旦之氣 其好惡與人相近也者幾希, 則其旦晝之所爲有梏亡之矣. 梏之反覆, 則其夜氣不足以存, 夜氣不足以存, 則其違禽獸不遠矣.〕"라고 하였다.

신다면 신이 운운한 바가 과연 터럭 하나만큼이라도 망령된 것이 있겠습니까.

이밖에 정령(政令)을 시행하시는 사이에도 경중(輕重)이 어긋나고 전후(前後)가 거꾸로 된 것을 거의 한둘로 헤아릴 수가 없습니다. 자질구레한 일을 들추어내어 환히 살폈음을 보이기를 좋아하시고 대체(大體)와 관련된 일은 혹 도리어 소홀히 하시며 오직 눈앞의 가까운 효과를 구하고 원대한 것을 경영하려는 심려(深慮)에는 힘쓰지 않으시니, 〈우서(虞書)〉에 이른바 "원수가 잗달다."[106]라고 한 것과 불행히도 가까우십니다. 안팎으로 전파하는 성교(聖敎)에 이르러서는 혹 수미(首尾)가 중복된 것이 수백 언(言)에 이르기도 하여 마치 아주 작은 것까지 두루 다 섭렵하여 간곡하게 곡절을 다 풀어낸 것 같으나 지루하게 늘어지면서 통요가 별로 없고 장황하여 간중(簡重 간략하면서도 중요함)함이 결여됨을 면치 못하시니 참으로 '대재왕언(大哉王言)'[107]의 가르침

106 원수(元首)가 잗달다 : 《서경(書經)》 〈익직(益稷)〉에 실려 있는 고요(皐陶)의 〈갱재가(賡載歌)〉에 나오는 말로, "원수가 잗달면 고굉이 게을러져 만사가 허물어질 것입니다.〔元首叢脞哉, 股肱惰哉, 萬事墮哉.〕"라고 하였다. 임금이 잗달면 신하들이 게을러져서 모든 일이 잘못된다는 뜻이다.

107 대재왕언(大哉王言) : 《서경(書經)》 〈함유일덕(咸有一德)〉에 나오는 말로, 중국 은(殷)나라의 명신 이윤(伊尹)이 임금인 태갑(太甲)에게 "모든 백성들로 하여금 '위대하도다. 왕의 말씀이여.'라고 하게 하시고, 또 '한결같도다. 왕의 마음이여.'라고 하게 하시어 능히 선왕의 녹을 편안히 하여 증민의 삶을 길이 이루게 하소서.〔俾萬姓咸曰大哉王言, 又曰一哉王言, 克綏先王之祿, 永厎烝民之生.〕"라고 하였다. 채침(蔡沈)은 이에 주를 달아 "임금이 그 마음이 한결같으므로 말에 나옴이 위대하고, 만백성들이 임금의 말이 위대함을 보았으므로 그 마음이 한결같음을 아는 것이다.〔人君惟其心之一, 故其發諸言也大; 萬姓見其言之大, 故能知其心之一.〕"라고 하였다.

에 어긋남이 있습니다.

전후의 신료들이 누차 경계하였으나 또한 그 효과를 보지 못하였으니 신은 삼가 민망스럽습니다. 이는 모두 전하께서 이치를 살피심이 정밀하지 않고 마음을 잡으심이 긴요하지 않으셔서 말과 행동에 나타나는 것이 이와 같음을 깨닫지 못하시는 것입니다.

아! 전하께서는 성지(聖智 성인(聖人)의 지혜)의 자질로 억조(億兆) 중생에 임하시면서 능히 지성대공(至誠大公)[108]을 몸 안에 담아두지 않으시어 이에 자신에게 있는 이치도 오히려 밝지 않음이 있고 자신의 마음도 오히려 바르지 못함이 있으십니다. 성덕(聖德)의 부족함이 이와 같은 데 이르시어 마침내 의리가 완전히 어두워져 윤리와 기강이 문란하게 되었으며 천토(天討)가 행하여지지 않아[109] 백성들이 의심스러워하고 황극(皇極)[110]이 서지 않아 국론이 어지러워져서 사람이 사람다운 것이 없고 나라가 나라다운 체모가 없어 나라가 토붕와해(土崩瓦解)함이 조만간에 닥쳐오게 되었습니다. 전하께서는 이에 마음이 움직이지 않으십니까.

아! 바야흐로 이렇게 존망(存亡)이 위급한 때에 신이 "구정(救正

108 지성대공(至誠大公) : 지극한 정성과 큰 공정함이라는 말이다.

109 천토(天討)가 행하여지지 않아 : 천토는 하늘이 죄인을 죽인다는 뜻으로 덕 있는 사람, 즉 임금이 하늘을 대신하여 죄인을 벌하는 것을 가리킨다. 《서경(書經)》〈고요모(皐陶謨)〉에 "하늘이 죄 있는 자를 토벌하시거든 다섯 가지 형벌로 다섯 가지 등급을 쓰소서.〔天討有罪, 五刑五用哉.〕"라고 하였다. 여기서는 영조(英祖)가 이광좌(李光佐) 등을 처벌하지 않는 것을 가리킨다.

110 황극(皇極) : 임금이 나라를 다스리기 위하여 세운 만민(萬民)의 준칙(準則)으로, 한쪽으로 치우침이 없는 중정(中正)의 도를 말한다.

구제하고 바로잡음)의 계책은 전하의 일심(一心)을 벗어나지 않는다."라고 말씀드린 것은 전하의 입장에서 보신다면 필시 오활(迂濶)하여 긴절(緊切)하지 않다고 이르실 것이나, 《전(傳)》에 이르기를 "그릇된 학설은 그 마음에서 일어나 정사를 해친다."[111]라고 하였으니 천하의 모든 일이 어찌 군주의 일심에 근본하지 않은 것이 있겠습니까.

아! 시운(時運)이 불행하고 국가에 변고가 많아 전하께서 겪으신 바가 마디마디 지난하고 변화무쌍하지 않음이 없습니다. 의리와 권도(權度)가 비록 재단(裁斷)하기 쉽지 않은 것 같으나 예로부터 성인(聖人)이 역경을 만나 잘 대처하신 바는 '지성대공(至誠大公)의 도'라고 하는 데 지나지 않을 따름입니다.

아! 생각건대 우리 숙종대왕(肅宗大王)께서는 세도가 쇠락해가는 때를 당하시어 절연(截然)하게 명분과 의리를 바로잡고 윤리와 기강을 엄격히 하는 것을 커다란 본령으로 삼으시어 영의(英毅 영민하고 굳셈)함으로써 결단하시고 강대(剛大 강직하고 대범함)함으로써 실행하셨으니 후손에게 훈계를 드리우신 것이 이미 혁연(赫然)하게 빛나고 밝았습니다.

그런데 일종의 간사한 자인 허적(許積)[112]이 명의(名義 명분과 의리)와

111 그릇된……해친다 : 《맹자(孟子)》 〈등문공 하(滕文公下)〉에 "(그릇된 학설은) 그 마음에서 일어나 일을 해치고 그 일에서 일어나 정사를 해치니, 성인이 다시 나오셔도 나의 말을 바꾸지 않을 것이다.〔作於其心, 害於其事, 作於其事, 害於其政, 聖人復起, 不易吾言矣.〕"라고 하였다.

112 허적(許積) : 1610~1680. 조선 후기의 문신으로, 본관은 양천(陽川)이며 자는 여차(汝車), 호는 묵재(默齋) 또는 휴옹(休翁)이다. 1633년(인조11) 사마시를 거쳐, 1637년 문과에 급제하였다. 이후 검열·의주 부윤·여러 조의 판서·우의정·좌의정·

원수가 되어 뜻을 잃자 원한을 쌓으며 그 앙심을 풀고자 하였는데 경자년(1720, 경종 즉위년) 이후에 경종대왕(景宗大王)께서 선왕의 뜻을 따라 받드시며 일찍이 혹시라도 흔들리지 않으시자 이 무리들이 백방으로 틈을 뚫고 들어오려 하였으나 그 계획을 이루지 못하다가 급기야 저위(儲位 왕세자의 지위)가 이미 정하여진 후에 이르러 역적 유봉휘(劉鳳輝)[113]가 기치를 세우자 여러 역적들이 그림자처럼 따라 마침내 권력을 훔쳐 상벌(賞罰)을 농단하고[114] 흉악한 모의를 자행하여 기필코 전

영의정 등 요직을 두루 역임하였다. 1659년 효종이 죽은 후 자의대비(慈懿大妃)의 복상(服喪) 문제가 일어나자 서인의 기년설(朞年說)에 반하여 3년설을 주장하였으나 채택되지 않았다. 1674년(숙종 즉위년) 인선대비(仁宣大妃)가 죽은 후 제2차 복상 문제가 일어나자 서인의 대공설(大功說)에 반하여 기년설을 주장하여 채택됨으로써 영의정에 복직하였다. 이때 서인의 영수였던 송시열의 처벌을 두고 온건론을 펴 탁남(濁南)의 영수가 되었다. 1680년 숙종에게 궤장(几杖)을 하사받고 기로소에 들어갔으나 축하연에서 궁중의 유악(帷幄)을 허락 없이 사용한 사건과 아들 허견(許堅)의 역모사건에 연좌되어 하루아침에 관직이 삭탈되고 사사(賜死)되었다. 그러나 이 사건은 남인을 견제하기 위한 서인의 음모였음이 밝혀져 1689년 기사환국(己巳換局) 때 신원되었다.

113 유봉휘(劉鳳輝) : 1659~1727. 조선 후기의 문신으로, 본관은 문화(文化)이며 자는 계창(季昌), 호는 만암(晩庵)이다. 영의정 유상운(柳尙運)의 아들이다. 1699년(숙종25) 문과에 급제하여 홍문관 수찬・부제학・동지의금부사 등을 역임하였다. 1721년(경종1)에 노론이 세제(世弟) 책봉을 주장하자 이를 반대하였으나 실패하였고, 이어 세제의 대리청정이 실현되자 왕이 병을 앓지 않는데 대리청정하는 것은 부당하다고 극간하여 이를 철회시키고 노론을 실각시켰다. 1725년 영조 즉위 후 탕평책으로 노・소의 연립정권이 수립될 때 우의정이 되었고, 이어 소론사대신의 한 사람으로 좌의정에 제수되었다. 그러나 신임사화(辛壬士禍)의 주동자라는 노론의 탄핵을 받고 함경북도 경흥(慶興)에 유배된 후 그곳에서 세상을 떠났다. 이후 관작이 복구되었으나 1755년 다시 반역죄로 추형(追刑)당했다가 1908년(순종2)에 복관되었다. 시호는 충정(忠靖)이다.

하를 제 마음대로 하고자 하는 데 이르렀으나 도리어 열성(列聖 선대의 왕들)의 음덕(陰德)[115]과 양궁(兩宮)의 보우하심[116]에 힘입어 종묘사직이 오늘날이 있을 수 있게 되었습니다. 그런데 애통하게 여길 만한 것은 우리 경묘(景廟 경종(景宗))께서는 지극히 효성스럽고 지극히 인자하시며 너그럽고 온화하시어 어지시다는 소문이 일찌감치 전파되어 팔도(八道)의 백성이 모두 우러렀는데 저 간사하고 흉악한 무리들이

114 상벌(賞罰)을 농단하고 : 원문의 '威福'은 벌(罰)과 상(賞)을 뜻하는 말로, 《서경(書經)》〈홍범(洪範)〉에 "오직 군주만이 복을 짓고 오직 군주만이 위엄을 지을 수 있다.〔惟闢作福, 惟闢作威.〕"라고 하였다.

115 음덕(陰德) : 원문의 '陰騭'은 《서경(書經)》〈홍범(洪範)〉 첫머리에 나오는 말로, "하늘이 암암리에 백성을 도와 서로 화합하여 살게 하신다.〔惟天陰騭下民, 相協厥居.〕"라고 하였다.

116 양궁(兩宮)의 보우하심 : 양궁은 경종(景宗)과 숙종의 계비(繼妃)로 당시 대비(大妃)였던 인원왕후(仁元王后) 김씨(金氏, 1687~1757)를 가리킨다. 소론이 벌인 임인옥사(壬寅獄事)에서 왕세제 대리청정을 주장했던 노론사대신을 포함해 60여 명이 처형되고 170여 명이 처벌을 받았다. 이때 연잉군(延礽君)도 경종 시해 음모에 연루됐다는 혐의를 받았고, 목숨에 위협을 느낀 연잉군은 왕대비였던 계모 인원왕후를 찾아가 왕세제 자리를 내놓겠으니 목숨만 살려달라고 울면서 매달렸다. 이에 뭇 신하가 박상검 등을 주벌(誅罰)하기를 청하였고, 김 대비는 평소 노론 측 입장에 서서 왕세제를 감싸왔던 터여서 경종에게 연잉군의 목숨을 살려주라는 간절한 내용의 편지를 언문으로 써 보냈다. 그 덕택으로 연잉군은 가까스로 목숨을 부지할 수 있었고 소론 측의 전횡을 누그러뜨릴 수 있었다. 《영조실록(英祖實錄)》의 〈묘지문〉에는 이 때 대비가 쓴 편지의 내용이 실려 있으니, "세제가 저사(儲嗣)로 책봉된 것은 이 미망인이 선왕의 유교(遺教)를 받들었고 대전(大殿)께서 친히 작호(爵號)를 써서 정하신 것인데, 불행히 궁인과 환시(宦侍)가 양궁(兩宮)에서 서로 결합하여 성총(聖聰)을 속이고는 감히 패역의 말을 방자하게 보의(黼扆) 앞에서 하였으니 그 죄는 죽여 마땅하다마는, 경들도 왕세제(王世弟)를 보호하여 사직을 지켜서 우리 선왕의 유교를 저버리지 말아야 한다."라고 하였다.

이에 차마 국가의 불행한 기회를 다행으로 여겨 숙묘(肅廟 숙종(肅宗))의 옛 신하들을 무찔러 죽이고 숙묘의 옛 법을 고치고 바꾸어 오로지 자신들의 사욕(私慾)만을 행하며 하고 싶은 대로 하였으니, 아! 여기에 어찌 터럭 하나만큼이라도 경묘를 돌아보고 생각하는 마음이 있었겠습니까. 그 흉역(凶逆)이 임금을 업신여기는 죄를 어찌 차마 말하겠습니까. 4년 동안 쌓아온 악이 아직 처벌을 받지 않았는데 선왕(先王 경종(景宗))께서 승하하셨으니 우리 전하께서 지극히 애통하여 한(恨)이 남음이 마땅히 어떠하시겠습니까.

신이 엎드려 듣자옵건대, 전하께서 을사년(1725, 영조 1년)에 하교(下教)하신 내용 가운데 "간사한 자들이 사총(四聰)[117]을 속이고 가렸으며 국병(國柄)을 제멋대로 농단하였다."라고 하신 말씀이 있습니다. 대저 경묘의 본심을 아는 것이 우리 전하만한 이가 없으니 이 무리들의 죄악을 환히 비추어보는 것 또한 마땅히 전하만한 이가 없을 것입니다. 만약 《춘추(春秋)》의 주심법(誅心法)[118]을 쓴다면 당시 조정의 신하

117 사총(四聰) : 널리 사방의 만백성에게 들어서 천하에 막힘이 없도록 하는 것이다. 《서경(書經)》〈순전(舜典)〉에서 나온 말로, "사악의 관원들에게 물어 사방의 문을 열어놓고 사방의 눈을 밝히고 사방의 귀를 통하게 하셨다.〔詢于四岳, 闢四門, 明四目, 達四聰.〕"라고 하였다.

118 《춘추(春秋)》의 주심법(誅心法) : 《춘추》의 필법 가운데 하나로, 죄적(罪迹)이 어떠한지 묻지 않고 그 용심(用心)을 보아 죄를 가하는 것을 말한다. 즉 죄를 짓는 행동을 하지 않았어도 마음에 죄가 있으면 그 불순한 동기를 죄로 다스리는 것이다. 노(魯)나라 선공(宣公) 2년에 조천(趙穿)이 진(晉)나라 영공(靈公)을 도원(桃園)에서 죽였는데 당시 집정신(執政臣)인 조돈(趙盾)이 그들을 토벌하지 않은 것과, 소공(昭公) 19년에 허(許)나라 도공(悼公)이 병중에 있을 적에 세자 도지(悼止)가 약을 맛보지 않아 도공을 죽게 한 두 가지 사건을 들어, 이는 모두 임금을 시해한 것이라고 쓴 논법을

가운데 누가 군부(君父)를 업수이 여기고 종묘사직을 배신한 죄를 면할 수 있겠습니까. 주벌(誅罰)할 것을 생각하신다면 이루 다 주벌할 수가 없을 것이니 비록 혹시라도 관대한 정사를 펼 수는 있다 하더라도 그 죄상을 밝히고 수괴(首魁)를 토죄(討罪)하여 선왕의 평소의 뜻을 밝히고 하늘에 계신 선왕의 영령을 위로하는 것을 촌각이라도 늦추어서는 안 될 것입니다. 그런데 전하께서는 을사년 이후에 오로지 고식적(姑息的)으로 일을 처리하시어 무릇 모든 토죄의 법을 한결같이 너그럽게 풀어주는 것으로 하시어 마침내 이 무리들로 하여금 전하의 조정에서 입술에 기름칠을 하고 혀를 닦아가며[119] 문득 신축년·임인년에 있었던 국병을 제멋대로 농락한 죄[120] 일체를 김일경(金一鏡)[121]·박필

가리킨다.《春秋左氏傳 宣公2年, 昭公19年》

119 입술에……닦아가며 : 원문의 '膏脣拭舌'은 입술에 기름을 바르고 혀를 닦는다는 뜻으로, 타인을 비방할 만반의 준비를 하고 있음을 표현하는 말이다.

120 신축년·임인년에……죄 : 1721~1722년에 일어난 신임사화(辛壬士禍)를 가리킨다. 김일경(金一鏡)의 사주를 받은 목호룡(睦虎龍)은 노론이 숙종 말년부터 경종을 제거하려고 하였는데 자신도 그 음모에 가담하였다며 이른바 삼급수설(三急手說)을 들어 고변하였다. 이 고변으로 국청(鞫廳)이 설치되고 장장 8개월에 걸쳐 국문이 진행되면서 역모에 관련된 자들이 처단되는 대옥사가 일어났다. 이 옥사로 노론사대신(老論四大臣)이 사사된 것을 비롯하여 정법(正法)으로 처리된 자가 20여 명, 장형(杖刑)으로 죽은 자가 30여 명이었으며, 그 밖에 그들의 가족으로 체포되어 교살된 자가 13명, 유배된 자가 114명, 스스로 목숨을 끊은 부녀자가 9명, 연좌된 자가 연인원 173명에 달하였다.

121 김일경(金一鏡) : 1662~1724. 조선 후기의 문신이자 소론의 거두이다. 본관은 광산(光山)이며 자는 인감(人鑑), 호는 아계(丫溪)이다. 1687년(숙종13)에 진사가 되고, 1702년 문과에 장원급제하였다. 그 후 정언·감찰·판결사·동부승지 등을 지냈다. 1721년(경종1)에 노론이 연잉군(延礽君)을 세제(世弟)에 책봉하고 대리청정을 실시하

몽(朴弼夢)[122]에게 돌리고는 이에 감히 나라를 위해 목숨을 바친 신하들을 추적(追謫 사후(死後)에 처벌함)하고 암암리에 당시의 남은 버릇을 드러내며 문득 스스로 이르기를 "선왕에게 충성하고 종묘사직을 위한 것이다."라고 하게 하셨습니다. 비록 그들이 방자하고 무엄하여 전하는 우롱할 수 있다고 하더라도 어찌 선왕의 강림하시는 영령이 환히 굽어 살피고 계심을 두려워하지 않는단 말입니까.

전하의 효성과 우애는 하늘로부터 타고 나시어 매양 선대 조정의 일을 들추는 말을 들으실 때마다 번번이 "차마 들을 수가 없다."라고 하시니 이는 참으로 천리가 본래 그러한 것입니다. 그러나 다만 "차마 들을 수가 없다."라고 말하기만 할 뿐인 것은 효성과 우애의 일단(一

게 하자 이조 참판으로서 이를 반대하고 김창집(金昌集)·이이명(李頤命)·조태채(趙泰采)·이건명(李健命) 등 노론사대신을 위리안치하게 하였다. 1722년 형조 판서가 된 후에는 목호룡(睦虎龍)을 매수하여 경종 시해와 이이명의 연잉군 추대 음모에 가담했다고 고변하게 하였다. 결국 일대 옥사가 일어나 유배 중이던 노론사대신이 모두 사사되고 노론 수백 명이 살해·추방되었으니, 이를 신임사화(辛壬士禍)라고 한다. 이후 우참찬과 이조 판서를 지냈으나 1724년 영조가 즉위하여 노론 정권이 들어서면서 유배되었고, 신임사화가 조작된 것이라는 노론의 탄핵을 받고 투옥되었다가 참형당하였다. 1908년에 신원되었으며, 저서로 《아계문집》이 있다.

122 박필몽(朴弼夢) : 1668~1728. 조선 후기의 문신으로, 본관은 반남(潘南)이며 자는 양경(良卿)이다. 1710년(숙종36) 문과에 급제한 후 정언·지평·부제학·이조참판·대사헌 등을 역임하였다. 1721년(경종1) 김일경(金一慶) 등과 함께 왕세제의 대리청정을 주장한 노론사대신을 성토하여 신임사화를 유발하였고, 이로 인해 영조 즉위 후 전라도 무장(茂長)에 유배되었다. 1728년(영조4) 김일경의 잔당 이인좌(李麟佐)가 난을 일으키자 도승지가 되었다고 사칭하며 배소(配所)에서 뛰쳐나와 반란을 일으킨 태인 현감 박필현(朴弼顯)의 진중(陣中)으로 가던 도중 반란이 진압되었다는 소식을 듣고 죽도(竹島)에 숨었다. 무장 현감 김몽좌(金夢佐)에게 잡혀 서울로 압송되었고, 반역의 수괴로 몰려 참살되었다. 1908년(순종2)에 복관되었다.

端)이요, 이러한 차마 들을 수 없는 마음을 미루어서 선왕의 본심을 밝히고 난신(亂臣)의 죄악을 토죄하여 마침내 숙묘의 영의하고 강대하였던 규모(規模)를 따르는 것이 곧 효성과 우애의 전체(全體)이자 대용(大用)이요, '성인(聖人)은 인륜의 지극함'[123]이라는 것입니다.

선묘(宣廟 선조(宣祖)) 초년에 선정신(先正臣) 이이(李珥)[124]가 진언(進言)하기를,

"전하께서 선왕을 추모하시는 정성으로 간흉(奸凶)이 우리 선왕을 기망(欺罔)하는 것을 들으시고도 노여워하지 않으시고 간흉이 우리 선왕을 업신여기는 것을 들으시고도 수치스러워하지 않으시며 간흉이 선동하는 재앙이 우리 선왕을 더럽히는 것을 들으시고도 소탕할 것을 생각하지 않으십니다. 가령 어떤 이가 전하를 기망하면 전하께

123 성인(聖人)은 인륜의 지극함 : 《맹자(孟子)》 〈이루 상(離婁上)〉에 나오는 말로, "규·구는 방형과 원형의 지극함이요, 성인은 인륜의 지극함이다. 군주가 되고자 할진댄 군주의 도리를 다할 것이요, 신하가 되고자 할진댄 신하의 도리를 다하여야 하니, 이 두 가지 모두 요·순을 본받을 뿐이다.〔規矩, 方員之至也; 聖人, 人倫之至也. 欲爲君, 盡君道, 欲爲臣, 盡臣道, 二者皆法堯舜而已矣.〕"라고 하였다. 임금은 인륜의 지극함을 본받아 행하여야 한다는 말이다.

124 이이(李珥) : 1536~1584. 조선 중기의 학자이자 문신이다. 본관은 덕수(德水)이며 자는 숙헌(叔獻), 호는 율곡(栗谷)·석담(石潭) 등이다. 13세인 1548년(명종3) 진사에 합격하고, 1558년에 〈천도책(天道策)〉을 지어 과거시험에서 장원으로 급제한 후 모두 9차례 장원으로 급제하여 '구도장원공(九度壯元公)'이라고 불렸다. 이후 정언·지평·황해도 관찰사·대사헌·양관(兩館) 대제학·이조 판서·병조 판서 등 요직을 두루 역임하였다. 기발이승일도설(氣發理乘一途說)을 주장하여 이황(李滉)과 함께 조선의 성리학을 심화시켰으며, 〈시무육조(時務六條)〉를 올려 십만양병을 주청하기도 하였다. 사후 20여 개의 서원에 배향되었으며, 1682년(숙종8)에는 문묘(文廟)에 배향되었다. 시호는 문성(文成)이며, 저서로 《율곡전서(栗谷全書)》 등이 남아있다.

서는 반드시 죄를 주실 것이요, 전하를 업신여기면 전하께서는 반드시 주벌하실 것인데 선왕의 일에 대해서는 이에 돌아보지 않으시니 이는 전하께서 선왕을 위하시는 것이 자신을 위하시는 것만 못한 것입니다.”

하였습니다. 이이의 이 말이 애처롭고도 간절하여 참으로 임금의 마음을 감화시키기에 족함이 있어서 선묘께서 마침내 또한 가납하셨습니다.

신이 이 글을 읽을 때마다 매양 을사년의 뭇 신하들 가운데 능히 이러한 말씀으로 전하를 깨우친 자가 없어서 마침내 주벌과 토죄가 엄하지 못하고 윤리와 기강이 밝아지지 못하여 지금과 같은 상황에 이르게 된 것 같아 한스럽습니다. 이는 진실로 뭇 신하들의 죄요, 또한 전하께서 사리를 통찰하지 못하시어 소절(小節)에 얽매여 대의(大義)를 소홀히 하신 데서 말미암은 것입니다.

건저(建儲)와 대리청정[125]은 의리의 광명정대함이 백세(百世)를 기다릴 수 있을 것인즉[126] 무릇 숙묘와 경묘의 신하된 이들이 어찌 터럭

125 건저(建儲)와 대리청정 : 1721년(경종1)에 노론 일파가 경종의 아우인 연잉군(延礽君)을 왕세제(王世弟)로 추대하고, 대리청정(代理聽政)하게 하려하였던 정치적 사건을 말한다. 연잉군을 세제로 책봉하는 것은 성공하였으나 대리청정은 무리하게 추진하다가 실패하였고, 결국 소론의 역공을 받아 신임옥사(辛壬獄事)가 일어나게 되었다.

126 백세(百世)를……즉 : 백세(百世) 후의 사람들에게 물어본다 하더라도 의심할 것 없이 인정받을 수 있다는 말이다. 《중용장구(中庸章句)》 제29장에 “(군자의 도는) 귀신에게 질정하여도 의심이 없으며, 백세에 성인을 기다려도 의혹되지 않는 것이다.〔質諸鬼神而無疑, 百世以俟聖人而不惑.〕”라고 한 데서 나온 표현이며, 맹자(孟子)의 “성인이 다시 나오셔도 내 말을 바꾸지 않을 것〔聖人復起, 不易吾言矣.〕”이라는 말과 같은 뜻이다.

하나만큼이라도 다른 뜻을 품었겠습니까마는 오직 대책(大策)이 정해진 것[127]이 옛 신하들이 정무를 담당하던 때에 있었던 일이므로 이리저리 눈치를 보며 남의 속을 헤아리는[128] 무리들이 오직 국본(國本 왕세자)이 영원히 고착되어 자신들의 뜻을 얻을 날이 없게 될까 두려워 만 번 죽을 각오로 혈전(血戰)을 벌이는 자들이 나와 꼬리를 물고 일어났으니 이인좌(李麟佐)[129], 정희량(鄭希亮)[130] 등 역적들이 군사를 일으키는 것을 기다리지 않고도 이미 전쟁에 종사할 마음이 있었던 것입니다. 그러므로 유봉휘(劉鳳輝)[131]에게서 비롯되어 한세량(韓世良)[132]이

127 대책(大策)이 정해진 것 : 1721년(경종1)에 경종의 뒤를 이을 후사로 연잉군(延礽君)을 세제(世弟)로 책봉한 사실을 가리킨다.

128 남의 속을 헤아리는 : 원문의 '揣摩'는 상대방의 마음을 헤아려 이에 맞게 설득해서 목적을 달성하는 것을 뜻한다. 전국 시대 귀곡자(鬼谷子)가 주창하여 유행시킨 종횡가(縱橫家)의 변론술이며, 소진(蘇秦)과 장의(張儀)가 그를 찾아와 배웠다고 한다.

129 이인좌(李麟佐) : ?～1728. 조선 후기의 역신(逆臣)으로, 본관은 광주(廣州)이며 본명은 현좌(玄佐)이다. 관찰사 이운징(李雲徵)의 손자이며, 윤휴(尹鑴)의 손서(孫壻)로서 남인의 명가 출신이다. 1728년(영조4) 영조와 노론을 제거하고 밀풍군(密豊君) 이탄(李坦)을 추대하려 반정을 일으켰으나 오명항(吳命恒)이 지휘하는 관군에게 패하여 한양으로 압송되어 영조의 친국을 받고 능지처참되었다. 이 난은 17일 만에 평정되었다.

130 정희량(鄭希亮) : ?～1728. 조선 후기의 역신(逆臣)으로, 본관은 초계(草溪)이며 초명은 준유(遵儒)이다. 명문가의 후손으로 안음(安陰)에서 거주하며 부귀를 누리다 순흥(順興)으로 이주하였다. 경종이 죽고 영조가 즉위하자 밀풍군(密豊君) 이탄(李坦)을 왕으로 추대하여 왕통을 바로 세워야 한다고 생각하였다. 이에 벼슬에서 밀려난 소론 일파의 호응을 얻어 1728년(영조4) 이인좌(李麟佐) 등과 반란을 일으켰다. 청주를 습격하고 한때 안음·거창·합천·삼가 등 여러 고을을 제압하였으나 도순문사 오명항(吳命恒)이 이끄는 관군에 패배하고, 거창에서 선산 부사 박필건(朴弼建)과 곤양 군수 우하형(禹夏亨) 등에게 체포되어 참수되었다.

되었고 칠적(七賊)[133]에게서 비롯되어 역적 박상검(朴尙儉)[134]이 되었으며 역적 목호룡(睦虎龍)의 변서(變書)[135]에서 비롯되어 역적 김일경

131 유봉휘(劉鳳輝) : 1659~1727. 조선 후기의 문신으로, 자세한 내용은 54쪽 주113 참조.

132 한세량(韓世良) : 1653~1723. 조선 후기의 문신으로, 본관은 청주(淸州)이며 자는 상오(相五)이다. 1699년(숙종25) 직장(直長)으로 재임하던 중 증광 문과에 장원급제하였다. 1713년 승지가 된 후 오랜 기간 동안 왕의 측근에서 승지로 왕을 보필하였다. 1718년 여주 목사로 나갔을 때 사헌부로부터 재물을 탐한다는 탄핵을 받았으나 왕의 비호로 무사하였고, 이듬해 다시 승지가 되어 중앙으로 돌아왔다. 1721년(경종1) 분병조참의가 되었는데, 노론이 왕세제(王世弟)의 대리청정을 주장하자 조태구(趙泰耉)·유봉휘(柳鳳輝) 등과 함께 이를 극력 반대하였다. 이 일로 노론의 반발을 사 절도에 위리안치하라는 대간들의 탄핵을 받았으나 이때에도 왕의 비호로 무사하였다. 이해에 공조참의가 되었고, 이어서 함경도 관찰사로 나가 재임하던 중 임지에서 사망하였다.

133 칠적(七賊) : 김일경(金一鏡)·박필몽(朴弼夢)·이명의(李明誼)·이진유(李眞儒)·윤성시(尹聖時)·정해(鄭楷)·서종하(徐宗廈) 7명을 가리킨다. 1721년(경종1) 12월 6일에 이들 7명의 이름으로 상소를 올려 이이명(李頤命)·김창집(金昌集)·이건명(李健命)·조태채(趙泰采) 등 건저사대신(建儲四大臣)과 세제(世弟)의 대리청정을 건의한 조성복(趙聖復)을 벌할 것을 청하였는데, 이 상소 안에 담고 있는 내용이 목호룡(睦虎龍)의 변서(變書)와 일치하고 김일경의 교문(敎文)에서 부연되었다.

134 박상검(朴尙儉) : 1702~1722. 조선 후기의 환관(宦官)으로, 평안도 영변 출신이다. 어렸을 때 이웃에 살고 있던 심익창(沈益昌)에게서 수학하였는데, 김일경(金一鏡)이 영변 부사로 부임하여 심익창의 집에 드나들면서 교분을 맺게 되었다. 후에 환관으로 궁궐에 들어가게 되었고, 김일경 등이 그를 이용하여 왕세제인 연잉군(延礽君)을 제거하려다 실패하였다. 이에 대신들의 주청으로 주모자를 국문하라는 경종(景宗)의 명이 내렸으며, 이에 왕세제로부터 지목을 받아 주륙당하였다.

135 목호룡(睦虎龍)의 변서(變書) : 목호룡(1684~1724)은 조선 후기의 지관(地官)으로, 본관은 사천(泗川)이다. 남인(南人)계 서얼로, 처음에는 노론의 편에서 왕세제(王世弟)를 옹호하였으나 1721년(경종1) 김일경(金一鏡) 등의 상소로 노론사대신이 유배되고 소론 정권이 들어서자 소론의 편으로 돌아섰다. 김일경의 사주를 받고 노론이

(金一鏡)의 교문(敎文)[136]이 되었던 것입니다.

오늘날 조정의 논의는 다만 역적 김일경의 교문을 지난봄 난역(亂逆)의 원인으로 여기고 있는데 과연 말이 되는 것입니까. 대개 전하께서 유독 역적 김일경에 대하여 죄를 다스리기를 가장 엄하게 하시고 역적 유봉휘의 무리에 대하여서는 일체 너그럽게 용서하십니다. 그러므로 오늘날 조정의 신하들이 전하의 일거수일투족을 보고 문득 조종하는 손을 써서 역적 유봉휘의 관질(官秩 관등(官等))도 여전하고 삼적(三賊)[137]의 머리도 아직까지 보전되어 있으며 이번 적변이 일어난 후

숙종 말년부터 경종을 제거하려고 하였는데 자신도 그 음모에 가담하였다며 이른바 삼급수설(三急手說)을 들어 고변하였다. 이 고변으로 노론 측 인사 60여 명이 처벌되고 건저사대신(建儲四大臣)인 이이명(李頤命)·김창집(金昌集)·이건명(李健命)·조태채(趙泰采)가 처형되는 신임사화가 일어났다. 고변을 한 공으로 부사 공신(扶社功臣) 3등으로 동성군(東城君)에 봉해지고 동지중추부사(同知中樞府事)에 올랐으나 1724년 영조 즉위 후 노론의 상소로 신임사화는 무고였음이 밝혀지자 김일경과 함께 체포되었다. 옥중에서 급사하였으며, 당고개(唐古介)에서 효수되었다.

136 김일경(金一鏡)의 교문(敎文) : 경종이 임인옥사(壬寅獄事)를 마무리하면서 전국에 반포한 〈토역반교문(討逆頒敎文)〉을 가리키는 것으로, 당시 홍문관 제학이었던 김일경이 대찬(代撰)하였다. 이 글은 목호룡의 변서와 같은 맥락에서 노론이 경종을 시해하려 하였으며, 그 배후에 이이명(李頤命)·김창집(金昌集)·이건명(李健命)·조태채(趙泰采) 등 노론사대신이 있다는 내용을 담고 있다. 또한 교문에는 '종무(鍾巫)'·'사구(沙丘)'·'접혈(蝶血)'이라는 문구가 있었는데, 이는 각각 노(魯)나라의 환공(桓公)이 형인 은공(隱公)을 죽이고 왕위에 오른 것·진시황이 맏아들인 부소(扶蘇)를 죽이고 작은아들인 호해(胡亥)를 세운 것·당(唐)나라의 태종(太宗)이 형인 이건성(李建成)을 죽이고 왕위에 오른 것과 관련이 있는 표현이었다. 김일경은 이러한 표현을 통하여 아우인 영조가 형인 경종을 죽이고 왕위에 오르려 하였다는 것을 암시하였다. 이 교문은 《경종실록(景宗實錄)》 2년(1722) 9월 21일의 기사에 실려 있다.

137 삼적(三賊) : 칠적(七賊) 가운데 당시 처벌을 받지 않고 살아있던 이진유(李眞

에도 끝내 유봉휘의 죄를 거슬러 성토한 자가 있다는 말을 듣지 못하였습니다. 심지어 일경의 상소와 교문을 나누어 두 가지 일로 만든 것은 반드시 삼적이라는 반역의 이름을 벗겨주려고 한 것이니, 이와 같은 의론은 흉악한 무리의 꺾이지 않은 기운을 조장하기에 꼭 맞는 것이라 어찌 능히 이미 죽은 역적 김일경의 마음을 굴복시킬 수 있겠습니까.

아! 신하가 되어서 목욕징토(沐浴懲討)의 경중완급을 오직 군상(君上)의 의향을 살피고 있을 뿐이니, 신은 남몰래 통탄스럽습니다. 건저제신(建儲諸臣)[138]들의 원통함을 풀어주고 말고 하는 것이 구천(九泉)에 있는 해골과 무슨 상관이 있겠습니까마는 부자(夫子 공자(孔子))께서 정치는 정명(正名 명분을 바로잡음)을 우선으로 한다고 하셨습니다.[139] 그러한즉 전하의 조정에 서는 자가 이에 감히 방자하게 머리를 꼿꼿이 들고 번번이 건저와 대리청정의 일에서 주선하고 받들었던 일을 가지고 두 마음을 먹은 것이니 사형(死刑)의 일률(一律 사형에 해당하는 죄)을 추시(追施)하라고 말하는데, 아! 이것이 그 명분이 과연 바르고 그

儒)・윤성시(尹聖時)・서종하(徐宗夏)를 가리킨다. 김일경(金一鏡)은 1724년(영조 즉위년)에 참형 당하였고, 박필몽(朴弼夢)은 이인좌(李麟佐)의 난에 가담하였다가 1728년에 능지처참 당하였다. 이명의(李明誼) 또한 이인좌의 난에 연루되어 1728년에 고문을 당하다가 죽었으며, 정해(鄭楷)는 1724년에 영조가 즉위하자 관직을 삭탈당하고 영천에 유배되었다가 이듬해 북변으로 배소를 옮기던 중 죽었다.

138 건저제신(建儲諸臣) : 건저사대신(建儲四大臣)인 이이명(李頤命)・김창집(金昌集)・이건명(李健命)・조태채(趙泰采)를 가리킨다.

139 정치는……하셨습니다. : 《논어(論語)》 〈자로(子路)〉에 나오는 말로, "자로가 말하였다. '위나라 군주가 선생님을 기다려 정사를 하려고 하십니다. 선생께서는 장차 무엇을 우선하시렵니까?' 공자께서 대답하셨다. '반드시 명분을 바로잡겠다.'〔子路曰: 衛君待子而爲政, 子將奚先? 子曰: 必也正名乎!〕"라고 하였다.

말이 과연 순한 것입니까. 이러한 무리들이 만약 조금이라도 전하를 돌아보고 두려워한다면 감히 이렇게 하겠습니까. 역적 유봉휘는 정승의 관질(官秩)을 추복(追復)시켜 주시고 건저제신들은 아직도 죄인의 명부(名簿)에 이름이 올라 있으니, 이와 같이 하시고도 사람들의 마음에 의혹이 없고 역란(逆亂)이 일어나지 않게 하려고 하신들 그렇게 될 수 있겠습니까.

전하께서는 타고난 성품이 자상하시고 용서를 잘 하시어 항상 자신에게 관계된 일이 혹시라도 한쪽으로 치우쳐 흐를까 두려워하십니다. 그러므로 을사년 이후에 매양 유봉휘 등 역적들은 힘껏 옹호하고 곡진히 용서하시면서 혹시라도 다칠까 두려워하시는 것 같이 하시고, 비록 건저제신들을 추장(追奬 사후에 포장(褒奬)함)하여 혁연(赫然)하게 정표(旌表 선행을 세상에 드러내어 알림)하고 증직(贈職 사후에 품계와 관직을 추증함)하신다 하더라도 일념(一念)의 사이에는 혐의쩍게 여기시는 뜻이 없지 아니하십니다. 오늘날 신하들이 성상의 뜻을 우러러 살피면서 문득 일종의 새로운 의리를 가지고 성상의 마음을 굳게 얽어매어 마침내 이륜(彛倫)이 무너지고 옳고 그름이 전도(顚倒)되어 무한한 변괴를 만들어내는 지경에 이르게 되었습니다.

신이 가만히 생각건대, 당초 성심은 본래 지공무사(至公無私)하고자 하였는데 이른바 '지극히 공정하다〔至公〕'는 것이 사실은 계교(計較 견주고 따짐)하는 일념에서 나왔기 때문에 그 해(害)가 한결같이 이러한 데에 이르게 된 것이니, 신이 말씀 드린바 "호리(毫釐)의 차이가 천리에 어긋나게 된다."라고 한 것이 어찌 헛된 말이겠습니까.

성인(聖人)의 마음은 사물을 각각 그 사물에 맡겨두며,[140] 제갈량(諸葛亮)은 "나의 마음은 저울과 같아서 사람에 따라 이랬다저랬다 할 수 없다."[141]라고 하였습니다. 이제 전하께서는 봉휘 등 적들에 대하여서는 너그럽게 용서하심이 너무 지나쳐 그들이 혹시라도 다칠까 두려워하시면서 건저제신들에 대하여서는 다잡기를 매우 급하게 하시며 혹시라도 느슨할까 두려워하시니, 이것이 어찌 이른바 사물을 각각 그 사물에 맡겨두며 이랬다저랬다 하지 않는 것이겠습니까. 전하께서는 일심(一心)의 오르내림이 그다지 일을 해침이 없다고 단정적으로 여기시고, 자못 윤리강상(倫理綱常)이 보존되고 인멸되며 의리가 밝고 어두워지는 기틀이 여기에 있어 그것이 매우 두려워할 만한 것임을 깨닫지 못하시니 신은 남몰래 민망스럽습니다.

신이 어제 영의정 이광좌(李光佐)가 자송(自訟 자책(自責))하는 상소

140 성인(聖人)의……맡겨두며 : 자기의 주관을 개입시키지 않고, 어떤 일을 대하든 간에 객관적으로 살펴서 그 일의 성격에 맞게 처리하는 것을 말한다. 《근사록(近思錄)》 권4 〈존양류(存養類)〉에 "사람이 어떤 일을 합당하게 처리하지 못하는 이유는 단지 다른 일에 구애된 나머지 사물을 각자 그 사물에 맡겨 두지 못하기 때문이다. 사물을 각자 그 사물에 맡겨 두면 이는 내가 그 사물을 부리는 것이 되지만, 만약 다른 일에 구애되어 끌려가면 이는 그 사물에 내가 부림을 받는 것이 된다.〔人不止於事, 只是攬他事, 不能使物各付物. 物各付物則是役物, 爲物所役則是役於物.〕"라는 말이 나오는데, 그 주(註)에, "이른바 사물을 각자 사물에 맡겨 둔다고 하는 것은 어떤 사물이 나에게 다가올 때 허심탄회하게 받아들여 과도하게 반응하지 않고, 그 사물이 떠나면 또 그대로 가게 하면서 과거의 자취에 집착하지 않는 것이니, 이렇게 하면 내가 능동적으로 사물을 부리게 되고 피동적으로 사물에 부림을 받지 않게 된다.〔所謂物各付物者, 物來而應, 不過其則, 物往而化, 不滯其迹, 是則役物而不爲物所役.〕"라는 해설이 붙어 있다.

141 나의……없다 : 제갈량(諸葛亮)의 공평무사한 마음을 말한다. 《정관정요(貞觀政要)》 권5 〈공평(公平)〉에 "옛날 제갈공명은 소국의 재상이었는데도 '나의 마음은 저울과 같아서 사람에 따라 이랬다저랬다 할 수 없다.'라고 하였는데, 더구나 지금 나는 대국을 다스리고 있는 데야 더 말해 무엇 하겠는가.〔昔, 諸葛孔明, 小國之相, 猶曰: 吾心如稱, 不能爲人作輕重. 況我今理大國乎?〕"라는 당 태종(唐太宗)의 말이 나온다.

를 보았더니 감히 신축년 대리(代理)의 일을 가지고 장황하게 말하면서 그 말에 이르기를 "네 죄인[142]에 대한 논의를 신은 진실로 혐애(嫌碍 친혐(親嫌)으로 구애받음)하였습니다."[143]라 하고, 마침내 또 말하기를 "대

142 네 죄인 : 신임사화 때 사사(賜死)된 노론사대신을 가리킨다.

143 네 죄인에…… 혐애(嫌碍)하였습니다 : 노론사대신 가운데 하나인 이이명(李頤命)과 이광좌(李光佐)는 이종사촌 간이다. 이들의 외할아버지인 박장원(朴長遠)의 둘째 딸이 이이명의 아버지 이민채(李敏采)의 처이고, 셋째 딸이 이광좌의 아버지 이세귀(李世龜)의 처이다. 이와 관련된 상황은 다음의 기록을 참고할 만하다. "김일경(金一鏡)이 이르기를, '오늘 입시(入侍)한 신료에는 혹 역적(逆賊)의 지친(至親)도 있으나, 모두 감히 돌아보지 않고 뜻을 같이하여 입대(入對)하였습니다.' 하자, 조태억(趙泰億)은 이르기를, '죄인(罪人) 조태채(趙泰采)는 곧 신의 당형(堂兄)이니, 신(臣)이 이 일에 대하여는 참섭(參涉)할 수 없습니다. 또 김일경(金一鏡)이 역적의 지친이라고 공척(攻斥)하였으니, 신은 문을 닫고 죄(罪)를 기다려야 할 것인데, 어찌 감히 말을 하겠습니까?' 하고, 이광좌(李光佐)는 이르기를, '신은 사사로운 일이 외람되어 애초에 감히 친혐(親嫌)을 말하지 못하였습니다.'라고 하였다"《국역 경종실록 2년 8월 13일》 "충헌공(忠獻公) 김창집(金昌集), 충문공(忠文公) 이이명(李頤命), 충민공(忠愍公) 이건명(李健命)의 관작을 추탈하고 증시(贈謚)를 환수하고 서원(書院)을 철훼(撤毁)하였으며, 충익공(忠翼公) 조태채(趙泰采)의 증시(贈謚)를 환수하고 서원을 철훼하였으니, 이는 영부사(領府事) 이광좌(李光佐)의 말을 따른 것이다.……이광좌가 말하기를, '신은 이 일에 대해 참섭(參涉)할 수 없다는 혐의가 좌상(左相)과 다름이 없습니다. 동성(同姓)과 이성(異姓)은 비록 같지 않지마는, 사촌(四寸)임에는 같습니다. 감죄(勘罪)했다는 말에 이르러서는 신이 감히 앙달(仰達)할 수가 없습니다. 신 등이 어찌 털끝만큼인들 전하(殿下)께서 대리(代理)하는 데 대해 이의(異議)를 품었겠습니까? 선왕(先王)께서 집무하지 않은 데 대한 슬퍼하는 마음은 이것이 사람의 도리에 있어 당연한 것입니다. 그런데 이제 이것을 가지고서 전하께서 대리(代理)하는 것을 불만스럽게 여겼다 하여 맞바로 흉역(凶逆)으로 몰아넣으려 하니, 이것은 신이 사람이 되느냐 귀신이 되느냐 하는 관두(關頭)이므로 이 일에 관계가 되는 곳이면 혐애(嫌碍)도 또한 돌아볼 겨를이 없습니다. 김창집·이건명의 일에 대해서는 신이 이미 지난날 연석(筵席)에서 상세히 진달했거니와, 신은 그들이 역절(逆節)이 있었다는 것을 분명히 알고 있습니

처분[144]이 한 번 흔들리게 되면 이륜이 무너져 나라가 나라 구실을 하지 못하게 될 것입니다."라 하였으며, 또 말하기를 "만세(萬世)에 이를 윤리강상의 대업(大業)을 수립하소서."라고 하였습니다.[145]

아! 저 광좌는 어찌 지난날의 이른바 '사총(四聰)[146]을 가리고 나라의 권세를 제멋대로 농락하던' 자가 아니겠습니까. 장해(戕害 참혹하게 해침)한 일과 추죄(追罪 사후에 죄를 따짐)의 논을 그가 비록 스스로 이르기를 '혐애하여 주장하지 않았다.'라고 하나 나라사람들이 알고 있는 바를 가릴 수가 있습니까. 그가 이미 '혐애가 있다'고 말하였은즉 대처분의 설은 또 무엇을 이르는 것입니까. 대리의 의논을 그는 자신이 저지하여 막지 않았다고 말하면서도 오히려 연차(聯箚)를 이륜(彜倫)에 관계되는 것으로 돌렸습니다. 대저 연차란 것은 곧 대리(代理)의 절목(節目)을 청한 차자(箚子)이니, '이륜'이란 두 글자를 어찌 감히 이 일에 써서

다.' 하였다."《국역 영조실록 3년 10월 6일》

144 대처분 : 1727년(영조3)의 정미환국(丁未換局)을 가리키는 것으로 보인다. 영조는 당쟁의 폐해를 막고 왕권을 강화하기 위해 탕평책(蕩平策)을 시행하면서 당파성이 강한 인사를 제거하고 노소를 고루 등용하고자 하였다. 이에 노론의 정호(鄭澔)·민진원(閔鎭遠)과 소론의 이광좌(李光佐)·조태억(趙泰億) 등을 기용하고, 노론의 온건파인 홍치중(洪致中)으로 하여금 탕평책을 수행하게 하였다. 그러나 정호와 민진원이 소론에 대한 압박을 강화하고 홍치중을 사직하게 하자 영조는 더 이상 노론을 설득하지 않고 과감하게 그들을 삭탈관직 시키고 소론을 대거 기용하였다. 이에 노론이 실각하고 소론이 집권하게 되었다.

145 영의정……하였습니다 : 《영조실록》 5년 3월 15일의 기사에 이 상소의 일부가 실려 있다.

146 사총(四聰) : 임금이 널리 사방의 만백성에게 들어서 천하에 막힘이 없도록 하는 것이다. 자세한 내용은 56쪽 주117 참조.

이에 차마 입으로 꺼내어 글로 적어서 방자하게 전하의 앞에 진달한단 말입니까. 이는 그것이 가리키는 뜻의 소재가 역적 김일경의 상소에 있는 '삼강오륜(三綱五倫)'의 설[147]과 어찌 털끝만큼이라도 다름이 있겠습니까. 이 일단에만 나아가도 이미 그 자가 임금을 업신여기는 죄를 처단하기에 족할 것입니다.

그 자의 상소가 앞뒤가 어긋나고 술수가 탄로 난 것을 이루 다 헤아릴 수가 없는데, 그 자가 이미 "나라가 반드시 망할 것이다."[148]라는

147 역적……설 : 김일경(金一鏡)·박필몽(朴弼夢)·이명의(李明誼)·이진유(李眞儒)·윤성시(尹聖時)·정해(鄭楷)·서종하(徐宗廈)가 7명의 이름으로 상소를 올려 건저사대신(建儲四大臣)인 이이명(李頤命)·김창집(金昌集)·이건명(李健命)·조태채(趙泰采)와 세제(世弟)의 대리청정을 건의한 조성복(趙聖復)을 벌할 것을 청하면서 다음과 같이 삼강오륜을 언급한 바 있다. "강(綱)에는 세 가지가 있는데 군위신강(君爲臣綱)이 세 가지 중에서 으뜸이 되고, 윤(倫)에 다섯 가지가 있는데 군신유의(君臣有義)가 다섯 가지에서 첫머리가 되니, 이것은 천상(天常)이고 민이(民彝)입니다. ……아! 《춘추》를 이 세상에 강(講)하지 아니한 지 오래인지라, 작은 것을 막지 아니하고 싹을 자라게 하여 삼강(三綱)과 오륜(五倫)이 무너짐이 오늘날과 같은 적은 없었습니다.……삼강(三綱)에서 으뜸가는 바와 오륜(五倫)에서 첫머리가 되는 바가 남김없이 멸절(滅絶)되었으니, 《춘추(春秋)》의 무장(無將)으로도 그 죄를 다스릴 수 없고, 한법(漢法)의 부도(不道)로도 그 율(律)에 맞출 수가 없습니다." 《국역 경종실록 1년 12월 6일》

148 나라가……것이다 : 1725년(영조1) 6월 13일에 삼사(三司)에서 합계(合啓)를 올려 "신축년 대리(代理)하여 정사를 다스리라는 명령이 내렸을 적에 이광좌가 은밀히 불평하는 마음을 품고 대신(大臣)들을 공동(恐動)하였는데, 사기(辭氣)가 성을 불끈 내고 기세가 흉악하고 사나웠습니다. 한 가지 주장은 '만일 이 명령을 도로 정지하지 않으면 나라가 반드시 망할 것이다.' 하였고, 또 한 가지 주장은 '만일 이 명령을 봉승(奉承)하면 오늘날의 대신들은 신하가 지킬 절개가 있다고 할 수 없다.' 하였으며, 또 말하기를, '병환중에 내린 분부를 어떻게 감히 믿을 수 있겠는가?' 하였습니다."라고 하였다. 이것으로 미루어 볼 때, 이 말은 1721년(경종1) 세제(世弟) 책봉의 명이 내려진 뒤에

말을 가지고 자기가 한 말이 아니라고 해놓고서 이제 이른바 '나라가 나라 구실을 하지 못하게 될 것'이라고 한 것은 또 무슨 말입니까. 전하께서 시험 삼아 그 자에게 "연차와 대리가 한 가지 일인가, 두 가지 일인가."라고 물으신다면 그 자가 장차 무슨 말로 대답할는지요. 만약에 또 "대리의 절목을 청하는 차자를 올린 것이 역(逆)인가, 역이 아닌가."라고 물으신다면 그 자가 또 장차 무슨 말로 대답할는지요. 그 자가 오늘날 이치가 궁하고 말의 앞뒤가 안 맞는 것을 어찌 알지 못하겠습니까마는 오히려 자신의 죄를 자복하려 하지 않고 이렇게 분수를 범하기 짝이 없는 말을 하고 있으니 신은 남몰래 통탄스럽습니다.

이양신(李亮臣)[149]의 상소[150]는 허다한 죄상을 나열한 것이 거의 다 사실을 가리키고 실상에 근거한 것으로 착착 들어맞으니, 그자가 또한 변명하여 밝힐 말이 없으므로 끌어다 인용한 것이 모두 말이 되지 않습니다. 오직 고심하고 있는 바를 사람들이 모두 아는지라 "나라 사람들이 반드시 장차 승복하지 않을 것입니다."[151]와 같은 말을 가지고 실없

이광좌(李光佐)가 했던 말인 것으로 보인다. 《국역 영조실록 1년 6월 13일》

149 이양신(李亮臣) : 1689~1739. 조선 후기의 문신·학자로, 본관은 연안(延安)이며 자는 원량(元亮)이다. 이정구(李廷龜)의 현손으로, 아버지는 이희조(李喜朝)이며 어머니는 영의정 김수흥(金壽興)의 딸이다. 1715년(숙종41)에 진사가 되고, 1727년(영조3)에 증광문과에 급제하였다. 이후 홍문관 부수찬이 되었는데, 이때 정미환국으로 집권한 이광좌(李光佐) 등을 탄핵하여 곽산에 유배된 바 있다. 1730년에 북평사(北評事)에 임명되었고, 1738년에 진주사(陳奏使)의 서장관으로 연경(燕京)에 다녀온 공로를 인정받아 통정대부가 되었으며, 예조 참의를 지낸 뒤 삼화 부사가 되어 재직하던 중에 죽었다. 저서로 《대간공유고(大諫公遺稿)》가 있다.

150 이양신(李亮臣)의 상소 : 이양신이 이광좌(李光佐)의 죄를 12가지로 정리하여 지적한 상소로, 《영조실록(英祖實錄)》 5년 2월 28일의 기사에 실려 있다.

는 수사로 스스로를 해명하는 자료로 삼았던 것인데, 전하의 일월(日月)과 같은 밝으심으로 세세하게 살펴보시어 어찌 그가 스스로 변명하는 말이 구구절절 군색하고 마디마디 파탄이 남을 통촉하지 않으시고서 성비(聖批 임금의 비답(批答))를 은근하게 반복하시고 위유(慰諭 위로하고 타이름)를 지나치게 융숭하게 하시면서 매번 양신의 말을 참소(讒訴)와 무고(誣告)의 조목으로 돌리시니 성청(聖聽)이 가려지고 미혹됨이 한결같이 이러한 지경에 이르렀단 말입니까.

신이 엎드려 듣건대, 이양신이 연대(筵對 경연(經筵)에서 임금에게 대답함)할 때에 신을 서경(署經)하는 일로 천청(天聽)을 번거롭게 하였는데,[152] 칭찬하고 허여하는 말이 천부당만부당하여 마치 다른 사람을 가리키는 듯하였다고 합니다. 대저 양신처럼 강직하여 용감하게 간언하는 선비는 의당 잘못된 말로 임금을 기만하는 짓을 하지 않아야 하는데 이제 갑자기 미천한 신하[微臣 오원(吳瑗)이 스스로를 겸칭한 것]를 가지

151 나라……것입니다 : 이광좌가 김일경과 관련된 자신의 입장을 밝히며, "신이 김일경(金一鏡)의 일에 대해 능히 직분을 다하지 못했던 것은 진실로 죄입니다. 만약 김일경을 조종했다고 신을 허물한다면 나라사람들이 반드시 장차 승복하지 않을 것입니다."라고 한 것을 말한다. 《국역 영조실록 5년 3월 15일》

152 이양신이……하였는데 : 서경(署經)은 임금이 새로 관리를 임명할 때 사헌부와 사간원에서 그 인선에 동의하여 신임관(新任官)의 고신(告身)에 서명(署名)하던 제도이다. 영조 5년 3월 12일에 좌승지 이정소(李廷熽)가 상소를 올려 "'……오원(吳瑗)은 대직(臺職)에 제배(除拜)된 것이 몇 달이 되었고, 전하께서 서경(署徑)을 하라고 신칙(申飭)하신 것이 또한 이미 여러 번이었는데도 어찌하여 지금까지 거행하지 않고 있는 것입니까? 신은 가만히 통탄스럽게 생각합니다.……' 하니, 임금은 그의 뜻이 상시(嘗試)하는 데 있고 경알(傾軋)하려고 했다는 이유로써 돌려주라고 명하였다."라고 한 것이 보이나 자세한 상황이 무엇인지는 알 수 없다. 《국역 영조실록 5년 3월 12일》

고 성총(聖聰)을 크게 속였다고 하니, 신은 참으로 놀랍고 부끄러우며 지금까지도 그 연고를 알지 못하겠나이다. 신의 개인적인 의리로 볼 때 감히 양신의 일을 더불어 논하지 않는 것이 마땅할 것이나, 이것이 성궁(聖躬)의 과오가 됨이 실로 미미한 것이 아닌즉 신이 어찌 감히 혐의(嫌疑)의 절목에 얽매여 머뭇거리며 진언하지 않겠습니까.

아! 전후(前後)로 광좌를 논한 것이 애초에 어찌 그에게 쌓인 원한과 깊은 분노가 있어서였겠습니까. 다만 광좌에게 죄를 내리지 않으면 나라가 나라다운 체모가 없습니다. 그러므로 비록 그의 위세가 시퍼렇게 서있어 부딪치면 부서진다 하더라도 신하가 나라를 위하는 도리상 차마 저들의 위세가 두려워 우리 임금을 잊을 수가 없어 항언(抗言 대항하여 말함)하다가 견책당한 이들이 변방의 귀양지[153]에 줄줄이 뒤를 잇고 있는데, 양신의 말이 직절(直截)하고 통쾌하여 참으로 정미년 이후 최고의 봉사(封事)라 할 수 있습니다. 비록 천청(天聽)을 감동시켜 되돌려서 국가를 태평성대에 두지는 못하였으나 또한 아직 죽지 않은 간사한 아첨꾼의 뼈를 서늘하게 하기에[154] 족하였는데, 견책이 지엄하여 그날로 황량하고 외딴 유배지로 쫓아내셨으니 그것은 광좌의 입장을 위함이 지극하신 것입니다. 어찌 언로가 막혀 곧은 기상이 소멸

153 변방의 귀양지 : 원문의 '嶺海'는 오령(五嶺)의 남쪽이나 근해(近海)의 변지(邊地)로 험난한 땅, 궁벽한 귀양지를 가리키는 말로 쓰인다.

154 아직……하기에 : 중국 송(宋)나라의 당개(唐介)가 재상 문언박(文彦博)을 탄핵하다가 귀양을 가게 되었다. 이에 이사중(李師中)이 당개를 송별하면서 〈영주 별가로 폄적되어 가는 당개를 송별하다.〔送唐介貶英州別駕〕〉라는 시를 지어, "함께 노닌 영준(英俊)은 얼굴이 어찌 그리 두터운가. 아직 죽지 않은 간사한 아첨군의 뼈 이미 서늘하네.〔竝遊英俊顏何厚? 未死奸諛骨已寒.〕"라고 한 데서 나온 말이다.

되고 꺾여 국사가 날로 망극한 지경에 이르게 됨은 생각하지 않으십니까. 하물며 성덕의 과오를 논한 바가 실로 전하에게는 약이 되는 말인데 전하께서는 어찌 그 충심을 받아들이지 않으십니까.

아! 지난봄의 역란(逆亂)을 어찌 차마 말할 수 있겠습니까. 전하께서는 매양 그것이 붕당에서 나왔다고 하시면서 오로지 알뜰살뜰 보살펴서[155] 너그러이 용서해주시고자 하시나, 신은 그것이 붕당에서 나왔으므로 반드시 의리를 밝히고 주벌(誅伐)을 엄격하게 하여야 바야흐로 간사함의 싹을 영영 끊어버리고 민심을 크게 안정시킬 수 있다고 남몰래 생각합니다. 신이 청하노니, 전하를 위하여 그 근원을 진달하게 하여주십시오.

신축·임인 연간을 당하여 얼굴을 드러낸 것이 비록 유봉휘·김일경과 같은 역적들이지만 모함이 차근차근 쌓인 것이 어찌 하루아침, 하룻저녁의 일이겠습니까. 저들이 실의하여 분노를 쌓은 마음을 가지고 감히 반역[156]의 흉악한 계책을 내어 반드시 종묘사직을 뒤집어엎은 후에야 그만두고자 하였는데 어찌 인자함과 은혜로 그 마음을 감복시킬 수 있겠습니까.

155 알뜰살뜰 보살펴서 : 원문의 '呴濡'는 애처롭게 여겨 알뜰살뜰 보살펴주는 것을 말한다. 《장자(莊子)》 〈대종사(大宗師)〉에서 "물이 바짝 말라 물고기들이 땅바닥에 처하게 되면 서로들 김을 내뿜어 축축하게 해 주고 서로들 거품으로 적셔 준다.〔泉涸, 魚相與處於陸, 相呴以濕, 相濡以沫.〕"라고 한 데서 나온 말이다.

156 반역 : 원문의 '射天'은 중국 은(殷)나라의 임금 무을(武乙)이 허수아비를 만들어 천신(天神)이라 하고 바둑을 두다가 천신을 대신한 사람이 지면 욕을 하고 가죽주머니에다 피를 담아 매어 달고는 올려다보며 활로 쏘면서 '하늘을 쏘았다.〔射天〕'라고 한 데서 나온 말이다. 후에 반역을 뜻하는 말로 쓰이게 되었다. 《史記 殷紀》

전하께서 만약 을사년(1725, 영조1) 초[157]에 신속히 애통(哀痛)의 조서[158]를 내려 선대 조정의 본뜻을 깊이 밝히시고 과감하게 결단을 내려 법을 엄히 보이셨다면 비록 그 당여(黨與)라고 하더라도 또한 반드시 낙담하고 상심하여 감히 재앙의 싹을 틔우지 못하였을 것입니다. 전하께서는 이런 생각을 하지 않으시고 다만 고식적(姑息的 눈앞의 편의를 위한 임시방편적) 은혜를 가지고 효경(梟獍)[159]과도 같은 배은망덕한 성품을 감화시키고자 하십니다.

심지어 이천해(李天海)와 같이 극악무도한 경우에 이르러서는 만약에 그 당시에 명백하게 끝까지 따져 물어서 그렇게 하도록 사주한 자를 뿌리까지 캐들어 갔더라면 오늘날 심유현(沈維賢)[160]이나 이유익(李有

157 을사년 초 : 을사환국(乙巳換局)을 가리킨다. 영조는 1725년(영조1) 을사년에 경종 연간에 있었던 신임옥사(辛壬獄事)를 소론 측의 무고라 판정하고, 노론사대신을 위시하여 신임옥사에서 죽거나 처벌된 사람들의 관작을 회복하고 충절을 포상하였다. 이어서 소론을 축출하고 노론 측 관원을 대거 등용하였으며, 얼마 후 정호(鄭澔)와 민진원(閔鎭遠), 이관명(李觀命)을 정승으로 삼아 전격적으로 노론 정권을 구성하였다.

158 애통(哀痛)의 조서 : 원문의 '哀痛之詔'는 임금이 국난(國難)을 당하면 그것이 자신의 잘못 때문이라 하여 자신의 잘못을 뉘우쳐 사과하고, 또 백성들을 위로하는 조서(詔書)이다.

159 효경(梟獍) : 효(梟)는 어미를 잡아먹는 올빼미 종류의 악조(惡鳥)이며, 경(獍)은 아비를 잡아먹는 호랑이 종류의 악수(惡獸)로 파경(破獍)을 가리킨다. 즉 올빼미와 파경은 부모를 잡아먹는 새와 짐승으로, 인륜을 모르는 흉악한 사람을 비유한다.

160 심유현(沈維賢) : ?~1728. 본관은 청송(青松)이며, 청은부원군(青恩府院君) 심호(沈浩)의 아들이자 경종(景宗)의 전비(前妃) 단의왕후(端懿王后)의 동생이다. 1724년(영조 즉위년)에 영천 군수(永川郡守)에 임명되었다. 경종의 죽음과 관련하여 흉언을 만들어 퍼트렸다는 혐의를 받고 곤욕을 치렀다. 한성 판관을 역임하였으며,

翼)과 같은 흉역(凶逆)한 무리들이 어찌 이렇게 낭자한 데에 이르렀겠습니까.[161] 전하의 처분이 이와 같으시므로 식자(識者)들이 깊이 근심하였는데 진정 그 우려가 지난봄의 변란[162]에 미쳤습니다.

원구(元舅 임금의 외삼촌)[163]가 소매 속에 넣고 들어간 차자(箚子)[164]와

1728년에 담양 부사(潭陽府使)로 재직하던 중 태인 현감(泰仁縣監) 박필현(朴弼顯)과 결탁하여 모반을 일으켰는데 모반이 실패로 돌아가면서 관련자들과 함께 체포되어 국문(鞫問)을 받고 처형되었다. 누이가 왕후였기 때문에 가족들에게까지 죄가 연좌되지는 않았다.

161 심지어……이르렀겠습니까 : 1725년(영조1)에 당시 군사(軍士)였던 이천해(李天海)가 영조가 탄 어가(御駕)를 가로막고는 "경종 대왕을 독살한 나쁜 놈"이라고 욕설을 한 사건이 발생하여 관련자들에 대한 대대적인 국문이 시행되었다. 이 과정에서 이유익(李有翼)이 흉언을 만들어 퍼트린 사람이 심유현(沈維賢)이라고 진술하였는데, 심유현이 경종 사망 당일 특별히 명소(命召)를 받고 유문(留門) 입시하였는데 그때까지만 해도 평소와 다름없던 경종이 갑자기 사망하였다고 말하였다는 것이다. 이에 대해 《영조실록》에 실린 심유현의 공초를 인용하면 다음과 같다. "갑진년에 신이 영천 군수(永川郡守)가 되었다가 병오년에 올라와 경묘(景廟)의 대상일(大喪日)에 이유익을 곡반(哭班)에서 만났습니다. 이유익이 갑진년 국휼(國恤)에 대해 언급하므로 신이 답하기를, '그때 유문(留門)하고 급히 부르기에 환취정(環翠亭)에 이르러서 들어가 우러러 보았더니, 옥색(玉色)이 평상시와 같았는데, 대신이 고복(皐復)을 청하여 비로소 승하하심을 알았다.' 하였습니다. 이유익이 말하기를, '환취정 안에 유독 한 환관(宦官)과 더불어 거처하시어 신세가 비통하였다.' 하고는 이어 탄식하므로 신이 책망하기를, '너는 어찌 이런 말을 하는가?'라고 하였습니다. 그때의 수작(酬酌)이 이에 불과하였는데, 신이 전한 바가 어찌하여 차마 듣지 못할 말이 되겠습니까?" 《국역 영조실록 4년 3월 29일》

162 지난봄의 변란 : 이인좌(李麟佐)의 난을 가리킨다. 심유현(沈維賢)은 영조가 경종을 독살하였다는 경종 독살설을 제기하였고, 이는 이인좌 등 반란 세력에게 중요한 명분을 제공하였다.

163 원구(元舅) : 민진원(閔鎭遠, 1664~1736)을 가리킨다. 조선 후기의 문신이자

원로(元老)[165]가 마음을 열고 올린 말씀은 실로 절대 그만둘 수 없는 애틋하고 지극한 정성에서 나온 말인데[166] 전하께서는 바야흐로 또 조

노론의 영수이다. 본관은 여흥(驪興)이며 자는 성유(聖猷), 호는 단암(丹岩) 또는 세심(洗心)이다. 민유중(閔維重)의 아들이자 인현왕후(仁顯王后)의 동생으로, 경종에게는 외삼촌뻘이 된다. 송시열(宋時烈)의 문인으로 평안도 관찰사·대사성·여러 조의 판서·우의정·좌의정 등 요직을 두루 역임하였으며, 실록청 총재관으로《숙종실록》·《경종실록》편찬을 주관하였다. 1721년(경종1) 왕세제(王世弟)의 대리청정을 건의해 실현하게 하였으며, 1725년(영조1) 소론의 영수인 유봉휘(柳鳳輝)를 신임사화의 주동자로 탄핵하여 유배시켰다. 영조의 탕평책에도 불구하고 끝까지 소론을 배격하는 노론의 선봉장으로 활약하였다. 영조의 묘정에 배향되었으며, 시호는 문충(文忠)이다.

164 소매……차자(箚子) : 원문의 '袖中之箚', 즉 '袖箚'는 소매 속에 넣고 들어가는 차자로, 임금을 직접 뵙고 올리는 차자이다.

165 원로(元老) : 여기서는 정호(鄭澔, 1648~1736)를 가리킨다. 정호는 조선 후기의 문신으로, 본관은 연일(延日)이며 자는 중순(仲淳), 호는 장암(丈巖)이다. 정철(鄭澈)의 현손이며, 송시열(宋時烈)의 제자이다. 1684년(숙종10) 정시문과에 병과로 급제한 후 검열, 정언을 거쳐 승지·대사간·대제학·대사성·대사헌·예조 판서·이조 판서·우의정·좌의정·영의정 등 요직을 두루 역임하였다. 1689년에 기사환국이 일어나자 문외출송(門外黜送)당하였다가 경성에 유배되었으며 1694년 갑술옥사로 풀려났다. 1710년에 대사간·대사헌으로 있으면서 당론을 일삼는다 하여 홍해·갑산 등지에 유배되었다. 1715년에는 유계(兪棨)의《가례원류》에 발문을 쓰면서 소론인 윤증(尹拯)이 송시열을 배반했다고 하여 파직되었으며, 이듬해 노론이 승리하면서 돌아와 윤선거(尹宣擧)의《노서유고(魯西遺稿)》에 효종에게 불손한 내용이 있다 하여 훼판(毁板)하고 윤선거 부자의 관작을 추탈하게 하였다. 1721년(경종1)에 신임사화가 일어나자 노론사대신과 함께 파직되어 강진으로 유배되었으며, 1725년(영조1) 노론의 재집권으로 풀려나 우의정에 오른 후 노론사대신의 신원(伸寃)을 누차 상소하였다. 1727년 정미환국으로 관직에서 물러난 후 1729년 기로소(耆老所)에 들어가고 영중추부사로 죽었다. 일생을 노론의 선봉으로 활약하였으며, 충주의 누암서원(樓巖書院)에 제향되었다. 저서로《장암집》이 남아있으며, 시호는 문경(文敬)이다.

166 원구(元舅)가……말인데 : 1725년(영조1) 2월 29일에 지경연사로 있던 민진원

용히 구중궁궐 깊숙한 곳에 거하시며 그다지 염두에 두지 않으시면서 "이미 흉악하고 추잡한 무리들로 하여금 면모를 바꾸고 마음을 고치게 하였다."라고 하시는데 정미년(1727, 영조3) 10월의 처분에 이르러 흉역의 무리들의 마음에 원칙을 굽혀가며 부응하신 것이 지극하고 극진하였으나[167] 그럼에도 환란을 제거하고 소멸시키지 못하신 것은 어째서입니까.

작년 3월[168] 이후로는 전하께서 마땅히 깨닫는 바 있으시어 고식적(姑息的)으로 일을 처리하는 것이 환란을 조장하는 것임을 알고 미봉책을 쓰는 것이 재앙을 부르는 것임을 아셔서 무릇 관련된 범죄가 있으

(閔鎭遠)이 수차(袖箚)를 올려 신임옥사(辛壬獄事)의 전말을 상세히 아뢰고, 이어 우의정으로 있던 정호(鄭澔)가 민진원의 수차에 동의하는 차자를 올렸다. 영조는 이 일을 계기로 자신의 지지 세력인 노론을 정계로 불러들여 노론 정권을 구성하고, 노론사대신을 위시하여 신임옥사에서 죽거나 처벌된 사람들을 모두 사면하고 그들의 충절을 포상하는 을사처분(乙巳處分)을 단행하였다. 《英祖實錄 1年 2月 29日, 3月 1日》

167 정미년……극진하였으나 : 정미환국(丁未換局)을 가리킨다. 을사환국(乙巳換局) 후에도 노론이 이에 만족하지 않고 소론에 대한 보복까지 요구하자 정국이 파행으로 치닫게 되었다. 이에 영조는 을사환국 2년 뒤인 1727년 정미년에 노론을 일시에 축출하고 이광좌(李光佐)를 영의정으로 임명하여 전격적으로 소론 정권을 수립하였다. 영조는 경종 연간의 건저(建儲)와 세제 대리청정을 역적의 행위로 규정하여 김창집(金昌集)·이이명(李頤命)·이건명(李健命) 등 노론사대신의 관작을 추탈하고 시호를 환수하는 한편 소론인 이진유(李眞儒)·박필몽(朴弼夢)·윤성시(尹聖時)·정해(鄭楷)·서종하(徐宗廈)·이명의(李明誼) 등은 육지로 나오도록 하고 박장윤(朴長潤)은 감등(減等)시켜 양이(量移)하도록 명하였다. 이어서 이광좌를 영의정으로 삼고, 심수현(沈壽賢)을 우의정으로, 이태좌(李台佐)를 병조 판서로, 오명항(吳命恒)을 판의금으로 중용하여 소론의 편을 들어주었다. 《英祖實錄 3年 10月 6日, 10月 7日》

168 작년 3월 : 1728년(영조4) 3월에 일어난 이인좌(李麟佐)의 난을 가리킨다.

면 한결같이 법대로 일을 처리하여 《주관(周官 주례(周禮))》의 "어지러운 나라를 형벌할 때에는 무거운 법을 쓴다."[169]라는 의의를 덧붙이셨어야 마땅하였음에도 전하께서는 여전히 전철(前轍)을 따르시면서 경계하여 삼갈 것을 생각하지 않으셨습니다. 무릇 예전의 악이나 새로 범한 죄들을 모두 너그럽게 용서하시어 한갓 흉악한 무리들만 사기를 북돋고 인심은 안정시키지 못하시는데 신하들이 변변치 못하여 능히 바로잡지 못하고 있습니다.

광좌와 같은 무리들은 본디 책망할 것도 없거니와 종국에는 감국대신(勘鞫大臣)[170]도 오히려 또 다만 성상의 뜻을 따를 뿐 대의(大義)는 생각지 않고 우물쭈물하다가 죄인들을 옹호하는 논의에 이끌려 무릇 국치(鞫治 국문(鞫問)하여 다스림)함에 있어 될 수 있는 대로 가벼운 쪽을 따라 법적으로 응당 잡아들이기를 청해야 하나 애초에 잡아들이기를 청하지 않은 경우도 있고 작처(酌處 죄의 경중을 참작하여 처단함)하지 말아야 하는데 지레 작처해버린[171] 경우도 매우 많으니, 막중한 대옥(大獄 막중한 옥사(獄事))을 구차하게 종료해버리고서 사리가 그럴 듯한 설에

169 어지러운……쓴다 : 《주례(周禮)》 〈추관(秋官) 대사구(大司寇)〉에 나오는 말로, "새로 세운 나라를 형벌할 때에는 가벼운 법을 쓰고, 잘 다스려진 나라를 형벌할 때에는 중간의 법을 쓰고, 어지러운 나라를 형벌할 때에는 무거운 법을 쓴다.〔一曰刑新國用輕典, 二曰刑平國用中典, 三曰刑亂國用重典.〕"라고 하였다.

170 감국대신(勘鞫大臣) : '감국'은 죄인을 신문하여 법에 따라 처벌한다는 말이다. 《영조실록》 5년 3월 19일의 기사에 "당시 감옥대신은 곧 좌의정 홍치중이었다.〔勘獄大臣, 卽左議政洪致中也.〕"라고 하였다.

171 지레 작처해버린 : 원문의 '徑先處斷'은 범인의 진술을 기다리지 않고 처단하였다는 뜻이다.

이르러서는 어쩌면 그리도 용서함이 너무도 지나쳤는지요.[172]

같은 집안이라 친혐(親嫌)한다는 것[173]은 법적인 도의상 더욱 감히 꺼낼 수 있는 것이 아닙니다. 정승의 자리에 있으면서 군부(君父 아버지이신 임금)를 위하여 난적(亂賊)을 토벌함에 자신의 직분을 다하지 못함이 이와 같으니, 전하께서는 저따위 신하[174]를 장차 어디에 쓰시겠습니

172 감국대신(勘鞫大臣)도……지나쳤는지요 : 《영조실록(英祖實錄)》 1년 3월 25일의 기사에 판의금부사(判義禁府事) 홍치중(洪致中)이 소결(疏決)하는 차례를 낭독하기를, "박희진(朴熙晉)·박장윤(朴長潤)·이제(李濟)·양성규(梁聖揆)·윤연(尹㝚)·이광도(李廣道)·이경열(李景說)·김시엽(金始燁)·조익명(趙翼命)·조진희(趙鎭禧)·이현장(李顯章)·권익순(權益淳)·여선장(呂善長)·윤유(尹游)·이승원(李承源)·이사상(李師尙)·신윤정(申潤廷)·하윤원(河潤遠)·박필몽(朴弼夢)·이진유(李眞儒)·이명의(李明誼)·정해(鄭楷)·윤성시(尹聖時)·서종하(徐宗廈)·윤취상(尹就商)·이중술(李重述)·신경제(申慶濟)·이공윤(李公胤)·이거원(李巨源)·이진순(李眞淳)·권익관(權益寬)은 모두 그대로 두고, 김수천(金壽天)·학손(鶴孫)·박후응(朴厚應)·황보겸(皇甫謙)·이지규(李志逵)·황상정(黃尙鼎)·이명룡(李命龍)·서윤흥(徐允興)·홍성주(洪聖疇)·문덕린(文德麟)·홍언도(洪彦度)·김시정(金時鼎)·이경(李坰)·오명준(吳命峻)·이봉명(李鳳鳴)은 모두 석방한다."라고 하였다는 말이 나온다. 《국역 영조실록 1년 3월 25일》

173 같은……것 : '친혐(親嫌)'은 친척 관계로 인해 공정하지 못하다는 오해를 받을 수 있는 혐의를 말한다. 여기서는 이광좌(李光佐)와 이이명(李頤命)이 이종사촌 관계라 친혐하였다는 말이다.

174 저따위 신하 : 원문의 '彼相'은 《논어(論語)》 〈계씨(季氏)〉에 나오는 말이다. 공자(孔子)의 제자 염구(冉求)와 계로(季路)가 자신들이 모시는 계씨(季氏)의 비행을 막지 못하자, 공자가 "구야! 주임이 말하기를 '능력을 펼쳐 반열에 나아가서 능히 할 수 없으면 그만두라.'라고 하였으니, 위태로운데도 잡아 주지 않고 넘어지는데도 부축하지 않는다면, 장차 피상(彼相)을 어디에 쓰겠느냐.〔求! 周任有言曰: 陳力就列, 不能者止. 危而不持, 顚而不扶, 則將焉用彼相哉?〕"라고 하며 염구를 책망하였다. '피상'은 '저 따위 상(相)'이라는 뜻으로, 여기서 '상'은 원래 소경을 따라다니며 도와주는 사람을

까. 비록 죄인들을 옹호하는 광좌의 마음으로도 오히려 또 공론을 두려워하여 약삭빠르게 면피할 방법을 꾀하면서 감히 자기 손으로 조사하여 판결하지 않고 대신이 도리어 전면에 나서 담당하면서 서둘러 엉성하게 수습한 것은 과연 무엇 때문입니까.

그 당시 의금부의 수장[175]이 일찍이 방면할 죄수의 명단에 역적 해(楷)[176]를 둔 것은 그 죄가 이미 컸는데 이 옥사를 담당하게 되자 또

가리킨다.

175 그……수장 : 《영조실록》 5년 3월 19일의 기사에 "당시 의금부의 수장은 곧 김흥경이었다.〔金吾之長, 卽金興慶也.〕"라고 하였다. 김흥경(金興慶, 1677~1750)은 조선 후기의 문신으로, 본관은 경주(慶州)이며 자는 자유(子有)·숙기(叔起), 호는 급류정(急流亭)이다. 1699년(숙종25) 정시 문과에 병과로 급제한 후 검열·정언·승지·대사간 등을 역임하였다. 경종 때 한성부 우윤으로 신임사화에 관련되어 파직되었다가 1724년에 영조가 즉위하면서 도승지가 되고 이듬해 우참찬으로 동지사(冬至使)가 되어 청나라에 다녀왔다. 1727년(영조3)에 정미환국으로 한성부 판윤에서 쫓겨났다가 이듬해 우참찬으로 복직되었으나 영조의 탕평책(蕩平策)에 반대하여 다시 파직되었다. 1730년 좌참찬에 복직되고 이조 판서를 거쳐 우의정, 영의정을 역임하였다. 이후 기로소에 들어가고, 판중추부사로 치사하여 봉조하(奉朝賀)가 되었다. 시호는 정헌(靖獻)이다.

176 역적 해(楷) : 정해(鄭楷, 1673~1725)를 가리킨다. 조선 후기의 문신으로, 본관은 연일(延日)이며 자는 여식(汝式)이다. 1705년(숙종31) 문과에 급제한 후 지평, 세자시강원 사서 등을 역임하였다. 1721년(경종1) 12월 6일에 김일경(金一鏡)이 상소를 올려 건저사대신(建儲四大臣)인 이이명(李頤命)·김창집(金昌集)·이건명(李健命)·조태채(趙泰采)와 세제(世弟)의 대리청정을 건의한 조성복(趙聖復)을 벌할 것을 청하였는데, 박필몽(朴弼夢)·이명의(李明誼)·이진유(李眞儒)·윤성시(尹聖時)·정해(鄭楷)·서종하(徐宗廈) 6명이 연명하였으므로 이들을 위리안치(圍籬安置)하고 후에 사사(賜死)하게 하였다. 이들을 노론 측에서 칠적(七賊)이라고 불렀으며, 김일경을 제외한 나머지 6명을 소하육적(疏下六賊)이라고 부르기도 하였다. 1722년에 장령을 거쳐 사간이 되어 노론을 비호하는 어유구(魚有龜)를 논죄하는 소를 올렸다. 1724년에

다시 한결같이 아첨하면서 오직 흉역한 무리의 뜻을 거스를까 두려워하니 죄인을 심문하여 역적을 토벌하는 의리가 진실로 이와 같은 것입니까.

그러나 이것이 어찌 다만 신하의 죄입니까. 모두 전하께서 그렇게 되도록 이끄신 것입니다. 신이 지난번에 뵙기를 청하였을 때 문득 감히 망령되이 진달하기를,

"전하께서 자애롭고 측은히 여기시는 마음이 지나치시어 무릇 윤리강상·종묘사직과 관계된 것에 또한 모두 고식적인 은혜를 베푸시는데, 원컨대 지금부터는 스스로 강대(剛大)해지도록 힘쓰소서."

하니 전하께서 또한 하교하시기를,

"나의 단점을 내가 어찌 모르겠는가."

하셨습니다. 전하께서 이미 스스로 그러한 줄 아신다면 어찌 준엄하게 반성하고 통렬하게 고치지 않으십니까.

이러한 까닭으로 윤리강상이 엄하지 않고 정치와 형벌이 날로 해이해져서 흉악하고 간교한 무리들이 두려워하는 바가 없습니다. 이에 오광운(吳光運)[177] 같은 자가 있어 그 사이에 불쑥 튀어나왔으니, 그는

영조가 즉위하자 관직을 삭탈당하고 영천에 유배되었으며, 이듬해 북변으로 배소를 옮기다 죽었다.

177 오광운(吳光運) : 1689~1745. 조선 후기의 문신으로, 본관은 동복(同福)이며 자는 영백(永伯), 호는 약산(藥山)이다. 1719년(숙종45) 문과에 급제한 후 설서(說書)에 올라 연잉군(延礽君)의 서연관(書筵官)이 되었으며, 이후 수찬·교리·동부승지·영남 안핵 어사·대사헌·대사간·예조 참판·개성 유수 등을 역임하였다. 영조의 탕평책(蕩平策) 하에서 청남(淸南) 세력의 정치적 지도자가 되어 남(南)·서(西)·노(老)·소(少)를 막론하고 인재를 등용할 것을 건의하였으며, 소론인 원경하(元景夏)·정우량(鄭羽良) 등과 함께 대탕평론을 주장하기도 하였다. 사후 이조 판서와 대제학에

간신의 잔당으로 요행히도 조정에 발탁되는 은혜를 입었은즉 마땅히 묵은 때를 씻어내고 마음을 돌려 은혜를 갚을 것을 도모하여야 할 것이거늘 이에 감히 '깊이 근심하고 먼 장래를 염려한다.'라는 말로 전하를 두려움에 동요하게 하였습니다. 그가 등용하기를 청한 금고폐기(禁錮廢棄)[178]된 집안은 경신년[179] 흉도(凶徒)의 소생이 아니면 곧 기사년[180] 역도(逆徒)의 종자이니, 그가 만약 법을 경외하는 마음을 가지고 있었다면 어찌 감히 이러한 발언을 하였겠습니까. 이제 전하께서 중형(重刑)에 처하지 않으실 뿐만 아니라 또 뒤이어 총애하며 하사품을 내리셨습니다.[181] 어찌 관효(觀孝)[182]의 역심(逆心)을 알고도 급변(急變)을

추증되었다. 저서로 《약산만고(藥山漫稿)》가 남아있으며, 시호는 충장(忠章)이다.

178 금고폐기(禁錮廢棄) : 종신토록 벼슬길에 나오지 못하게 하는 것을 말한다.

179 경신년 : 1680년(숙종6)에 일어난 경신환국(庚申換局)을 가리킨다. 1674년(현종15) 예송(禮訟)에서의 승리로 정권을 장악한 남인이 청남(淸南)·탁남(濁南)으로 갈라져 싸우자 이에 숙종이 염증을 느꼈다. 그러던 차에 경신년인 1680년 3월 당시 남인의 영수이며 영의정인 허적(許積)이 조부 허잠(許潛)을 위한 연시연(延諡宴)에 궁중에서 쓰는 용봉차일(龍鳳遮日)을 가져갔으며, 허적의 아들 허견(許堅)이 숙종의 후임으로 복선군(福善君)을 추대하려 하였다는 역모가 발각되었다. 이에 노한 숙종은 허적 등 남인을 모두 축출하고 복주(伏誅)하였으며, 조정의 요직을 모두 서인으로 바꾸었다. 이 사건을 계기로 남인은 완전히 몰락하고 서인들이 득세하게 되었다.

180 기사년 : 1689년(숙종15)에 일어난 기사환국(己巳換局)을 가리킨다. 숙종의 비 인현왕후(仁顯王后)가 원자를 낳지 못하는 가운데 소의(昭儀) 장씨(張氏)가 아들을 낳자 숙종이 그 아들을 원자로 삼아 정호(定號)할 것을 명하였다. 서인이 이를 반대하자 숙종은 왕권을 능가하는 세력으로 성장한 서인의 전횡을 누르기 위하여 송시열(宋時烈)·이이명(李頤命)·김수흥(金壽興)·김수항(金壽恒) 등 서인을 대거 축출하고 목내선(睦來善)·김덕원(金德遠)·민종도(閔宗道)·민암(閔黯) 등 남인계 인사를 대거 등용하였다. 이 사건을 계기로 서인은 정권에서 축출되고 남인이 재집권하게 되었다.

181 이제……내리셨습니다 : 이에 대해 《영조실록》에 다음과 같은 내용이 실려 있다.

상고한 후에야 발설한 것이 참으로 족히 공(功)이 될 만하다고 하겠습니까.[183]

이재(李栽)[184]의 경우에 이르면 그는 현일(玄逸)[185]의 아들입니다.

"영남 안핵 어사(嶺南按覈御史) 오광운(吳光運)이 상소하여 영남(嶺南)의 유생(儒生) 이재(李栽) 등 22명을 천거하여 조용(調用)할 것을 청하였다. 또 말하기를, '오늘날 탕평(蕩平)을 말하는 자는 명목(名目)을 거짓으로 꾸며 전하를 속이고 있으니, 귀신에게 물어보아도 의심이 없고 천지(天地) 사이에 세워도 어긋남이 없는 국시(國是)가 바람에 나부끼는 깃발처럼 흔들리게 되었습니다.' 하고, 또 말하기를, '흉얼(凶孽)의 지류(支流)가 거의 나라의 반을 널리 차지하고 있으니, 마땅히 광탕(曠蕩)의 은전(恩典)이 있어야 할 것입니다. 청컨대 폐고(廢錮)된 집안들을 소통(疏通)시키도록 하소서.' 하니, 우악(優渥)한 비답을 내리고 현궁(弦弓)을 상으로 내려 주었다. 그리고 원소(原疏)를 해조(該曹)에 보여주고는 다시 들여와 유중(留中)하였다." 《국역 영조실록 5년 3월 10일》

182 관효(觀孝) : 민관효(閔觀孝, ?~1728)를 가리킨다. 이인좌(李麟佐)의 난의 10명의 수괴 가운데 한 명이며, 자세한 내용은 미상이다. 10명의 수괴는 이인좌·이웅보(李熊輔)·박필현(朴弼顯)·이사성(李思晟)·정희량(鄭希亮)·박필몽(朴弼夢)·남태징(南泰徵)·민관효·심유현(沈維賢)·이유익(李有翼)이다.

183 어찌……하겠습니까 : 《영조실록》에 "오광운은 재능이 조금 있었고, 무신년에는 홍경보(洪景輔)와 더불어 민관효(閔觀孝)의 무리들이 역모(逆謀)가 있음을 말하였다. 그리하여 그들이 체포되어 신문을 받고 복법(伏法)되자 임금이 발고(發告)한 공(功)이 있다 하여 마침내 총애하고 기용했던 것이다."라는 말이 있다. 《국역 영조실록 18년 12월 20일》

184 이재(李栽) : 1657~1730. 조선 후기의 학자로, 본관은 재령(載寧)이며 자는 유재(幼材), 호는 밀암(密菴)이다. 이현일(李玄逸)의 아들로, 1689년(숙종15) 기사환국으로 요직에 올랐다가 1694년 갑술환국 때 실각한 아버지를 따라 홍원·종성·광양 등의 배소를 따라다녔다. 벼슬이 주부에 이르렀으나 사직하고 오직 학문에만 몰두하여 성리학의 대가가 되었다. 주리론(主理論)으로 영남학파를 이끌었으며 후진양성에 힘써 이상정(李象靖)·이광정(李光靖) 등 많은 문인을 배출하였다. 아버지가 쓰다가 절필한 《홍범연의(洪範衍義)》를 완성하였으며, 《성유록(聖喩錄)》·《안증전서(顔曾全書)》·

현일의 말이 국모(國母)를 핍박하였으니[186] 죄악이 지극히 무거운데,

《주어요략(朱語要略)》 등을 저술하였다. 저서로 《밀암문집》이 남아있다.

185 현일(玄逸) : 이현일(李玄逸, 1627~1704)을 가리킨다. 조선 후기의 문신·학자로, 본관은 재령(載寧)이며 자는 익승(翼升), 호는 갈암(葛庵)이다. 영남학파의 거두로, 이황(李滉)의 학풍을 계승한 대표적인 산림으로 꼽힌다. 1646년(인조24)과 1648년 두 차례에 걸쳐 초시에 합격하였으나 벼슬에 뜻이 없어 향리에 칩거하였고, 이후 학행으로 여러 차례 천거되었으나 관직에 나아가지 않았다. 1689년 기사환국으로 남인이 재집권하면서 남인의 정치적·학문적 입지를 확대하는 데 중심적인 역할을 하였고, 유현(儒賢)으로 천거되어 이조 참의·성균관 좨주·이조 참판·대사헌·이조 판서 등 요직을 두루 역임하였다. 그러나 1694년 갑술환국으로 남인이 실각하면서 함경도로 유배되었다가 1699년에 방귀전리(放歸田里)되었다. 1710년(숙종36)에 죄명이 풀려 이듬해 복관되었다가 다시 환수되었으며, 1871년(고종8)에 문경(文敬)이라는 시호가 내려졌다가 환수되었다. 1909년에야 관직과 시호가 모두 회복되었다. 저서로 《갈암집》이 남아있다.

186 현일의……핍박하였으니 : 1689년(숙종15) 9월 24일에 이현일(李玄逸)이 숙종에게 상소를 올려 "……폐비(廢妃) 민씨(閔氏)는 곤이(壼彝)를 따르지 아니하여 스스로 하늘을 끊었으니, 다시 의논할 수 없으나 전하의 처리하시는 도리에 있어서는 도리를 다하기를 힘써서 은의(恩意)를 곡진하고 온전하게 한 뒤에야 여망(輿望)을 위로하고 군정(羣情)을 화협하게 할 수 있습니다. 왜 그런가 하면 대저 저이는 육례(六禮)로 맞아서 중궁(中宮)의 자리에 올라서 지존(至尊)을 받든 지 거의 10년인데, 이제 죄가 있어 비록 폐출(廢黜)되었을지라도 여가(閭家)에 두고 그 늠식(廩食)을 끊어서, 조금도 용서하고 돌아보시는 뜻이 없는 데 이르면, 지나치게 적중함을 잃는데 돌아감을 면치 못할 것입니다. 신은 청컨대, 한(漢)나라 무제(武帝)와 송(宋)나라 인종(仁宗)이 진씨(陳氏)와 곽씨(郭氏)를 대우하던 고사(故事)에 의하여, 이궁 별관(離宮別館)에 거처하고 방위(防衛)를 베풀어서 규금(糾禁)을 삼가하고 늠료(廩料)를 주어서 의뢰하는 바가 있게 하면, 전하의 처변(處變)하시는 도리에 거의 곡진하고 유한(遺恨)이 없을 것입니다."라고 하였다. 《국역 영조실록 15년 9월 24일》 이 상소는 비록 폐비 민씨가 죄가 있어 폐출되었다 하더라도 육례로 맞이하여 거의 10년 동안 중궁의 자리에 있었던 사람이므로 은혜를 온전하게 해야 한다는 내용이었다. 그런데 1694년 5월 11일 장령

비록 그 아들에게 참으로 등용할 만한 점이 있다고 하더라도 기강의 엄격함이 어찌 조금의 해이함을 용납할 수 있습니까. 지난번에 천거하여 발탁한 것도 이미 지극히 무엄한데, 이제 광운이 또 추천서[187]의 앞머리에 두었으니[188] 전하께서 이 사람이 죄인의 자식임을 어찌 아시겠습니까.

박장윤(朴長潤)[189]이 지은 죄가 얼마나 큰 죄인데, 당초에 사형에서 감형한 것은 비록 사람을 살리기를 좋아하는 어진 덕에서 나왔다고 하더라도 몇 년 전에는 육지로 나오게 하여 왕법을 크게 어기고 근자에는 승정원의 신하가 감히 고향에 돌아가 부모를 뵐 수 있게 하도록 청하는 의견을 진달하여 기어코 윤허를 얻어낸 후에야 그만두었으니,[190] 그 또한 선대 조정의 신하로서 방자하고 무엄하기가 어찌 이러한

안세징(安世徵)이 이현일을 탄핵하며, 상소 가운데 "곤이를 따르지 않아 스스로 하늘을 끊었다.〔自絶于天〕"라고 한 부분과 인현왕후를 "저이〔彼〕"라고 지칭한 것을 문제 삼아 죄를 줄 것을 청하였다. 상소의 내용이 폐비를 예우하여야 한다는 내용이었음에도 신하로서 왕비에게 해서는 안 될 말이라 하여 문제 삼았던 것으로, 이 일로 이현일은 종성부에 위리안치 되었고 오랫동안 명의죄인(名義罪人)으로 남게 되었다.

187 추천서 : 원문의 '薦剡'은 인재(人材)를 천거하는 공문서를 뜻한다. 중국 절강(浙江) 섬계(剡溪)의 물이 종이 만드는 데에 가장 좋아 이 지역에서 종이가 생산되었는데, 옛날에 그 섬지(剡紙)에 추천하는 글을 적었던 데에서 생긴 말이다.

188 광운이……두었으니 : 당시 영남 안핵 어사(嶺南按覈御史)였던 오광운(吳光運)이 영조에게 상소를 올려 영남(嶺南)의 유생(儒生) 이재(李栽) 등 22명을 천거하며 조용(調用)할 것을 청한 사실을 가리킨다.《英祖實錄 5年 3月 10日》

189 박장윤(朴長潤) : 1679~? 조선 중기의 문신으로, 본관은 밀양(密陽)이며 자는 원백(遠伯)이다. 1711년(숙종37) 문과에 급제한 후 지평(持平)에 임명되었다. 1724년(경종4)에 노론의 핵심 인물이었던 이이명(李頤命)이 지은 숙종의 지문(誌文)을 고쳐 지어야 한다고 직언하다가 1725년(영조1)에 유배되었다.

데에 이른단 말입니까.

190 박장윤(朴長潤)이……그만두었으니 : 1720년(숙종46)에 숙종이 승하하자 노론의 이이명(李頤命)이 지문(誌文)을 지었는데, 1722년(경종2)에 사사(賜死)되었다. 1724년에 소론 인사인 사헌부 장령 박장윤이 흉역(凶逆)이 지은 선왕(先王)의 지문을 유궁(幽宮) 곁에 묻을 수 없으니 이이명이 지은 지문을 삭제하고 문학에 능한 사람으로 하여금 다시 지어 올리게 하기를 청하였다. 경종이 윤허하였으나 예조(禮曹)에서 대신에게 하문하기를 청하였다. 이에 이광좌(李光佐)가 묘를 뚫는 것은 안 되므로 지문만 다시 지을 것을 청하였고, 결국 경종은 일의 체모가 중대하다고 하며 지문을 다시 짓지 말도록 하였다. 《景宗實錄 4年 4月 30日》 이후 영조가 즉위하자 지문을 고쳐 짓자고 발론한 대간(大諫)이 박장윤임을 현고(現告)하였고, 이후에 다음과 같은 상황이 전개되었다. "지평 이의천(李倚天), 정언 김상석(金相奭)이 합계(合啓)를 거듭 아뢰고, 이의천은 전계(前啓)를 거듭 아뢰었다. 또 아뢰기를, '박장윤(朴長潤)의 죄를 죽이지 않을 수 있겠습니까?……죄는 능의 흙을 범하는 것보다 더 큰 것이 없고, 법은 삼족(三族)을 멸하는 것보다 더 무거운 것이 없습니다. 이제 박장윤의 죄는 이미 옛사람의 정안(定案)이 있으니, 이른바 더할 수도 없고 덜할 수도 없는 것입니다. 청컨대 문외 출송한 죄인 박장윤을 빨리 방형(邦刑)으로 바로잡으소서.' 하였으나, 모두 윤허하지 않았다. 김상석이 전계(前啓)를 거듭 아뢰었으나, 윤허하지 않았다." 《국역 영조실록 1년 1월 26일》 "박장윤(朴長潤)의 일에 이르러 임금이 말하기를, '말이 아무리 매우 도리에 어긋난다 하더라도 이것으로 인하여 극률(極律)로 시행한다면 지나치다. 그러나 지난날의 감률(勘律)은 죄에 비교하여 가벼우니 절도(絶島)에 안치(安置)하도록 하라.' 하였다." 《3월 2일》 "박장윤(朴長潤)의 일에 이르러 민진원(閔鎭遠)이 말하기를, '그때 박장윤(朴長潤)의 아룀으로 인하여 고쳐 묻게 하였으니 진실로 정형(正刑)에 해당되겠지만, 그의 아룀이 이미 시행되지 않았으니, 그 본정(本情)을 캐어보면 별다른 준론(峻論)으로 시배(時輩)들에게 아첨하여 좋은 벼슬을 도박해 보려고 한 것에 불과할 뿐이니 정형(正刑 사형)은 지나칩니다.' 하니, 임금이 말하기를, '사형을 감(減)해서 먼 섬에 위리안치(圍籬安置)하도록 하라.' 하였다." 《3월 12일》 "판의금부사(判義禁府事) 홍치중(洪致中)이 소결(疏決)하는 차례를 낭독하기를, '박장윤(朴長潤)……등은 모두 석방한다.'" 《3월 25일》 "또 하교하기를, '박장윤(朴長潤)은 널리 죄를 씻어 주는 은전을 베풀려 하므로 놓아 주었으나, 일이 선조(先朝)에 관계되니 어찌 변통할 수 있겠는가? 박장윤은 그대로 유배하여 두고 그 나머지는 전지(傳旨)를 봉입(捧入)하라.' 하였다."

작년(1728, 영조4)에 변무(辨誣) 사신이 만 리 밖으로 명을 받들고 나간 것[191]은 명 받은 일이 그 얼마나 중대한 일인데, 연산(燕山)[192]에

《3년 7월 3일》 "……박장윤(朴長潤)은 감등(減等)시켜 양이(量移)하도록 명했으니, 이는 영부사(領府事) 이광좌(李光佐), 판의금(判義禁) 심수현(沈壽賢), 이조 판서(吏曹判書) 오명항(吳命恒)의 청을 따른 것이다.……오명항이 나아가 아뢰기를, '나라에 큰 경사가 있었고 또 오늘 대처분(大處分)을 거쳤으니, 찬배(竄配)되어 있으면서 방송되지 않은 부류들을 순서대로 방송시키는 일이 있어야 될 것 같습니다. 저 이진유·박장윤 등 제인(諸人)은 해도(海島)로 찬배된 지 꼭 3년이 찼습니다.' 하니, 임금이 말하기를, '박장윤이 지문(誌文)을 고치자고 청한 것은 너무도 생각하지 못한 처사였다. 개찬(改撰)한 뒤의 일을 어떻게 처리하겠는가? 이는 매우 망령된 일이다.' 하였다. 이광좌가 잇달아 청하니, 임금이 말하기를, '……경솔히 의논할 수 없는 것이기는 하지만 찬배된 지 이미 3년이 되었고 더구나 국가에 큰 경사가 있는 때이니, 분별(分別)하는 도리가 없을 수 없다.' 하고, 드디어 감등(減等)하여 육지(陸地)로 나오게 하도록 명하였다. 【박장윤(朴長潤)은 성주(星州)로 이배(移配)하였다.】" 《10월 6일》 "도승지(都承旨) 채팽윤(蔡彭潤)이 말하기를, '박장윤(朴長潤)의 아비의 병이 위중하다 합니다.' 하니, 급유(給由 말미를 줌)를 허락하여 돌아가, 만나본 뒤에 다시 배소(配所)로 떠나도록 하라고 명하였다." 《5년 2월 3일》

191 작년에……것 : 영조 초에 청(淸)나라에서 채은(債銀)의 포흠을 면제해 준다는 내용으로 회답 자문을 보내왔는데, 그 자문에 경종과 조선의 조정을 모욕하는 내용이 있었다. 자세한 내용을 살펴보면 다음과 같다. "이에 앞서 심양(瀋陽) 책문(柵門)에서 은자(銀子)를 빌린 일로써 청국에서 자문(咨文)을 보내어 포흠(逋欠)을 징수하려 하였는데, 우리나라에서 채무(債務)를 진 자가 자그마치 2백 명에 이르고 성명도 또한 착오가 많아 환상(還償)하기가 어려우므로 사실에 의거하여 회자(回咨)한 바가 있었다. 이에 이르러 청국에서 자문이 또 왔는데, 채은(債銀) 6만 냥은 너그러이 면제해 주겠다 하고는 옛날 우리나라에서 채은의 포흠(逋欠)을 진 자에 대하여 정형(正刑)에 처한 일을 뒤좇아 제기(提起)하면서 숙묘조(肅廟朝)의 정령(政令)의 엄숙함을 극진히 찬양하고 경종(景宗)에 대하여는 패만(悖慢)한 말이 많았다.……이광좌가 말하기를, '북자(北咨) 가운데에는 「지금 자문(咨文)에 의거했다.」고 이미 말하였는데, 경종(景宗)의 어휘(御諱)를 들어 말했으니 실로 이해할 수 없습니다.' 하고, 승지(承旨) 정석삼(鄭錫

뼈를 묻을 것을 비록 이 무리들에게 요구할 수는 없다 하더라도 끝내 한 번도 정문(呈文 글을 올림)하여 임금이 받은 무함(誣陷)을 변명하지 않고 오만한 글을 받아서 상(賞)을 받고 연향에 참석하였다가[193] 돌아왔으니 이 무리들이 만약 국가가 있음을 안다면 반드시 감히 이것을

三)이 말하기를, '저들이 어휘를 소상히 알지 못해서 그런 듯합니다.' 하니,……이광좌가 말하기를, '선조께서 무함을 입은 것도 본시 놀랍고 분통한 일이오나, 만약 당저(當宁)를 가리켰다면 신자(臣子)의 마음이 또한 어떠하였겠습니까? 사신을 보내어 변무(辨誣)함이 마땅합니다.' 하니, 임금이 그대로 따랐다."《국역 영조실록 3년 11월 14일》 영조 4년 1월 10일의 기사에 중국이 보낸 자문의 일부가 인용되어 있는데, "짐이 생각건대, 이미 작고(作故)한 조선 국왕 성(姓) 휘(諱)는 재간(才幹)이 빼어나고 정령(政令)이 엄숙하여 성조(聖祖) 인황제(仁皇帝)의 은권(隱眷)과 가장(嘉奬)을 깊이 입었으며, 성(性) 휘(諱)는 일찍이 그 나라의 포흠 낸 사람들을 정형(正刑)에 처했으니, 그 처사(處事)의 공명(公明)함을 알 수 있다. 저번에 들으니, 조선 국왕 성(性) 휘(諱)는 유약하고 무능하여 권세가 아랫사람들에게 옮겨졌다고 하였다. 이 자문의 추탁(推托)한 말을 보건대, 이는 반드시 그 배신(陪臣)들이 한 일이지 그 국왕의 말씨가 아니니, 대개 스스로 주간(主幹)하지 못한 소치(所致)에 기인한 것이다."라고 하였다. 첫 번째 '조선 국왕 성(性) 휘(諱)'는 숙종을 가리키며 두 번째 '조선 국왕 성(性) 휘(諱)'는 경종을 가리키는데, 실제로 중국이 보낸 자문에서는 경종의 이름을 직접 썼다고 한다. 이 밖에 '일 처리를 제대로 못 하였다.〔不能辦理.〕'라는 등의 말로 조선 조정을 모욕하기도 하였다.《英祖實錄 3年 3月 26日》 그런데 이 채은의 포흠에 관한 일은 1727년(영조3) 여름에 발생하였으며, 우리나라에서 자문을 지어 보낸 것도 영조 때였다.《承政院日記 英祖 3年 11月 16日》 이에 조선에서 변무사(辨誣使)를 보내기로 결정하여 심수현(沈壽賢)을 진주 정사(陳奏正使)로, 이명언(李明彦)을 부사(副使)로, 조진희(趙鎭禧)를 서장관(書狀官)으로 삼아 중국으로 보냈다.

192 연산(燕山) : 중국 하북성(河北省) 계현(薊縣)의 동남쪽에서 동쪽으로 수백 리를 뻗어있는 산으로, 우리나라 사신들이 중국을 왕래할 때 넘나들던 곳이다.

193 상(賞)을……참석하였다가 : 원문의 '領賞'은 중국 조정에서 사신에게 상을 내리는 것을 말하며, 이때 영상연(領賞宴)을 함께 베풀었다.

내놓지 못하였을 것인데 신하의 절개가 땅을 쓸어버린 듯 다 없어졌습니다.[194] 당초에 국문(鞫問)할 것을 아뢰었으나 윤허하지 않으신 것이 이미 법을 잃은 것이며 종국에 상사(上使 정사(正使))를 부처(付處)한 것[195]은 더욱 잘못된 것인데 대각(臺閣 사헌부와 사간원)의 신하들은 자신

194 작년에……없어졌습니다 : 이에 대해 대사간 송인명(宋寅明)과 집의(執義) 강필경(姜必慶)이 영조에게 아뢴 내용(《英祖實錄 4年 5月 15日》)과 사간(司諫) 임광(任珖)과 홍상용(洪尙容)이 아뢴 내용이 《영조실록》에 실려 있는데, 후자를 인용하면 다음과 같다. "이번 진주사(陳奏使)가 돌아왔을 때에 삼가 듣건대, 오만한 글로 나라를 욕한 것이 전의 자문(咨文)보다 훨씬 더 망극하다 합니다. 전대(專對)를 가려 뽑은 데에는 성의(聖意)가 있었는데, 이미 전에 욕본 것을 조금도 씻지 못하였거든, 또 그 차마 들을 수 없는 말을 보았으면 오직 피를 흘리고 울음을 머금으며 뼈를 묻을지언정 돌아오지 않겠다고 스스로 맹세하고 반드시 그 마음을 감동시켜야 할 것인데, 처음부터 연경(燕京)의 궁정(宮庭)에서 머리를 부수는 일을 한 적이 없고 또 예부에서 거적을 깔고 앉아 어쩔 줄 몰라 몹시 박절한 뜻을 다하지 못하고서 관례에 따라 내려 준 물건을 받고 오래지 않아서 돌아왔으니, 신하가 나라를 위하여 몸 바치는 의리에 어찌 이러한 것을 용납할 수 있겠습니까?" 《국역 영조실록 4년 6월 14일》 중국에서 받은 자문은 실려 있지 않아 글의 자세한 내용은 알 수 없다.

195 상사(上使)를 부처(付處)한 것 : 상사는 심수현(沈壽賢)을 가리키며, 부처는 벼슬아치에게 일정한 곳을 지정하여 머물러 있게 하던 형벌이었다. 심수현은 청나라에서 돌아온 후 국가를 욕되게 했다는 탄핵을 받고 문외출송(門外黜送)되었다. 양사에서는 문외출송만으로는 처벌이 경미하다 하여 부사·서장관과 같이 절도로 귀양 보낼 것을 청하였으나 왕의 비호로 문외출송에 그쳤다. 이에 대한 자세한 상황이 《영조실록》에 다음과 같이 기록되어 있다. "양사(兩司)【대사간(大司諫) 송인명(宋寅明), 집의(執義) 강필경(姜必慶)이다.】에서 아뢰기를, '청컨대 사신이 도강(渡江)하기를 기다려 상사(上使) 우의정(右議政) 심수현(沈壽賢)은 우선 파직(罷職)하고 부사(副使) 이명언(李明彦)과 서장관(書狀官) 조진희(趙鎭禧)는 모두 나국(拿鞫 체포하여 심문함)하여 엄히 묻도록 명하소서.' 하니, 임금이 말하기를, '대신(臺臣)이 논열(論列)한 것은 사체(事體)가 본디 그러하나, 사신이 주선을 잘하지 않은 탓이 아니다. 윤허하지 않는다.'" 《국역 영조실록 4년 5월 15일》 "양사(兩司)【사간(司諫) 임광(任珖)·홍상용(洪尙容)

들의 책임인 논계(論啓)[196]를 갑작스레 중지하였으니[197] 통분함을 이길

이다.】에서 아뢰기를, '……신하가 나라를 위하여 몸 바치는 의리에 어찌 이러한 것을 용납할 수 있겠습니까? 파직(罷職)・삭직(削職)의 가벼운 벌에 그칠 수 없으니, 청컨대 정사(正使) 전 우의정(右議政) 심수현(沈壽賢)은 우선 삭탈관작(削奪官爵)하여 문외 출송(門外黜送)하고 부사(副使) 이명언(李明彦)과 서장관(書狀官) 조진희(趙鎭禧)는 모두 멀리 귀양 보내도록 명하소서.' 하니, 임금이 말하기를, '아뢴 대로 하라.' 하였다."《6월 14일》"양사(兩司)【집의(執義) 이춘제(李春躋)・사간(司諫) 강필경(姜必慶)・장령(掌令) 강필신(姜必愼)・헌납(獻納) 권부(權扶)이다.】에서 합계(合啓)하기를, '부사(副使)와 서장관(書狀官)이 이 때문에 귀양 갔으니, 정사(正使)만 달라서는 안 되겠습니다. 죄인 심수현(沈壽賢)을 원찬(遠竄)하소서.' 하니, 비답(批答)하기를, '이번에 진주(陳奏)한 일은 사신이 잘하지 못한 탓이 아니다. 이미 정문(呈文) 할 수 없었으니, 어떻게 머무르겠는가? 만약 내려 주는 것을 받지 않으면 장차 어떠한 지경에 이를는지 모를 것이다. 더구나 대신(大臣)은 사체(事體)가 다른 사람과 절로 구별되는데, 어찌 부사・서장관과 견주어 같이 벌줄 수 있겠는가? 윤허하지 않는다.' 하였다."《6월 24일》

196 논계(論啓) : 사헌부와 사간원의 대각(臺閣)에서 임금에게 신하들의 잘못을 논박하여 보고하는 것이다.

197 대각(臺閣)의……중지하였으니 : 중국에 사신 갔다 온 이들에 대한 처벌이 미약하니 대각에서 벌을 더할 것을 청하는 논계를 올려야 마땅할 것인데, 이를 망설이고 있음을 비판한 것이다. 대사간(大司諫) 박사수(朴師洙)의 상소에 좀 더 자세한 내용이 보인다. "대각(臺閣)에 있는 자는 공도(公道)를 넓히고 사의(私意)를 버려 법기(法紀)를 엄하게 하고 조강(朝綱)을 떨쳐서 성주(聖主)께서 분려(奮勵)하시는 뜻을 도와 능히 국가가 떨쳐 일어나는 공열(功烈)을 도모해야 할 것인데,……북정(北庭)의 무함은 저들의 일이므로 사람의 힘으로 할 수 없다 하더라도, 전대(專對)를 책임진 자가 이미 머리를 부수고 뼈를 묻어서 신하로서 목숨을 바칠 의리는 본받지 않고 도리어 두려워하며 잠자코 한마디도 변리(辨理)하지 않고 돌아왔으므로, 합계(合啓)하여 나국(拿鞫)하기를 청한 것은 대개 여기에서 나온 것인데, 지난번에 파직(罷職)・삭직(削職)을 명하신 것은 처분이 너무 너그러우니, 벌을 더하기를 청하는 계(啓)가 곧 나와야 할 것인데, 여러 날 동안 소식을 기다려도 아직 들리는 것이 없습니다. 이명언(李明彦)에

수 있겠습니까.

이정필(李廷弼)[198]이 고을을 버리고 도망가 숨은 것은 그 죄가 사면할 수 없는 죄목에 해당하니 파직불서(罷職不敍 파직하고 영원히 서용(敍用)하지 않음)의 벌을 어찌 이러한 범죄에 베풀 수 있겠습니까. 그런데 의금부의 처분이 장황하게 신구(伸救 죄 없는 사람을 사실대로 변명하여 구원함)하고 전하께서도 또한 다시 너그러이 용서를 내리셨으니,[199] 훗날

이르러서는 이름이 역적의 공초에 나온 것이 한두 번뿐이 아니니, 가령 그 말이 반드시 진실하지는 않더라도 신하가 이런 이름을 지고도 밝히지 못하였으면, 어떻게 천지 사이에 스스로 설 수 있겠습니까? 돌아온 이때에 언책(言責)을 맡은 자들이 또한 특별히 국문(鞫問)하기를 청하는 논리가 있어야 할 것인데 아직도 고요하니, 이것이 어찌 대각에서 견제되어 돌아보고 망설이는 정태(情態)가 많고 분통하여 격절(激切)한 의사가 적기 때문이 아니겠습니까?"《국역 영조실록 4년 6월 9일》

198 이정필(李廷弼) : 1672~1735. 조선 후기의 문신으로, 본관은 전주(全州)이며, 자는 태보(台甫) 혹은 양보(良甫)이다. 양녕대군(讓寧大君) 이제(李禔)의 10대손으로, 1710년(숙종36) 문과에 급제하였다. 1724년(영조 즉위년)에 사헌부 지평이 되어 소론의 거두인 김일경(金一鏡)의 사주를 받고 김일경을 탄핵한 윤용(尹容)의 관직을 빼앗을 것을 건의하였다. 같은 해 5월에 사헌부 장령이 되었으나 탄핵을 받아 파직되었고, 이후 장령・필선・승지를 거쳐 1728년에 청의(淸議)에 죄를 지어 합천 군수로 좌천되었다. 이때 이인좌(李麟佐)의 난이 일어났는데, 반란군이 대규모라는 사실을 알고 진주(晉州)로 도망쳤다는 혐의를 받았다. 후에 도망친 것이 아니라 증원군을 요청하기 위해 진주로 갔던 것이라 해명하였지만 종신토록 벼슬길이 막히게 되었고 끝내 신원되지 않았다.

199 이정필(李廷弼)이……내리셨으니 : 이에 대한 자세한 상황이 《영조실록》에 다음과 같이 실려 있다. "합천(陜川) 사람 조성좌(曹聖佐)는 본군의 대성(大姓)인데, 역시 정희량에게 응하고자 하여 먼저 군수(郡守) 이정필(李廷弼)을 보고 안음(安陰)의 적의 형세를 크게 과장해 공갈하고 위협했다. 이정필이 처음에는 깨닫지 못하다가 후에야 그가 적임을 알고 가두었으며, 또 본군의 군사를 풀어 객사(客舍) 밖에 진을 쳐 자위(自衛)하니, 좌수(座首) 정상림(鄭商霖)이 조성좌와 함께 적을 따르고자 하여 이정필을

국가에 가령 전란이 일어난다면 장차 어떻게 수령(守令)들을 호령하고 신하의 절개를 면려하시겠습니까.

익관(益寬)[200]의 반역 행위는 명백하여 의심할만한 것이 없는데[201]

협박하기를, '안음과 거창의 병세(兵勢)가 극히 성대하여 조석 사이에 합천을 도륙(屠戮)할 것인데, 조성좌 형제의 가동(家僮)이 또 수백 명이나 됩니다. 이제 조성좌를 가두어 이 무리들이 반드시 난을 일으킬 것이니, 공은 진주(晉州)로 가서 병영(兵營)에 구원을 청하는 것만 못합니다.' 하였다. 이정필이 그 말을 믿고 22일 새벽에 도망해 갔다."《국역 영조실록 4년 3월 27일》"군수 이정필(李廷弼)이 진주(晉州)로부터 돌아와 읍 가운데 숨어 있다가 적이 붙잡혔다는 말을 듣고는 진중(陣中)으로 달려 들어가 병사(兵使) 이시번(李時蕃)에게 그 벤 목을 보냈다.……이보혁(李普赫)이 이를 듣고 군사를 이끌고 달려 들어가니, 군수 이정필이 먼저 이미 들어와 적진을 점거하고 네 적을 베어 버렸다. 감사 황선(黃璿)이, 이정필은 전에 이미 군사를 버리고 목숨을 보전하기 위해 도망하였고, 이번에는 또 제 마음대로 적의 괴수를 베었다 하여 치계하고 조정에 죄주기를 청하였다."《3월 30일》"이정필(李廷弼)이 고을을 버린 일을 지금 의논하는 자가 혹 달아난 것이 아니라 구원을 구한 것이라 하였다."《6월 9일》결국 이 일로 이정필은 폐고(廢錮)되었는데, 오원(吳瑗)은 폐고의 벌이 너무 가볍다고 본 것이다.

200 익관(益寬) : 권익관(權益寬, 1676~1730)을 가리킨다. 조선 후기의 문신으로, 본관은 안동(安東)이며 자는 홍보(弘甫)이다. 소론의 거두인 김일경(金一鏡)의 종제(從弟)이자 박필현(朴弼顯)의 매부(妹夫)이다. 1711년(숙종37) 문과에 급제한 후 세자시강원 문학·충청 감사·대사간·승지 등을 지내다가 영조가 즉위하면서 노론이 재집권하자 함경도 경원에 유배되었다가 다시 거제에 정배되었다. 1727년에 풀려나 공조 참의·함경 감사에 올랐으나 1728년 이인좌(李麟佐)의 난에 연루되어 다시 절도(絶島)에 안치되었다. 이듬해 풀려났으나 사간원의 탄핵을 받아 다시 변방에 정배되었으며, 1735년에 관작이 회복되었다가 1776년에 다시 반역의 죄상이 추궁되어 관작이 추탈되었다.

201 익관(益寬)의……없는데 : 권익관(權益寬)은 1728년(영조4) 이인좌(李麟佐)의 난이 발생하기 직전에 함경 감사(咸鏡監司)가 되었다. 함경 감사로 부임한 그는 황부(黃溥)를 시켜 섬에 들어가서 배를 제조하고, 감영의 창고에서 전선(戰船)에서 쓰는

전하께서 하문하심에 끝내 한 사람도 분명하게 우러러 대답하는 자가 없었으니 비호하고 은폐하는 버릇이 이미 지극히 놀랍고 통탄스러웠습니다.[202] 그런데 윤득화(尹得和)[203]의 상소가 나간 후에 심공(沈珙)[204]

도구들을 가져다 비치하였다. 또 영하(營下)에서 군졸을 훈련시키고 간장으로 무명을 물들이기도 하였다. 이인좌의 난이 일어났다는 소식을 듣고는 그의 심복인 박창제(朴昌悌)를 시켜 말을 점검하여 모자라는 것을 채우고, 관아에 있는 무명 여러 동(同)을 내어 전대(纏帒)를 만들었으며, 또 4동의 베와 염장(染醬)을 내어 미숫가루 몇 섬을 만들고, 시장(市場)에서 파는 전립(戰笠)·미투리를 모조리 사들였다. 이때 북로안무사(北路按撫使) 윤헌주(尹憲柱)가 이르자 말을 점검하던 것을 파(罷)하고 무명과 미시가루를 창고 속에 도로 집어넣고 전립과 짚신을 서둘러 흩어주었다. 또 이 사실을 알고 있는 황부의 첩(妾)을 강물에 던져 죽이기도 하였다. 윤헌주는 이러한 사실을 알고 장계를 올려, 권익관이 역적에게 응하려 한 것으로 의심된다며 죄를 줄 것을 청하였다. 《英祖實錄 4年 4月 8日》

202 익관(益寬)의……통탄스러웠습니다 : 《영조실록》에 이때의 상황이 자세히 기술되어 있다. "임금이 권익관의 죄상을 대신(大臣)과 금당(禁堂)·대신(臺臣)에게 하순(下詢)하니, 의금부의 수장인 판의금부사(判義禁府事) 김시환(金始煥)은 말하기를, '황부(黃溥)와 박창제(朴昌悌)가 형장(刑杖)을 맞고 죽었으니, 달리 빙거(憑據)하여 핵실(覈實)할 길이 없습니다.' 하고,……동의금(同義禁) 심공(沈珙)은 말하기를, '야위고 노둔한 말에 대해 신칙(申飭)하는 것은 이상한 일이 아니며, 북쪽 바닷가에 작은 배를 만들어 두었던 것이 어찌 능히 모역(謀逆)할 때 쓸 수 있었겠습니까? 허다하게 많은 역적들의 초사(招辭)에 끝내 권익관의 이름은 나오지 않았습니다. 단지 여러 가지 일을 모아 맞추어 의심스럽다고 생각한 것일 뿐입니다.' 하였다. 임금이 말하기를, '역적이라 해도 지금 고집할 만한 것이 없고, 역적이 아니라 해도 의심할 만한 것이 없지 않다.' 하니, 우의정 이태좌(李台佐)가 말하기를, '형적(形迹)에 집착하여 논한다면 참으로 조현명의 말과 같겠지만, 형적에 집착해서 단정할 수는 없습니다.……지금 불행한 형적으로 곧장 역모(逆謀)에 참여했다고 단정한다면 원통하고 억울할 것 같습니다.' 하고, 심공은 말하기를, '신은 그와 더불어 친숙하였기 때문에 그의 심사(心事)를 알고 있는데, 처지와 당한 바가 다만 불행했을 뿐입니다. 빙거하여 핵실한 말이 이미 끊어졌으니, 지금 와서 국청(鞫廳)에서 국문하기를 청한다면 또한 성실한 도리가 아닐 것입니

과 같은 자가 이에 감히 말하기를 "반역인지 반역이 아닌지, 풀어줄 것인지 풀어주지 않을 것인지를 다만 전하의 재량에 맡깁니다."라고 하였습니다.[205] 아! 군부(君父)께서 친히 역적의 죄를 물으시는데 자신

다. 성상께서 처분하시는 것 외에는 아마도 다른 방도가 없을 듯합니다.' 하니……임금이 '……(박창제 등 아랫사람의 잘못을 가지고) 권익관의 죄로 삼을 수는 없다. 권익관은 다시 국청으로 보낼 수 없다.' 하고, 이내 방송(放送)하라고 명하였다."《국역 영조실록 5년 2월 29일》

203 윤득화(尹得和) : 1688~1759. 조선 후기의 문신으로, 본관은 해평(海平)이며 자는 덕휘(德輝)이다. 1725년(영조1) 생원시에 합격하고 같은 해 문과에 급제하였다. 이후 병조 좌랑·지평·대사간·대사성·도승지·강화 유수·예조 참판·강원도 관찰사·대사헌 등을 두루 역임하였다. 1729년 사서로 있으면서 재상 조문명(趙文命)의 탕평론에 반대하여 영조의 탕평책에 해를 끼쳤고, 1731년 이광좌(李光佐)의 죄를 논하다 갑산에 유배된 민형수(閔亨洙)를 변호하여 좌천되었으며, 대사헌으로 있을 때 송인명(宋寅明)을 탄핵하다 파직되었다. 송시열(宋時烈)과 그의 제자 윤증(尹拯)이 서로 화목하지 못하자 1723년(경종3) 포의(布衣)의 몸으로 윤증이 스승을 배반한 죄를 규명하고 왕이 윤증을 지지하는 것은 부당하다고 주장하다가 파면되었다.

204 심공(沈珙) : 1681~1734. 조선 후기의 문신으로, 본관은 청송(青松)이며 자는 공보(共甫), 호는 이파(梨坡)이다. 이조 참판, 병조 참판 등을 역임하였다.

205 윤득화(尹得和)의……하였습니다 : 《영조실록》에 당시 윤득화가 올린 상소와 영조의 반응이 다음과 같이 기록되어 있다. "사서(司書) 윤득화(尹得和)를 경성 판관(鏡城判官)으로 출보(黜補)시키라 명하였다. 윤득화가 상소하기를, '……권익관(權益寬)처럼 역상(逆狀)이 환히 드러난 자를 감히 용납·비호하여 마침내 방송(放送)하게 하고야 말았습니다. 그래도 공의(公議)의 엄정함을 두려워하면서도 책임을 모면할 계사(啓辭)를 내었으니, 저 무리들이 일분이나마 두려워하거나 꺼림이 있다면 어찌 감히 이럴 수가 있겠습니까?' 하니, 임금이 하교하기를, '윤득화가 조금이라도 엄외(嚴畏)하는 마음이 있다면 아직 복관(復官)이 되지 아니한 사람(노론사대신)을 감히 대신(大臣)이라 칭할 수 있겠는가? 때를 타서 허구 날조하였으니, 용의(用意)가 아주 놀랍다. 이런 사람을 엄격히 징계하지 않는다면 장차 나라가 나라의 구실을 하지 못하고 사람이 사람 구실을 못하는 지경에 이를 것이다.' 하고, 이내 이런 명(命)이 있었던 것이다."

이 옥관(獄官)이 되어서 한결같이 은폐하고 비호하다가 한 마디 한다는 것이 곧 "이것은 군상(君上)의 일이요, 내 알 바가 아니다."라고 하였으니, 이것이 어찌 신하된 자의 도리입니까. 그 밖의 분노하여 협박하는 말들은 이에 비하면 오히려 소소한 일일 따름입니다. 전하께서는 이에 오히려 징계하여 다스리실 것을 생각하지 않으시니, 이와 같으시고도 왕의 기강이 설 수 있겠습니까.

무릇 이러한 몇 가지 일들이 윤의(倫義 인륜과 의리)와 법강(法綱 법과 기강)에 관계되는 바가 지극히 중차대한데 전하께서는 예삿일 보듯 하시니 모두 전하의 인자함이 넘치시고 강단이 부족하신 데서 말미암은 소치입니다.

전하께서 붕당이 반드시 나라를 망하게 하는 데 이를 것이라고 깊이 통탄하시면서 '탕평(蕩平)' 두 글자를 가지고 스스로 면려하시며 장차 화합하여 조화를 이루고자 하시자, 한 쪽 당파 사람 가운데 이에 스스로 '차이'라고 생각하는 자가 있어 나아가 그 뜻을 받드니 무릇 전하의

《국역 영조실록 5년 3월 4일》 또한 사흘 뒤인 7일에 당시 병조 참판이었던 심공(沈珙)이 상소를 올려 다음과 같이 변명하였다. "병조 참판(兵曹參判) 심공(沈珙)이 권익관(權益寬)을 방송(放送)할 때 입시(入侍)했던 여러 신하들 중 한 사람으로서 윤득화(尹得和)의 소척(疏斥)으로 인해 상소하여 변명하기를, '오늘날의 두세(頭勢)가 한결같이 어찌하여 을사년 초기와 같습니까? 전하께서 제(齊)나라의 관중(管仲)이나 촉(蜀)나라의 제갈량(諸葛亮)처럼 믿으시던 사람들이 이미 8, 9분이나 움직였으니, 그 나머지 신(臣) 등의 무리처럼 처음부터 일찍이 지우(知遇)를 받지 못했던 경우야 더욱 어찌 족히 말할 것이 있겠습니까? 저들이 바야흐로 갖은 계책으로 뚫고 들어오므로 그 형세를 막을 수가 없으니, 사대부(士大夫)들은 이러한 사람들과 더불어 시비(是非)를 비교하고 득실(得失)을 다툴 수가 없으므로 마땅히 몸을 깨끗이 하고 움츠려 물러날 뿐입니다.' 하였다." 《3월 7일》

조정에 선 자가 그 소리를 따라 호응하며 '탕평', '탕평'이라고 하는데 이는 그 명분은 아름답지 않은 것이 아니나 이를 행한 지 3년이 되었는데도 아직 한 푼의 효과도 보지 못한 것은 어째서입니까.

신이 삼가 이르건대, '탕평' 두 글자는 〈홍범(洪範)〉에서 나왔으니 대개 황극(皇極)이 이미 세워지면 왕도(王道)가 탕평함을 이르는 것입니다.[206] 주자(朱子)께서 황극의 뜻을 논하면서 '지극한 표준'이라고 하시며 공씨(孔氏)가 '중(中)'자의 뜻으로 오인한 것을 깊이 배척하시며 만세(萬世)에 근심을 끼칠 것이라고 이르기까지 하셨으니,[207] 아! 경계하지 않을 수 있겠습니까.

무릇 천하 모든 일의 옳고 그름, 이익과 손해가 각각 지극한 표준을 갖지 않음이 없으니 옳다 하거나 그르다 하거나 북돋거나 억누르는 것 또한 오직 의리(義理)의 지극함일 따름입니다. 만약 옳고 그름, 이익과 손해를 묻지 않고 다만 저와 나, 좌와 우의 사이에서 하나의 지위를 먼저 차지하여 얻어서 탕평의 기반으로 삼고자 한다면 이것은 이른바 "자막(子莫)이 중(中)을 잡은 것"[208]입니다.

206 탕평……것입니다. : 《서경(書經)》〈홍범(洪範)〉에 "편벽됨이 없고 편당함이 없으면 왕의 도가 탕탕하며, 편벽됨이 없고 편당함이 없으면 왕의 도가 평평하다.〔無偏無黨, 王道蕩蕩; 無黨無偏, 王道平平.〕"라고 하였다.

207 주자(朱子)께서……하셨으니 : 여기서의 '공씨(孔氏)'는 중국 전한(前漢)의 학자인 공안국(孔安國)으로, 그는 황극(皇極)의 의미를 '대중(大中)'이라고 파악하였다. 반면에 주자는 황극의 '황(皇)'은 군주를, '극(極)'은 '지극하다'는 뜻으로 표준을 지칭한다고 보아 황극은 '군주 한 몸이 천하의 지극한 표준을 세우는 것'이라고 하며 공안국의 견해를 비판하였다.

208 자막(子莫)이……것 : 상황을 헤아리지 않고 하나의 중(中)을 고집하는 경직된 중을 뜻한다. 자막은 춘추 시대 노나라의 현자(賢者)이다. 그는 양주(楊朱)와 묵적(墨

아! 천리가 밝지 않고 인심이 바르지 않은 것이 오래되었습니다. 이른바 붕당이라는 것은 대저 모두 뜻을 같이 하는 이들과 한 패가 되어 뜻이 다른 사람들을 배척하여 사사로운 정(情)을 따르고 대의(大義)를 경시하며 벼슬이나 재물을 얻지 못할까 걱정하고 잃을까 걱정하여[209] 염치가 없어서 사사로운 뜻이 횡행하는 것을 막을 수가 없으니 전하께서 통렬히 미워하시는 바를 신 또한 통렬히 미워하옵니다. 그러나 종국에 다투는 바는 바로 윤리강상의 머리꼭대기에 해당하는 것이라 저절로 일정한 옳고 그름이 있으니 이리저리 주선하여 임시변통할 이치가 만무한데 이제 이에 의리가 어떠한가는 묻지 않고 오직 이것저것 다 거두어들여 너그럽게 용서하심을 위주로 하시어 비록 명분과 실상이 어긋나고 근본과 말단이 갈라지는 데에 이르러도 구제하지 않으시니, 주자께서 이르신 바 '지극한 표준'이라는 것에 비추어 어떠합니까. 주자께서 일찍이 이르시기를 "어진지 그렇지 않은지, 충성스러운지 간사한지를 살피지 않고 오직 붕당을 제거하기에만 힘쓴다면 종종 남의 나라를 망치기에 이른다."[210]라고 하셨는데 하물며 그 의리의 옳고

翟)의 도가 모두 중(中)이 아니라는 것을 알고 두 주장을 절충하여 중간을 잡고자 했다. 그러나 맹목적 중을 고집하여 권도를 쓸 줄 몰랐다. 이 때문에 맹자가 "자막은 중을 잡았다. 중을 잡은 것이 도에 가깝기는 하나 중을 잡되 권도가 없는 것이 하나를 고집하는 것과 같다.〔子莫執中. 執中爲近之, 執中無權, 猶執一也.〕"라고 하였다. 《孟子 盡心上》

209 벼슬이나……걱정하여 : 재물이나 벼슬을 얻기 전에는 얻지 못할까 걱정하고, 얻은 뒤에는 행여 그 벼슬이나 재물을 잃을까 걱정한다는 말이다. 《논어(論語)》 〈양화(陽貨)〉에 "비루한 사람과 더불어 임금을 섬길 수 있겠는가. 부귀를 얻기 전에는 그것을 얻지 못할까 걱정하고, 이미 그것을 얻고 나서는 잃어버릴까 걱정한다. 진실로 그것을 잃어버릴까 걱정하면 하지 못할 짓이 없게 된다.〔鄙夫可與事君也與哉? 其未得之也, 患得之; 旣得之, 患失之. 苟患失之, 無所不至矣.〕"라고 하였다.

그름을 묻지 않고 다만 마구 뒤섞어 어지럽게 하고자 하는 자임에는 그 화(禍)가 또 장차 어떠하겠습니까.

아! 오늘날 이른바 탕평이라는 것은 애초에 진정 견지하는 바의 의리가 있었던 것이 아니고 대개 또한 붕당 타파에 주안을 두신 성심(聖心)을 우러러 헤아린 것입니다. 그러므로 이에 이러한 설을 만들어서 성심에 영합하여 총애를 공고히 하려는 계책을 부린 것이라 곧 그 말과 행동이 저절로 서로 모순이 됨을 이루 다 헤아릴 수가 없습니다.

오늘날의 역적은 곧 신축·임인 연간의 역적입니다. 오늘날 스스로 이르기를 역적을 엄격하게 토벌한다고 하면서 도리어 신축·임인 연간의 흉악한 무리들에게는 느슨하고 다만 역적 중 한 명인 김일경에게만 죄를 뒤집어 씌웠습니다. 이미 위엄과 은혜를 제멋대로 휘둘렀다는 것으로 진유(眞儒)[211]를 단죄하였는데, 진유가 활동하던 당시에 권세

210 어진지……이른다 : 중국 송(宋)나라의 유학자 주희(朱熹)가 사대부의 붕당(朋黨)을 걱정한 승상 유정(留正)에게 글을 보내어 군자의 당(黨)을 적극적으로 옹호하였는데, 해당 부분을 인용하면 다음과 같다. "붕당의 화는 진신(搢紳)에게서 생기는 것입니다만 옛날에 붕당을 미워하여 제거하고자 한 자는 왕왕 남의 나라를 망치기에 이르렀습니다. 대개 현부(賢否)와 충사(忠邪)를 살피지 않고 오직 붕당을 제거하기만 힘쓴다면 저 교묘하게 스스로를 꾀하는 소인들은 반드시 스스로 그 행적을 덮을 것이고 군자는 자신의 공변된 마음과 정직한 도를 일으켜서 감추지 않다가 왕왕 도리어 밀려나서 당(黨)으로 지목을 받게 될 것입니다.〔朋黨之禍至於縉紳, 而古之惡朋黨而欲去之者, 往往至於亡人之國. 蓋不察賢否忠邪而惟黨之務去, 則彼小人之巧於自謀者, 必將有以自蓋其迹, 而君子悖其公心直道, 無所回互, 往往反爲所擠, 而目以爲黨.〕"《晦庵集 卷28 與留丞相書》

211 진유(眞儒) : 이진유(李眞儒, 1669~1730)를 가리킨다. 조선 후기의 문신으로, 본관은 전주(全州)이며 자는 사진(士珍), 호는 북곡(北谷)이다. 1707년(숙종33) 문과에 급제한 후 정언·부제학·이조 판서·좌부빈객 등을 지냈다. 1716년 유계(兪棨)의

와 명위(名位)가 다만 진유에 비할 바 아니었던 자가 이에 도리어 추대되어 영수(領袖 영의정)가 되고도 부끄러워하지 않습니다. 연차제신(聯箚諸臣)[212]을 논하면서는 깊고 얕게 수위를 조종해가며 여러 번 그 말을 바꾸더니 오늘날에 이르러서는 이에 교묘하게 구분하고자 하였으나 기구하게 어그러져 군색한 행태가 다 드러났습니다. 무릇 그 의리가 대부분 이와 같은 경우가 많아 그 말을 들어보면 공(公)에 가까운 것 같고 그 자취를 살펴보면 중(中)에 합치하는 것 같으며 임시변통으로 이리저리 주선하며 꾸며대는 것이 또 부지런하고 간곡한 충심(忠心)인 것 같아 보이지만 전하의 마음을 호리고 전하의 총명을 미혹시키는 것이 이보다 큰 것이 없습니다.

아! '건중(建中)'[213] 두 글자는 어찌 왕정(王政)에서 마땅히 우선하여야 할 바가 아니겠습니까마는 당(唐)나라와 송(宋)나라의 전철(前

《가례원류(家禮源流)》의 서발(序跋)에서 윤증(尹拯)을 비난한 권상하(權尙夏) · 정호(鄭澔)의 처벌을 주장하다가 삭출되었다. 경종 즉위 후 다시 기용되어 세제(世弟)의 대리청정(代理聽政)을 주장한 노론사대신을 탄핵하여 제거하였으며, 이어 형조 판서 김일경(金一鏡) 등과 함께 신임사화를 일으켜 노론을 숙청하는 데 앞장섰다. 이후 이조 참의 · 부제학 · 좌부빈객 · 대사성 등을 역임하다가 영조 즉위 후 노론이 득세하자 극변(極邊)에 안치(安置)되었다가 압송되어 문초를 받던 중 옥사하였다. 1908년(순종2)에 복관되었다.

212 연차제신(聯箚諸臣) : 1721년(경종1) 10월 12일에 경종에게 연명(聯名)으로 차자(箚子)를 올려 연잉군(延礽君)의 대리청정(代理聽政)을 청하였던 노론사대신, 즉 김창집(金昌集) · 이이명(李頤命) · 이건명(李健命) · 조태채(趙泰采)를 가리킨다.

213 건중(建中) : 《서경(書經)》〈상서(商書) 중훼지고(仲虺之誥)〉에 나오는 말로, 임금이 중정(中正)의 도를 세움으로써 모든 사람의 준칙이 될 수 있도록 하는 것을 말한다. 중훼(仲虺)가 탕왕(湯王)에게 고하기를, "왕께서는 힘써 큰 덕을 밝히시어 온 천하 백성들에게 중도를 세우십시오.〔王懋昭大德, 建中于民.〕"라고 하였다.

轍)이 명백할 뿐만이 아니며, 오늘날 탕평의 논의가 또 불행히도 이와 비슷합니다. 가만히 국사(國事)를 생각해보면 사람으로 하여금 기가 막히게 하니, 이 또한 전하께서 다만 붕당이 통렬하게 미워할 만한 것임만 아실 뿐 황극(皇極)을 위에 세우지 못하신 것에서 말미암은 것입니다. 그러므로 이치에 더욱 가깝기 때문에 진(眞)을 크게 어지럽히는 설이 사이에 끼고 틈을 파고들 수 있었던 것입니다. 만약 전하께서 이치를 밝히고 마음을 바로잡으시어 지극한 표준으로 스스로 면려하신다면 이러한 설이 어찌 감히 일어나겠습니까. 그렇기 때문에 광운(光運)과 같은 자가 이에 감히 제멋대로 날뛰며 밖으로는 '참된 탕평'이라는 설을 차용하면서 실제로는 흉악한 역도(逆徒)들의 세력을 끼고서 현혹시키고 협박하는 계책을 부리고자 하니 어찌 통탄스럽지 않겠습니까.

전하께서 참으로 능히 지성대공(至誠大公 지극히 정성스럽고 크게 공정함)의 도를 가지고 항상 중(中)에 거하시어 마음가짐과 일처리가 광명정대하셔서 은상(恩賞)과 위엄 있는 형벌[214]이 한결같이 천리(天理)를 따른다면 황극이 세워지고 의리가 밝아져서 천토(天討)를 행함이 이미 오래되었을 것입니다. 대저 어찌하여 국세를 위태롭게 하고 민심을 붕괴시켜 위태위태하고 걱정스럽게 나날이 수습할 수 없는 지경으로 나아가십니까.

214 은상(恩賞)과……형벌 : 원문의 '慶賞威刑'은 상을 내려 격려하고 형벌로 위엄을 세운다는 말로, 《춘추좌씨전(春秋左氏傳)》 〈소공(昭公) 28년〉에 "경사스러운 일에는 상을 주어 격려하며 형벌로 위엄을 세우는 것을 '군(君)'이라고 한다.〔賞慶刑威曰君.〕"라는 말이 나온다.

아! 오직 대인(大人)만이 성심의 그릇됨을 바로잡을 수 있는데 신이 어떤 사람이기에 이에 감히 임금을 책난(責難)[215]하겠습니까마는 스스로 생각건대, 하늘과 같은 우악(優渥)한 성은을 보답하고자 하나 방법이 없어 문득 이 몸이 불초하고 변변치 못함을 잊어버리고 성주(聖主)를 위하여 궐실(闕失)을 보필하고자 하는 것이니 오직 성명(聖明)께서는 신의 지극히 어리석은 한 조각 정성을 가엽게 여기시어 그 말을 폐하지 말아주시옵소서. 백성에 대한 근심과 나라를 위한 계책에 이르러서는 신이 다 헤아릴 겨를이 없사옵고 다만 신에게 일찍이 한두 가지 얕은 소견이 있어 스스로 오늘날의 급선무라고 생각하는 것을 대략 여기에 덧붙여 진달하겠습니다.

국가가 보유한 영남(嶺南)은 실로 인재(人才)의 고장이니, 광운(光運)의 말이 비록 인륜에 어그러지나 본디 목이 멘다고 음식을 먹지 않을 수는 없는 법입니다.[216] 대개 옛날의 명현석보(名賢碩輔 이름난 현자와 훌륭한 신하)가 영남에서 많이 배출되었고 선정신(先正臣) 이황(李滉)이 남긴 풍도와 가르침이 오랫동안 민멸되지 않았으니 임진왜란이 일어났을 때 충성스러운 신하와 의로운 인사가 뒤를 이어 일어난 것 같은 경우에서 인재를 심고 기른 효과를 속일 수가 없었습니다.

이제 불행히도 정희량(鄭希良),[217] 이웅보(李熊輔)[218]와 같은 역적들

215 책난(責難) : 하기 어려운 일을 권면하는 것을 말한다. 맹자(孟子)가 "하기 어려운 일을 임금에게 요구하는 것을 '공(恭)'이라 하고, 선한 것을 말하여 사심(邪心)을 막는 것을 '경(敬)'이라 한다.〔責難於君, 謂之恭; 陳善閉邪, 謂之敬.〕"라고 하였다. 《孟子 離婁上》

216 목이……법입니다 : 사소한 장애를 두려워하여 중대한 일을 폐(廢)하는 것을 말한다.

이 이 지역에서 나왔으니 이에 놀라고 분노함이 반드시 다른 이들보다 갑절은 될 것인데, 그 이름이 역적들의 초사(招辭 진술서)에 나온 것을 보고도 일체 놓아두고 묻지 않으시니 영남 사람들이 이를 근심스럽고 답답하게 여겨 상소를 올리기에 이르렀습니다. 진실로 마땅히 한 번 실상을 조사하고 분석하여 토벌할만한 자는 토벌하고 용서할만한 자는 용서하고 등용할만한 자는 등용하시어 반드시 명절(名節 명분과 절의)과 의리를 가지고 가다듬어 계도하셔야 인재가 양성되어 나와서 국가가 그에 힘입음이 있을 것입니다. 어찌 고식적으로 가리고 덮으려는 뜻을 베풀어서 마치 딴마음 먹은 무리들을 안심시키려는 것처럼 하시어 영남 사람들의 수치가 되게 하여야 마땅하시겠습니까. 신은 영남 사람들 중에 이현일의 진출을 꺼리는 자가 많다고 들었으니 선한 풍속이 민멸되지 않았음을 여기서 또한 알 수 있습니다. 오직 조정에서 보익(輔翼)을 어떻게 하느냐에 달려있을 뿐이니, 이에 모름지기 노성(老成)하고 엄중하여 믿고 따를 수 있는 사람을 얻어서 관찰사[219]의 임무를 맡긴 연후에야 바야흐로 가히 그 효과를 거둘 수 있을 것입니다.

우리나라는 삼면이 바닷가라 예전부터 식자들 가운데 바다를 방비하여야 한다고 말하는 사람들이 많았습니다. 전년의 역변(逆變) 때

217 정희량(鄭希良) : ?~1728. 조선 후기의 역신(逆臣)으로, 자세한 내용은 61쪽 주130 참조.

218 이웅보(李熊輔) : ?~1728. 조선 후기의 역신(逆臣)으로, 본관은 전주(全州)이다. 본명은 이웅좌(李熊佐)이며, 이인좌(李麟佐)의 아우이다. 자세한 내용은 미상이다.

219 관찰사 : 원문의 '宣化'는 임금의 명을 받들고 지방에 나아가 백성들에게 선정(善政)을 베풀어 교화한다는 뜻으로, 관찰사를 뜻한다. '觀風'은 '관풍찰속(觀風察俗)'의 줄임말로, 역시 왕명을 받들어 지방을 순시하며 풍속과 기강을 살피는 관찰사를 뜻한다.

바다와 육지에서 한꺼번에 나란히 진격한 계책이 참으로 사람들의 뼛속까지 놀라게 하였으며, 삼남(三南) 지방의 조운(漕運 배로 물건을 실어 나름)이 오로지 바닷길로만 다니는데 기전(畿甸 경기(京畿) 지역)의 서쪽 물가가 두어 사(舍)[220]도 되지 않을 정도로 가까운즉 오늘날 나라에서는 결단코 이 일을 범연하게 보아서는 안 될 것인데 바다를 방비하는 소홀함이 육지보다 심함이 있으니 신은 삼가 한심스럽습니다.

원컨대 전하께서는 이제부터 변경의 바다를 미리 방비하는 대책을 충분히 염두에 두시옵소서. 모든 기무(機務)에 별도로 신칙과 격려를 더하고 통변할 만한 것이 있으면 속히 강확(講確 의논하여 확정함)에 유념하시어 다른 일처럼 느슨하고 영성함이 없게 하옵소서. 망명(亡命)한 역적들의 수가 참으로 많은데 실로 섬 안으로 흩어져 숨을 우려가 있고 시간이 점점 오래되면서 추적하여 잡아오는 것이 느슨해졌으니, 또한 각 도(道)에 신칙하여 엄히 정찰하도록 하시기를 바라옵나이다.

참으로 신의 오활한 생각이 반드시 합당한 것은 아니라는 것은 아오나 진실로 생각하는 바가 있는데 어찌 감히 아뢰지 않겠습니까. 신이 소(疏)를 지어 장차 올리려 하는데 패초(牌招)[221]가 내려왔으니 분의(分義 분수에 맞는 의리)를 두려워하여 궐 밖으로 따라 나아갔으나, 다만 신의 사정과 형세가 결코 함부로 벼슬에 나아갈 수 없는지라 소장(疏章)을 올리고 곧바로 물러나오니 신의 죄 만 번 죽어 마땅하옵니다.

220 사(舍) : 거리의 단위로, 옛날 중국의 군대에서 보통 하루에 행군하는 거리인 30리를 이르던 말이다.

221 패초(牌招) : 조선 시대에 비상사태가 일어나거나 임금이 야간에 급히 신하를 만나야 할 경우, 승정원에 명하여 패(牌)를 써서 입궐하게 하던 제도이다.

교리를 사임한 소 계축(1733, 영조9)

辭校理疏 癸丑

삼가 아뢰옵니다. 신이 복명(復命)하는 길에[222] 엎드려 제서(除書 사령장(辭令狀))를 받들어 외람되이 관직(館職)[223]을 더럽히며 거듭 총애를 입고 발탁되었사오니 신이 참으로 황망하고 송구스러워 마치 꿈속에 빠진 것 같사옵니다.

신이 지난날 외람되이 사간원에 있을 때 망령된 말로 죄를 지어 엄한 분부를 받들었던 바[224] 신하로서 죽을 죄 아님이 없었사오나 성상의 도량이 지극히 관대하시어 은혜와 자비로 너그러이 용서하시고 건듯 죄를 경감(輕勘 죄인을 가볍게 처분함)받은 후 바로 조적(朝籍)에 이름을 올리게 되었사오니[225] 천지와 같이 커다란 성은을 분골쇄신하여도 갚을

222 신이 복명(復命)하는 길에 : 오원(吳瑗)은 1732년(영조8) 10월에 동지사(冬至使)의 서장관(書狀官)이 되어 연경(燕京)에 갔다가 다음해인 1733년 4월에 돌아와 복명하였다.

223 관직(館職) : 조선 시대에 홍문관(弘文館) 부제학(副提學) 이하의 관원과 성균관(成均館) 대사성(大司成) 이하의 관원을 총칭하던 말이다. 여기서는 홍문관 교리(校理)의 자리를 가리킨다.

224 신이……바 : 오원(吳瑗)은 1729년(영조5) 3월에 사간원 정언(正言)으로 있으면서 이광좌(李光佐)의 죄를 논하는 상소를 올렸다가 특명으로 삭직되었다. 그때 올린 상소가 바로 《월곡집(月谷集)》 권6에 실린 〈정언을 사직하고 덧붙여 소회를 진달한 소〔辭正言附陳所懷疏〕〉이다.

225 바로……되었사오니 : 조적(朝籍)은 관직자의 명단을 가리키는 것으로, 바로 조적에 이름을 올렸다는 것은 오래지 않아 관직에 임명되었다는 말이다. 오원(吳瑗)은 1729년(영조5) 3월에 상소를 올리고 삭직되었다가 다음해인 1730년 10월에 지평(持平)

수 없사온데 허물은 예전과 똑같고 심사는 다 드러내지 못하여 황송하고 두려워서 몸 둘 곳이 없었사오니 대개 5년이 하루와 같았사옵니다.

신의 죄명을 이제 하나하나 되짚어 아뢸 겨를이 없사오나 대략 큰 것을 들어보면 조정의 관원을 모함한 것과, 대신(大臣)에 대해 터무니 없는 말을 날조한 것과, 임금의 마음을 의심으로 어지럽게 한 것이옵니다. 남의 신하된 자가 이 중에 한 가지만 있어도 참으로 이미 중죄를 면할 수가 없는데, 삼가 전후(前後)의 연석(筵席)에서 하교하시면서 누차에 걸쳐 신이 당습(黨習 붕당을 지어 다른 당을 배척하는 습속)을 달게 여겨 국가를 저버리고 선신(先臣)[226]을 저버렸다며 책유(責諭 책망하여 타이름)하심이 지엄하였다고 들었사옵니다.

신의 몸가짐이 변변치 못하여 군부(君父)의 살핌을 받지 못하고 천지간에 마침내 충(忠)과 효(孝)를 다 잃은 사람이 되었음이 스스로 슬퍼 몸을 돌아보고 가슴을 어루만지매 마치 이 세상에 용납될 곳이 없는 듯하옵니다. 삼가 생각건대 신하가 붕당을 짓는 것은 자신을 이롭게 하고자 하는 것일 따름이니, 신이 비록 땅강아지나 개미와 같이 지극히 미천하나 진실로 대대로 녹을 먹는 집안의 신하는 국가와 고락(苦樂)을 함께한다는 의리가 있는데 가령 신이 다만 사사로운 붕당을 따르고 공공(公共)의 국가를 생각하지 않아 만에 하나라도 국세가 위태로워진다면 신의 몸이 어찌 홀로 편안할 수 있겠사옵니까. 비록 신이 미련하고 패려하나 차마 임금과 국가를 저버리고 스스로 일신의 처지

이 되고, 11월에 암행어사가 되어 호서(湖西) 지방을 염찰하였다.

226 선신(先臣) : 임금 앞에서 자신의 돌아가신 아버지를 일컫는 말이다. 오원(吳瑗)의 생부는 오진주(吳晋周, 1680~1724)이며, 양부는 오태주(吳泰周, 1668~1716)이다.

만을 위할 수는 없는 것이옵니다.

진실로 하늘과 같은 은혜를 받았으므로 살아서는 충성을 다하고 죽어서는 결초보은하는 것[227]이 저의 바람이온데 당시 나라의 어려움이 극에 달함을 목도하고 혼자 걱정하며 애태우기를 스스로 멈출 수가 없어 망령되게도 임금의 덕은 보좌하고 과실[228]은 바로잡고 메워서 윤리강상을 밝히고 명분과 의리를 바로잡으며 세상의 도를 보위하고 재앙의 조짐을 막아서 조정을 해와 달이 빛나는 곳에 높이 올려놓고[229] 국운을 태산(泰山)과 같은 반석 위에 안정시키기를 바랐던 것이오니, 진실로 미천한 신하가 평소 가슴에 쌓아놓았던 바이지 감히 한때 비분강개하여서 나온 논의가 아니었사옵니다. 비록 저의 미혹되고 꽉 막힌 견해가 반드시 성심(聖心)에 흡족하지는 않고 거칠고 조잡한 표현이 어리석은 저의 뜻을 전달하기에는 부족하였다 하더라도 한결같이 정성스러운[230] 붉은 충정(衷情)은 하늘의 해가 비출 것이옵니다.

227 살아서는……것 : 원문의 '隕結'은 '운수결초(隕首結草)'의 준말로 살아서나 죽어서나 은혜를 갚겠다는 말이다. 자세한 내용은 11쪽 주4 참조.

228 과실 : 원문의 '袞闕'은 정사를 행하는 임금의 결점을 말한다. 《시경(詩經)》〈대아(大雅) 증민(烝民)〉에 "왕의 직책에 잘못이 있으면 중산보가 보좌하였네.〔袞職有闕, 維仲山甫補之.〕"라고 하였다.

229 조정을……올려놓고 : 원문의 '尊朝廷於日月之明'은 소식(蘇軾)의 〈영주에서 올린 표문〔英州謝上表〕〉에 나오는 말로, 조정의 일을 공명정대하게 처리하여 해와 달처럼 높고 빛나게 한다는 의미이다. 《東坡全集 卷69》

230 한결같이 정성스러운 : 원문의 '斷斷'은 한결같이 성심(誠心)으로 대하면서 남을 포용하는 아름다운 덕을 소유한 것을 가리킨다. 《대학(大學)》 제10장에 "만일 어떤 신하가 단단(斷斷)할 뿐 다른 재주는 없으나 그 마음이 곱고 고와 용납함이 있는 듯하여 다른 사람이 가지고 있는 재주를 마치 자기가 소유한 것처럼 여기며 다른 사람의 훌륭하

그러나 신이 평소 수립한 것이 없어 충성과 신의가 미덥지 못하고 광언(狂言)과 망론(妄論)이 또 조리가 있지 못하여 일체의 시의(時議)에 대하여 앞뒤가 맞지 않고[231] 모순될 뿐만이 아닌즉, 세상에서 신의 마음을 알지 못하는 자가 신이 붕당을 짓는다고 말하는 것도 진실로 이상한 일이 아닙니다. 하물며 성상께서는 구중궁궐 깊숙한 곳에 거하시면서 어떻게 신의 고된 정성을 살필 수 있으시겠습니까. 신의 우매함으로도 또한 미덥지 못한 간언(諫言)이 반드시 죄에 빠질 것이라고 스스로 우려하였사오나, 가만히 생각건대 신하의 대의(大義)는 진실로 마음에 품은 바가 있으면 반드시 진달하여야 마땅한 것인데 만약 붕당이라는 혐의를 받을까봐 강약을 가려서 말을 한다면[232] 실로 사사불충(私邪不忠) 중에서도 심한 것입니다. 이것이 신이 간담(肝膽)을 다 열어보이고도 스스로 후회하지 않는 까닭이옵니다.

아! 신의 팔자가 사나워 하늘이 돕지 않으시어 어린 나이에 선신(先

고 성스러움을 그 마음에 좋아함이 자기 입에서 나온 것보다 더한다면 이는 능히 남을 포용하는 것이어서 나의 자손과 백성을 보존할 수 있을 것이니 행여 또한 이로움이 있을 것이다.〔若有一个臣, 斷斷兮無他技, 其心休休焉其如有容焉, 人之有技, 若己有之, 人之彦聖, 其心好之, 不啻若自其口出, 寔能容之, 以能保我子孫黎民, 尙亦有利哉!〕"라고 하였다.

231 앞뒤가 맞지 않고 : 원문의 '枘鑿'는 '방예원조(方枘圓鑿)'의 준말이다. 네모난 자루에 둥근 구멍이라는 뜻으로, 사물이 서로 아귀가 맞지 않음을 이르는 말이다.

232 강약을……한다면 : 원문의 '吐茹'는 부드러우면 삼키고 뻣뻣하면 토한다는 것으로, 상대방의 강약에 따라 말을 달리하는 것을 이른다. 《시경(詩經)》〈증민(烝民)〉에 "부드러워도 삼키지 아니하고 강해도 토해내지 아니하니 홀아비와 과부를 업신여기지 아니하고 강포한 자를 두려워하지 아니하도다.〔柔亦不茹, 剛亦不吐, 不侮矜寡, 不畏彊禦.〕"라고 하였다.

臣)을 여의고 외롭고 쓸쓸한 나머지 생에 다만 성상의 은혜를 입고 매양 아비를 섬기는 도리로 임금을 섬길 것[233]을 생각하였사오나 그러할 길이 없었는데, 유년 시절에 가르침을 받기를 오직 '곧은 도를 행하고 숨김이 없다.〔直道無隱〕', '의리와 정성을 다한다.〔畢義殫誠〕'는 것을 조정에 서서 성상을 섬기는 큰 방도로 삼을 것을 배워 가슴에 새기고 감히 잊지 못하였사옵니다. 명색이 간관(諫官)으로 감히 명주(明主 현명한 임금)를 위하여 어리석은 충정을 토로하지 않을 수 없었사오니, 이는 바로 차마 우리 임금을 저버리지 못하고 차마 부친의 가르침을 잊지 못하였기 때문이옵니다. 가령 신이 언책(言責)의 중함을 생각하지 않고 다만 아첨하여 전하를 기쁘게 할 계책만 생각하여 우물쭈물 망설이며 성심(誠心)을 다하지 않는다면 이는 진실로 나라를 저버리고 어버이를 잊는 것이라 스스로 얼굴을 드러낼 수 없을 것이옵니다. 신이 비록 불초하여 변변치 못하나 어찌 차마 이러한 짓을 하겠사옵니까.

아! 전하께서는 신에게 있어 마치 자식에 대한 아버지와 같으시니 빛을 받아들일 만한 곳이면 모두 비추는 밝음[234]으로 어느 구석인들 비추지 못하시겠습니까마는 다만 신이 평소에 임금을 받드는 충성과 망자(亡者 돌아가신 부모)를 섬기는 효성[235]으로써 실로 가슴속에 쌓았다

233 아비를……것 : 원문의 '資父事君'은 《예기(禮記)》 〈상복사제(喪服四制)〉에 나오는 말로, "아버지를 섬기는 도리로 임금을 섬김에 그 공경함이 같다.〔資於事父以事君而敬同.〕"라고 하였다.

234 빛을……밝음 : 원문의 '容光之照'는 조그마한 틈이라도 있으면 뚫고 들어와 비추는 빛을 가리킨다. 《맹자(孟子)》 〈진심 상(盡心上)〉에 "해와 달은 밝음 덩어리라, 빛을 받아들일 만한 곳은 반드시 모두 비추어준다.〔日月有明, 容光必照焉.〕"라고 하였다.

235 망자(亡者)를 섬기는 효성 : 원문의 '事亡之孝'는 《중용(中庸)》 제19장에 나오는

가 감발시키는 것이 없었사옵니다. 그러므로 구구한 정성이 마침내 성명(聖明 밝으신 성상)의 굽어 살피심을 입지 못하였으니 그 연유를 찾아보매 신의 죄 아님이 없사옵니다. 이러한 처지에 놓였는데 어찌 다시 감히 얼굴을 들고 스스로 잠상(簪裳 고위 관직)의 반열에 끼겠습니까마는 그 사이에 어떤 일의 기회를 인연하여 부득이 신하의 의분(義分 의리와 분수)을 다하게 되어서 국가의 애경사(哀慶事)를 당하여 재차 성랑(省郎)에 제수되고 언덕과 진펄을 따라 말을 달리는 노고[236]를 스스로 왕역(往役)[237]의 가르침에 갖다 붙인 것[238]은 진실로 견마(犬馬)가 주인을 그리워하는 미천한 본성에서 나온 것이나 옛 군자들의 출처(出

말로, "그 자리를 밟아 그 예를 행하고 그 음악을 연주하며, 그가 존경하던 바를 존경하고 그가 친애하던 바를 사랑하며, 돌아가신 이 섬기기를 산 사람 섬기듯이 하고, 망자를 섬기기를 생존한 이 섬기듯 하는 것이 지극한 효도이다.〔踐其位, 行其禮、奏其樂, 敬其所尊、愛其所親, 事死如事生、事亡如事存, 孝之至也.〕"라고 하였다.

236 언덕과……노고 : 원문의 '原隰驅馳'는 사명(使命)을 받고 떠난 사신(使臣)이 말을 타고 이리저리 달리며 임무를 수행하는 것을 말한다. 《시경(詩經)》〈소아(小雅) 황황자화(皇皇者華)〉에 "반짝반짝 빛나는 꽃이여, 저 언덕과 진펄에 피었네. 달려가는 정부여, 매양 미치지 못할 듯이 생각하도다.〔皇皇者華, 于彼原隰. 駪駪征夫, 每懷靡及.〕 내가 탄 말은 망아지이니 여섯 가닥 고삐가 물에 젖은 듯 윤택하도다. 말을 달리며 채찍질하여 이에 두루 자문하도다.〔我馬維駒, 六轡既均. 載馳載驅, 周爰咨詢.〕"라고 한 데서 나온 말이다.

237 왕역(往役) : 나아가서 일한다는 뜻으로, 임금이 국가의 일을 맡기면 반드시 나아가 이를 수행하여야 한다는 것이다. 《맹자(孟子)》〈만장 하(萬章下)〉에 "가서 부역함은 의이고, 가서 만나 봄은 의가 아니다.〔往役, 義也; 往見, 不義也.〕"라고 하였는데, 이는 곧 임금이 국가의 일을 위하여 부를 때에는 개인의 사정을 돌보지 않고 나아가서 일하는 것이 의리에 합당하다는 의미이다.

238 국가의……것 : 1732년(영조8) 10월에 동지사(冬至使)의 서장관(書狀官)이 되어 연경(燕京)에 갔다가 다음해 4월에 돌아온 사실을 가리킨다.

處 세상에 나아감과 물러남)의 상도(常道)를 법 삼아 볼 때 이미 많은 것이 어긋났사옵니다. 이것이 허물을 안고 함부로 나아간 죄에서 더욱 도망치기 어려운 까닭이옵니다.

엎드려 생각건대, 밝게 빛나는 조정의 기강이 실추되지 않아 만약 신에게 쌓인 죄와 무거운 허물이 비로소 준엄한 형벌을 면하게 된다면 또한 커다란 요행이라고 하겠지만, 어찌 세월이 오래되어 씻기고 깎인 바가 있다고 하여 청화(淸華)의 관직[239]을 더럽히겠사옵니까. 신이 비록 미련하고 무지하나 또한 어찌 감히 스스로 보통 사람들과 나란히 양양하게 반열에 나아가서 거리낌 없는 죄를 거듭 짓겠사옵니까.

신이 이역(異域)에서 해를 넘기고 만 리 밖에서 돌아와 궐문[240]을 우러러 보니 미천한 저의 마음이 배(倍)로 격하여졌습니다. 다만 분에 넘치는 일을 무릅썼으므로 마음과 행동이 심히 위축되어 두 사신(使臣 정사(正使)와 부사(副使))의 뒤를 따라 문석(文石)의 섬돌[241]에 가까이 가지 못하였사오니 저의 명(命)이 지극히 궁하고 죄는 더욱 쌓였습니다. 천문(天門 대궐의 문)이 지척인데 조심조심 배회하다가 짧은 상소가 저지되어 간절한 심정 전하께 올라가지 못하고 물러나와 사실(私室)에

239 청화(淸華)의 관직 : 청직(淸職)과 화직(華職)을 가리킨다. 청직은 학식과 문벌이 높은 사람이 맡는 관직이며, 화직은 권력의 핵심부에 있는 요직을 일컫는다.

240 궐문 : 원문의 '象魏'는 '높은 곳에 법을 걸어 보인다.'라는 뜻이다. 고대 중국에서 궐문에 법률을 높이 게시하였기 때문에 후대에 상위가 대궐의 문을 지칭하게 되었다.

241 문석(文石)의 섬돌 : 무늬 있는 돌로 만든 대궐의 계단이라는 뜻으로, 전하여 대궐을 가리킨다. 중국 한(漢)나라의 학자 매복(梅福)이 임금에게 올린 글에서 "문채 나는 돌계단에 오르고 붉은 섬돌 길을 지나고 싶습니다.〔願壹登文石之陛, 涉赤墀之塗.〕"라고 하였다. 《漢書 卷67 梅福傳》

엎드렸사오니 자나 깨나 그리운 마음이 사무칩니다.

이에 감히 저의 충정(衷情)을 대강이나마 드러내어 삼가 위명(威命)을 기다리옵니다. 직명(職名)이 전혀 어울리지 않고 공론을 결코 무릅쓰기 어려운 일 같은 것은 신의 사정과 형세에 있어 오히려 제2의 일에 속하는 것이라 이제 감히 전하의 귀를 아울러 번거롭게 할 수가 없사옵니다. 엎드려 바라옵건대, 자애로우신 성상께서는 신의 가슴속에서 우러나온 말을 살피시어 신의 현재의 직임을 면직시키고 신의 쌓인 죄를 처벌하시어 조정의 기강으로 하여금 실추됨이 없게 하시고 신의 분수로 하여금 그럭저럭 편안케 하여주시면 저에게는 더 없는 큰 바람이겠습니다. 신은 너무도 황공하고 두려운 마음을 금할 길이 없사옵니다.

옥당에서 부수찬 민형수를 먼 곳으로 귀양 보내라는 명을 거두어줄 것을 청한 차자[242]

玉堂請收還副修撰閔亨洙遠竄之命箚

삼가 아뢰옵니다. 신(臣)들이 어젯밤에 삼가 승정원에 내린 비망기(備忘記)를 보았사온데 부수찬 민형수(閔亨洙)[243]를 갑산(甲山)으로 투비(投畀)[244]하라고 하신 명이 있었습니다.[245] 신들이 깜짝 놀라 서로 돌아

242 옥당에서……차자 : 1733년(영조9) 7월 16일에 윤득화(尹得和)·오원(吳瑗)이 연명(聯名)으로 올린 차자(箚子)이다. 영조는 이 차자를 읽고 분개하여, "민형수가 군부(君父)를 배반하고 처분을 저패(沮敗)시킨 정상은 어제와 오늘의 하교에 남김없이 환히 효유하였다. 그런데 직책이 경악(經幄)에 있으면서 이에 도리어 정침하기를 청하고, 돌보아 아끼면서 두둔하였다. 지난번에 하교한 뒤로 남의 신하된 자가 어찌 이와 같을 수가 있단 말인가? 단지 민형수가 있는 줄만 알고 그 임금은 모르는 자이니, 너무나도 몹시 무엄하다. 윤득화는 고원 군수(高原郡守)로, 오원은 이성 현감(利城縣監)으로 삼아 곧 사조(辭朝)하게 하고 도임(到任)한 날짜를 도신(道臣)으로 하여금 장문(狀聞)하게 하라."라고 하였다. 《국역 영조실록 9년 7월 16일》

243 민형수(閔亨洙) : 1690~1741. 조선 후기의 문신으로, 본관은 여흥(驪興)이며 자는 사장(士長)이다. 민유중(閔維重)의 손자이자 민진원(閔鎭遠)의 아들이다. 1725년(영조1) 문과에 급제한 후 1726년 한림·정언·대사간·금천 군수·도승지·형조 참판 등을 역임하였다. 정미환국 후 노론의 거두인 아버지가 밀려나고 소론인 이광좌(李光佐)가 좌의정에 오르자 이광좌를 소척하려다 이천 현감으로 쫓겨났으며, 1733년 다시 이광좌를 소척하려다 갑산(甲山)에 찬배되었다. 1739년 다시 이광좌를 소척하려다 해남현에 찬배되었고, 1741년 함경도 관찰사로 변경을 순방하다가 괴한에게 장살되었다. 일생 동안 아버지의 신원을 위하여 이광좌를 끈질기게 소척하려 하였고, 영조의 탕평책에 어긋난 이러한 언행으로 파란만장한 삶을 살았다.

244 투비(投畀) : 임금이 명(命)을 내려 죄인을 지정한 곳으로 귀양 보내는 것을 말한

보며 삼가 지극히 근심스러운 탄식을 이길 수 없었나이다.

오늘날 형수(亨洙)의 상소(上疏)에 새로운 의론이 있는 것도 아니고 지난해에 올린 한 장의 상소로 거듭 반격을 당하자 이 사직(辭職)을 청하는 소장(疏章)에서 벼슬을 계속하기 어려운 사정을 갖추어 아뢰고 전에 있었던 일을 끌어다 변론하여 밝힌 것에 불과합니다.[246] 이는 염의

다. 《시경(詩經)》 〈소아(小雅) 항백(巷伯)〉에서 나온 말로, "저 남을 참소하는 자여, 어디 가서 누구와 꾀하느뇨. 저 참소하는 자를 잡아다가 호랑이 늑대에게 던져 주리. 호랑이 늑대도 먹지 않거든 북방의 모진 땅에 던져 주리. 북방이 받지 않거든 하늘에게 던져 주리라.〔彼譖人者, 誰適與謀? 取彼譖人, 投畀豺虎. 豺虎不食, 投畀有北. 有北不受, 投畀有昊.〕"라고 하였다.

245 신(臣)들이……있었습니다 : 민형수(閔亨洙)가 이광좌(李光佐)·조태억(趙泰億)의 죄를 성토하다가 오히려 부도(不道)하다는 죄를 쓰게 되었다. 이에 이런 죄를 쓰고 세상에 설 수 없다며 상소를 올려 사직하였는데, 영조가 이 상소를 읽고 분개하며, "지난 일을 다시 제기하였으니 말이 지극히 무엄하다. 19일 하교한 뒤로 어찌 감히 이렇게 할 수 있단 말인가? 군부(君父)가 약을 먹지 않고 밤중에 불러 곡진하게 개유(開諭)하였는데, 누가 남의 아들이 되고서 그 아비가 타이르는 것을 돌아보지 않고 그 임금이 측은히 여기는 마음에 감동됨이 없이 사직(辭職)을 빙자하여 이처럼 소란을 피운단 말인가? 신자(臣子)의 의절(儀節)이 다시 여지가 없다. 이런 사람은 반각(半刻)이라도 도성(都城) 안에서 살게 할 수 없다. 갑산(甲山)으로 투비(投畀)하되, 성문이 닫히기 전에 출발시켜 보내라."라고 하였다. 《국역 영조실록 9년 7월 15일》

246 오늘날……불과합니다 : 민형수(閔亨洙)가 1732년(영조8)에 올린 상소는 《영조실록(英祖實錄)》에는 실려 있지 않으나 경종(景宗)의 죽음과 관련된 것이었다. 즉, 경종이 승하할 당시 약원(藥院)의 자리에 몸담고 있던 이광좌(李光佐)가 경종의 병을 숨기려고 시약청(侍藥廳)을 설치하지 않고 쉬쉬하였으며, 조태억(趙泰億)은 교문(教文)을 지으면서 '한밤중에 갑자기 돌아가셨다.'는 요지로 말하여 경종이 연잉군(延礽君), 즉 영조 측에 의해 독살되었다는 의혹을 품게 하였다는 것이었다. 이에 이광좌 등이 다시 상소를 올려 자신의 입장을 밝히면서 오히려 민형수의 부도(不道)함을 논하였다. 이에 민형수가 부도하다는 죄를 쓰고 관직을 수행할 수 없다며 상소를 올려 사직

(廉義 염치와 의리)와 사리(事理) 상 참으로 그만둘 수 없는 점이 있어서였는데 전하께서는 조금도 헤아려보지 않으시고 갑자기 엄벌을 가하시어 황급하게 어두운 밤에 성문 밖으로 내쫓으셨으니, 처분은 엄급(嚴急)하고 광경은 참혹하여 마치 따뜻한 봄날에 서리가 내리고 천둥이 쳐서 초목의 싹이 트려다가[247] 갑자기 꺾이고 상하게 된 것과 같았사옵니다. 무릇 눈으로 보고 귀로 들은 것이 놀랍고 두렵지 않음이 없었사

하였으니, 그것이 바로 여기서 문제가 된 상소이다. 대강의 내용을 인용하면 다음과 같다. "……이광좌(李光左)의 상소에 '7월 그믐 이후로 제조(提調)가 모두 숙직을 하고 약원(藥院)을 옮겨 설치하였다면, 증후(症候)의 위독함을 알 만한데, 시약청(侍藥廳)은 전례(前例)에 망극(罔極)했기 때문에 차마 거론(擧論)하지 못하였다.'고 하였습니다. 아! 한 달이 지나도록 증후가 위독하였고 20일부터 중증(重症)을 더한 뒤에도 시약청을 설치하지 않았을 뿐만 아니라, 대점(大漸)한 전날 저녁에서야 비로소 합문(閤門) 밖에 옮겨 숙직하기를 청하였으며, 입으로 전해온 계달(啓達)은 대부분 조보(朝報)에 빠뜨렸고 삼다(蔘茶)를 다음(茶飮)으로 일컬어 오히려 외인(外人)이 혹은 위중한 것을 알까 두려워하였으니 이는 무슨 까닭이겠습니까?……이광좌의 말과 같이 한다면 교문(教文)의 어세(語勢)는 본디 의당 '한 달이 지나도록 위독하다가 마침내 망극한 데 이르렀다.'고 하여 문자(文字)의 순서를 삼아야 할 것인데, 지금은 그렇지 아니하여 '갑작스레 밤중에 궤(几)에 기대었다.'고 말하여 일찍이 질환(疾患)이 없다가 갑자기 대점한 것처럼 하니, 무엇 때문이겠습니까? 이광좌의 마음이 과연 가리고 숨기는 데서 나오지 않았다면 조태억(趙泰億)의 글이 그 또한 이상하다고 하겠으니, 이광좌와 조태억은 둘이면서 하나입니다.……그런데 이에 도리어 부도(不道)한 죄목을 억지로 신에게 씌웠으니, 그 말이 또한 분의(分義)를 몹시 망각한 것입니다. 인신(人臣)으로서 이런 죄명을 지고 어찌 감히 스스로 세상에 서겠습니까?"《국역 영조실록 1733년 7월 15일》

247 초목의 싹이 트려다가 : 원문의 '句萌'은 《예기(禮記)》〈월령(月令)〉에 나오는 말로, "계춘의 달에는……구자(句者)는 다 나오고, 맹자(萌者)는 모두 죽죽 자란다.〔季春之月,……句者畢出, 萌者盡達.〕"라고 하였다. 여기서 '구(句)'는 초목의 싹이 막 나올 때 굽어 있는 상태를 말하고, '맹(萌)'은 싹이 조금 더 나와서 곧게 펴진 상태를 말한다.

온데, 하물며 신들은 외람되이 경연에서 모시다가 이 일을 목격하였으니 개인적으로 애타는 마음이 어찌 다함이 있겠사옵니까.

신들이 삼가 보건대, 전하의 타고난 품성이 어질고 관대하시어 자식 보듯 신하를 보시니 너그럽게 포용하고 용서해주심이 지극하지 않음이 없으시지마는 오직 그 뜻을 붕당(朋黨)의 고질병을 쇄신하는 데 두고 진안(鎭安 가라앉혀 안정시킴)하는 데 주력하시어 무릇 말하는 자가 조금이라도 거리끼시는 바를 저촉하면 위엄스런 노기가 평정을 잃고 꺾어 누름이 중도(中道)를 넘으십니다. 성상의 뜻이 향하는 곳으로 휩쓸리지 않음이 없으므로 염치가 땅에 떨어지고 나약함이 풍조를 이루어 사대부의 한 가닥 기개와 절조(節操)의 명맥이 참으로 이미 십중팔구는 소멸되고 꺾였으니, 이는 바로 전하께서 마땅히 두려운 마음으로 뒤돌아보고 깊이 생각하셔야 할 바이옵니다.

하물며 형수의 말은 애당초 일을 논한 것이 아니고 다만 스스로 그 정세(情勢)를 드러내 밝히고자 한 것이었을 따름이옵니다. 설령 그 말이 혹 성심(聖心)[248]에 맞지 않는 것이 있다 하더라도 마땅히 조용히 응수하시어 성상의 뜻을 열어 보이셔야 하거늘 이에 이제 진노하여 엄히 꾸짖으시고 머나먼 변방으로 내쫓으시면서 조금도 주저하거나 어려워함이 없으시니, 이제부터 조정에 있는 신료들은 비록 중대한 정세가 있다 하더라도 장차 감히 입을 열고 스스로 진달하지 못하여 임금과 신하의 사이가 막혀서 통하지 않고 염치와 의리가 무너지고 상하게 될 것이니 이것이 어찌 성세(盛世)에 마땅히 있어야 할 바이겠

248 성심(聖心) : 원문의 '淵衷'은 '연못처럼 깊은 마음'이라는 뜻으로, 임금의 마음을 일컫는다.

사옵니까.

전하께서는 형수의 처음 상소에 대하여서는 귀양 보내라는 벌을 더 하지 않으셨으면서 이제 대답하여 변론한 말을 가지고는 엄히 꾸짖음의 과중함이 도리어 이전보다 몇 갑절이나 됩니다. 전하께서 시험 삼아 이 일이 지난 후에 공평한 마음으로 노여움을 가라앉히고 반복하여 헤아려보시면 또한 반드시 생각이 바뀌어 후회되는 것이 있으실 것이옵니다.

그런데 신들은 비망(備忘) 가운데 '군부(君父)를 업신여기는 마음' 운운하신 하교에 대하여 더욱 깊이 우려하고 남몰래 탄식하는 바 있사옵니다. 아! 임금과 신하의 의리는 하늘과 땅 사이에 달아날 곳이 없는즉 사람의 신하가 되어서 군부를 업신여김은 그 죄가 마땅히 어떠하겠사옵니까. 전하께서 매양 장소(章疏 상소(上疏))의 비답(批答)에 이러한 하교를 쉽게 내리시니 이는 참으로 신하들이 변변치 못하여 정성이 위로 믿음을 얻지 못한 죄이나 전하께서 신하들의 마음을 몸소 체험하시는 도리[249]상 어찌 차마 이러한 말씀을 더하시어 신들로 하여금 놀람과 두려움에 움츠러들어 몸 둘 바를 모르게 하신단 말씀입니까.

전하의 의중은 비록 이것으로 신하의 분수를 단단히 다잡으려 하시는 것이오나 장차 사방에 전하는 말들이 전하의 귀에 들어오지 않게

249 신하들의……도리 : 구경(九經)의 도, 즉 신하를 다스리는 아홉 가지의 큰 법 가운데 하나이다. 아홉 가지의 법은 곧 자신의 몸을 닦는 것〔修身〕· 현자를 높이는 것〔尊賢〕· 가까운 친척을 친애하는 것〔親親〕· 대신을 존경하는 것〔敬大臣〕· 신하들의 마음을 몸소 체험하는 것〔體群臣〕· 백성을 자식처럼 사랑하는 것〔子庶民〕· 먼 지방의 사람을 회유하는 것〔柔遠人〕· 여러 제후들을 회유하는 것〔懷諸侯〕이다. 《中庸章句 20章》

하여 도리어 임금과 신하[250]의 의리를 엄격하게 하는 데 손상이 될 것이니, 세도(世道)를 위한 우려가 어찌 얕고 적겠사옵니까. 전하의 깊고 지극한 함양(涵養)으로써도 격노하셨을 때에 사륜(絲綸)[251]을 발함에 혹 점검할 겨를이 없음이 이와 같으시니 "성인(聖人)의 말씀은 박절하지 않다."는 가르침[252]에 대하여 어떠합니까. 신들의 근심은 다만 형수가 죄를 입었다는 사실 하나에 있는 것이 아니옵니다.

이내 생각건대 신들이 어리석고 용렬하여 외람되이 차지해서는 안 될 자리[253]를 더럽혔으니 어찌 그릇이 자리에 전혀 걸맞지 않음을 알지 못하겠습니까마는 다만 대궐을 출입하며 임금의 과오를 바로잡겠다는 바람이 가슴속에 맺혀있어 끝내 사양하지 못하고 당돌하게 명에 응하여 이불을 가지고 입직한[254] 지 겨우 며칠이요, 연석에 오른 것이 겨우

250 임금과 신하 : 원문의 '堂陛'는 원래 '집과 섬돌'이라는 뜻으로, '임금과 신하'를 의미한다. 《한서(漢書)》〈가의전(賈誼傳)〉에 "군주의 존귀함은 비유하건대 집과 같고, 뭇 신하는 섬돌과 같다.〔人主之尊譬如堂, 群臣如陛.〕"라고 한 데서 나온 말이다.

251 사륜(絲綸) : 임금의 조칙(詔勅)을 이르는 말로, 《예기(禮記)》〈치의(緇衣)〉에 "임금의 말씀이 실처럼 가늘어도 그 말이 밖으로 나가면 인끈처럼 굵어진다.〔王言如絲, 其出如綸.〕"라고 한 데서 나온 말이다.

252 성인(聖人)의……가르침 : 공자(孔子)가 "듣기 좋게 말을 하고 얼굴빛을 꾸미는 사람 가운데 어진 이가 적다.〔巧言令色, 鮮矣仁.〕"라고 하였는데, 주자(朱子)가 여기에 주를 달아 "성인은 말씀이 박절하지 않아서 적다고만 말씀하신 것이니, 그런 사람 가운데 어진 사람이 절대로 없음을 알 수 있다.〔聖人辭不迫切, 專言鮮, 則絶無可知.〕"라고 한 바 있다. 《論語 學而》

253 차지해서는……자리 : 원문의 '匪據'는 《주역(周易)》〈계사전 하(繫辭傳下)〉에 나오는 말로, "차지해서는 안 될 자리를 차지하고 있으니 그 몸이 반드시 위태롭게 될 것이다.〔非所據而據焉, 身必危.〕"라고 하였다.

254 이불을 가지고 입직한 : 홍문관에서 근무하는 것을 가리키는 말로, 중국 당(唐)나

한두 번 되었사옵니다. 스스로 생각건대 저희들의 정성과 믿음이 천박하여 전하의 마음을 감격시키기에는 부족하나 때마침 중도를 지나친 처사를 보고 근심하고 사랑하는 정성을 이기지 못하여 밤새도록 잠들지 못하고 침상 주위를 빙빙 돌며 배회하다가 삼가 생각하기를, 벽력같은 군주의 노여움은 본래 하루를 넘기지 않기 마련이라[255] 오래지 않아 되돌리시지 않을까 혹시나 바라는 마음이 있어 제 손으로 짧은 차자(箚子)를 갖추어 아침이 되기를 기다렸다가 바치옵니다.

엎드려 바라옵건대, 전하께서 마음을 비우고 살펴 받아들이시어 부수찬 민형수를 내치라 하신 명을 거두어들이신다면 그보다 더 큰 다행이 없을 것이옵니다. 재결(裁決)하여 주시옵소서.

라의 문신 한유(韓愈)가 〈송은원외서(送殷員外序)〉에서 "지금 세상 사람들은 수백 리만 가려해도 문을 나서면 망연자실하여 이별의 가련한 기색이 있고, 이불을 가지고 삼성에 숙직만 들어가려해도 정녕 여종을 돌아보고 시시콜콜 말을 하여 마지않는다.〔今人適數百里, 出門惘惘, 有離別可憐之色, 持被入直三省, 丁寧顧婢子, 語刺刺不能休.〕"라고 한 데서 나온 말이다. 당시 이 글을 올린 오원(吳瑗)과 윤득화(尹得和)는 홍문관의 부교리였다.

255 벽력같은……마련이라 : 임금이 죄 있는 사람을 관대하게 용서한다는 뜻으로, 원문의 '雷霆'은 임금의 노여움을 의미한다.

부교리를 사임하는 소[256]

辭副校理疏

삼가 아뢰옵나이다. 신의 몸이 무거운 죄를 지고도 상형(常刑 지은 죄에 해당하는 형벌)을 면하고 내지(內地)로 출보(出補 외방(外方)에 보임함)되었으니[257] 벌이 아니고 은총인지라 천지(天地)와 같이 포용하시는 전하의 덕에 다만 살아서는 목숨을 바치고 죽어서는 결초(結草)하여 보은할 것을 기약하였는데, 부임한 지 한 달 만에 갑자기 다시 관직(館職)에 제수하시는 명을 받들게 되었사옵니다.[258] 우레와 같은 진노가 이미 풀리고 후덕하신 뜻이 성대하게 넘쳐흐르니 이 어찌 죄를 지은 미천한 신하가 꿈에서라도 생각할 바이겠습니까. 감격스럽고 송구스런 마음에 얼떨떨하여 몸 둘 바를 살피지 못하겠나이다.

신은 본래 용렬하고 우매하여 사람 축에도 들지 못하나 다만 견마(犬馬)와 같이 임금을 그리워하는 마음이 있으며 그런대로 약간의 지각

256 부교리를 사임하는 소 : 오원(吳瑗)은 1733년(영조9) 8월 19일에 홍문관 부교리에 제수되었는데, 이때 지은 사직소로 보인다.

257 내지(內地)로 출보(出補)되었으니 : 여기서 '내지'는 해안이나 변두리에서 멀리 떨어진 내륙 지방을 가리킨다. 오원(吳瑗)은 1733년(영조9) 7월 16일에 민형수(閔亨洙)를 구호하는 차자(箚子)를 올렸다가 이성 현감(利城縣監)으로 출보되었는데, 이성은 함경남도 이원(利原) 지역의 옛 이름이다.

258 부임한……되었사옵니다 : '관직(館職)'은 조선 시대에 홍문관 부제학 이하의 관원과 성균관 대사성 이하의 관원을 총칭하던 말이다. 오원(吳瑗)은 1733년(영조9) 7월 16일에 이성 현감(利城縣監)으로 출보되었다가 한 달여 만인 8월 19일에 다시 홍문관 부교리로 제수되었다.

(知覺)이 있사옵니다. 경연 석상에서 논사(論思 나라를 다스리는 도리를 의논하고 생각함)하는 소임이 전혀 어울리지 않음을 어찌 알지 못하겠습니까마는 다만 요행히도 아침저녁으로 유악(帷幄)에서 빛나는 덕을 갖추신 성상을 가까이서 모시며[259] 조금이라도 임금의 궐실(闕失)을 보필하는 우직한 충성을 바치고자 하였는데 불행히도 죄를 범하고 하루아침에 먼 곳으로 쫓겨나 지극한 은총을 갚지 못하고 외로운 충정을 아뢸 길 없어 고개를 돌려 구름에 쌓인 대궐을 바라보며 자나 깨나 마음에 사무쳤었습니다. 다행히도 이제 다시 돌아오라는 명[260]을 삼가 받들어 다시 도성 문을 들어서게 되었는데 어찌 대궐의 섬돌에 머리를 조아리며 사례하고 거듭 대궐[261]에 올라 사모하는 마음을 조금이라도 펴고 싶지 않겠습니까마는 스스로 생각건대 죄명이 지극히 무거워 끝

259 아침저녁으로……모시며 : '유악(帷幄)'은 원래 군대의 장막을 가리키는 말로, 중국 한(漢)나라 고조(高祖)의 모사(謀士) 장량(張良)이 주로 장막 안에서 계획을 세워 "유악 안에서 산가지를 놓아 천리 밖에서 결승한다.〔運籌策帷幄中, 決勝千里外.〕"라고 한 데서 나왔다.(《漢書 卷40 張良傳》) 이에 국정이나 군사 기밀을 의논하는 곳이라는 의미를 갖게 되었으며, 후에 임금과 가까이 있는 곳을 가리키게 되었다. 여기서는 오원(吳瑗)이 이성 현감(利城縣監)으로 출보되기 전에 홍문관 부교리로 임금을 가까이에서 모신 것을 가리킨다.

260 다시 돌아오라는 명 : 원문의 '環召'는 '환(環)을 보내어 부른다.'는 뜻으로, 신하가 사면을 받고 다시 조정으로 돌아오는 것을 말한다. 《순자(荀子)》 〈대략(大略)〉에 "임금이 조정을 떠난 신하에 대해서 용서하지 않고 결별하는 뜻을 보일 때에는 결(玦)을 보내고, 다시 조정으로 불러들일 때에는 환(環)을 보낸다.〔絶人以玦, 反絶以環.〕"라는 말이 있는데, 결(玦)은 한쪽이 떨어진 패옥이며 환은 고리가 완전히 이어진 둥근 구슬이다.

261 대궐 : 원문의 '廈氈'은 넓은 집과 촘촘한 털방석을 가리키는 것으로, 임금이 거처하는 대궐 또는 왕좌를 일컫는다.

내 감히 얼굴을 들고 뻔뻔하게 나아갈 생각을 하지 못하고 신의 마음과 행적 또한 움츠러들었습니다.

신이 차자(箚子)를 올려 민형수(閔亨洙)[262]를 구하고자 한 것[263]은 어찌 다른 뜻이 있었겠습니까. 신이 경악(經幄)에 있으면서[264] 전하의 처분이 정상적이지 않고 사령(辭令 임금의 말씀)이 적절한 수위를 상실하셨음을 목도하고 엉성한 몇 마디 말을 스스로 납약(納約)[265]의 의리에 부쳤으니 다만 우리 임금을 위하여 궐실을 구제하고자 한 것이었는데 비망(備忘)을 받듦에 미쳐 "형수가 있는 줄만 알고 군부(君父)는 알지 못한다."라고 하교하시기에 이르렀습니다.[266] 신이 참으로 변변치

262 민형수(閔亨洙) : 1690~1741. 조선 후기의 문신으로, 자세한 내용은 112쪽 주 243 참조.

263 신이……것 : 바로 앞에 실린 상소인 〈옥당에서 부수찬 민형수를 먼 곳으로 귀양 보내라는 명을 거두어줄 것을 청한 차자〔玉堂請收還副修撰閔亨洙遠竄之命箚〕〉를 가리킨다.

264 신이 경악(經幄)에 있으면서 : 경악은 '유악(帷幄)'과 같은 말이며, 오원(吳瑗)이 홍문관 부교리가 되어 경연(經筵) 석상에서 임금을 모신 것을 의미한다.

265 납약(納約) : 신하가 임금을 깨우칠 때 반드시 임금이 잘 알 수 있는 것부터 시작하여 점진적으로 인도하는 것을 말한다. 《주역(周易)》 〈감괘(坎卦) 육사(六四)〉에 "맺음을 들이되 통한 곳으로 하면 끝내 허물이 없으리라.〔納約自牖, 終无咎.〕"라고 한 데서 나온 말이다.

266 비망(備忘)을……이르렀습니다 : 오원(吳瑗)과 윤득화(尹得和)가 민형수(閔亨洙)를 구호하는 차자(箚子)를 올리자 영조가 하교하기를, "민형수가 군부(君父)를 배반하고 처분을 저패(沮敗)시킨 정상은 어제와 오늘의 하교에 남김없이 환히 효유하였다. 그런데 직책이 경악(經幄)에 있으면서 이에 도리어 정침하기를 청하고, 돌보아 아끼면서 두둔하였다. 지난번에 하교한 뒤로 남의 신하된 자가 어찌 이와 같을 수가 있단 말인가? 단지 민형수가 있는 줄만 알고 그 임금은 모르는 자이니, 너무나도 몹시 무엄하다. 윤득화는 고원 군수(高原郡守)로, 오원은 이성 현감(利城縣監)으로 삼아

못하여 평소 충성과 신의가 위로 믿음을 얻은 것이 없고 또한 저의 뜻과는 다르게 구구한 저의 정성이 굽어 살피심을 입지 못함이 이에 이르렀으니 이것이 신이 가장 슬프게 생각하는 것이옵니다. 신이 그때에 바야흐로 또 전하께서 매양 신료들에게 차마 들을 수 없는 하교를 내리신다는 것으로 누누이 경계를 올렸사온데 다만 신의 어리석은 말이 굽어 가납(嘉納)하심을 입지 못하였을 뿐 아니라 이에 신의 몸에 친히 이러한 하교를 받들게 되었으니 다른 사람의 신하 된 자가 이러한 죄명을 지니고 어찌 세상에 스스로 설 수 있겠사옵니까. 매번 뒤돌아 생각할 때마다 뼈와 혼이 다 서늘해집니다.

오직 성명(聲明)하신 전하께서 너그러이 용서하여주신 은혜를 입어 가벼운 견책 후 바로 사면되고 관직은 예전 그대로이니 위로와 총애의 융성함이 마치 아무 일 없었던 사람 보듯 하셨습니다. 죄를 면하고 외람되이 은혜를 입음이 어찌 소인의 다행이 아니겠습니까마는 청명한 조정의 전헌(典憲 전장(典章)과 국헌(國憲))이 신의 몸으로부터 무너지고 실추되어 남아나는 것이 없습니다.

아! 신이 이전에 올린 차자는 본디 사사로이 형수의 입장을 위한 것이 아니거니와 형수가 올린 상소를 가지고 "사리(事理) 상 그렇게 할 수 밖에 없는 것"이었다고 말한 것은 신이며,[267] 간곡하게 언로(言

곧 사조(辭朝)하게 하고 도임(到任)한 날짜를 도신(道臣)으로 하여금 장문(狀聞)하게 하라."라고 한 것을 말한다.《국역 영조실록 1733년 7월 16일》

267 사리(事理)……신이며 : 오원(吳瑗)이 "오늘날 형수(亨洙)의 상소(上疏)에 새로운 의론이 있는 것도 아니고 지난해에 올린 한 장의 상소로 거듭 반격을 당하자 이 사직(辭職)을 청하는 소장(疏章)에서 벼슬을 계속하기 어려운 사정을 갖추어 아뢰고 전에 있었던 일을 끌어다 변론하여 밝힌 것에 불과합니다. 이는 염의(廉義)와 사리(事

路)와 사기(士氣)를 우려하며 "형수에게 죄를 줄 수 없다."라고 말한 것 또한 신입니다.[268]

가령 형수에게 진실로 죄가 없다면 신이 형수를 구하기 위하여 차자를 올린 것 또한 나라의 법에 용서받을 수 있으나 이제 형수의 죄율(罪律)이 처음에 비해 또 한층 더하여졌은즉 옹호하고 기망(欺罔)한 죄에서 신이 스스로 도망갈 수가 없습니다. 이제 만약 총애를 믿고 허물을 숨기고서 태연하게 반열에 나아간다면 이는 진실로 방자하여 거리낌이 없는 것 중에서도 심한 것이니 신이 어찌 감히 이러한 짓을 하겠습니까.

아! 신이 무지몽매(無知蒙昧)하여 여러 번 죄를 저질렀는데 오직

理)상 참으로 그만둘 수 없는 점이 있어서였습니다.〔今者亨洙之疏, 非有新般議論, 不過以頃年一疏重被人反攻, 玆於辭免之章, 備陳難冒之端, 提及前事, 有所辨暴. 此在廉義、事理, 固有不容已者.〕"라고 한 것을 말한다.《月谷集 卷6 玉堂請收還副修撰閔亨洙遠竄之命箚》

268 간곡하게……신입니다 : 오원(吳瑗)이 "무릇 말하는 자가 조금이라도 거리끼시는 바를 저촉하면 위엄스런 노기가 평정을 잃고 꺾어 누름이 중도(中道)를 넘으십니다. 성상의 뜻이 향하는 곳으로 휩쓸리지 않음이 없으므로 염치가 땅에 떨어지고 나약함이 풍조를 이루어 사대부의 한 가닥 기개와 절조(節操)의 명맥이 참으로 이미 십중팔구는 소멸되고 꺾였으니, 이는 바로 전하께서 마땅히 두려운 마음으로 뒤돌아보고 깊이 생각하셔야 할 바이옵니다.……이제부터 조정에 있는 신료들은 비록 중대한 정세가 있다 하더라도 장차 감히 입을 열고 스스로 진달하지 못하여 임금과 신하의 사이가 막혀서 통하지 않고 염치와 의리가 무너지고 상하게 될 것이니 이것이 어찌 성세(盛世)에 마땅히 있어야 할 바이겠사옵니까.〔凡有言者少觸忌諱, 威怒失平, 摧抑過中. 聖意所嚮罔不靡然, 廉劌委地、巽懦成風, 士大夫一脉氣節固已八九分消沮, 此正殿下所當惕然却顧. ……自今在廷臣僚, 雖有許大情勢, 將不敢開口自列, 上下否隔, 廉義壞喪, 此豈盛世之所宜有也?〕"라고 한 것을 말한다.《月谷集 卷6 玉堂請收還副修撰閔亨洙遠竄之命箚》

전하께서 차마 신을 버리지 못하시어 전후로 경계하고 타이르신 하교가 마치 자애로운 아버지가 어리석은 자식을 가르치는 것과 같을 뿐만이 아니셨으니 비록 신이 나무나 돌처럼 미련하다 하더라도 어찌 느낀 바 있어 뼛속 깊이 새길 줄 모르겠습니까마는 돌아보건대 저의 직책이 언의(言議)에 있는지라 논할 만한 일이 있을 때 끝내 감히 이리저리 견주고 따지는 사사로운 마음을 품고 붕비(朋比 붕당을 지어 자기편을 두둔함)의 작은 혐의를 돌봄으로써 명철하신 군주를 외면할 수 없었습니다. 그러므로 다만 어리석은 성심(誠心)만 믿고 문득 직책을 다하다가 마침내 중죄를 짓기에 이르러서도 어리석어 스스로 깨닫지 못하였으니, 신의 몸이 곤경에 빠진 것은 감히 걱정할 바 아니나 성상의 돌아보심을 외롭게 저버리고 죄를 지음이 더욱 깊었으므로 한결같이 전전긍긍하며 마치 깊은 연못과 골짜기에 떨어진 듯합니다. 혹시라도 천지부모(天地父母)와 같으신 성상의 긍휼히 여기심을 입게 되어 신이 예전에 지은 죄를 가지고 일찍이 병출(屛黜 물리치고 쓰지 않음)하시어 신으로 하여금 거듭 큰 죄에 빠져서 다시 성상의 심려를 번거롭게 함이 없게 하신즉 만물을 생성(生成)하시는 전하의 은택을 신은 마땅히 종신토록 송축할 것이옵니다.

또 신이 부임할 때에 길이 홍수에 막혔습니다. 관정(官程)[269]에는 법식이 있는데 날짜가 기한을 넘겨 행적이 더디고 늦어지게 되었사오니 더더욱 황공하옵니다.[270] 이에 감히 사차(私次 개인의 거처)에 움츠리

269 관정(官程) : 공무(公務)로 인해 관아로 가는 것을 말한다.

270 또……황공하옵니다 : 오원(吳瑗)이 이성 현감(利城縣監)으로 출보되어 갔을 때를 말한다. 《월곡집(月谷集)》 3권에 실려 있는 〈효묘정유……잉구사장축화(孝廟丁

고 엎드려 노장(露章)[271]을 지어 올려 자책하옵나이다.

엎드려 바라옵건대, 자애로우신 성상께옵서는 특별히 굽어 살피시어 신의 쌓인 죄를 처벌하시어 나라의 기강을 엄하게 하신다면 그보다 더 큰 다행이 없을 것이옵니다.

西……仍求士長屬和)〉 제3수에 이때의 상황이 다음과 같이 묘사되어 있다. "일시에 방축된 세 명의 유신, 반달 동안 궂은 비 맞으며 천 리 밖으로 떠나는 신세. 비록 머나먼 변방으로 서로 떨어져 가지만 꿈속의 혼은 대궐 주위를 함께 맴돌리라.〔一時放逐三儒臣, 半月霖潦千里身. 相望關河雖落落, 夢魂終共繞楓宸.〕"

271 노장(露章) : 사람들에게 그 내용을 알리기 위해 봉(封)하지 않고 올리는 소장(疏章)을 말한다. 주로 남의 비리를 탄핵하기 위해 쓰였는데 당사자로 하여금 자신의 잘못을 알고서 복죄(服罪)하게 하기 위해서이다. 여기서는 오원(吳瑗)이 자신의 잘못을 스스로 탄핵하기 위하여 이렇게 올린 것이다.

월곡집

제7권

소차 疏箚

수찬을 사직하며 북로에 관한 일을 덧붙여 아뢴 소

계축년(1733년, 영조9, 34세)

辭修撰附陳北路事疏 癸丑

삼가 아뢰옵니다. 신은 죄가 이미 깊고 정상(情狀)이 지극히 궁색하여, 전번에 견책을 기다리는 소장(疏章)을 올렸으나 아직 체차(遞差)의 명을 받지 못하였습니다. 마침 시사(試事)[1]로 인하여 소패(召牌)[2]를 거듭 내리셨으나 이를 기회로 하여 나가 숙배(肅拜)[3]하는 것은 의리상 감히 하지 못할 바이므로, 지엄한 분부가 내린 상황에서 한결같이 명을 어겼으니 죄가 더욱 늘어나 형을 달게 받아야 할 것인데, 잠깐 이대(吏對)[4]를 따랐다가 금방 특별 용서를 받았습니다. 얼마 되지 않아서 또 예전에 있던 자리에 임명되었으니, 신이 누구이기에 은혜 입음이 이에 이르렀습니까. 놀라고 감격하여 몸 둘 바를 모르겠습니다.

신이 지난날 입은 죄명은 예사로움에 비할 것이 아닙니다. 지금 와서 돌이켜 생각해도 오히려 남은 송구함이 있으니, 끝내 감히 가벼운 벌이 이미 행해지고 각별한 은총이 거듭 더해졌다고 해서 편안하게 스스로 용서하고 방자하게 함부로 나아갈 수 없습니다. 이에 감히 패(牌)를

1 시사(試事) : 나라에서 치르는 여러 가지의 고시(考試)를 말한다.

2 소패(召牌) : 패(牌)는 조선 시대에 임금이 관리를 부르는 목패(木牌)로 신하의 직위와 이름을 쓴 것이다.

3 숙배(肅拜) : 새로 관직에 임명된 사람이 대궐에 나아가 임금에게 아뢰고 절을 올리는 것을 말한다.

4 이대(吏對) : 사법 관리가 법률을 검토하여 죄를 논핵하는 일을 말한다.

따라 대궐에 나아와 다시 간절한 소원을 아뢰나이다.

엎드려 바라옵건대, 성상께서 굽어 살피시어 신의 지난 허물과 새로 지은 죄를 거듭 감처(勘處)[5]하시어 조정의 기강이 약간 일어나게 하신다면, 미천한 신분이 조금이나마 편안해질 것입니다. 아! 신은 우매하여 배우지 못하였으나 일찍 세상길에 나와 하늘 같은 은혜를 받고도 털끝만큼의 도움도 되지 못하였으니, 그 그릇됨과 용렬함이 성상의 연감(淵鑑)[6] 아래에 다 드러났습니다. 비록 애초에 죄가 없었다고 하더라도 근시(近侍)의 반열에 적합하지 않음은 또한 이미 살펴진 바입니다.

만약 성상의 밝으심으로 신의 실정을 통찰하시어, 일찌감치 물러가도록 분부하시어 문을 닫고 잘못을 반성할 수 있게 해주시고, 이내 한가한 겨를에 서적을 송독(誦讀)하여 햇수가 쌓임에 혹 조금이나마 진전이 있어서 훗날 다시 임용에 대비하게 해주신다면, 아마도 도움을 드릴 수 있고 구구하게 충성하고자 하는 정성 또한 펼칠 수 있을 것이옵니다. 미천한 신하의 이 말은 실로 가슴속에서 나온 것입니다. 성상의 밝으심으로 어찌 신이 스스로 아뢰기를 기다리셨겠습니까. 오직 원하옵건대, 전하께서 작은 정성을 곡진히 헤아리시고 지극한 정성을 굽어 살펴 주옵소서. 신이 사직소(辭職疏)에서 덧붙여 번거롭게 하는 것은 온당치 않으나, 북로(北路)[7] 백성들의 일은 신이 이미 목격하였으므로 성상께 한 번 아뢰지 않을 수 없기에 번거롭게 아뢰는 것이니, 살펴주

5 감처(勘處) : 죄를 심리(審理)하여 처단(處斷)하는 것을 말한다.

6 연감(淵鑑) : 밝게 살핌을 말한다.

7 북로(北路) : 북방 지역을 가리킨다.

시기를 우러러 바라나이다.

올해 영북(嶺北 함경도) 지방의 농사는 여름 석 달의 가뭄과 초가을의 홍수로 손상을 입어 이미 흉년 들 우려가 있었는데, 8월 16일에 폭우가 내린 뒤 사흘 밤낮을 거센 바람이 몰아쳤으니, 실로 전에 없던 재앙입니다. 집이 무너지고, 나무가 꺾이고, 모래와 돌이 온통 날리고, 밭두둑이 허물어져 터진 것이야 일단 논외로 치더라도, 익어가던 곡식도 모두 꺾여 떨어져 버려, 거의 만 마리 말들이 마구 짓밟은 것처럼 되었습니다. 남녀노소가 밭머리에 빙 둘러 모여서 그 쓰러진 이삭과 떨어진 곡식을 주우며 서로 붙들고 울부짖는 모습은 신이 직접 목격한 바입니다.

북방은 토양이 척박하고 백성이 가난하여 그 생계의 삭막함이 다른 도와 비교하여 논할 수 없을 정도이온데, 기유년[8] 홍수 뒤 그 상처가 아직 채 아물지 않은 차에 작년에 흉년이 들고 금년에 또 이렇듯 참혹한 재난을 당하였습니다. 함흥(咸興) 이남은 그래도 여기보다 낫다고 하지만, 북청(北靑)[9] 이북은 재난 입은 것이 너무도 혹독하였습니다. 신이 또 북관(北關)[10]에서 온 사람에게서 들으니, 경성(鏡城) 북쪽에 강을 따라 늘어선 제진(諸鎭)이 입은 풍수의 재해는 남관(南關)[11]에 비해 배나 심하다고 합니다. 애처롭게도 저 곤궁한 백성들이 근근이 흉년을 버텨가며 천신만고 끝에 금년에 수확 있기를 간절히 바랐건만, 농사의

8 기유년 : 1729년(영조5)으로 오원이 30세 되던 해이다.

9 북청(北靑) : 함경남도 동북부에 있는 지명이다.

10 북관(北關) : 함경북도 지방을 가리킨다. 마천령(摩天嶺)을 경계로 하여 그 북쪽을 말한다.

11 남관(南關) : 마천령 남쪽 지방으로, 함경남도를 가리킨다.

큰 흉년이 이처럼 극한에 이르렀으니, 먹고 살 수 없어 뿔뿔이 흩어지는 상황이 분명 이르고야 말 것입니다.

북녘 여러 고을은 궁벽한 곳에 처해있고 길이 막혀 있어서 무천(貿遷)[12]과 생취(生聚)[13]를 도모하기가 매우 어렵습니다. 조정에서 전후로 북쪽 백성을 위함이 또한 이미 지극하였으니 뼈에 사무치는 은혜를 백성들이 어찌 모르겠습니까마는, 천시(天時)가 불행한 데다 또 올해 극심한 가뭄[14]을 만났으니 구제하는 정사가 참으로 잠시라도 늦추어져서는 안 될 것입니다. 진실로 도신(道臣)이 분명 좋은 계책을 아뢰고, 묘당에서도 분명 진휼에 유의하고 있을 줄 잘 아오나, 조정에서 혹 통상적인 장마와 가뭄의 보고 정도로 여길까 두려우니, 만약 통변(通變)[15]을 크게 가하지 않는다면 북쪽 백성은 하소연할 곳이 없을 것입니다.

신은 어제 성상께서 호민(湖民)[16]을 깊이 불쌍히 여기시어 상공(常貢)[17]을 특별히 감해 주시고, 근심하고 슬퍼하시며 애처롭게 여기시는 전교를 삼가 보았사온데, 그 말씀이 족히 환과고독(鰥寡孤獨)을 감읍

12 무천(貿遷) : 물건을 매매하고 교환하는 것을 말한다.

13 생취(生聚) : 인구를 증가시키고 재물을 비축하는 것을 말한다.

14 극심한 가뭄 : 원문의 '沃焦'는 고대 전설 속의 거대한 석산(石山)이다. 불타는 돌산으로, 동해 남쪽 바다 밑에 있으며 바닷물이 이곳으로 흘러들면 즉시 말라버린다고 한다.

15 통변(通變) : 상황에 맞게 대처하는 것을 말한다.

16 호민(湖民) : 호서(湖西)와 호남(湖南)의 백성을 말한다.

17 상공(常貢) : 상례(常例)로 바치는 공물(貢物)을 말한다. 반대로 특수한 경우 불시에 지정하여 바치게 하는 것을 별공(別貢)이라고 한다.

시켰으니 덕이 지극히 두터우십니다. 신은 일찍이 근시(近侍)에 임명된 사람으로서, 북쪽 백성들의 근심과 고통의 형국을 직접 보고서도 어찌 차마 말하지 않음으로써 전하의 여상(如傷)[18]의 지극한 뜻을 저버리겠습니까? 견역(蠲役)[19]과 생부(省賦)[20]의 절차나 곡식을 운영하고 구휼(救恤)을 시행하는 방법 같은 것은 신의 직책이 아닌지라 감히 망령되이 구획(區畫)할 수 없습니다.

삼가 바라옵건대 전하께서 급히 묘당에 명해 마음을 다하여 강구하고 계획을 세운 즉시 조치하도록 하시어, 우리 한 지방의 백성들로 하여금 시종일관 성상의 은택을 입을 수 있게 해주소서. 신이 또한 삼가 생각건대, 국가에서 오로지 북로를 힐융(詰戎)[21]의 장(場)으로 여기시어 그곳의 사람이나 짐승이나 재물이나 보화를 일절 남쪽 땅으로 옮겨가지 못하게 하신 것은 군영을 굳건히 하고 변방 수비를 충실히 하기 위해서이니, 그 뜻은 우연치 않고 그 금령(禁令)은 지극히 엄격합니다.

조종조(祖宗朝)의 옛 제도에서는 고산 찰방(高山察訪)[22]을 철령(鐵

18 여상(如傷) : 임금이 백성을 불쌍히 여기는 마음을 말한다. 맹자가 이르기를, "문왕은 백성 보기를 다친 사람 보듯 하였다.〔文王視民如傷〕"라고 하였다. 《孟子 離婁下》

19 견역(蠲役) : 역(役)을 감면하거나 면제해 주는 것을 말한다.

20 생부(省賦) : 부세(賦稅)를 덜어주는 것을 말한다.

21 힐융(詰戎) : 힐융치병(詰戎治兵)으로, 군사를 다스리는 것을 말한다.

22 고산 찰방(高山察訪) : 고산역(高山驛)은 함경도 지역의 역도(驛道) 중 하나인 고산도(高山道)에 속한 역이다. 고산군(高山郡)은 함경남도 안변군의 남부 지역이었다가, 현재는 이북의 강원도에 속해 있다. 찰방은 조선 시대에 각 도의 역참을 관리하던 종6품의 외관직이다.

嶺)[23] 아래 두어 그 지망(地望)[24]을 두텁게 하고 그 직권(職權)을 중하게 하여, 비록 대관(大官)이라 할지라도 반드시 검핵(檢覈)하게 하였으니, 선배 명신(名臣)으로 이 지위에 거하여 이 직무를 거행했던 사람들의 위풍당당한 풍모는 벼슬아치들이 수없이 전하며 미담으로 삼고 있는 바입니다. 그러나 기강이 점차 해이해져서 법금(法禁)이 행해지지 않고서부터 변경의 관리로서 삼가고 경계하지 않는 자들의 전대 속 간편한 행장[25] 태반이 금지된 물건임에도 일찍이 적발, 진계(陳啓)하여 법망에 걸려든 자가 있다는 말은 들어보지 못하였으니, 법금을 둔 뜻이 과연 어디에 있습니까? 식견 있는 자들이 한심하게 여긴 지가 진실로 이미 오래되었습니다.

찰방이 초원역(草原驛)[26]으로 옮겨진 것이 어느 해부터이며 어떤 일 때문인지 신은 알지 못합니다마는, 초원은 철령에서 수백 리 떨어져 있는 데다가 북관의 해로(海路)는 덕원(德源)의 원산(元山)[27]에 이르

23 철령(鐵嶺) : 현재의 함경남도 안변과 강원도 회양군의 경계에 위치한 고개이다. 교통·군사상의 중요한 곳이다. 고개 북쪽을 관북(關北) 지방, 동쪽을 관동(關東) 지방이라고 한다.

24 지망(地望) : 지위와 명망을 말한다.

25 전대……행장 : 탁중장(橐中裝)은 중국 한나라의 육가(陸賈)가 남월 왕 위타에게 사신으로 갈 때 고조(高祖)가 천금의 가치가 있는 재화(財貨)를 여행 경비로 하사했다는 고사에서 나온 말이다. 즉 여행 경비로 누군가로부터 받은 재화를 뜻한다.

26 초원역(草原驛) : 함경도 정평(定平)의 속역(屬驛)으로 성종 이후에 신설되었다. 정평은 함경남도 남부의 해안에 위치해 있다. 오랫동안 여진의 땅이었다가 고려 때 윤관(尹瓘)의 정벌로 고려 영토가 되었다. 《청음집》 권3의 시 〈병중에 예전 생각이 나기에……〔病中懷舊……〕〉에 "고산에서 북쪽으로 초원역에 다다르고〔高山北去草原驛〕"라고 한 데서 고산의 북쪽에 있음을 알 수 있다.

러 곧바로 철령을 넘어가니, 물길을 따라 물건을 실어 나를 경우, 비록 금지된 화물이 배에 가득하다 하더라도, 찰방이 오활스럽게 초원에 처해있는데 무슨 수로 움직임을 포착할 수 있겠습니까? 비록 법을 집행하는 관원이 있어 그 직무를 다하려 해도 형세상 진실로 행할 수가 없습니다. 또한 영외(嶺外)의 객관(客官)은 사람들이 싫어하고 기피하는 자리라, 비록 혹 마지못해 부임하더라도 절반 이상의 시간은 말미를 얻어 집에 있으면서 하나같이 관사(官舍)를 떠나있으니, 곧 없는 것과 다르지 않습니다.

신이 생각건대 지금 만약 옛 제도에 따라 고산(高山) 본역에 찰방을 도로 두어 임기를 줄이고 이임(離任)[28]을 허락하지 말며, 옛 제도를 더욱 엄히 펼치게 하고 통렬히 규금(糾禁)[29]을 더하게 하며, 만약 자거(刺擧)[30]할 수 없으나 다른 단서로 인하여 죄가 드러난 자가 있을 시 직임을 다하지 못한 죄를 무겁게 처결하여 칙려(飭勵)[31]할 곳이 있게 한다면, 변금(邊禁)[32]을 엄격히 하고 폐지된 법을 진작시키는 것에 반드시 실효가 있을 것입니다. 이는 변방의 업무에 매인 것이라 관계되는

27 덕원(德源)의 원산(元山) : 덕원부(德源府)의 원산포(元山浦)를 말한다. 덕원은 현재 함경남도 문천군(文川郡)·원산시(元山市) 지역의 옛 지명이다.

28 이임(離任) : 임소(任所)를 떠나는 것을 말한다.

29 규금(糾禁) : 규찰(糾察)하고 금절(禁絶)하는 것을 말한다.

30 자거(刺擧) : 자세히 살펴서 그 잘잘못을 모조리 들추어내는 것을 말한다. 《위서(魏書)》 권91 〈장연전(張淵傳)〉의 주(注)에 "자거는 간악한 자를 탄핵하여 배척하고, 공로가 있는 이를 들어 올림이다.〔刺擧者, 刺姦惡, 擧有功.〕"라고 하였다.

31 칙려(飭勵) : 경계하고 권면하는 것을 말한다.

32 변금(邊禁) : 변경의 출입을 금지하는 것을 말한다.

바가 미세하지 않은데, 무너지고 해이해지도록 내버려 두고 있으니 참으로 개탄할 일입니다.

신이 마침 북방의 일로써 글을 시작하였기에 감히 또 끝에 덧붙였사옵니다. 지금 이 큰 흉년에 갑자기 찰방 옮기는 일을 논할 수 없음을 진실로 아오나, 미리 상의하여 확정해 두어야만 풍년이 들기를 기다려 거행할 수 있으니, 또한 바라옵건대 묘당(廟堂)에 내려보내 복처(覆處)[33]하게 하소서. 신은 못내 황공하게 간절히 바랄 뿐입니다.

33 복처(覆處) : 다시 처리하는 것을 말한다.

옥당에서 〈육폐잠〉[34]을 올린 차자

玉堂進六蔽箴箚

삼가 아뢰옵니다. 신들이 어제 연석(筵席)[35]에 올라 문의(文義)를 개진할 때 육지(陸贄)[36]가 논한 바 있는 육폐(六蔽)[37]에 이르러 전하께서

34 육폐잠 : 육폐(六蔽)에 대한 잠(箴)이다. 육폐는 육지(陸贄)가 당나라 덕종(德宗)에게 진언한 것으로 군주의 여섯 가지 병폐를 말한다. 여섯 가지는 남을 이기기를 좋아하는 것〔好勝人〕, 허물 듣는 것을 부끄러워하는 것〔恥聞過〕, 변명을 잘 하는 것〔騁辯給〕, 총명함을 자랑하는 것〔衒聰明〕, 위엄을 심하게 부리는 것〔厲威嚴〕, 제멋대로 강퍅하게 하는 것〔恣强愎〕이다. 이는 《월곡집》 권14에 수록되어 있다. 《영조실록》 9년(1733) 12월 12일에 따르면, 홍문관에서 〈육폐잠〉을 지어 올렸는데 임금이 가상히 여기고 장려하였다고 하였다.

35 연석(筵席) : 경연 자리로, 임금과 신하가 모여 자문(諮問)하고 주달(奏達)하는 자리를 의미한다.

36 육지(陸贄) : 754~805. 당나라의 관리로 자는 경여(敬輿)이며, 소주(蘇州) 가흥(嘉興) 출신으로 백성을 위한 정책을 진언하였고 임금에게 직언을 서슴지 않았다. 18세에 진사에 급제하였고, 당 덕종(唐德宗) 연간(779~805)에 한림학사를 지냈으며 후에 중서시랑·동평장사(同平章事)를 역임하였다. 783년에 군벌 주자(朱泚)가 난을 일으켜 덕종이 봉천(奉天)으로 파천(播遷)하였을 때 덕종을 수행하였고, 덕종에게 아뢰어 황제 자신을 책하는 애통조(哀痛詔)를 내리게 하였다. 후에 모함을 받아 중경(重慶)으로 좌천되어 그곳에서 죽었다. 저서에 《육씨집험방(陸氏集驗方)》, 《육선공한원집(陸宣公翰苑集)》이 있다. 《新唐書 卷157, 陸贄傳》

37 육지(陸贄)가……육폐(六蔽) : 당나라의 덕종이 육지에게 자문을 구하자 육지가 진언한 내용 중에 아홉 가지 병폐〔九弊〕를 지적한 것이 있는데, 이 중 윗사람에게 여섯 가지가 있고, 아랫사람에게 세 가지가 있다고 하였다. 여섯 가지는 임금의 병폐로 오원의 〈육폐잠〉의 것과 같으며, 세 가지는 신하의 병폐로 아첨하는 것〔諂諛〕, 관망하는 것〔顧望〕, 겁을 먹어 나약한 것〔畏愞〕이다. 《新唐書 卷157 陸贄傳》《通鑑節要 卷44

덕음을 펴시어 전하의 허물[38]을 물으시니,[39] 신들은 별안간에 명을 받들게 되었으므로 황감(惶感)하여 몸 둘 바를 몰랐습니다. 각기 고언(瞽言)[40]을 아뢰어 대략 작은 정성을 다하였지만, 뜻은 절실하지 못하고 말도 어긋났습니다. 신들 또한 스스로 허물을 부끄러워할 줄 아는데, 어찌 족히 전하의 들으시려는 마음을 계발(啓發)할 수 있었겠습니까마는, 진실로 뜻하지 않게 스스로 성인인 척하지 않으시는 성상의 뜻이 제신(諸臣)의 지적에 오히려 미진한 것이 있다고 여기시고, 거듭 간곡히 수십 수백 마디의 유지(諭旨)를 내리시어 육폐 중에 있고 없는 것을 간절히 열어 보이시고 반복하여 헤아려 논하셨으니, 신들은 참으로 뛸 듯 기쁘기도 하고 쓰러질 듯 두렵기도 한 마음을 견딜 수 없었사옵니다. 기쁜 것은 전하께서 널리 물어보시고 엄밀하게 성찰하심을 기뻐한 것이요, 두려운 것은 신들이 재주가 적고 배움이 없어 지극히 용렬해서 아름다운 빛[41]을 선양하여 조금이라도 직책을 다하지 못할까

唐紀》

38 전하의 허물 : 원문의 '袞闕'은 정사를 행하는 임금의 결점을 말한다. 《시경》 〈증민(烝民)〉의 "임금님 직책에 잘못이 있거든, 우리 중산보가 메우는도다.〔袞職有闕, 維仲山甫補之.〕"라는 구절에서 유래하였다.

39 어제……물으시니 : 《영조실록》 9년(1733) 12월 11일에 그 내용이 실려 있다. 임금이 소대(召對)를 행하여 시신(侍臣)들에게 말하기를, "《주의(奏議)》에 이른바 '군상육폐(君上六弊)' 가운데 내가 면치 못하는 것이 얼마나 되는가? 여러 신하들은 각각 소견을 말하라."라고 하였고, 이에 참찬관(參贊官) 홍경보(洪景輔), 시독관(侍讀官) 오원(吳瑗), 검토관(檢討官) 윤득화(尹得和)가 의견을 개진하였다. 임금이 이에 옥당(玉堂)에 명하여 육폐를 써서 올리게 하였다.

40 고언(瞽言) : 사리에 맞지 않는 어리석은 말로, 신하가 임금에게 자신의 의견을 가리키는 겸사로 쓰인다.

두려워한 것입니다.

글로 써서 진달하라는 명에 이르러서는 성상의 뜻이 더욱 간절하시어, 그중에 있는 것만 생각하고 거듭 살펴 빨리 고쳤을 뿐만 아니라, 비록 그중에 있지 않은 것이라 할지라도 또한 장차 조심하고 삼가서, '생각하지 않으면 미치광이가 된다.'[42]라는 경계를 추구하려 하셨으니, 신들은 몰래 서로 감탄하여 참람함을 잊고 삼가 육조(六條)[43]를 좇아 짧은 잠(箴)을 따라 지어서 감히 이것을 아울러 올리나이다. 감히 전인(前人)의 격언을 발휘하려는 것이 아니오라 애오라지 미나리를 올리는[44] 작은 정성을 스스로 본받고자 함입니다.

신들이 가만히 옛 전적을 상고하건대, 용렬하고 어두운 임금들은 본디 육폐를 가지고 논할 겨를도 없고, 중주(中主)[45]로부터 그 이상의 경우에는 종종 스스로 재질(材質)을 믿고 대개 영기(英氣)로 일을 해쳐서 여섯 가지 병폐를 능히 면한 사람이 드물었으니, 이는 모두 본원의 공부(工夫)가 부족한 데서 말미암은 것입니다.

아! 오직 이 육폐라는 것은 그 단서는 비록 다르나 그 시작을 궁구하

41 아름다운 빛 : 원문의 '休光'은 미덕(美德)이나 훈업(勳業)을 비유한 말이다.

42 생각하지……된다 : 《서경》 〈다방(多方)〉에 "성인이라도 생각을 하지 않으면 미치광이가 되고, 미치광이라 할지라도 생각을 하면 성인이 될 수 있다.〔惟聖罔念作狂, 惟狂克念作聖.〕"라고 하였다.

43 육조(六條) : 육폐의 여섯 가지 조목을 말한다. 137쪽 주34 참조.

44 미나리를 올리는 : 원문의 '獻芹'은 윗사람에게 바치는 작은 정성에 대한 겸사(謙辭)로 쓰인다. 옛날 한 가난한 농부가 미나리 맛이 좋다고 여겨 부호에게 바쳤는데 그 부호는 입만 쓰고 배가 아팠다고 한다. 《列子 楊朱》

45 중주(中主) : 현명하지도 않고 어리석지도 않은 중간쯤 되는 평범한 임금을 말한다.

자면 물(物)과 내〔我〕가 서로 분리되고 이(理)와 욕(欲)이 분별되지 못한 것에 기인할 따름입니다. 사람들은 한갓 내가 내가 되는 것만 알 뿐, 하늘이 나에게 명한 것에 본디 지선(至善)의 이치가 있다는 것을 알지 못하니, 만약 이 이치에 부합한다면 타인도 또한 나이며, 만약 이 이치에 어긋난다면 나 또한 사사로운 것입니다.

천하의 일은 한 사람의 일이 아니요, 천하의 이치는 바로 일심(一心)의 이치입니다. 억조창생 위에 임하는 군주가 참으로 능히 나의 욕망을 물리치고서 오직 이치만을 따르고, 천하의 선(善)을 모두 나의 소유로 삼는다면, 상하(上下)며 물아(物我)며 논할 것이 어디 있겠습니까? 다만 천리와 인욕의 분별에 밝지 못하고, 부질없이 나니 남이니 하는 사사로움에 가려진 탓에 내 몸 밖의 일이 이내 연(燕)나라와 월(越)나라처럼 멀어져서 마침내 오직 나를 거스르지 않는 말만을 임금 노릇하는 즐거움으로 삼아,[46] 밝게 빛나는 천명은 가히 두려워해야 하고 무시할 수 없으며, 꿈틀거리는 뭇 백성은 지극히 신성하여 속일 수 없음을 알지 못하는 것입니다. 정사를 무너뜨리고 나라를 해침이 늘 이로 말미암았으니, 아! 위태롭습니다.

전하께서는 천품(天稟)이 슬기롭고 명철하시며 성학(聖學)이 높고 밝으시어, 천리와 인욕, 공(公)과 사(私)의 분별에 대해 깊이 공부하지 않음이 없습니다. 그러나 가만히 보건대 말과 행동이 겉으로 드러난

46 오직……삼아 : 《논어》 〈자로〉에 "사람들의 말에 '나는 임금 노릇하는 것을 즐기지 않고, 오직 내가 말을 하면 나의 말을 어기지 않는 것을 즐긴다.'라고 하였다.〔人之言曰, 予無樂乎爲君, 唯其言而莫予違也〕"라는 말이 나오는데, 이 구절을 인용한 것으로 보인다.

것이 천리의 공변됨〔公〕을 순연히 하여 유아(有我)의 사사로움〔私〕을 떨쳐버리지 못하였은즉, 이 육폐 중에 실로 그 실수를 답습함을 면하지 못한 것이 많습니다. 어제 성상의 하교에서 지적하여 헤아리신 것[47]에 대해서 신들은 죽을죄를 지었사오나 감히 잘못이라 생각하지 않사오니, 진실로 이에 미쳐 크게 분발하실 기회가 되기를 원하옵니다.

성경(聖經) 현전(賢傳)의 심오함에 몰입하여 연구하고, 한가한 중에 체득하여 그 뜻을 찾으시며, 천리의 밝고 드넓은 근원[48]과 기미의 미세한 사이[49]를 훤하게 묵관하고 밝게 정찰하시어 항상 상제께서 찬란

47 어제……것 : 영조가 소대(召對)에서 시신(侍臣)들에게 '군상육폐(君上六弊)' 가운데 자신이 면치 못하는 것을 물었다. 홍경보가 대답하기를 총명을 자랑하고, 남을 이기기를 좋아하며, 허물 듣기를 부끄러워하고, 변명을 잘하는 것 네 가지를 들었고, 오원은 제멋대로 강퍅하게 하는 것 외에 모두 있는 듯하다고 대답하였다. 이러한 답변을 듣고 영조가 스스로 그 병통이 있게 된 연유를 다음과 같이 해명하였다. "세도(世道)를 개탄하는 마음은 지나치고 사람을 용납하는 도량은 작으니 남을 이기기를 좋아하는 병통이 있게 된 것이요, 일에 실수가 있으면 문득 깨닫고 마음속으로 후회하니 허물 듣기를 부끄러워하는 병통이 있는 것이며, 변명을 잘한다는 것은 학문이 부족한 소치요, 총명을 자랑함은 아는 것은 적은데 뜻만 크기 때문이다. 또 위엄을 부리지 않아야 하는데 위엄을 심하게 부리는 것은 위엄을 사납게 부리는 데 가까운 것이다. 오직 제멋대로 강퍅하게 한다는 한 가지는 나에게 실제 없다."《英祖實錄 9年 12月 11日》

48 밝고……근원 : 원문은 '昭曠之原'으로 천리의 본원과 마음의 허명한 본체를 가리킨다. 주자가 제자 석홍경(石洪慶)에게 말하기를, "지금 공부를 해보고자 한다면 우선 모름지기 단정하고 장엄한 자세로 존양을 하여 밝고 드넓은 근원의 경지를 홀로 보도록 하여야 할 것이요, 공부를 허비하여 종이 위의 말만 뚫어지게 쳐다보아서는 안 될 것이다.〔如今要下工夫, 且須端莊存養, 獨觀昭曠之原, 不須枉費工夫, 鑽紙上語.〕"라고 하였다.《性理大全 卷44》

49 기미의……사이 : 지극히 미세하고 짧은 순간을 말한 것이다. '기미'는 아주 미세한 조짐을 말하며, 호홀(毫忽)은 털오리와 같이 아주 작은 것을 말한다.

하게 내려주신 중정(中正)의 본성[50]이 지극히 비고 지극히 고요한 마음에 실리고 쌓이게 하소서. 보존하여 지킴이 오래되고 함양이 무르익으면, 반드시 무한히 활발한 경계를 지니게 되나니, 선한 말을 듣고 선한 행실을 보게 되면 장차 세차게 강물이 터지는 것과 같은 효험이 있을 것입니다. 그리된 후에는 다시 구구한 언어로 언급할 바가 아니니, 앞에서 말한 육폐라는 것이 또한 홍로(洪鑪)의 점설(點雪)[51]과 무엇이 다르겠습니까?

신들이 날마다 강연(講筵)에 올라 앞뒤로 자세히 진술한 것이 진실로 '궁리정심(窮理正心)'[52] 네 자를 벗어나지 않으니, 지금 육폐에 관한

50 상제께서……본성이 : 《서경》 〈탕고(湯誥)〉에서 성탕이 말하기를, "아! 너희 만방의 무리들아. 나 한 사람의 가르침을 분명히 들어라. 훌륭하신 상제께서 하민(下民)들에게 충(衷)을 내려주어 순히 하여 떳떳한 성(性)을 소유하였으니, 능히 그 도(道)에 편안하게 하는 이는 군주인 것이다.〔嗟! 爾萬方有衆, 明聽予一人誥. 惟皇上帝降衷于下民, 若有恒性, 克綏厥猷, 惟后.〕"라고 하였다. 주희의 주석에 의하면, "충(衷)은 중(中)으로, 하늘이 명(命)을 내릴 때 인(仁)・의(義)・예(禮)・지(智)・신(信)의 이치를 갖추어 편벽되거나 치우친 바가 없음을 말하며, 사람이 명(命)을 받을 때 인(仁)・의(義)・예(禮)・지(智)・신(信)의 이치를 얻어 마음과 함께 나오니 이른바 성(性)이다."라고 하였다.

51 홍로(洪鑪)의 점설(點雪) : 큰 화로 속에 한 점 눈을 뿌리면 순식간에 흔적 없이 녹아버린다는 뜻으로, 사욕이나 의혹이 일시에 없어지고 마음이 맑은 상태를 비유한다.

52 궁리정심(窮理正心) : 이치를 궁구하고 마음을 바르게 하는 것을 말한다. 〈대학장구서〉에, "15세에 이르면 천자의 원자(元子)와 중자(衆子)로부터 공, 경, 대부, 원사(元士)의 적자(嫡子)와 모든 백성의 준수한 자에 이르기까지 모두 태학(太學)에 들어가서 이치를 궁구하고 마음을 바루며 몸을 닦고 사람을 다스리는 도(道)를 가르쳤다.〔及其十有五年, 則自天子之元子衆子, 以至公卿大夫元士之適子與凡民之俊秀, 皆入大學, 而敎之以窮理正心修己治人之道.〕"라고 하였다.

글을 올림에 있어서 다시 이것으로 말하는 것이 또한 새롭고 기이하지는 않을 것이옵니다. 그러나 가만히 생각건대 천하만사는 이 이치와 이 마음에 근본을 두지 않음이 없습니다. 그 근본을 다스리지 않고 그 말단에 종사하고자 하면 또한 구차스러울 따름이요, 헛수고만 할 뿐입니다. 하물며 말을 듣고 선을 취하는 요령에 있어서 어찌 이것을 버리고 다른 것을 구할 수 있겠습니까?

또한 삼가 덕에 매진하고 도에 나아가는 방법에 대해 들었사온데, 본말(本末)이 함께 나아가야 하고 정조(精粗)가 함께 닦여야 귀하다 하였습니다. 신들이 본원을 미루어 말하였으나, 또한 감히 육폐의 경계를 소홀히 해도 된다고 말하는 것은 아니오니, 삼가 바라옵건대 전하께오서는 더욱 살펴주시옵소서. 허락해 주소서.

옥당에서 성지에 응하여 경계를 아뢴 차자[53]

玉堂應旨陳戒箚

삼가 아뢰옵니다. 신이 가만히 생각건대 우리 전하께서는 영특하고 슬기로운 자질이 고금에 으뜸이신데, 큰 근심으로 성세(聖世)를 열 때를 당하여[54] 일심(一心)으로 다스림에 힘쓰신 지 이에 9년이 되었습니다. 어질고 효성스럽고 인자하고 은혜로우니 덕이 매우 성대하시옵고, 새벽부터 밤늦도록 정사를 돌보시니[55] 노고가 또한 지극하시나이다. 그러나 실효(實效)를 거두지 못하고 치화(治化)가 더욱 멀어진 탓에 세도(世道)는 날로 추락하고 인심(人心)은 날로 무너졌으며,[56]

53 옥당에서……차자 : 이 차자는 《영조실록》 9년(1733) 12월 26일 기사에, 교리(校理) 오원(吳瑗)과 수찬(修撰) 김약로(金若魯)·윤득화(尹得和)가 올린 것으로 나와 있다.

54 큰……당하여 : 진(晉)나라 유곤(劉琨)이 원제(元帝)에게 왕위에 오르기를 권고한 글 가운데 "많은 어려움으로 나라를 흥기시키고, 큰 근심으로 성세를 연다.〔多難興邦, 殷憂啓聖.〕"라고 한 구절이 있다. 《晉書 卷6 元帝紀》

55 새벽부터……돌보시니 : 원문의 '宵衣旰食'은 날이 새기 전에 일어나 옷을 입고 해가 진 뒤 늦게야 저녁밥을 먹는다는 뜻으로, 임금이 정사(政事)에 부지런한 것을 말한다.

56 인심(人心)은……무너졌으며 : 원문 중의 '陷溺'은 사람의 마음이 불선(不善)한 데 빠지는 것을 말한다. 《맹자》 〈고자 상(告子上)〉에 "풍년에는 자제(子弟)들이 의뢰함이 많고, 흉년에는 자제들이 포악함이 많으니, 하늘이 재주를 내림이 이와 같이 다른 것이 아니라, 그 마음을 빠뜨리는 것이 그렇게 만드는 것이다.〔富歲, 子弟多賴; 凶歲, 子弟多暴, 非天之降才爾殊也, 其所以陷溺其心者然也.〕"라고 하였다. 이에 대해, 주자는 풍년에는 의식(衣食)이 풍족하기 때문에 돌아보고 의뢰하는 바가 있어서 선행(善行)을 하고, 흉년에는 의식이 부족하기 때문에 그 마음을 빠뜨림이 있어서 포악한 행동을

수재(水災)와 한재(旱災)와 기근이 해마다 더욱 심해져 나라의 근본은 무너지고 나라의 운명은 위태로워졌습니다.

금년에 이르러 천재(天災)와 물이(物異)[57]의 예사롭지 않은 놀랄 만한 변괴가 날로 이르고 달로 생겨나 거의 헤아릴 수도 없으나, 우러르고 굽어살펴도 믿을 만한 것은 하나도 없습니다. 그림자만 보아도 형체를 아는 것이 또한 매우 밝으니, 무릇 꿈틀거리는 모든 생명, 아녀자와 지극히 어리석은 이들도 놀라 근심하고 두려워 떨지 않음이 없고, 모두들 위망(危亡)의 화(禍)가 곧 닥칠 것으로 여깁니다.

아! 지금이 어느 때입니까. 신들은 논사(論思)하는 자리를 채우고 유악(帷幄)에서 가까이 모시오나, 용렬하고 부족하여 실로 성상의 계책을 보좌할 방도가 없사옵니다. 재난의 시국을 수습함에 있어서 영예를 탐하고 은총을 입었으나 조금도 도와드리지 못하니, 자면서도 두렵고 꿈에서도 놀라 마치 깊은 골짜기에서 떨어지는 듯하옵니다. 앞서 성상께오서 분발하시어 조서를 선포하심에, 스스로를 책하며 도움을 구하는 뜻이 수십 행 사이에 흘러넘쳤습니다. 이에 고관(高官)에서부터 아래로 천역(賤役)에 이르기까지 전해 말하며 감격하여 기뻐하지 않음이 없었사오며, 지난번에 놀라고 염려하며 두려워 떨던 자들도 모두 기뻐하면서, 잠시나마 죽지 않고 살았으면 하는 소원을 가지고서, 머리를 치켜들고 발을 돋우며 덕화(德化)가 새로워짐을 보고 싶어 하였습니다.[58]

하는 것이라고 하였다.

57 물이(物異) : 사물에 나타나는 괴이한 현상이나 기상 이변을 말한다.

58 잠시나마……하였습니다 : 《한기(漢紀)》에 다음과 같은 내용이 보인다. "산동의

아! 이것이 어찌 언어문자의 효과이겠습니까. 진실로 전하의 일심(一心)의 정성이 온화하게 드러남으로 말미암아 감응의 빠름이 이와 같음에 이르렀던 것이니, 그 기미를 또한 여기에서 징험할 수 있습니다. 그러나 신들은 기뻐 으쓱대고 분발하는 중에 속으로 깊이 우려하는 바가 있사옵니다.

아! 돌이킬 수 없는 것은 말이요, 힘쓰지 않을 수 없는 것은 행(行)입니다. 저 마을의 하찮은 선비도 친척과 향당에서 미더움을 받고자 하여, 오히려 장차 말은 반드시 행동을 돌아보고 하고 행동은 반드시 말을 실천하려고 하는데, 하물며 사람들의 군사(君師)[59]가 되어 억조창생 위에 임해서 어찌 신중하지 않을 수 있겠습니까.

오늘의 일을 전하께서는 또한 즉위하여 처음으로 행사는 정사(政事)라고 말씀하시겠으나, 가만히 보건대 내외 신민들은 바야흐로 눈 씻고 귀 기울여가며 전하께서 이 뒤를 이어 행하실 일을 기다리고 있사옵니다. 사람들의 마음이 이와 같으니 하늘의 뜻도 알 수 있습니다.

전하께서 진실로 능히 아침부터 밤까지 진작하고 면려하시어, 항상 생각하고 마음에 두시면서[60] 단지 말씀만 하실 뿐 아니라 진실로 능히

관리가 조령을 반포하자 늙고 병든 백성이라도 모두 지팡이를 짚고 와 들으면서 잠시나마 죽지 말고 더 살아 덕화가 성대해지는 것을 보고 싶다고 하였다.〔山東吏布詔令, 雖老羸癃疾, 皆扶杖往聽之, 願少須臾無死, 思見德化之盛.〕"

59 군사(君師) : 백성을 다스리는 군주와 백성을 가르치는 스승을 겸칭한 말이다. 주희의 〈대학장구서(大學章句序)〉에 "한 사람이라도 총명하고 지혜로워 능히 그 본성을 다한 자가 그 사이에 나오면, 하늘이 반드시 그에게 명하시어 만백성의 군주와 스승으로 삼아 그로 하여금 백성을 다스리고 가르쳐서 그 본성을 회복하게 한다.〔一有聰明睿知能盡其性者, 出於其間, 則天必命之, 以爲億兆之君師, 使之治而敎之, 以復其性.〕"라고 하였다.

실천하시고, 단지 실천만 하실 뿐 아니라 진실로 능히 미루어 나가시어 기원하는 백성들의 마음을 더욱 굳게 맺어지게 하고 견책하는 천심(天心)을 기쁨으로 바꾸신다면, 만세 태평의 경사가 장차 오늘부터 이어지리니, 어찌 다만 비색(否塞)한 운수를 만회하여 시대의 어려움을 구제하는 것에만 그치겠습니까.

만약 그렇지 못한다면, 분발하고자 하는 새로운 생각 중에 막히는 것이 많아질 것이고 고식(姑息)의 오랜 병폐는 그 뿌리가 혹 남겨질 것입니다. 구습을 따라 허송세월하면서 능히 전철(前轍)을 통렬히 바꾸지 못하고, 호령과 조치가 능히 이 말을 한 번도 실천하지 못한다면, 마음을 펼쳐 보이신 이 고유는 겉치레가 되고 말 것입니다.

인심이 한번 떠나면 천의(天意)는 날로 떠나가 더 이상 전하에게 희망을 두지 않을 것입니다. 그렇게 된 후에 전하께서 비록 날마다 호령을 내리시고 통렬히 스스로 모질게 꾸짖을지라도, 저 지극히 어리석으나 신령스런 백성이[61] 과연 믿고 복종하겠습니까? 저 위에서 굽어살피시는 하늘이 감응하여 이를 수 있겠습니까? 그런즉 오늘날 전하께

60 항상……두시면서 : 원문의 '念玆在玆'는 생각하여 잊지 않음을 말한다. 《서경》 〈대우모〉에 "이를 생각하여도 이에 있으며, 이를 버려도 이에 있으며, 이를 이름하여 말함도 이에 있으며, 진실로 마음에서 나옴도 이에 있다.〔念玆在玆, 釋玆在玆, 名言玆在玆, 允出玆在玆.〕"라고 하였다. 이 말은 순 임금이 자신을 대신하여 다스릴 사람을 고를 때, 우(禹)가 고요를 추천하며 한 말이다. 이〔玆〕는 고요(皐陶)를 가리킨다.

61 지극히……백성이 : 육지(陸贄)의 〈봉천에서 여러 신하를 자주 대하고 아울러 논사함을 허락해주기를 청하는 주장〔奉天請數對群臣兼許令論事狀〕〉에 "이른바 중서란 지극이 어리석으면서도 신령한 자들이다.〔所謂衆庶者, 至愚而神.〕"라는 말이 나오는데, 지극히 어리석은 사람에게도 신령한 마음이 있을 수 있다는 뜻으로, 백성의 마음을 비유적으로 이르는 말이다.

서 마음에서 발하여 일에 베푸신 것은 터럭만 한 득실의 사이이겠지만, 인심의 향배(向背)와 천명의 거취는 바로 여기에서 판가름 나니, 아! 두려워하지 않을 수 있겠습니까! 신들이 삼가 성지를 보건대 허물을 자신에게 돌리시며 스스로 반성하심이 절실하지 않은 것은 아니었으나, 오히려 끝까지 다하지 못할까 그것이 두렵습니다. 신민으로 하여금 뜻을 다해 지적하여 진달하도록 허락하신다면, 무릇 아랫사람들 중에서 누가 감격하여 대양(對揚)[62]할 것을 생각하지 않겠습니까.

신들이 또 가만히 우러러 생각하고 굽어 헤아려보건대, 오늘날 관방의 혼란과 상벌의 어그러짐, 염치의 무너짐과 절개의 꺾임에서부터 백성들의 곤궁함[63]의 극심함과 정폐(政弊)의 통변(通變)의 급박함에 이르기까지, 지극히 절실하고 지극히 중대하지 않은 것이 없으니, 실로 시종을 번갈아 세운다 하여도 다 헤아리기 어려울 것입니다.[64] 그러나 그 까닭을 찾는다면 또한 "기강이 진작되지 못하고, 청납(聽納)이 넓지 못한" 탓에 불과합니다. 성지에서 두 단서〔二端〕[65]를 짚어내신 것은

62 대양(對揚) : 임금의 명령에 답하여 그 뜻을 널리 백성에게 알리는 것을 말한다.

63 곤궁함 : 원문의 '倒懸'은 거꾸로 매달렸다는 뜻으로, 곤궁하고 괴로움을 비유한 말이다. 《맹자》 〈공손추 상〉에, "지금을 당하여 만승(萬乘)의 나라가 인정(仁政)을 행한다면 백성들이 기뻐하는 것이 거꾸로 매달린 것을 풀어준 것과 같을 것이다.〔當今之時, 萬乘之國, 行仁政, 民之悅之, 猶解倒懸.〕"라고 하였다.

64 실로……것입니다 : 사례가 매우 많은 것을 뜻한다. '경복(更僕)'은 시중드는 사람을 교대한다는 말이다. 애공(哀公)이 유행(儒行)에 대해 묻자 공자가 대답하기를 "갑작스레 헤아려 말해서는 다 얘기할 수 없고 자세히 다 얘기하려면 오래 머물러야 하니, 종을 번갈아 세우더라도 다 말할 수 없습니다.〔遽數之, 不能終其物, 悉數之乃留, 更僕未可終也.〕"라고 한 데서 온 말이다. 《禮記 儒行》

65 두 단서〔二端〕 : 앞에서 말한 "기강이 진작되지 못하고, 청납(聽納)이 넓지 못하

이미 그 강령을 제시하신 셈인데, 그 방향과 결과에 대해서 다시 기질을 바꾸시겠다며 깊이 자책하고 면려하셨으니, 전하의 뜻이 가히 절실하다 할 만합니다.

사람의 기질이란 치우치지 않는 경우가 드뭅니다. 만일 자신의 절실한 병폐 중에 심각한 해를 끼치는 것을 분명히 살피고, 각별히 유념하고 점검하여 통렬히 스스로를 다스리지 못하고서, 한갓 기질을 변화시켜 덕업을 이루고자 한다면, 마음은 더욱 수고롭고 효과는 더욱 멀어질 것입니다. 전하께서도 생각이 여기까지 미치셨는지요? 신들이 우매하고 망령되오나, 청컨대 전하의 기질의 병폐로서 기강을 진작하고 청납을 넓히는 데 해가 되는 것에 나아가 이를 개괄적으로 진달한 뒤, 이어 그것을 다스릴 수 있는 조목을 바치고자 하옵니다.

"성실로써 근기를 세우고, 강의(剛毅)[66]로써 지기(志氣)를 힘쓰며, 굉대(宏大)함으로써 규모를 정하고, 엄중함으로써 체통을 높인다." 이 네 가지 조목은 기강을 진작시키는 근본입니다. "마음을 비움으로써 정지(情志)를 미덥게 하고, 자기를 버림으로써 개과천선에 용감하며, 아량을 넓혀 꺼리고 싫어함을 떨쳐내고, 뜻을 겸손히 하여 규익(規益)을 받아들인다." 이 네 가지 조목은 청납을 넓히는 요체입니다. 이 여덟 가지는 실로 근본을 바르게 하여 다스림을 내고, 남에게서 취하여 선을

다."를 가리킨다.

66 강의(剛毅) : 강하고 굳세다는 말이다. 《논어》〈자로(子路)〉에 나오는 공자의 말씀에, "강하고 굳세며 질박하고 어눌한 것이 인에 가깝다.〔剛毅木訥, 近仁.〕"라고 하였다. 이에 대한 양시(楊時)의 주석에서 "강하고 굳세면 물욕(物慾)에 굽히지 않고, 질박하고 어눌하면 외물(外物)에 치달리지 않는다. 그러므로 인(仁)에 가까운 것이다.〔剛毅則不屈於物欲, 木訥則不至於外馳. 故近仁.〕"라고 하였다.

행하는 일에 있어 급선무인데, 그 큰 근본을 궁구하면 또한 "성학에 힘쓰시라〔勉聖學〕"라는 세 자를 벗어나지 않습니다. 그러므로 신들은 그 참람함을 잊고 바로 감히 아래와 같이 조목조목 아뢰나이다.

신들의 직임은 권송(勸誦)을 대비하고 날마다 고문(顧問)을 입는 것이므로, 반드시 외신(外臣)[67]과 같이 성지에 응하여 봉사(封事)[68]를 올리지는 않사오나, 한때의 말은 끝내 문자를 조목조목 나열하는 것이 모든 것을 순서 있게 아우르는 것만 못하기에, 근폭(芹曝)[69]의 어리석은 정성을 스스로 그치지 못하고서 번거롭게 해드림이 여기에 이르렀으니, 떨리고 두려움을 이기지 못하겠나이다.

아! 치평(治平)의 교화는 실로 인주(人主)의 신심(身心)에 근본을 두나니, 명군(明君)이 좀처럼 세상에 나오지 않는지라 좋은 기회를 놓칠 수가 없습니다. 안위와 존망의 때를 당하여 전하께 우러러 바라는 바가 절실하지 않을 수 없사오니, 삼가 원하옵건대 유의하여 밝게 살펴 주소서.

이른바 '성실로써 근기를 세운다.'라는 것은 신들이 듣건대 '성(誠)'

67 외신(外臣) : 홍문관 이외의 신하들을 가리킨다.

68 봉사(封事) : 왕에게 밀봉(密封)하여 상주하는 의견서이다. 조선 시대에서는 시정(時政)의 득실과 백성의 폐막(弊瘼)에 대한 견해를 상주하게 하여, 왕이 친히 보고 의정부에 내려 의논하게 하여 국정에 반영하였다.

69 근폭(芹曝) : 미나리와 햇볕으로, 하찮은 물건이지만 임금에게 올리는 갸륵한 정성을 뜻하는 겸사(謙辭)이다. 옛날 어느 농부가 미나리를 천하에 제일가는 진미(珍味)로 여겨 토호(土豪)에게 바쳤다는 헌근(獻芹)의 고사와, 송(宋)나라의 어떤 사람이 따뜻한 봄볕을 쬐다가 이것을 임금에게 바치면 큰 상을 받을 수 있을 것이라고 여겨 기뻐했다는 헌폭(獻曝)의 고사가 있다. 《列子 楊朱》

이라는 것은 하늘의 실리(實理)요, 사람의 실덕(實德)이라 하였습니다. 전(傳)에 이르기를 "성실하지 않으면 사물이 없게 된다."[70]라고 하였고, 주자께서 이르기를 "사람이 충신(忠信)하지 않으면 일에 모두 실상(實相)이 없다."[71]라고 하였습니다. 사물이 비록 지극히 작을지라도 성(誠)이 아니면 감동시키기 어렵고, 일이 비록 지극히 미세할지라도 실(實)이 아니면 이루어지지 않습니다.

세도가 이미 떨어져 경박함과 거짓됨이 더욱 심해졌으니, 사람들이 밤낮으로 아등바등 애쓰는 것이라곤 외면에 치중하고 거짓을 행하는 일밖에 없습니다. 참과 거짓이 어지러이 뒤섞이고 위아래가 덮이고 가려져, 세상을 돌아보건대 하나의 공허한 물거품과 껍데기가 되었습니다. 전하께오서 생각하심이 여기에 미치심에 어찌 서글피 상심하시고 놀라 깊이 염려하지 않았겠사옵니까.

전하께서 평소에 성실로써 스스로 면려하지 않음이 없으시나, 징험이 드러난 것을 살펴보면 끝내 성실의 공부가 부족합니다. 응대하실 때는 다분히 겉치레에 구애받아 혹 환히 통하여 간격이 없다는 뜻이 부족하기도 하고, 사륜(絲綸)[72]을 내리실 때는 지나치게 번만(繁蔓)하

70 성실하지……된다 : 《중용장구》 제25장에 "성(誠)이라는 것은 사물의 처음이자 끝이니, 성실하지 못하면 사물이 없게 된다. 그러므로 군자는 성실히 함을 귀하게 여기는 것이다.〔誠者, 物之終始, 不誠無物. 是故君子誠之爲貴.〕"라고 하였다.

71 사람이……없다 : 《논어》 〈학이(學而)〉에서 공자의 말씀인 "충신을 주장하라.〔主忠信〕"에 대한 주희(朱熹)의 주석이다. "사람이 충성스럽고 믿음직스럽지 못하면 일이 모두 실상(實相)이 없어서 악을 하기는 쉽고 선을 하기는 어렵다. 그러므로 배우는 자는 반드시 이것을 주장으로 삼는 것이다.〔人不忠信, 則事皆無實, 爲惡則易, 爲善則難. 故學者必以是爲主焉.〕"라고 하였다.

여 혹 "선행후종(先行後從)"[73]의 교훈을 소홀히 하기도 하십니다. 영위(營爲)하고 계교(計較)하려는 생각이 혹 천칙(天則)을 따르는 의로움을 앞서기도 하고, 사람들이 자신을 비난할까 염려하는 마음이 혹 실리(實理)를 준수하려는 마음을 빼앗기도 합니다.

신린(臣隣)[74]을 대우함에 있어서는 더욱이 지극한 정성으로 함께해야 마땅한데, 혹 남의 비위를 맞추려는 모습과 실정보다 지나친 말씀을 빌려서 위로해주심을 면치 못하십니다. 가부(可否)에 있어서는 혹 마음을 밝게 드러내지 못하시고, 상벌에 있어서는 혹 구차하게 안정(顔情)[75]을 따르기까지 하십니다. 사람을 제어하는 기술에 혹 권모술수를 쓰기도 하고, 사람을 부리는 방법이 혹 억압하여 꼼짝 못하게 하는 데서 나오기도 하니, 옛 성왕께서 성실과 믿음으로 아랫사람을 대하던 법도에 비추어 어찌 어그러짐이 없겠습니까.

이는 본래 전하의 한 가지 생각의 사이, 터럭만큼의 차이에서 말미암았을 것이지만, 쌓인 습관이 오래되고 근저(根柢)가 굳어져 버리고 나면 전하의 밝음과 성스러움으로도 스스로 깨닫지 못하게 될까 두렵

72 사륜(絲綸) : 조서(詔書) 등 임금의 말씀을 뜻한다. 《예기》 〈치의(緇衣)〉에 "왕의 말은 명주실 같으나, 그것이 나오면 동아줄과 같다.〔王言如絲, 其出如綸.〕"라고 하였다.

73 선행후종(先行後從) : 《논어》 〈위정(爲政)〉에 있다. "자공(子貢)이 군자에 대해서 묻자 공자께서 말씀하셨다. 먼저 그 말한 것을 실행하고, 그 뒤에 말이 행동을 따르게 하는 것이다.〔子貢問君子, 子曰: 先行其言, 而後從之.〕" 이에 대해 주돈이(周敦頤)의 해석은, "말하기 전에 실행하고, 실행한 뒤에 말하는 것이다."라고 하였다.

74 신린(臣隣) : 군신이 서로 응하여 친근함을 이르는 말로, 널리 신하들을 말한다. 《서경》 〈익직(益稷)〉에 "제순이 말씀하기를, '아! 신하가 이웃이며 이웃이 신하이다.' 하니, 우가 '아! 옳습니다.'〔帝曰: '吁, 臣哉隣哉! 隣哉臣哉!' 禹曰兪.〕" 하였다.

75 안정(顔情) : 안면이 있는 데서 생기는 정을 말한다.

습니다. 이 때문에 아랫사람이 윗사람을 섬김에 있어 한갓 거짓과 허황된 풍조만 조장하고 성실한 뜻이라곤 전혀 없으며, 그저 말로써 환심이나 사고 미봉책으로써 죄나 면하고자 하는 것입니다. 비록 군신이 서로 경계하여 겉치레를 통렬히 억제한다 하여도, 요컨대 그 귀추(歸趨)는 한 가지 일도 겉치레가 되지 않는 것이 없으니, 이것을 따르면서 실속 있는 정치가 백성들에게 미치게 하고, 나라의 기강이 무너지지 않게 하려고 한들 그렇게 될 수 있겠습니까.

삼가 원하옵건대 전하께서 온화하게 발현한 성심에 기인하여 이를 미루어 넓혀나가시고, 사물 하나하나 천리의 실체(實體)가 있는 곳을 통찰하시어, 반드시 자신을 돌아보는 데 정성을 다할 것을[76] 생각하소서. 선을 좋아하기를 색을 좋아하듯이 함[77]은 명예를 구하는 마음에서 나온 것이 아니요, 악을 미워하기를 악취를 싫어하듯이 함도 그 잔인하다는 소리를 싫어해서 그런 것이 아닙니다.[78] 순연한 그 마음은 안배할

76 반드시……것을 : 《맹자》 〈진심 상(盡心上)〉에 나오는 말이다. "만물은 모두 내 안에 갖추어져 있으니, 자신을 돌아보는 데 정성을 다한다면 이보다 더 큰 즐거움이 없고, 힘써 내 안에서 모든 것을 용서하는 마음을 실천한다면 인을 구함에 있어 이보다 더 가까운 것이 없다.〔孟子曰, 萬物皆備於我矣. 反身而誠, 樂莫大焉. 强恕而行, 求仁莫近焉.〕"

77 선을……함 : 《대학장구》 전문 6장(傳文六章)에, "악을 미워함은 악취를 싫어하듯이 하고, 선을 좋아함은 여색을 좋아하듯이 한다.〔惡惡如惡惡臭, 好善如好好色.〕."라고 하였다.

78 영예를……아닙니다 : 《맹자》 〈공손추 상(公孫丑上)〉에 "사람들이 모두 사람에게 차마 해치지 못하는 마음을 가지고 있다고 말하는 까닭은 지금 사람들이 갑자기 어린아이가 우물에 들어가려는 것을 보고는 모두 깜짝 놀라고 측은해하는 마음을 가지니, 이것은 어린아이의 부모와 교분을 맺으려고 해서도 아니며, 향당과 붕우들에게 명예를

겨를이 없고, 태연한 그 행동은 수식을 기다리지 않습니다. 일의 마땅함과 부당함, 말의 순함과 거스름에 이르기까지, 알면 반드시 행하고 행하면 반드시 실답게 할 것이니, 이와 같고서 호령(號令)이 펼쳐지지 않고 정교(政敎)가 일어나지 않은 경우는 없었습니다. 성상께서는 유의하소서.

이른바 "강의(剛毅)로써 지기(志氣)를 힘쓴다."라는 것은, 신들이 듣건대 사람이 강의하지 않으면 자립할 수 없다고 하였습니다.[79] 정자(程子)는 이르기를, "강(剛)하면 욕심에 굽히지 않는다."[80]라고 하였고, 주자(朱子)는 이르기를, "의(毅)라는 것은 굳게 참고 강하게 힘쓰며 짊어지고 갈 수 있다는 뜻이다."[81]라고 하였습니다. 아! 자고로 성현들은 선이 쇠한 기미가 없었음에도 반드시 지기의 강의함을 통해 덕을

구해서도 아니며, 잔인하다는 소리를 듣기 싫어서 그렇게 한 것도 아니다.〔所以謂人皆有不忍人之心者, 今人乍見孺子將入於井, 皆有怵惕惻隱之心, 非所以內交於孺子之父母也, 非所以要譽於鄕黨朋友也, 非惡其聲而然也.〕"라고 하였다.

79 사람이……하였습니다 : 《논어》 〈태백(泰伯)〉에 나오는 증자(曾子)의 말에, "너그럽기만 하고 굳세지 못하면 규구(規矩)가 없어 서기 어렵고, 굳세기만 하고 너그럽지 못하면 좁고 비루하여 인(仁)에 처할 수가 없다.〔弘而不毅, 則無規矩而難立; 毅而不弘, 則隘陋而無以居之.〕"라고 하였으며, 또 "너그럽고 굳센 뒤에야 능히 무거운 책임을 감내하고 먼 곳에 이를 수 있다.〔弘大剛毅然後, 能勝重任而遠到.〕"라고 하였다.

80 강(剛)하면……않는다 : 《논어》 〈공야장(公冶長)〉에 나온다. "공자가 말씀하시기를, '나는 아직 강(剛)한 자를 보지 못하였다.' 하시자 혹자가 '신장(申棖)입니다.' 하고 대답하였다. 공자가 말씀하셨다. '신장은 욕심으로 하는 것이니, 어찌 강(剛)일 수 있겠는가.〔子曰: 吾未見剛者, 或對曰申棖. 子曰: "棖也慾, 焉得剛?"〕'" 이에 대한 정자의 주석이다.

81 의(毅)라는……뜻이다 : 《주자어류(朱子語類)》 권35, 《논어》 〈태백〉에 관한 내용 속에 있다.

닦아 실천하였는데, 하물며 인주(人主)가 비도(否道)가 경복(傾覆)되는 운수[82]를 만나 만회할 뜻을 지니고 있는 차에 만약 강(剛)으로써 스스로 극복하고 의(毅)로써 스스로 힘쓰지 않는다면 어떻게 성취할 수 있겠습니까?

지금을 돌아보건대, 세도는 오염되어 추락하였고 풍속은 쇠퇴해졌으며, 인욕은 횡행하고 공의(公議)는 사라졌습니다. 위로 공경으로부터 아래로 서민에 이르기까지, 사사로운 욕심의 구렁텅이에 빠져 머리만 나왔다 들어갔다 하면서 스스로 몸을 빼낼 수 있는 이가 드무니, 전하께서 통렬히 각고면려하시어 한 마음으로 쇄신하지 않는다면 장차 무엇으로써 큰 변화를 책려하시겠습니까?

신들이 가만히 보건대 전하께서 또한 개연히 분발하시는 때가 없지 않으시나 견제하려는 누습을 벗어던지지 못하였고, 면려하려는 의지를 굳게 다지지 못하였사옵니다. 나라의 비용을 절약하고자 하시나 조저(曹儲)의 내입(內入)[83]을 끊어내지 못하였고, 액속(掖屬)[84]을 신

82 비도(否道)가……운수 : 비색한 운수를 기울여서 형통하게 하는 운수를 말한다. 《주역》 〈비괘(否卦) 상구(上九)〉에, "상구는 비색함이 경복(傾覆)됨이니, 먼저는 비색하고 뒤에는 기쁘다.〔上九, 傾否, 先否後喜.〕"라고 하였다. 전(傳)에 의하면 "상구(上九)는 비색함이 극에 이르렀으므로, 비(否)의 도(道)가 기울고 전복되어 변한 것이다. 먼저 지극함은 비색함이요 뒤에 기욺은 기쁜 것이다. 비색함이 기울면 통태(通泰)해지니, 이는 뒤에 기쁜 것이다."라고 하였다.

83 조저(曹儲)의 내입(內入) : 관부(官府)에 비축된 물품을 궁궐 안으로 들여오는 것을 말한다.

84 액속(掖屬) : 액정서(掖庭署)의 관속. 액정서는 조선 시대 관청으로 환관 전용 부서였다. 잡직으로 하급 내시들이 왕명전달·알현 및 왕이 쓰는 붓과 벼루의 공급, 궐문 자물쇠와 열쇠의 관리, 궐문 안에 있는 정원의 설비 등의 일을 맡았다. 또 왕의 시위·배

칙(申飭)하고자 하시나 거리낌 없이 행동하는 구습을 금하지 못하셨습니다. 노여운 언사를 터뜨리심은 대부분이 궁액(宮掖)[85]의 사사로움이나 자질구레한 단서 때문이니, 아랫사람들 중 전하의 귀를 속이고 눈을 가리며 공(公)을 등지고 사(私)를 행하는 자를, 전하께서는 과연 그 진상이 드러나는 대로 혁연(赫然)히 위엄으로써 물리칠 수 있으십니까? 감찰하여 책벌하는 엄준함은 단지 소원한 신하와 말단 관리들에게만 시행하니, 대관 중에서 희희낙락 날을 보내고 즐겨 노는 것이 습관이 된 자를, 전하께서는 능히 법도를 좇아 채찍질하여 그들로 하여금 섬뜩 두려워하게 할 수 있으십니까?

국세가 위태하고 온갖 것이 부패하였는데, 이를 다스려 안정시키고 닦아서 신장시키는 일이라면 그 누구의 책임이겠습니까? 그런데도 전하께서는 앞뒤를 고려하고 좌우에 이끌리시어 끝내 전력으로 앞을 향해 고심해서 밀어붙일 뜻이 없으십니다. 전하를 종묘사직과 백성들의 주인으로 삼았사온데, 만약 다시 고난을 꺼리고 노고를 싫어하여 기꺼이 감당하지 않으려 하신다면, 오늘날 신하들이 안일함만 도모하고 편안함만 구하여 한결같이 예답(泄沓)[86]하는 것을 또 어찌 탓할 수 있

종(陪從)과 각종 의식 때의 향안(香案)・표안(表案)・보안(寶案) 등의 설치에 관한 일도 담당하였다.

85 궁액(宮掖) : 궁궐 내에 비빈(妃嬪)이 거주하는 곳을 말한다.

86 예답(泄沓) : 《시경》 〈판(板)〉에, "하늘이 바야흐로 동(動)하시니 그렇게 느긋해하지 말지어다.〔天之方蹶, 無然泄泄.〕" 하였다. '예예(泄泄)'는 게으르고 느슨하며 기뻐하여 따르는 모양이다. 이를 《맹자》 〈이루상(離婁 上)〉에서 인용하기를, "예예는 답답(沓沓)과 같은 것으로, 임금을 섬기되 의(義)가 없고, 진퇴(進退)함에 예(禮)가 없으며, 말마다 선왕(先王)의 도(道)를 비방하는 자는 답답(沓沓)하다는 말이다."라고

겠습니까?

삼가 원하옵건대 전하께오서는 오늘부터 분발하여 면려하고자 하는 뜻을 늦추지 마시어 선(善)을 택하여 굳게 잡으시고,[87] 지혜로 미루어 나가고 인덕으로 능히 지키소서.[88] 무릇 소소한 사의(私意)일지라도 나의 순강(純剛)하고 지정(至正)한 기운을 해칠 수 있는 것이라면 반드시 맹렬히 살피시고 통렬히 끊으소서. 혈기의 쓰임이 물러나 순종하게 하고, 의리(義理)의 용맹이 더욱 견고해지게 하며, 지키기를 반드시 확고하게 하여 혹여 흔들리지 않게 하고, 오래도록 지속하여 혹여 꺾이지 않게 한다면, 장차 신료들이 마음을 바꾸고 백성들이 모습을 달리하여, 시행하고 처리하는 것이 반드시 즉각 날로 새롭게 되는 효과가 있음을 볼 것이니, 어찌 지금의 어지러워 떨치지 못한 것과 같겠습니까? 오직 전하께서는 유의하소서.

하였다.

87 선(善)을……잡으시고 : 《중용장구(中庸章句)》 서문에, "선을 택해 굳게 지킨다고 한 말은 정밀하고 한결같이 한는 것을 가리킨다.〔擇善固執, 則精一之謂也.〕"라고 하였다. 제20장에서는, "성실한 자는 하늘의 도(道)요, 성실히 하려는 자는 사람의 도(道)이다. 성실한 자는 힘쓰지 않고도 도(道)에 맞으며, 생각하지 않고도 알아서 종용(從容)히 도(道)에 맞으니, 성인(聖人)이요, 성실히 하려는 자는 선(善)을 택하여 굳게 잡는 자이다.〔誠者, 天之道也; 誠之者, 人之道也. 誠者, 不勉而中, 不思而得, 從容中道, 聖人也, 誠之者, 擇善而固執之者也.〕"라고 하였다.

88 지혜로……지키소서 : 《논어》 〈위령공(衛靈公)〉에 "지혜로 미쳐 가더라도, 인이 그것을 지켜 내지 못하면 비록 얻는다 하더라도 반드시 잃는다.〔知及之, 仁不能守之, 雖得之, 必失之.〕"라고 하였다. 주희는 이에 대해 "지혜가 족히 이 이치를 알 수 있으되 사욕(私慾)이 거기에 낀다면 그것을 자기 몸에 소유할 수 없는 것이다.〔知足以知此理, 而私欲間之, 則無以有之於身矣.〕"라고 하였다.

이른바 "굉대(宏大)함으로써 규모를 정한다."라고 한 것은, 신들이 듣건대 군부(君父)는 대권(大權)을 소유하여 나라를 다스림에 큰 규모를 가진다고 하였습니다. 〈우서(虞書)〉에 이르기를 "원수(元首)가 현명하시면 고굉(股肱)[89]이 어질어 모든 일이 편안할 것입니다."라고 하였습니다. 또 이르기를, "원수가 좀스러우면 고굉이 태만해져서 만사가 폐해질 것입니다."[90]라고 하였습니다.

이른바 '밝다〔明〕'는 것은 바로 좀스러움과 상반되는 말이니, 어찌 밝디밝게 꼼꼼히 살핌을 이르는 것이겠습니까? 또한 대소경중(大小輕重)의 분별에 밝음을 이르는 말입니다. 세상이 쇠미해지자 말세의 풍속이 더욱 잡박해져서, 자질구레한 일은 목(目)이 번다해지고 강(綱)이 찢어졌습니다.[91] 사람들은 모두 잔다란 것에 힘쓰고 큰 것을 소홀히 하니, 각종 정무가 문란해진 것은 오로지 이 때문입니다만, 전하께서 인도하시는 방법인즉 그 도리를 얻지 못하였고, 총명이 단지 작은 일에만 미쳐서 총괄적으로 다스림에 있어 도리어 대체(大體)[92]를 빠뜨리셨습니다. 여러 신하들을 정독(程督)[93]함은 부서 기회(簿書期會)[94]하는

89 고굉(股肱) : 임금이 가장 믿고 중하게 여기는 신하를 말한다.

90 원수가……것입니다 : 《서경》 〈익직〉에서 고요(皐陶)가 노래한 것이다. 제순(帝舜)이 노래를 지어 말씀하기를 "하늘의 명을 삼갈진댄, 때마다 삼가고 기미마다 삼가야 한다.〔勑天之命, 惟時惟幾.〕" 하고, 노래하기를 "고굉이 기뻐하여 일하면 원수의 다스림이 홍기되어 백공이 기뻐할 것이다.〔股肱喜哉, 元首起哉, 百工熙哉.〕"라고 하니, 고요가 이어 받아서 노래한 것이다. 이에 대해 제순이 절하며 "아! 너의 말이 옳다. 가서 공경히 임무를 수행하라.〔兪, 往欽哉.〕" 하였다고 한다.

91 목(目)이……찢어졌습니다 : 강(綱)은 그물의 벼리로 사물의 근본을 말한다. 목(目)은 그물의 잔눈으로 조목을 말한다.

92 대체(大體) : 전체적인 큰 요령(要領)을 말한다.

사이에서 그칠 뿐이고, 각종 정무를 힘써 행하심은 대부분이 유사(有司) 한 직책의 일을 행하심에 불과합니다. 패초(牌招)의 오고감이 늦고 빠르다거나, 상반(庠泮)의 과제(課製)[95]가 행해지고 행해지지 않는다거나, 이 같은 일이 그 얼마나 자잘합니까? 그런데도 오히려 이런 일로까지 위로 성상의 심려를 번거롭게 하여 누차 수고로이 하교하게 하였으니, 다른 일들은 대개 알 수 있습니다.

전하께서 대신을 두어 백료(百僚)를 총괄하시고, 육부(六部)를 설치하여 관리들을 동독(董督)하시며, 후설(喉舌)[96]의 관직을 두어 출납을 단속하시었음에도 좀스럽다는 비난이 지존께 돌아가게 하였으니, 이는 실로 신들의 죄이거니와, 또한 전하께서 과율(課率)을 이루도록 책임 지운 것이 그 대체(大體)를 잃은 탓이기도 합니다.

우선 여염집을 빼앗아 들이는 것에 대한 금령[97] 한 가지 일을 가지고

93 정독(程督) : 과정을 정하여 독려하는 것을 말한다.

94 부서 기회(簿書期會) : 1년 동안의 회계를 장부에 기입하여 기일 내에 조정에 보고하는 것을 뜻한다.

95 상반(庠泮)의 과제(課製) : 성균관에서 유생들이 의무적으로 시문을 짓는 일을 말한다.

96 후설(喉舌) : 왕명의 출납과 나라의 중대한 언론을 담당한 승지(承知)를 가리킨다. '후설'은 '목구멍과 혀'라는 말로, 왕명을 전달하고 신하들의 말을 임금에게 전달하는 것이 승지의 직무이기 때문에 이렇게 일컫게 되었다.

97 여염집을……금령 : 권세 있는 자가 백성의 집을 빼앗아 들어가서 사는 것에 대한 법률인 여가탈입률(閭家奪入律)을 말한다. 《대전회통(大典會通)》〈형전(刑典) 금제(禁制)〉에 "여염집을 빼앗아 차지한 자는 도(徒) 3년으로 정배한다. 월세로 빌렸다고 칭탁하거나 전세를 내었다고 칭탁하는 경우도 형률이 같다.〔閭家奪入者, 徒三年定配. 其稱借貰者, 同律.〕"라고 하였고, 〈형전(刑典) 청리(聽理)〉에 "사대부로서 늑장, 유장, 투장하는 부류는 각별히 엄금하며, 이를 위반하는 자는 탈입여가율에 따라 논죄하고,

말씀 아뢰겠나이다. 전하께서 임어(臨御)하신 이후로, 국가의 큰 강령과 원대한 계책을 능히 여염집에 대한 금령 같이 진심을 가지고 실행해 나가셨다면, 기강의 무너짐이 어찌 이 지경에 이르렀겠습니까? 오직 크고 중요한 일을 먼저 하지 못하였기에 그 효과가 이 일에만 그쳤던 것입니다. 이 때문에 큰 일은 접어둔 채 잊어버리고, 작은 일은 날마다 바빠 미처 처리할 겨를이 없는 것이니, 어지러이 혼란스러운 채 더 이상 통령하지 못하는 현실이 어찌 한심하지 않겠습니까!

또한 신들이 더욱 절박하게 염려하는 바는, 전하께서 매번 "마음이 상하였다.",[98] "일을 당하여 감정이 일어났다."[99]라고 하시며, 조정에 임하여 아랫사람들을 대할 때 가끔 눈물 흘리며 오열까지 하시는 것이

해당 읍의 수령이 알면서도 금하지 않는 경우에는 의금부로 잡아다가 처리한다.〔士大夫勒葬誘葬偸葬之類, 各別痛禁, 犯者依奪入閭家律論, 該邑守令知而不禁者, 拿處.〕"라고 하였다.

98 마음이 상하였다 : 원문의 '方寸已傷'은 《영조실록》에 기록된 영조의 말에 많이 보인다. 9년 11월 28일에 예조 참판(禮曹參判) 박문수(朴文秀)가 임금의 성정의 다스림에 대하여 상소(上疏)하였는데 그 가운데, "저 사방(四方)의 모르는 자들이 만약 가만히 의논하기를, '우리 임금이 매번 방촌(方寸)이 상했다는 하교로써 군하(群下)를 꺾고 굴복시키는 하나의 자료로 삼았다.'라고 한다면 성덕(聖德)에 누가 됨이 어떠하겠습니까?〔彼四方之不知者, 若竊議之曰: '吾君每以方寸已傷之教, 作一折服群下之資.' 其爲累聖德何如哉?〕"라고 하였다.

99 일을……일어났다 : 《영조실록》 7년 5월 28일 기사에, (영조가) 북교에서 기우제를 지내고 세자의 묘에 들렀는데, 우의정 조문명(趙文命)을 입시하라 명하여 울먹이면서 하교하기를, "지금 나라에 믿을 것이 없고 가뭄이 또한 이와 같으니 백성을 생각하면 구제할 바를 모르겠다. 만약 세자가 살아 있다면 내가 마땅히 근심을 나눌 수 있었을 것이니, 일에 부딪쳐 일어나는 감회를 어찌 차마 말할 수 있겠는가?〔今國無可恃, 亢旱又如此, 言念生民, 罔知攸濟. 使世子在者, 予當分憂, 觸事興感, 何忍言哉?〕"라고 하였다.

니, 연석(筵席)에 오른 신하들은 단지 답답한 마음으로 얼굴을 가리고 울며 물러날 뿐이었습니다.

아! 지난날 전하께서 겪어 오신 바와 오늘날 국가 형세의 지극히 외롭고 위태로운 상황을 신들이 비록 아무리 우매하다 할지라도 또한 어찌 모르겠습니까. 그러나 이러하기 때문에 더욱 마땅히 성지(聖志)를 크게 열어 영구한 계책[100]을 깊이 생각하셔야 할 것이니, 조종의 큰 기틀을 천양하는 데 힘써 국가를 태산처럼 굳건히 다져놓음으로써 억만년의 무궁한 계책으로 삼아야 할 것입니다. 만약 상하가 근심에 겨워하면서 군신이 마주하고 눈물만 흘릴 뿐이라면, 이는 성상의 마음을 너그러이 억제하고 성상의 몸을 보양하는 데 방해됨이 클 뿐만이 아니라, 이 같은 광경이 크고 원대한 기상에 있어서 과연 어떠하겠습니까?

삼가 원하옵건대 전하께오서 밝히 멀리까지 보시고 널리 스스로 너그럽게 하시어, 슬픔으로 심기를 손상시키지 마시고 작은 일로 정신을 수고롭게 하지 마시옵소서. 정사를 닦고 백성을 구제할 거대한 강목과 나라를 공고히 하여 후세에 드리울 큰 계책 원대한 생각을 깊이 살피시어, 날마다 낭묘(廊廟)의 제신과 더불어 강확(講確)[101]하고 토론하며 조리를 끌어내심으로써 효과를 이루게 하소서. 그 나머지 작은 일은 유사가 스스로 받들어 행해고 대신이 스스로 총괄하여 살필

100 영구한 계책 : 《서경》 〈태갑(太甲)〉에 "검약한 덕을 삼가셔서 영원한 계책을 생각하소서. 그것이 마치 우인이 쇠뇌의 틀에 화살을 장치해 놓았거든, 가서 그 화살 끼인 곳이 법도에 맞는가를 살펴보고 화살을 놓는 것과 같습니다.〔愼乃儉德, 惟懷永圖. 若虞機張, 往省括于度則釋.〕"라고 하였다.

101 강확(講確) : 강론하여 확정하는 것을 말한다.

것이니, 이로써 우리의 대체를 해치게 해서는 안 됩니다. 성상께서는 유의하소서.

이른바 "엄중함으로써 체통을 높인다."는 것은, 신들이 듣건대 임금의 체통은 마땅히 무거워야지 가벼워서는 안 되며, 마땅히 엄격해야지 경박해서는 안 된다고 하였습니다. 〈주서(周書)〉에 이르기를, "너희들이 명령을 내는 것을 삼가라. 명령을 냄은 행하려 함이요, 되돌리려 함이 아니다."[102]라고 하였으니, 이는 호령은 신중하지 않으면 안 된다는 말입니다. 제갈량(諸葛亮)이 이르기를, "은혜가 다하면 태만해지고, 법이 행해지면 은혜를 안다."[103]라고 하였으니, 이는 아랫사람을 다스릴 때 오로지 은혜만으로는 불가능함을 말한 것입니다.

우리나라 풍속은 경박하고 오래 견디지 못하며, 정(情)을 앞세우고 공의(公義)를 무시합니다. 호령이 행해지지 않고 행문(倖門)[104] 의 갈

102 너희들이……아니다 : 《서경》 〈주관(周官)〉에 "성왕(成王)이 말씀하기를 '나의 모든 벼슬하는 군자들은 각기 맡은 직책을 공경히 수행해서 너희들이 명령을 내는 것을 삼가라. 명령을 냄은 행하려 함이요, 되돌리려 함이 아니다.〔凡我有官君子 欽乃攸司 愼乃出令 令出惟行 弗惟反.〕' 했다."라고 하였다.

103 은혜가……안다 : 《삼국지》 권35 〈제갈량전〉에 나온다. "촉 땅의 인사들은 권세를 독점하고 스스로 방자하여 군신의 도가 점차 업신여겨지고 쇠퇴하였으니, 작위로써 사랑해 줄 경우 그 작위가 극도에 이르면 잔인해지고, 은혜로써 길러 줄 경우 그 은혜가 끝나면 태만해진다. 폐단에 이른 까닭은 실로 여기에서 말미암았소. 나는 이제 법으로써 위엄을 보이리니 법이 시행되면 은혜를 알 것이요, 벼슬로써 한계를 정하리니 벼슬이 더해지면 영화로움을 알 것이다. 영화와 은혜가 병행해야만 위아래가 예절이 있으리라.〔蜀土人士, 專權自恣, 君臣之道, 漸以陵替, 寵之以位, 位極則殘; 順之以恩, 恩竭則慢. 所以致弊, 實由於此. 吾今威之以法, 法行則知恩; 限之以爵, 爵加則知榮. 榮恩並濟, 上下有節.〕"

104 행문(倖門) : 간사한 소인이나 혹은 요행을 바라는 자가 조정에 진출할 수 있는

래가 많은 것이 진실로 오늘날의 고질입니다만, 전하께서는 바로잡지 못하실 뿐만 아니라 도리어 조장하고 계십니다. 무릇 호령을 내는 데 있어서는 지나치게 자세하고 번잡·중복하여 이미 엄중함의 체통을 잃었고, 일을 도모함에는 그 시초를 살피지 아니하여 혹 경솔하게 시행하다가 곧바로 후회하는 경우가 있으며, 일을 함에 있어서는 신중하지 못하여 혹 중도에서 갑자기 철회하는 경우도 있습니다. 그래서 백성들이 국법을 우습게 보고 따르지 않는 것이니, 속담에 이른바 '삼일공사(三日公事)'[105]에 불행히도 가깝습니다.

또한 요즈음 양역(良役)[106] 같은 일 한 가지만 보아도, 구관당상(句管堂上)[107]을 경솔하게 임명하신 것을 전하께서는 이미 후회하셨을 것입니다. 설사 오늘부터 실제로 전담하여 처리하는 일이 있다손 치더라도, 만약 또 오래 가지 못하고 중도에 그만둔다면, 국가의 체면을 손상시키고 민심을 잃음을 또 어찌하시겠습니까?

문호(門戶)를 말한다. 《속자치통감(續資治通鑑)》 권18 〈송 태종(宋太宗) 순화(淳化) 5년〉에 "황제가 재신(宰臣)에게 말하기를, '행문은 쥐구멍과 같으니, 어찌 다 막을 수 있겠는가? 단지 심한 자만 제거하면 된다.〔倖門如鼠穴, 何可盡塞! 但去其甚者斯可矣.〕' 하였다."라고 하였다.

105 삼일공사(三日公事) : 공사(公事)가 삼일도 지나기 전에 변경된다는 말로, 오래 가지 못하고 자주 바뀐다는 뜻이다. '고려공사 불과삼일(高麗公事 不過三日)'이라는 말은 《조선왕조실록》에 여러 번 언급되어 있다.

106 양역(良役) : 조선 시대에 국가가 16세부터 60세까지의 양인(良人)에게 부과하던 각종 신역(身役)의 통칭이다.

107 구관당상(句管堂上) : 조선 시대에 비변사의 제조(提調: 從二品～從一品)로서 각 도에 1명씩 두어, 각 도에서 올라오는 장계 및 문보(文報) 등 군무를 도별로 나누어서 맡아보던 당상관이다. 1713년(숙종39)에 처음으로 설치하였다.

은수(恩數)[108]의 남용과 간요(干徼)[109]의 지저분함으로 말하자면 지금보다 더 심한 적이 없었습니다만, 전하께서는 자애로움이 너무 지나치시어 절제하여 금하고 물리치지 못하십니다. 무릇 측근에 있는 자가 한 사람을 위하여 은혜를 구하고자 하면 "내가 마땅히 진달하리다." 하고, 한 사람을 위하여 허물을 씻고자 하면 "내가 마땅히 상주하리다." 하니, 아래에서도 조금도 두려워할 줄을 모르고, 위에서도 조금도 어려워하지 않습니다. 은혜는 분에 넘치고 위엄은 경박해졌으며 상(賞)은 남발되고 법은 왜곡되었으니, 은혜를 받은 자는 그 영광을 알지 못하고, 법을 어긴 자는 반드시 요행히 면하기를 구합니다. 위에서 내리는 은혜는 고갈되어 가는데 아래의 태만함은 날로 더욱 심해져만 가니, 전하께서 장차 어떻게 이어가실지 알지 못하겠습니다. 이와 같은데도 기강을 떨치려 하신다면, 뒷걸음질 치면서 앞으로 나아가려 하는 것과 거의 같을 것입니다.

삼가 원하옵건대 전하께서는 임금의 체통을 깊이 생각하시어 현위(弦韋)의 경계[110]에 더욱 힘쓰소서. 사명(辭命)은 반드시 간결하고 엄중하게 하시어 혹시라도 번잡함에 가깝지 않게 하시고, 호령은 반드시 신중하게 하시어 혹시라도 빈번히 중복하는 데로 돌아가지 않게 하시

108 은수(恩數) : 훈공에 의하여 왕의 특별한 은혜와 광영을 입는 것을 말한다.

109 간요(干徼) : 청탁을 말한다.

110 현위(弦韋)의 경계 : 완급(緩急)을 조절하는 것을 말한다. 현위는 활시위와 부드럽게 다룬 가죽이다. 《한비자(韓非子)》 〈관행(觀行)〉에, "서문표(西門豹)는 성질이 급하였기 때문에 가죽을 차고 스스로 느슨하게 하였고 동안우(董安于)는 마음이 느긋하였기 때문에 활줄을 차고 스스로 급하게 하였다.〔西門豹性急, 故佩韋以自緩; 董安于性佩, 故絃以自急.〕"라고 한 데서 유래하였다.

옵소서. 마무리할 것을 생각한 후에 시작하시고, 행할 수 있는 것이거든 행동하소서. 빈소(嚬笑)는 반드시 아끼시고[111] 요행은 반드시 물리치소서. 안으로 궁정에서부터 밖으로 신료에 이르기까지, 은혜와 위엄이 중도(中道)를 얻어 상벌에 어긋남이 없게 하소서. 이와 같이 하고서도 교령이 행해지지 않고 강유(綱維)가 떨쳐지지 않는 이치는 없습니다. 성상께서는 유의하소서.

이른바 "마음을 비움으로써 정지(情志)를 미덥게 한다."는 것은, 신들이 듣건대 마음의 본체는 지극히 비고 지극히 밝아서, 사물의 이치를 비춰 보고 뭇사람의 뜻을 관통한다 하였습니다. 그러므로 선유(先儒)께서 이르기를, "사람의 일심은 거울의 텅 빔과 같고 저울의 평평함과 같다."[112]라고 하고, 또 이르기를, "마음은 본래 비어서 사물에 응하면

111 빈소(嚬笑)는……아끼시고 : 빈소는 찡그리고 웃는 것을 말한다. 전국 시대 한 소후(韓昭侯)가 해진 바지를 간직해 두라고 하자 시자(侍者)가 그 이유를 물었다. 소후가 이르기를 "훌륭한 군주는 한번 찡그리고 웃는 것도 아낀다고 하였다. 찡그리고 웃는 데도 까닭이 있어야 하니 바지에 비하겠는가. 나는 공(功)이 있는 사람에게 이 바지를 주겠다."라고 한 데서 나온 말이다. 임금은 상벌을 신중히 해야 함을 뜻한다. 《韓非子 內諸說上》

112 사람의……같다 : 주희의 《대학혹문(大學或問)》에, "사람의 일심은 맑고 허명(虛明)하여, 거울이 비어있는 것과 같고 저울대가 평평한 것과 같아서, 몸의 주인이 되는 것은 참으로 진체(眞體)의 본연이지만, 희로우구(喜怒憂懼)가 감촉에 따라 응하고 미추(美醜)와 부앙(俯仰)이 사물에 따라 형체를 부여받는 것은 또한 그 작용에 있어 없을 수 없는 것이다. 그러므로 감응하지 않을 때는 지극히 비고 고요하여, 거울이 비어 있고 저울대가 평평한 본체이므로 귀신도 그때를 엿보지 못함이 있다.〔人之一心, 湛然虛明, 如鑑之空, 如衡之平, 以爲一身之主者, 固其眞體之本然, 而喜怒憂懼, 隨感而應, 姸媸俯仰, 因物賦形者, 亦其用之所不能無者也. 故其未感之時, 至虛至靜, 鑑空衡平之體, 雖鬼神有不能窺其際者.〕"라고 하였다.

서도 자취가 없다."[113]라고 하였던 것입니다. 비어있기 때문에 곱고 미움이 각기 그 모습을 드러내는 것이고, 평평하기 때문에 경중이 각기 그 분수를 얻는 것이니, 이것이 곧 사물에 응하면서도 자취가 없는 까닭입니다. 마음이 만약 비어있지 않으면 총청(聰聽)[114]에 반드시 가리고 막는 바가 있게 되고, 응접(應接)에 반드시 치우쳐 매이는 바가 있게 되어, 물정(物情)을 다 비춰 볼 수 없고 뭇 마음을 능히 스스로 다하지 못할 것이며, 상하는 막히고 천지는 비색(否塞)해질 것이니, 이와 같으면서도 나라가 위태롭지 않은 경우는 있지 않습니다.

전하의 명철하심이 무리를 뛰어넘으시나 임의로 살피심이 너무 지나치시며, 인서(仁恕)로 아랫사람을 대하시나 허다한 의심을 떨쳐버리지 못하십니다. 그러므로 말을 들을 때 편견을 면치 못하는 것이니, 조금이라도 절실하게 일을 논하는 자에 대해서는 그 과격함을 의심하고, 조금이라도 준엄하게 인물을 논하는 자에 대해서는 그 배타성을 의심하십니다. 소란을 깊이 미워하시지만 그 단서가 일어나기도 전에 전하의 마음이 먼저 소란해지고, 진정하려고 애를 쓰시지만 그 효과는 나타나지 않고 전하의 마음만 도리어 진정되지 못합니다. 주도면밀히 예방하려는 생각과 억측하는 마음이 사물과 접하기도 전에 절로 어지

113 마음은……없다 : 정이(程頤)의 〈사물잠(四勿箴)〉 중 〈시잠(視箴)〉의 첫머리이다.

114 총청(聰聽) : 듣는 것을 말한다. 《서경》〈주고(酒誥)〉 제5장에 나오는 문왕(文王)의 말씀 중에 있다. "우리 백성들이 소자(小子)를 인도하되 오직 토물을 사랑하게 하면 그 마음이 선해질 것이니, 조고(祖考)의 떳떳한 가르침을 잘 들어서 작은 덕과 큰 덕을 소자들은 한결같은 것으로 여기도록 하라.〔我民迪小子, 惟土物愛, 厥心臧, 聰聽祖考之彝訓, 越小大德, 小子惟一.〕"라고 하였다.

러이 뒤섞여 있습니다.

편당(偏黨)을 없애고자 하심에 이르러서는, 진실로 전하의 지극히 공정하고 피맺힌 정성에서 나왔겠으나, 전하의 마음속에는 '편당을 미워한다〔惡偏黨〕' 세 글자가 먼저 자리 잡고 있습니다. 그러므로 무릇 옳고 그름과 따르고 거스름에 있어서 반드시 피차의 색목(色目)[115]을 보는 것이니, 비교하고 견주는 폐해가 고질이 되었고 공정하게 듣고 평등하게 보는[116] 도(道)가 어그러졌습니다. 조정의 신료들은 주상의 뜻을 우러러 헤아리고 먼저 스스로를 위해 고려하느라 말마다 혐의를 피하려 하고 일마다 형적을 구속하고 있기에, 위에서는 신하의 성실치 못함을 근심하고 아래에서는 임금의 지나친 의심을 걱정합니다. 군신 사이의 정지(情志)가 날로 막히어, 예사롭지 않은 견벌(譴罰)과 차마 듣지 못할 엄한 하교가 있을 때도 종종 있습니다.

아! 군신의 의리란 서로 한 몸으로 의지한 채 임금과 신하가 격의 없이 정사를 논함으로써[117] 지극히 선한 이치로 돌아가고자 할 따름입니다. 임금께서 명철하시니 이치로써 설득할 수 있고, 신하가 우매해도

115 색목(色目) : 당색(黨色), 당파(黨派)를 말한다.

116 공정하게……보는 : 원문의 '公聽幷觀'은 다른 의견들을 공정하게 들어주고, 사람과 일에 있어서 평등하게 대하는 것을 말한다. 《한서(漢書)》 권51 〈추양전(鄒陽傳)〉에 "공정하게 듣고 평등하게 보면 당대에 밝음을 드리울 것이다.〔公聽竝觀, 垂明當世.〕"라고 하였다.

117 임금과……논함으로써 : 원문의 '都兪吁咈'은 《서경》의 〈익직(益稷)〉과 〈요전(堯典)〉에 근거한 것으로 도유(都兪)는 찬성, 우불(吁咈)은 반대를 뜻한다. 요(堯)임금이 신하들과 정사를 토론할 때 찬성과 반대의 의견을 기탄없이 개진하였던 데서 유래한 말로, 일반적으로 밝은 임금과 어진 신하가 서로 화합하여 정사(政事)를 토론하는 것을 의미한다.

이치로써 깨우칠 수 있사옵니다. 이에 마땅히 그 말의 공사(公私)와 득실(得失)을 살피시어 옳은지 그른지 판단하셔야 하거늘, 어찌하여 지나치게 살피시는 의심으로써 신하들 앞에 임하고, 예측하지 못할 노여움으로써 신하들을 떨게 하시어, 마침내 그들을 억색(抑塞)하여 몸 둘 바가 없는 지경에 이르게 하시옵니까? 삼가 원하옵건대, 전하께서는 지금부터 마음을 비우고 이치를 살피는 공부에 더욱 힘쓰시어, 나의 마음속이 환히 밝아져서 다시는 막힘이 없게 하시고, 일에 응하여 오직 마땅함을 따를 뿐 적막(適莫)을 두지 마옵시며,[118] 사물에 처하여 오직 그 법칙을 따를 뿐 맞이하고 보냄을 두지 마옵소서.[119] 무릇 말을 듣고 충고를 받아들임에 있어서 오직 도(道)와 비도(非道) 사이에서만 구한다면, 본체가 이미 바르게 되어서 대용(大用)이 이에 이루어질 것입니다. 작은 틈새까지도 빛이 비추는 곳에서는 사물의 형체가 숨겨지지 않고, 지극한 공정함이 행해지는 곳에서는 만물의 실정이 막히지

118 적막(適莫)……마옵시며 : 적(適)은 가함〔可〕, 막(莫)은 불가함〔不可〕으로, 가함과 불가함이 없이 오직 의(義)를 더불어 따른다는 뜻이다. 《논어》 〈이인(里仁)〉에 있는 공자의 말씀에, "군자는 천하의 일에 있어서 오로지 주장함도 없으며, 그렇게 하지 않는다는 것도 없어서 의(義)를 따를 뿐이다.〔君子之於天下也, 無適也, 無莫也, 義之與比.〕"라고 하였다.

119 맞이하고……마옵소서 : 《장자》 〈지북유(知北遊)〉에, 안연이 중니에게, "회는 선생님께 듣기를 '가는 자를 보내지 않고 오는 자를 맞이하지 않는다.' 하셨습니다. 어떻게 그러한 무심에 노닐 수 있습니까?〔回嘗聞諸夫子曰 : '無有所將, 無有所迎.' 回敢問其遊.〕"라고 물었다. 이에 대해 중니가 답한 말 가운데에 "성인은 물(物)과 함께 살면서도 물을 해치지 않는다. 물을 해치지 않기 때문에 물도 또한 그를 해치지 않는 것이니, 오직 물을 해치지 않는 자만이 능히 사람과 더불어 서로 보내고 맞이할 수 있는 것이다. 〔聖人處物不傷物. 不傷物者, 物不能傷也, 唯無所傷者, 爲能與人相將迎.〕"라는 구절이 있다.

않사옵니다. 군신과 상하가 한마음으로 서로 믿어야 교태(交泰)[120]의 아름다움이 이에 이루어질 수 있을 것입니다. 성상께서는 유의하소서.

이른바 "자기를 버림으로써 개과천선에 용감하다."라는 것은, 신들이 듣건대 성인은 무아(無我)하여[121] 오직 선(善)만을 스승으로 삼는다고 하였습니다. 맹자(孟子)가 대순(大舜)을 일컫기를 "자기를 버리고 남을 따른다."[122]라고 하였으며, 중훼(仲虺)가 성탕(成湯)을 찬미하여 이르기를, "허물을 고치는 것에 인색하지 않다."[123]라고 하였습니다.

120 교태(交泰) : 《주역》 〈태괘(泰卦) 상(象)〉에 "하늘과 땅이 교통하는 것이 태이다.〔天地交, 泰.〕"라고 한 데 근거하여, 천지의 기운이 조화롭고 만물이 잘 통하는 것을 뜻한다. 여기서는 군신의 마음이 서로 통하여 상하가 한마음이 되는 것을 가리킨다.

121 성인은 무아(無我)하여 : 《논어》 〈자한〉에, "공자는 네 가지의 마음이 전혀 없으셨으니, 사사로운 뜻이 없으셨으며, 기필하는 마음이 없으셨으며, 집착하는 마음이 없으셨으며, 이기심이 없으셨다.〔子絶四: 毋意, 毋必, 毋固, 毋我.〕"라고 하였다. 이에 대한 주희(朱熹)의 주에, "의(意)는 사사로운 뜻이요, 필(必)은 기필하는 것이요, 고(固)는 집체(執滯)하는 것이요, 아(我)는 사사로운 자기를 뜻한다. 이 네 가지는 서로 시종(始終)이 되니, 즉 어떤 일이 사사로운 뜻에서 시작되어 기필하는 마음에로 이행되고, 이것이 고집하는 데 머물러 이기적인 자아로 완성된다.〔意, 私意也; 必, 期必也; 固, 執滯也; 我, 私己也. 四者相爲終始, 起於意, 遂於必, 留於固. 而成於我也.〕"라고 하였다.

122 자기를……따른다 : 《맹자》 〈공손추 상〉에 있는 맹자의 말이다. "우왕(禹王)은 선한 말을 들으면 절하셨다. 대순(大舜)은 이보다도 더 위대함이 있었으니, 선을 남과 함께 하사, 자신을 버리고 남을 따르시며, 남에게서 취하여 선을 행하기를 좋아하셨다.〔禹聞善言則拜. 大舜有大焉, 善與人同, 舍己從人, 樂取於人以爲善.〕"

123 허물을……않다 : 《서경》 〈중훼지고〉에 "왕께서는 음악과 여색(女色)을 가까이 하지 않고 재화(財貨)와 이익을 증식하지 않으시며, 덕이 많은 자에게는 관직을 성대하게 내리고 공이 많은 자에게는 상을 성대하게 내리시며, 사람을 등용하되 자신으로 생각하고, 허물을 고치되 인색하게 하지 않으시어 능히 너그럽고 능히 인자하여 조민

대개 그 이른바 '자기〔己〕'란 결코 사사로운 뜻이 아니므로 자기는 능하지 못한데 남이 능하면 그를 따르되 오직 미치지 못할까 두려워하면 그뿐입니다. 그 이른바 '허물'이란 결코 마음이 있어서 그리한 것이 아니므로 나는 알지 못하는데 남이 능히 알면 그것을 고치되 하루를 기다리지 않으면 그뿐입니다.[124] 여기에서 성인의 심사(心事)를 볼 수 있습니다. 뭇사람의 상정(常情)은 유아(有我)의 사사로움에 막혀 능히 선을 따르지 못하고, 이미 드러난 허물을 꺼려하며 감추느라 빨리 고치지 못합니다. 이에 그 사사로움은 더욱 고질이 되고 그 허물은 더욱 뚜렷해지는 것이니, 가히 두려워하지 않을 수 있겠습니까.

전하께서 〔신하들의〕 권면하는 말에 대해 온화한 말씀으로 칭찬하고 장려하지 않은 것은 아니오나, 성심이 하고자 하는 바라면 무리하게 이루지 않은 적이 없고, 성지가 향하는 바라면 강경하게 시행하지 않은 적이 없습니다. 하전(廈氈)[125]에서 아뢰는 말씀이 혹 성궁(聖躬)을 절

(兆民)들에게 믿음을 받으셨습니다.〔惟王不邇聲色, 不殖貨利, 德懋懋官, 功懋懋賞, 用人惟己, 改過不吝, 克寬克仁, 彰信兆民.〕"라고 하였다. 이에 대한 채침(蔡沈)의 주에, "허물을 고침에 인색하지 아니하여 자기의 불선(不善)을 고치지 않음이 없어서, 남의 재능을 시기하지 않고 자기의 허물을 고침에 인색하지 아니하여, 합병하여 공정하게 하고 사의(私意)를 세우지 않으니, 성인이 아니면 그 누가 이에 능하겠는가. 탕왕(湯王)이 사람을 등용하고 자기 몸을 처함이 이와 같았다."라고 하였다.

124 하루를……그뿐입니다 : 이 말은 군자의 결단력을 나타낸다. 《주역》 〈계사전 하(繫辭傳下)〉에 "군자는 기미를 보고 떠나면서 하루가 다하기를 기다리지 않는다. 〈예괘(豫卦) 육이(六二)〉에 '돌처럼 견고해서 하루가 다하기를 기다리지 않으니, 정하고 길하다.'라고 하였다. 절개가 돌과 같으니 어찌 하루가 다하기를 기다리겠는가. 이를 통해서 군자가 결단하는 것을 알 수 있다.〔君子見幾而作, 不俟終日. 《易》曰: '介于石, 不終日, 貞吉.' 介如石焉, 寧用終日? 斷可知矣.〕"라고 하였다.

박하게 몰아세우면 이내 천안(天顔)이 어두워졌고, 장주(章奏)로 올린 보궐(補闕)[126]의 내용이 혹 실제 사실을 지적하기라도 하면 비지(批旨)에 변명이 많아졌습니다. 유의하겠다는 전교(傳敎)는 끝내 실속 없는 글로 귀결되고, 가납하신다는 유지(諭旨)는 채택되지 않았습니다. 한때의 과실에 이르러서는, 비록 성심이 이미 후회하시는 바라 하더라도 이따금 말을 둘러대면서 힘 들여 설명하셨으니, 깨달음을 흔쾌히 보이며 결연히 용감하게 고치려는 뜻인즉 결국 없었습니다. 신하들은 비위나 맞추고 서로를 경계하면서, 한 가지 일을 바로잡으려 하면 반드시 용납되지 않을 것을 염려하고, 한 마디 말을 올리려 하면 단지 과실만 더할까 두려워하였기에, 잠규(箴規)[127]는 오래 전에 끊기고 침묵이 풍조가 되었습니다.

지금 전하께서 슬퍼하시며 도움을 구하는 하교를 내리신 지 또 이미 열흘이 지났사오나, 내외 신하 중 아직 전하의 허물[128]을 지적해 진달하여 밝은 뜻에 걸맞게 응하는 자가 없으니, 이 또한 전하께서 마땅히 두려워하며 스스로 반성하셔야 할 바입니다.

삼가 원하옵건대, 전하께서 오늘 자신을 책망하시는 뜻을 미루어 지선(至善)의 소재를 깊이 살피시고, 유아(有我)의 사사로운 뜻을 없

125 하전(廈氈) : 넓은 집과 촘촘한 방석이라는 말로 대궐이나 어좌를 가리키는데, 여기서는 경연(經筵)을 의미한다.

126 보궐(補闕) : 임금의 잘못을 바로잡는 것을 말한다.

127 잠규(箴規) : 경계하여 바로잡도록 간하는 것을 말한다.

128 전하의 허물 : 원문의 '袞闕'은 정사를 행하는 임금의 결점을 말한다. 《시경》〈증민(烝民)〉의 "곤식(袞職)에 결함이 있거든 중산보(仲山甫)가 보좌하도다.〔袞職有闕, 維仲山甫補之.〕"라는 구절에서 유래하였다. 곤직은 왕의 직분을 말한다.

애소서. 선을 보면 따르기를 비록 나무꾼의 말이라도 가려서 듣고,[129] 허물을 알면 반드시 고치기를 마치 바람과 우레 같이 빠르게 하되,[130] 비유하자면 여울물이 골짜기로 내달리듯 잠깐이라도 혹 멈추어 지체함이 없는 것처럼 하소서. 임금이 잘못을 고치고 나면 수많은 백성들이 그 광휘를 우러를 것이요,[131] 장차 아름다운 말이 숨겨지지 않고[132] 뭇 선이 다 모여들어 성덕이 날로 새로워지고 민심이 모두 기뻐함을 보게 될 것입니다. 성상께서는 유의하소서.

이른바 "아량을 넓히시어 꺼리고 싫어함을 떨어낸다."라는 것은, 신들이 듣건대 성명한 임금은 반드시 거리낌 없는 말을 능히 포용한다고 하였습니다. 《서경》에 이르기를 "포용함이 있어야 덕이 커질 것이

129 나무꾼의……듣고 : 원문의 '芻蕘'는 나무꾼으로, 보잘것없는 사람을 상징한다. 《시경》〈판(板)〉의 "선현(先賢)들이 말씀하되 나무꾼에게도 물으라 하시니라.〔先民有言, 詢于芻蕘.〕"라는 구절에서 나온 것이다.

130 허물을……하되 : 《주역(周易)》〈익괘(益卦) 상사(象辭)〉의 "바람과 우레가 익이니, 군자가 보고서 선을 보면 그쪽으로 옮겨 가고 허물이 있으면 고친다.〔風雷益, 君子以, 見善則遷, 有過則改.〕"라는 구절에서 나왔다.

131 임금이……것이요 : 《논어》〈자장〉에 나오는 자공(子貢)의 말이다. "군자(君子)의 허물은 일식이나 월식과 같아 잘못이 있으면 사람들이 모두 볼 수가 있고, 허물을 고쳤을 때는 사람들이 우러러본다.〔君子其過也, 如日月之食焉, 過也人皆見之, 更也人皆仰之.〕"

132 아름다운……않고 : 순(舜) 임금이 요 임금을 칭송한 말로, 《서경》〈대우모(大禹謨)〉에 "아! 너의 말이 옳다. 진실로 이와 같다면 아름다운 말이 숨겨지는 바가 없으며, 들에는 버려진 현자가 없어서 만방이 다 편안할 것이니, 여러 사람에게 상고하여 자기를 버리고 남을 따르며, 하소연할 곳 없는 자들을 학대하지 않으며 곤궁한 자들을 폐하지 않음은, 오직 제요(帝堯)만이 이에 능하셨다.〔兪! 允若玆, 嘉言罔攸伏, 野無遺賢, 萬邦咸寧, 稽于衆, 舍己從人, 不虐無告, 不廢困窮, 惟帝時克.〕"라고 하였다.

다."[133]라고 하였고, 옛말에 이르기를 "임금이 어질면 신하가 곧다."[134] 라고 하였습니다. 무릇 임금은 신하에 대해서 등위(等位)[135]가 지엄하므로, 혹여 온화한 얼굴로 대하고 넓은 마음으로 받아들여도 오히려 그 말을 다 하지 못할까 걱정이거늘, 만약 한마디 말이 꺼리는 것에 저촉되었다 하여 이내 죄를 얻게 된다면 그 누가 말을 하려고 하겠습니까?

전대의 역사를 두루 살펴보건대, 신하의 진언(進言) 중에 지적하여 탓한 것이 지나치고 끌어서 비유한 것이 도리에 어긋나는 경우가 헤아릴 수도 없이 많습니다만, 임금은 죄로 여기지 않았고 후세에도 그릇되었다고 하지 않았으니, 오직 그 말의 곡직(曲直)만을 살폈기 때문입니다. 치세에는 위태롭고 어지럽다는 말을 꺼리지 않고, 밝은 군주는 패망이라는 말을 꺼리지 않습니다. 어지러움을 꺼리는 자는 반드시

133 포용함이……것이다 : 《서경》 〈주서(周書)〉에 이르기를, "반드시 참음이 있어야 이룸이 있으며, 포용함이 있어야 덕이 커질 것이다.〔必有忍, 其乃濟, 有容, 德乃大.〕"라고 하였다.

134 임금이……곧다 : 위(魏)나라의 적황(翟黃)이 한 말이다. 위 문후(魏文侯)가 악양(樂羊)으로 하여금 중산(中山)을 공격하게 하여 싸움에서 이기자 그 아들 격(擊)을 봉하고 신하들에게 묻기를, "나는 어떤 군주인가?" 하니 모두가 "어진 군주입니다." 하였는데 임좌(任座)가 말하기를 "임금께서는 중산을 얻어 동생에게 봉하지 않고 아들에게 봉하시니 어찌 어진 임금이라고 하겠습니까?" 하였다. 문후가 노하여 임좌를 내쫓고 나서, 적황(翟黃)에게 물으니 적황이 "어진 군주십니다." 하였다. 문후가 "어찌하여 그것을 알았는가?" 하니 대답하기를 "임금이 어질면 신하가 곧다고 하는데 앞서 임좌의 말이 곧았으므로 그것을 알았습니다." 하였다. 문후가 기뻐하며 적황으로 하여금 임좌를 불러 그를 되돌아오게 하고 친히 당 아래로 내려가서 그를 영접하여 상객(上客)으로 삼았다. 《通鑑節要 卷1 周紀》

135 등위(等位) : 신분과 지위의 위계질서를 말한다.

어지러워지고 망할 것을 꺼리는 자는 반드시 망하는 것, 이는 바뀌지 않을 분명한 증험입니다.

전하께서 직언을 널리 구하려 하지 않는 것은 아니나, 결국 아량을 크게 넓히지 못하시어, 조금이라도 거슬리는 말이 있으면 곧바로 다시 그 구절을 가혹하게 지적하여 혹 마땅한 말이 아니라고 배척하거나, 혹 분의(分義)[136]가 이와 같지 않다고 꾸짖으며, 비록 별 것 아닌 글의 사소한 전고(典故) 하나일지라도 또한 반드시 허물을 찾아내어 나무라시니, 이 어찌 단지 자만하여 사람을 막는 정도에 그칠 뿐이겠습니까.[137]

우선 한 가지 일로써 말씀드리겠나이다. 작년에 번신(藩臣)의 상소 중에서 "홀로 고립되다.〔孑然孤立〕"라는 한 구절이 어찌 망발에 이르렀겠습니까마는, 전하께서는 오히려 이것을 가지고 매우 준엄하게 견책하셨습니다. 하물며 거리낌 없이 할 말을 다하여 저촉되는 것도 피하지 않는 경우야 논할 수나 있겠습니까?

지금 말하지 않는 자들 모두가 좋은 벼슬을 지키고 달콤한 이익을 누리는 것을 그 누가 모르겠습니까? 그러나 품은 생각을 반드시 진달하고 성지(聖旨) 거스르는 것을 꺼리지 않는 자라면, 임금을 사랑하지 않고서 어떻게 그렇게 할 수 있겠습니까? 설령 방자하고 허망한 말이

136 분의(分義) : 임금과 신하의 분수에 맞는 도리를 말한다.

137 자만하여……뿐이겠습니까 : 《맹자》 〈고자 하(告子下)〉에 "자만하는 목소리와 얼굴빛이 사람을 천리 밖에서 막는다. 그리하여 선비가 천리 밖에서 발걸음을 멈춘다면 아첨하고 비위맞추는 사람들이 올 것이니, 아첨하고 비위맞추는 사람들과 더불어 거처한다면 나라가 다스려지기를 바란들 될 수 있겠는가.〔訑訑之聲音顏色, 拒人於千里之外. 士止於千里之外, 則讒諂面諛之人至矣, 與讒諂面諛之人居, 國欲治可得乎?〕"라고 하였다

있다고 하더라도, 나가서는 입을 닫고 들어와서는 몰래 왈가왈부하는 자들과 비교해볼 때 어찌 큰 현자가 아니겠습니까? 하물며 방자하고 허망된 잘못은 그들에게 있고 포용의 미덕은 이런 자에게 있는데, 전하께서는 어찌하여 노하시며 어찌하여 싫어하시옵니까?

아! 전하의 조정은 언로(言路)가 막힌 지 오래입니다. 간혹 한두 건의 색책(塞責)[138]하는 상소가 있습니다만 혹여라도 저촉됨이 있을까 두려워하여 이리 생각하고 저리 생각하다 구절을 빼고 글자를 지웁니다. 꺼리는 것이 너무 많고 고려하는 것이 백 가지인지라, 결국에는 뭉뚱그려 입도 코도 없는 문자가 되게 만든 연후라야 비로소 감히 상주하니, 역린(逆鱗)을 건드리는[139] 직언과 뜻을 거스르는 충언이야 엄두나 낼 수 있겠습니까.

삼가 원하옵건대 전하께서는 옛사람이 성문의 열리고 닫힘으로 보인 밝은 경계[140]를 두려워하며 깊이 생각하소서. 무릇 신하들의 진언에

138 색책(塞責) : 책임을 메우기 위해 형식적으로 하는 것을 말한다.

139 역린(逆鱗)을 건드리는 : 신하가 임금에게 과감하게 직언(直言)하는 것을 뜻한다. 역린은 용의 턱 밑에는 거꾸로 난 비늘로, 이를 건드리면 용이 노하여 건드린 자를 죽인다고 한 데서 비롯되었다. 《한비자(韓非子)》의 〈설난(說難)〉에, "무릇 용이란 유순한 것으로 친근히 하면 잡아 탈 수도 있지만, 그러나 그 목구멍 아래 비늘이 돋혀 있어 만약 사람이 그 비늘을 건드리면 반드시 사람을 죽인다. 임금도 역린(逆鱗)이 있으니 그 비늘을 거슬리지 말아야 한다."라고 하였다.

140 성문의……경계 : 북송 말년인 정강(靖康) 초에 민간의 노래에 "성문이 닫히면 언로가 열리고, 성문이 열리면 언로가 닫힌다.〔城門閉, 言路開; 城門開, 言路閉.〕"라는 것이 있었다. 이는 시국과 언로의 관계를 비유한 것으로 정부에 대한 비판을 담고 있다. 금나라 군대가 쳐들어와서 형세가 위급해지자 성문을 닫고 황제가 널리 치국의 도를 물어 언로를 넓게 열었다. 금나라 군대가 물러가자 성문이 열리고 언로가 닫혔다. 《大宋

관계해서는 비록 그것이 광망하여 도리에 어긋나고, 불손하여 예에 맞지 않은 것이라 할지라도, 모두 널리 감싸 안는 도량으로 포용하시고, 온화한 기색으로 대접하소서. 임금을 바로잡는 묘책이 직접적이고 적실하지 못할까 두려워하시고, 나라를 근심하는 말이 격앙되지 못할까 두려워하소서. 깨닫고 채납하는 것이 크지 못할까 근심하시고, 모아서 받고 펴서 베푸는 것[141]이 넓지 못할까 근심하소서. 이와 같이 한다면 충직한 말을 다투어 권하여 덕화(德化)가 날로 드러나고, 곧은 도가 일어나 행해져서 성인의 모책이 크게 빛날 것이옵니다. 성상께서는 유의하소서.

이른바 "뜻을 겸손히 하여 규익(規益)을 받아들인다."라는 것은, 신들이 듣건대 성인은 스스로 성인이라 여기지 않기 때문에 더욱 성스러워진다고 하였습니다. 순(舜) 임금이 우(禹)를 칭송하여 "자만하지 않는다."[142]라고 하였고, 이윤(伊尹)이 태갑(太甲)에게 고하기를, "스스

宣和遺事》

141 모아서……것 : 원문의 '翕敷'는 '翕受敷施'의 줄임말이다. 《서경》 〈고요모(皐陶謨)〉에 "날마다 세 가지 덕을 밝힐진댄 밤낮으로 소유한 집을 다스려 밝힐 것이며, 날마다 두려워하여 여섯 가지 덕을 공경할진댄 소유한 나라의 일을 밝힐 것이니, 모아서 받고 펴서 베풀면 아홉 가지 덕(德)을 가진 사람들이 다 일하여 준예(俊乂)가 관직에 있어서 백료(百僚)가 서로 스승으로 삼으며 백공(百工)이 때에 따라 오신(五辰)을 순히 하여 모든 공적이 이루어질 것입니다.〔日宣三德, 夙夜浚明有家, 日嚴祗敬六德, 亮采有邦, 翕受敷施, 九德咸事 俊乂在位 百僚師師 百工惟時 撫于五辰 庶績其凝.〕"라고 하였다.

142 자만하지 않는다 : 《서경》 〈대우모(大禹謨)〉에 순(舜) 임금이 우(禹) 임금에게 제위를 물려줄 때 그를 칭송하여 말하기를, "나랏일에 부지런하고 집안에 검소하여 자만하지 않는 것이 너의 어짊이다. 네가 자랑하지 않으나 천하에 너와 더불어 능함을

로 크다고 여겨 남을 좁게 여기지 마소서."[143]라고 하였습니다. 임금은 위세가 드높은지라 참으로 교만해지기 쉽습니다. 만약 그 위세를 좇아 자기 마음을 스승으로 여겨 마음대로 하고, 오만하게 스스로를 훌륭하다 여긴다면, 총명은 날로 닫히고 규간은 들어가지 못할 것입니다. 한 사람의 총명을 가지고 홀로 천하의 온갖 정무를 운영하고자 하면서 패망하지 않은 자가 있었습니까? 그러므로 옛 선왕의 성덕으로도 훌륭한 말을 들으면 절하였고,[144] 간언을 받아들여 거스르지 않았으며,[145]

다툴 자가 없으며, 네가 과시하지 않으나 천하에 너와 더불어 공을 다툴 자가 없으니, 내 너의 덕을 성대하게 여기며 너의 아름다운 공적을 가상하게 여기노라.〔克勤于邦, 克儉于家, 不自滿假, 惟汝賢. 汝惟不矜, 天下莫與汝爭能; 汝惟不伐, 天下莫與汝爭功, 予懋乃德, 嘉乃丕績.〕"라고 하였다.《書經 禹書 大禹謨》

143 스스로……마소서 :《서경》〈함유일덕(咸有一德)〉에 "임금은 백성이 아니면 부릴 사람이 없으며, 백성은 임금이 아니면 섬길 사람이 없으니, 스스로 크다고 여겨 남을 좁게 여기지 마소서. 필부필부가 스스로 다함을 얻지 못하면 백성의 임금은 더불어 공(功)을 이루지 못할 것입니다.〔后非民罔使, 民非后罔事, 無自廣以狹人. 匹夫匹婦, 不獲自盡, 民主罔與成厥功.〕"라고 하였다.

144 훌륭한……절하였고 : 우(禹) 임금이 신하의 훌륭한 말에 절을 한 기록이《서경》〈대우모〉와 〈고요모〉에 나온다. 〈대우모〉에, 순(舜) 임금이 우(禹)를 시켜 유묘(有苗)를 정벌케 하였는데 30일 동안 유묘의 백성들이 명을 거역하자 백익(伯益)이 우(禹)를 도와 이르기를 "덕(德)은 하늘을 감동시켜 아무리 멀어도 이르지 않음이 없으니, 자만하면 손해를 부르고 겸손하면 이익을 받는 것이 바로 천도입니다……지극한 정성은 신명을 감동시키니, 하물며 유묘이겠습니까?〔惟德動天, 無遠弗屆, 滿招損, 謙受益, 時乃天道.……至誠感神, 矧玆有苗?〕"라고 하였다. 이에 우가 창언(昌言)에 절하며 "아! 너의 말이 옳다." 하고 군대를 거두어 돌아오자, 순이 문덕(文德)을 크게 베풀어 방패와 깃털을 잡고 양계(兩階)에서 춤을 추니, 70일 만에 유묘가 와서 복종하였다. 〈고요모〉에는, 우 임금이 고요(皐陶)의 창언(昌言)에 절을 하였다고 하였다.

145 간언을……않았으며 : 이윤(伊尹)이 태갑(太甲)을 훈계하면서 탕(湯) 임금의 덕

보필의승(輔弼疑丞)[146]을 두어 아침저녁으로 가르침을 들려주게 하였으니,[147] 삼가고 두려워함이 이와 같이 지극하였습니다.

전하께서는 밝은 지혜가 뛰어나시어 신하들을 경시하는 마음이 있으며, 스스로 옳다고 여기심이 너무 지나쳐 천근한 말을 살피기 좋아하는[148] 뜻이 없으십니다. 샅샅이 듣고 살피고자 하시는 병폐를 스스로 알지 못하는 것은 아니나, 과시하는 습관을 아직도 고치지 못하고 계십니다. 신료들이 상주하는 바가 있으면 반드시 "내가 하교하려고 하였다."라고 하시거나 "내가 이미 알고 있다."라는 전교로써 먼저 깨달았다는 뜻을 매번 내보이시니, 마치 장단(長短)을 따지려는 듯한 면이 있습

을 칭송한 말 중의 한 대목이다. 《서경》 〈이훈(伊訓)〉에 "아! 선왕께서 처음으로 인륜을 닦으시어 간언을 따라 어기지 않으셨다.〔嗚呼! 先王肇修人紀, 從諫弗咈.〕"라고 하였다.

146 보필의승(輔弼疑丞) : 고대의 직책이다. 《예기(禮記)》 〈문왕세자(文王世子)〉에 "우·하·상·주의 시대에는 사보가 있고, 의승이 있었다.〔虞、夏、商、周, 有師保, 有疑丞.〕"라고 하였고, 또 《상서대전(尙書大傳)》에는 "옛날에 천자는 네 이웃이 있었으니 앞은 의, 뒤는 승, 왼쪽은 보, 오른쪽은 필이라 한다.〔古者, 天子有四鄰: 前曰疑, 後曰丞, 左曰輔, 右曰弼.〕"라고 하였다.

147 아침저녁으로……하였으니 : 《서경》 〈열명 상(說命上)〉에 고종이 부열(傅說)에게 명한 말이다. "아침저녁으로 가르침을 들려주어서 나의 덕을 도우라. 내가 쇠라면 너를 숫돌로 삼고, 큰 내를 건넌다면 너를 배와 노로 삼으며, 큰 가뭄이 든다면 너를 장맛비로 삼으리라.〔命之曰 : "朝夕納誨, 以輔台德. 若金, 用汝作礪 ; 若濟巨川, 用汝作舟楫 ; 若歲大旱, 用汝作霖雨."〕."라고 하였다.

148 천근한……좋아하는 : 원문의 '好察邇言'은 공자가 순(舜) 임금의 덕을 칭송한 말로, 《중용장구》 제6장에 "순 임금은 큰 지혜이실 것이다. 순 임금은 묻기를 좋아하고 천근한 말을 살피기 좋아하시되, 악(惡)을 숨겨 주고 선(善)을 드날리시며, 두 끝을 잡아 그 중(中)을 백성에 쓰시니, 그 때문에 순임금이 되신 것이다.〔舜其大知也與. 舜好問而好察邇言, 隱惡而揚善, 執其兩端, 用其中於民, 其斯以爲舜乎!〕"라고 하였다.

니다.

아첨을 싫어하지 않는 것은 아니나 달콤한 말을 즐겨 듣는 것을 스스로 깨닫지 못하시며, 규계(規戒)를 구하지 않는 것은 아니나 바른 말[149]은 끝내 그 앞에서만 따르는 데 그치고 맙니다. 신료를 임용하여 부림에 있어서는 우직함에 조금이라도 가까운 사람은 좋아하지 않고, 나약하고 아첨하는 무리들만 많이 취하시니, 이 때문에 정결하고 자중하는 선비들이 산야(山野)로 물러나지 않음이 없는 것입니다.

글 읽은 사람들 중 세상을 피해 숨는 자가 점차 많아지고 있는데도 전하께서는 다시 생각하지 않으실 뿐 아니라 아울러 불러들여 맞이하는 허례(虛禮)마저 폐기해 버리셨습니다. 경연을 출입하는 자들이라야 신들처럼 나약하고 용렬한 무리에 지나지 않고, 대간(臺諫)은 오직 위패(違牌)[150]하여 해직되는 것만을 좋은 꾀라 여기고 있어, 입 다물고 일을 피하는 누습이 고쳐지지 못하고 있습니다. 대신은 오직 문부(文簿)를 봉행하는 것만 조정의 정책으로 삼을 뿐, 임금의 그릇된 마음을 바로잡고 임금의 실책을 보필하는[151] 말은 잠잠해진 지 오래입니다.

149 바른 말 : 원문의 '法語'는 《논어》 〈자한(子罕)〉에 나오는 공자의 말 속에 있다. "바르게 해주는 말은 따르지 않을 수 있겠는가. 자신의 잘못을 고치는 것이 중요하다. 완곡하게 해주는 말은 기뻐하지 않을 수 있겠는가. 그 실마리를 찾는 것이 중요하다. 기뻐하기만 하고 실마리를 찾지 않으며, 따르기만 하고 잘못을 고치지 않는다면 내 그를 어찌할 수가 없다.〔法語之言, 能無從乎? 改之爲貴; 巽與之言, 能無說乎? 繹之爲貴. 說而不繹, 從而不改, 吾末如之何也已矣.〕"라고 하였다.

150 위패(違牌) : 임금의 부름을 받은 신하가 다른 사람의 탄핵을 받았다는 이유 등으로 부름에 응하지 않는 것을 '위패'라고 한다.

151 임금의……보필하는 : 원문의 '格非'는 '格君心之非'의 준말로, 임금의 그릇된 마음을 바로잡는 것을 말한다. 《맹자》 〈이루 상(離婁上)〉에 "오직 대인만이 임금의 잘못

대고(大誥)[152] 후에도 외려 또한 이와 같은데 그 이전이야 또한 논할 것이 있겠습니까. 이로 말미암아 전하께서 마침내 속으로 '지금 세상의 사람들은 나만 못하고, 신하들의 말은 족히 들을 만한 것이 없다.'라고 여기게 된 것입니다.

스스로 품위를 높이 표방하여 걸핏하면 한(漢)나라와 당(唐)나라를 부끄럽게 여기지만, 그 이루어진 법을 살펴보면 도리어 쇠퇴하여 혼란한 말세보다 심한 면이 있었습니다. 그런데도 위에서는 더욱 스스로 성인으로 여기고, 아래에서는 더욱 따라서 아첨이나 하기에, 법도 있는 집안과 보필하는 선비[153]는 조정에서 다시 보이지 않고, 충성스러운 간언과 곧은 말은 임금의 귀[154]에 이를 길이 없어진 것이니, 이와 같고

된 마음을 바로잡을 수 있다. 임금이 인하면 인해지지 않는 일이 없고, 임금이 의로우면 의롭지 않은 일이 없고, 임금이 바르면 바르게 되지 않는 일이 없으니, 한번 임금의 마음을 바르게 하면 나라가 안정되는 것이다.〔惟大人爲能格君心之非. 君仁莫不仁, 君義莫不義, 君正莫不正, 一正君而國定矣.〕"라는 말에서 나왔다. 원문의 '弼違'는 《서경》〈익직(益稷)〉에서 순(舜) 임금이 우(禹)에게 "내가 도리에 위배됨을 네가 보필할 것이니, 너는 대면해서는 따르고 물러가서는 뒷말을 하지 말아서 네 사린의 직책을 공경하라.〔予違汝弼, 汝無面從, 退有後言, 欽四隣.〕"라는 말에서 나왔다.

152 대고(大誥) : 임금이 나라에 널리 포고(布告)하는 훈시를 말한다.

153 법도……선비 : 원문의 '法家拂士'에서 법가(法家)는 법도가 있는 세신(世臣)을 뜻하고, 필사(拂士)는 보필(輔弼)하는 현사(賢士)를 뜻한다. 《맹자(孟子)》〈고자 하(告子下)〉에 "안으로 법도 있는 세신과 보필하는 현사가 없고, 밖으로 적국과 외환이 없으면 이런 나라는 반드시 망한다.〔入則無法家拂士, 出則無敵國外患者, 國恒亡.〕"라는 말이 있다.

154 임금의 귀 : 원문은 '黈纊'으로 주광(黈纊)이란 면류관(冕旒冠) 양쪽으로 늘어뜨려 귀를 막는 귀막이 솜을 말하는데, 임금이 허튼소리나 무익한 말은 듣지 않겠다는 것을 나타낸 것이다.

도 위태로워 망하지 않은 자가 과연 있었습니까.

삼가 원하옵건대 전하께서는 경계와 성찰에 기인하시어 겸손으로 이익을 받는[155] 방도에 더욱 힘쓰소서. 이 도(道)와 이 이치의 무궁함을 알아 스스로 크다 여기지 마시고,[156] 조그만 선행이나 장점도 마땅히 취해야 함을 알아 마음대로 행하지[157] 마소서. 스스로 잘 듣는다고 여기지 마시고 천하 사람들이 듣는 것을 들음으로 삼으시고, 스스로 잘 본다고 여기지 마시고 천하 사람들이 보는 것을 봄으로 삼으소서. 또한 반드시 자기를 굽히고 선비를 예우하시고, 성심으로 현사(賢士)를 구하여 좌우에 두시어 자문하여 살펴 받아들이소서. 내 뜻에 맞는 것을 구하지 않고 오직 내 덕(德)을 보필할 자를 구하신다면, 덕이 날로 진보하고 업(業)이 날로 닦이어서 정치와 교화가 날로 융성해질 것이옵니다. 성상께서는 유의하소서.

155 겸손으로……받는 : 원문의 '謙受'는 '謙受益'으로 《서경》 〈대우모(大禹謨)〉에 나오는 백익(伯益)의 말이다. 순(舜) 임금이 우(禹)를 시켜 유묘(有苗)를 정벌케 하였는데 유묘가 완강히 불복하자, 백익이 우에게 조언하기를, "덕(德)은 하늘을 감동시켜 아무리 멀어도 이르지 않음이 없으니, 자만하면 손해를 부르고 겸손하면 이익을 받는 것이 바로 천도입니다……지극한 정성은 신명(神明)을 감동시키니, 하물며 유묘이겠습니까?〔惟德動天, 無遠弗屆, 滿招損, 謙受益, 時乃天道.……至誠感神, 矧玆有苗?〕"라고 하였다.

156 스스로……마시고 : 원문은 '自廣'이다. 177쪽 주143 참조.

157 마음대로 행하지 : 원문의 '自用'은 남의 맘을 듣지 않고 자기 생각대로 하는 것을 말한다. 《서경》 〈중훼지고(仲虺之誥)〉에 "능히 스스로 스승을 얻는 자는 왕자(王者)가 되고, 남들이 자기만 못하다고 말하는 자는 망한다. 묻기를 좋아하면 여유가 있고, 스스로 지혜를 쓰면 작아진다.〔能自得師者王, 謂人莫己若者亡. 好問則裕, 自用則小.〕"라고 하였다.

신들이 우매하여 성상의 잘못을 감히 망령되이 논하고, 힘써야 할 방책으로 이와 같이 조목조목 진달하였습니다. 만약 전하께오서 자주 살피시고 깊이 살피시어 유념해주신다면, 오늘날 기강을 떨치고 청납(聽納)을 넓히는 도(道)에 있어서 반드시 만에 하나의 보탬이 있을 것이니, 이로 말미암는다면 다스림의 도구를 널리 펼쳐서 백성을 안정시키는 것도 다른 데서 구할 필요 없을 것입니다. 전하께서 진실로 능히 이에 힘쓰셨으나 그 효과가 없다면 그에 대해서는 신들이 청컨대 망언의 죄를 받겠나이다. 그러나 신들이 삼가 생각건대, 기질을 변화시키는 것[158]은 성찰하고 점검하는 것을 진실로 귀하게 여기지만, 만약 이치를 궁구하고 선(善)을 밝히는 공부가 없다면, 결국 쇠를 가리켜 금(金)이라고 하고 나그네를 주인으로 인식하는 것을 면치 못하여 결코 참되게 알고 정밀하게 살피지 못하게 될 것입니다.

비록 이 몇 가지로써 말씀드렸다 하더라도, 대개 이치에 궁구하지 못함이 있고 선에 밝지 못함이 있으면 스스로 성실하다고 여기는 것에 혹 사의(私意)가 뒤섞인 경우가 많을 것이고, 스스로 강의(剛毅)하다고 여기는 것이 여러 욕심이 끌어들여 흔드는 것을 면하지 못할 것입니

158 기질을……것 : 《중용장구》 제20장의 "과연 이 도(道)에 능하면 비록 어리석으나 반드시 밝아지며, 비록 유약(柔弱)하나 반드시 강해진다.〔果能此道矣, 雖愚必明, 雖柔必强.〕"의 구절에 대해 여대림(呂大臨)이 말하기를, "군자(君子)가 배우는 까닭은 기질(氣質)을 변화(變化)하기 위할 뿐이다. 덕(德)이 기질(氣質)을 이기면 어리석은 자가 밝음에 나아가고, 유약한 자가 강함에 나아갈 수 있거니와, 능히 이기지 못하면 비록 배움에 뜻을 두더라도 어리석은 자가 밝아지지 못하고, 유약한 자가 서지 못할 것이다.〔君子所以學者, 爲能變化氣質而已. 德勝氣質, 則愚者可進於明, 柔者可進於强, 不能勝之, 則雖有志於學, 亦愚不能明, 柔不能立而已矣.〕"라고 하였다.

다. 일의 대소, 물건의 거세(巨細)에 능히 분별하지 못함이 있어 거대한 법도가 손실될 것이고, 호령의 절도와 긴장・이완의 도에 합당하지 않음이 있어 엄중한 체통이 어그러질 것입니다. 마음을 비우고자 하여도 실리(實理)의 소재를 구하지 않으면 마음에 주재함이 없어서 능히 비울 수가 없고, 자기를 버리고자 하여도 지선(至善)으로써 법칙을 삼지 않으면 내가 이미 현혹되어 따를 바가 없습니다. 의(義)를 살핌이 정밀하지 않으면 마음의 본체가 넓지 못하여 그 도량을 넓힐 길이 없고, 도(道)를 강구함이 깊지 않으면 학문의 진전을 구함[159]이 절실하지 않아 그 뜻을 겸손히 할 수가 없습니다.

대저 이치를 궁구한다는 것은, 진실로 사물에 나아가서 그렇게 된 까닭〔所以然〕과 마땅히 그래야 할 바〔所當然)〕의 법칙을 궁구하는 것에 지나지 않으며, 그 빛나는 자취와 분명한 효과는 경전과 사적(史籍)에 갖추어 실려 있지 않음이 없으니, 궁리의 공부는 대개 독서보다 절실한 것이 없습니다.

전하께서는 부지런히 학문에 전념하시어[160] 경사(經史)를 두루 연구

159 학문의……구함 : 원문의 '求益'은 《논어》 〈헌문(憲問)〉에 있다. 궐당(闕黨)의 동자(童子)가 공자의 명령을 전달하는 심부름을 하였는데, 동자에 대해 혹자가 묻기를, "학문이 진전된 자여서입니까?〔益者與?〕" 하니 공자가 말하기를, "내 그가 자리에 앉아 있는 것을 보았으며 그 선생(先生)과 나란히 걸어 다니는 것을 보았으니, 학문의 진전을 구하는 자가 아니라, 빨리 이루고자 하는 자이다.〔吾見其居於位也, 見其與先生竝行也, 非求益者也, 欲速成者也.〕"라고 하였다.

160 학문에 전념하시어 : 원문의 '典學'은 항상 학문에 힘쓴다는 말로 전(典)은 상(常)의 뜻이다. 《서경》 〈열명 하(說命下)〉에 "가르침은 배움의 반이니, 처음부터 끝까지 학문에 전념하면 그 덕이 닦여짐을 자신도 깨닫지 못할 것이다.〔惟斅學半, 念終始典于學, 厥德修罔覺〕"라고 하였다.

하시었으니, 그 조예의 얕고 깊음을 신들 같이 무식한 자들이 감히 엿볼 바가 아니오나, 언행과 사업에서 살펴보건대 참으로 학문의 효과가 있다고는 감히 말할 수 없습니다. 이에 신들이 밤낮으로 염려하다가 '성학에 힘쓰라〔勉聖學〕'는 세 글자로써 날로 발전하는[161] 공부를 돕고자 한 것입니다.

대저 독서의 방법은 선유(先儒)들이 자세하게 말하였습니다. 그러나 그 요체인즉 "송독(誦讀)은 반드시 익숙해질 때까지 복습해야지 섭렵(涉獵)해서는 안 되며, 공부하는 과정은 반드시 연속해서 해야지 중간에 끊김이 있게 해서는 안 된다."라는 것에 지나지 않습니다. 사색하고 물어 분별하여 반드시 깊이를 다하고, 기미(幾微)를 살피되[162] 그 밝은 지혜를 스스로 믿지 마소서.

강유(綱維)를 끌어 잡으려 하되[163] 지엽말단에 얽매이지 말고, 동이(同異)를 연구하여 밝히고자 하되 반드시 본원(本源)에 통달하소서. 이것들을 마음에 모아 무젖어서[164] 따르고자 하시고, 이것들을 몸에

161 날로 발전하는 : 원문의 '日躋'는 《시경》 〈장발(長發)〉에서 상(商)나라 탕(湯) 임금의 덕을 표현한 말이다. "탕 임금의 탄생이 늦지 않으시며, 성스럽고 공경스러운 덕이 날로 발전하였다.〔湯降不遲, 聖敬日躋.〕"라는 말에서 나온 것이다.

162 깊이를……살피되 : 《주역》 〈계사전 상(繫辭傳上)〉에 "역(易)은, 성인이 깊이를 다하고 기미(幾微)를 살피는 것이다.〔夫易, 聖人之所以極深而研幾也.〕"라고 하였다.

163 강유(綱維)를……하되 : 강유는 강령(綱領)과 같은 말로 큰 줄거리를 뜻한다. 〈중용장구서〉에 "세대의 뒤떨어짐이 천여 년이나 되지만, 그 말씀의 다르지 않음이 부절(符節)을 합함과 같다. 옛 성인(聖人)들의 책을 하나하나 뽑아 보건대, 강유(綱維)를 끌어 잡으며 깊은 내용을 열어 보여 주심이 이처럼 분명하고 다한 것은 있지 않다.〔世之相後, 千有餘年, 而其言之不異, 如合符節. 歷選前聖之書, 所以提挈綱維, 開示蘊奧, 未有若是之明且盡者也.〕"라고 하였다.

증험해 체인(體認)하여 밀절(密切)하고자 하소서. 유(類)에 따라 확장하고[165] 한 모퉁이를 들어서 나머지를 반증(反證)하여[166] 쌓인 것이 오래되면 반드시 훌쩍 관통하는 효과가 있을 것이오나, 자신에게 돌이켜 성실하게 하는 것은 오직 전하에게 달려 있사옵니다. 근본을 바르게 하고 다스림을 펴는 기본이라면 이것을 넘어서지 않습니다.

가만히 삼가 생각건대, 정무를 돌본 여가와 정섭(靜攝)하시는 가운데, 공과(功課)에 매진하는 것을 위포(韋布)[167]의 학문처럼 하시기를 감히 바라지 않사오나, 학문의 도는 많음을 자랑하거나 넓음에 힘쓰는 데 있지 않고, 오직 정밀하고 심오하게 연구하고 침잠유영(沈潛游泳)[168]하여 집희(緝熙)[169]의 경지에 나아가는 것을 귀하게 여기오니,

164 무젖어서 : 원문은 '涵泳'이다. 《논어》 〈위정(爲政)〉에, "일흔 살에 마음에 하고자 하는 바를 좇아도 법도를 넘지 않았다.〔七十而從心所欲, 不踰矩.〕"라고 한 데 대해, 주희(朱熹)의 《논어집주》에서 호씨(胡氏)의 말을 인용해 "성인이 이것을 말씀하여, 한편으로는 배우는 자들은 마땅히 우유하고 오래도록 무젖어야 할 것이요, 등급을 뛰어넘어 나아가서는 안 됨을 보여주셨다.〔聖人言此, 一以示學者當優遊涵泳, 不可躐等而進.〕"라고 하였다.

165 유(類)에……확장하고 : 《주역》 〈계사전 상(繫辭傳上)〉에 "이끌어 펴며 유(類)에 따라 확장하면, 천하에서 가능한 일은 모두 끝마칠 수가 있다.〔引而伸之, 觸類而長之, 天下之能事畢矣.〕"라는 말이 있다.

166 한……반증(反證)하여 : 《논어》 〈술이(述而)〉에 있는 공자의 말씀으로, "한 모퉁이를 들어 주었는데 나머지 세 모퉁이를 반증(反證)하지 못하면 다시 더 일러주지 않아야 한다.〔擧一隅, 不以三隅反, 則不復也.〕"라고 하였다. 주희는 이에 대해 배우는 자들이 힘써 부지런히 하여 가르침을 받을 수 있는 터전을 마련하게 하고자 한 것이라고 해석하였다.

167 위포(韋布) : 가죽 띠와 베옷으로, 벼슬하지 않은 선비를 가리킨다.

168 침잠유영(沈潛游泳) : 깊이 들어가 탐구하여 몸에 배는 것을 말한다.

전하께서는 살피소서. 주자(朱子)가 이르기를, "공부는 중단되기 쉽고 의리는 미루어 찾기 어려운데, 세월은 흐르는 물과 같으니 매우 근심스럽습니다."[170]라고 하였으니, 군자가 밤낮으로 힘쓰며 두려워한 뜻을 여기에도 볼 수 있습니다.

신들이 구구하게 감히 이것으로써 올리오니, 삼가 바라옵건대 성상께서는 더욱 맹렬한 반성을 더하소서. 허락해 주시옵소서.

169 집희(緝熙) : 계속하여 찬란하게 빛난다는 뜻으로, 선왕(先王)의 학문을 이어서 밝힌다는 뜻이다. 《시경》 〈경지(敬之)〉에서 "나 소자가 총명하고 공경하지 못하나, 날로 나아가고 달로 나아가 배움에 광명함을 이어 밝힘이 있으며, 이 짊어진 책임을 이겨내 나의 밝은 덕행을 보여줄지니라.〔維予小子, 不聰敬止, 日就月將, 學有緝熙于光明, 佛時仔肩, 示我顯德行.〕"라고 하였으며, 《시경》 〈문왕(文王)〉에서 "심원하신 문왕이여, 아! 경(敬)을 계속하여 밝히셨도다.〔穆穆文王, 於緝熙敬止!〕"라고 하였다.

170 공부는……근심스럽습니다 : 주희가 여백공(呂伯恭)에게 답한 편지에 있는 말이다. "공부는 중단되기 쉽고 의리는 궁구하기 어려운데, 세월은 흐르는 물과 같아 매우 두려워할 만하니, 어찌하겠습니까? 어찌하겠습니까?〔功夫易間斷, 義理難推尋, 而歲月如流, 甚可憂懼, 奈何奈何?〕"라고 하였다. 《朱子大全 卷33 答呂伯恭》

옥당에서 정월 초하루에 진계[171]한 차자 갑인년(1734년, 영조10, 35세)

玉堂元朝陳戒箚 甲寅

삼가 아뢰옵니다. 삼양(三陽)이 비로소 시작되어[172] 만물이 싹이 틉니다. 우러러 생각건대 전하께서 하늘을 대하여 덕에 힘쓰시어 찬란한 빛이 날로 새로워질 것이니, 신들은 우러르며 축원하는 구구한 마음을 가눌 수 없습니다.

어제 내리신 성상의 하교를 삼가 보니, 증씨(曾氏)의 "날마다 반성한다."[173]라는 교훈을 인용하여 성상 스스로를 칙려하시고 신하들을 면려하시었는데, 성지가 지극히 간절하여 군신(群臣)이 엄숙히 읊으며 갑절이나 감격하였으니, 누가 그 마음을 정결히 하여 아름다운 명(命)을 공경히 받들 것을 생각지 않겠습니까?

가만히 생각건대 《주역》〈건괘(乾卦) 상사(象辭)〉에 "하늘의 운행이 강건하니 군자가 이것을 본받아 스스로 힘쓰며 쉬지 않는다."라고

171 진계(陳戒) : 임금에게 경계할 것을 진달(進達)하는 것을 말한다.

172 삼양(三陽)이……시작되어 : 삼양은 양효(陽爻) 셋이 올라오는 때로, 음력 정월을 가리킨다. 《주역(周易)》의 〈태괘(泰卦)〉에, 동짓달인 11월부터 양효가 아래에서 하나씩 생겨 올라와서 정월에 이르면 양효가 셋이 되므로 새해 정월이 되었음을 뜻한다고 하였다.

173 날마다 반성한다 : 증자(曾子)가 이르기를 "나는 날마다 세 가지 일로써 내 몸에 반성하노니 '남을 위하여 꾀하는 일에 마음을 다하지 않았는가, 친구들과 사귀는 데에 신의가 없었는가, 학업을 잘 익히지 않았는가' 하는 것이다.〔吾日三省吾身, 爲人謀而不忠乎? 與朋友交而不信乎? 傳不習乎?〕"라고 한 데서 온 말이다. 《論語 學而》

하였습니다. 성인은 이치를 궁구하고 마음을 바르게 하며 교화를 펴고 정사를 닦음에, 그 집희(緝熙)[174]의 공부와 삼가고 두려워하는 마음을 본디 한순간도 끊은 적이 없으니, 하늘의 운수가 옮겨가고 세월의 차례가 바뀌는 즈음을 당하여 분명 그것에 기인해 뜻을 크게 일깨워 분발하고 일어났을 것입니다. 천시(天時)를 공경하고 스스로 새로워짐을 중시했기에. 《서경(書經)》 〈하서(夏書)〉에 "매년 초봄에 목탁을 가지고 도로를 순행하며 말하기를, '백관(百官)은 서로 잘못을 바로잡아 주고 백공(百工)은 기예를 잡아서 간(諫)하라.' 하였다."[175]라고 한 것입니다.

《주례(周禮)》에서 정월이면 상위(象魏)에 법을 포고한다고 한 것은[176] 모두가 이 도(道)입니다. 더구나 지금 나라의 형세는 위태롭고 험하며 세도(世道)는 어렵고 비색하니, 실로 이는 음이 양을 다 깎아내다시 양이 오게 되는[177] 운수입니다. 전하께서는 바야흐로 성념(聖念)

174 집희(緝熙) : 186쪽 주169 참조.

175 매년……하였다 : 《서경》 〈윤정(胤征)〉에 "매년 초봄에 명령을 선포하는 관원이 목탁을 가지고 도로를 순행하며 말하기를 '백관들은 서로 잘못을 바로잡아 주고 백공들은 기예를 잡아서 간하라. 혹시라도 이러한 책임을 공손히 다하지 않는 자가 있으면 나라의 떳떳한 법으로 다스릴 것이다.' 하였다〔每歲孟春, 遒人, 以木鐸徇于路, 官師相規, 工執藝事以諫. 其或不恭, 邦有常刑.〕"라고 하였다.

176 상위(象魏)에……것 : 상위는 고대 중국에서 궁궐 문밖에 마주 보게 세운 한 쌍의 건축물로 여기에 국가의 교령(敎令)을 현시(顯示)하였다. 《주례(周禮)》 〈천관(天官) 태재(太宰)〉에 "정월 초하루에 비로소 나라의 도읍과 시골에 정령(政令)을 선포하였으니, 치상의 법을 상위에 걸어 만백성으로 하여금 치상을 보게 하고 열흘이 되면 거두었다.〔正月之吉, 始和布治于邦國都鄙. 乃縣治象之灋於象魏, 使萬民觀治象, 挾日而斂之.〕"라고 하였다. 치상(治象)은 정치법령을 말한다.

을 새롭게 하시어 이제 막 대고(大誥)를 반포하시었고, 오늘에 이르러 보위에 오르신 지 10년을 꽉 채웠으니,[178] 바로 천도(天道)가 한번 변할 때를 만난 것입니다. 춘추(春秋)가 한창 왕성하실 때이오나 또한 옛 성인이 말씀하신 불혹의 연세를 넘기셨으니,[179] 생각건대 이 삼원(三元)[180]이 모인 것은 더욱 전하의 첫 시작의 기미인 것입니다.

전하께서는 아침 일찍 일어나 병풍을 등지고 정사를 돌보시며, 천시(天時)를 어루만지고 인사(人事)를 생각하시니, 어찌 두려운 마음으로 각성하여 그 시초를 도모하고 삼가지 않을 수 있겠습니까. 일전에 신들이 참람함을 헤아리지 않고서 면려하고 경계하는 말을 조목조목 진달하였는데, 다행히 성상께서 가납하시어 유중(留中)[181]하도록 명하시기까지 하심을 입었사오니, 이는 전하께서 사람이 나쁘다 하여 그 좋은 말을 버리지 않으시고[182] 한가한 사이에 때때로 성찰을 더하려 하신 덕분입니다. 신들은 감격스럽고 황송하여 죽을 곳을 모르겠나이다.

177 음이……되는 : 원문의 '剝陰'은 음이 양을 다 갉아먹었다는 뜻이다. 따라서 이제는 양이 다시 회복 될 일만 남은 것이다.

178 보위에……채웠으니 : 영조가 1724년에 보위에 올랐으므로 이 해(1734)는 10년째 되는 해이다.

179 불혹의……넘기셨으니 : 이 해가 갑인년(1734)으로 영조의 나이는 41세가 되었으므로 공자가 말한 불혹의 40세를 넘겼다고 한 것이다.

180 삼원(三元) : 연, 월, 일이 시작된다는 뜻으로, 정월 초하루를 가리킨다.

181 유중(留中) : 임금이 신하가 올린 상소문을 관계 기관에 회부하지 않고 궁중에 두는 것을 말한다. 유중불하(留中不下)와 같다.

182 사람이……않으시고 : 《논어》 〈위령공(衛靈公)〉에 "군자는 말을 잘한다고 해서 그 사람을 들어 쓰지 않으며, 사람이 나쁘다 하여 그 좋은 말을 버리지 않는다.〔君子不以言擧人, 不以人廢言.〕"라고 하였다.

간곡히 근심하고 사랑하는 마음으로 다시 원하옵건대, 전하께서는 그 덕을 새롭게 하시어 하늘의 운행을 본받으시고, 아침부터 밤까지 공경하고 두려워하며 하늘의 경계를 삼가소서. 명령을 반포함에 반드시 하늘의 마음〔天心〕에 합당하도록 힘쓰고, 정직한 사람을 들어 쓰고 부정한 사람을 버리시어[183] 반드시 하늘의 법칙〔天則〕을 거스름이 없도록 하소서. 형벌을 밝게 하고 신중히 하여 하늘의 토벌〔天討〕[184]을 받들고, 어질고 유능한 사람을 널리 구하여 하늘의 작위〔天爵〕[185]를 공변되이 하며, 검소한 덕을 더욱 힘쓰고 재물 씀씀이를 절약하여 하늘의 물건〔天物〕[186]을 아끼고, 폐정(廢政)을 속히 정비하고 몹쓸 병통을 뜯

183 정직한……버리시어 : 《논어》 〈위정(爲政)〉에 "정직한 사람을 들어 쓰고 모든 부정한 사람을 버리면 백성이 따르고, 부정한 사람을 들어 쓰고 모든 정직한 사람을 버려두면 백성들이 복종하지 않는다.〔擧直錯枉, 則民服; 擧枉錯諸直 則民不服.〕" 하였고, 〈안연(顔淵)〉에, "정직한 사람을 들어 쓰고 모든 부정한 사람을 버리면 부정한 자를 정직하게 만들 수 있다.〔擧直錯諸枉, 能使枉者直.〕"라고 하였다.

184 하늘의 토벌〔天討〕 : 죄 지은 사람을 하늘이 징치하는 것으로, 임금이 그 일을 대행하는 것을 말한다. 《서경》 〈고요모(皐陶謨)〉에, "하늘이 덕이 있는 이에게 명하시거든 다섯 가지 복식으로 다섯 가지 등급을 표창하시며, 하늘이 죄가 있는 이를 토벌하시거든 다섯 가지 형벌로 다섯 가지 등급을 써서 징계하시어 정사를 힘쓰고 힘쓰소서.〔天命有德, 五服五章哉; 天討有罪, 五刑五用哉, 政事懋哉懋哉.〕"라고 하였다.

185 하늘의 작위〔天爵〕 : 하늘에서 내려 준 작위, 고상한 도덕의 수양을 말한다. 천작을 닦으면 절로 사람들의 존경을 받게 되고 사람이 주는 작위인 인작(人爵)이 뒤따르게 된다고 하였다. 《맹자》 〈고자 상(告子上)〉에 있는 맹자의 말씀으로, "천작(天爵)이 있으며, 인작(人爵)이 있으니, 인의(仁義)와 충신(忠信)을 행하고 선(善)을 즐거워하며 게을리 하지 않음이 이 천작(天爵)이요, 공경(公卿)과 대부(大夫)는 이 인작(人爵)이다.〔有天爵者, 有人爵者, 仁義忠信樂善不倦, 此天爵也, 公卿大夫, 此人爵也.〕"라고 하였다.

186 하늘의 물건〔天物〕 : 조수(鳥獸)와 초목(草木) 등 대자연의 물산을 말한다.

어고쳐서 하늘의 백성들을 보호하여 살린다면, 소공(召公)이 이른바 "기천영명(祈天永命)"[187]의 아름다움이 실로 오늘부터 시작될 것이옵니다. 아, 전하께서는 소홀히 하지 마소서.

가만히 듣건대, 건도(乾道)[188]가 멈추지 않고 운행하여 사시(四時)를 바르게 하고 농사를 이루게 하는 것은 오직 성(誠)뿐이고, 성인이 종일 힘쓰고 저녁까지도 두려워하여[189] 천덕(天德)을 닦아 천도(天道)에 이르게 하는 것 역시 오직 성뿐이라 하였습니다. 오직 성이기 때문에 쉬지 않으며, 쉬지 않기 때문에 능히 유구하여 끝이 없는 것입니다. 〈대아(大雅)〉에 이르기를, "하늘의 명이여, 아! 심원하여 그치지 않으니, 아! 드러나지 않을까. 문왕(文王)의 덕의 순수함이여."[190]라고 하였으니, 이는 문왕의 덕이 하늘과 합치했기 때문입니다. 전하께서 진실로 능히 선(善)을 밝혀 성(誠)을 생각하고 삿됨을 방지하여 성을 보존하

187 기천영명(祈天永命) : 국가의 운세가 영원하기를 하늘에 기원함이다. 《서경》 〈소고(召誥)〉에, "새 도읍에 머무시어 왕께서는 빨리 덕을 공경하소서. 왕께서 덕을 씀이 국가의 운세가 영원하도록 하늘에 기원하는 것입니다.〔宅新邑, 肆惟王, 其疾敬德. 王其德之用, 祈天永命.〕"라고 하였다.

188 건도(乾道) : 천도(天道)와 같다.

189 종일……두려워하여 : 자강불식(自强不息)하며 근신(謹愼)함을 말한다. 《주역》 〈건괘(乾卦) 구삼(九三)〉에 "군자가 종일토록 부지런히 힘쓰고 저녁까지도 두려워하면 위태로우나 허물이 없을 것이다.〔君子終日乾乾, 夕惕若, 厲無咎.〕"라고 하였다. 이에 대해 공자가 풀이하기를, "군자는 덕을 진전시키고 업을 닦나니, 충신(忠信)이 덕을 진전시키는 것이요 말을 할 때에 진실되게 함〔修辭立其誠〕이 업을 지키는 것이다."라고 하였다.

190 하늘의……순수함이여 : 《시경》 〈유천지명(維天之命)〉에 있다. 이는 문왕(文王)을 제사한 시로서, 천도는 다함이 없으니 문왕의 덕이 순일하여서 하늘과 더불어 간격이 없음을 말함으로써 문왕의 덕의 성대함을 찬탄하였다.

신다면, 날로 나아가고 달로 쌓여서 진실무망(眞實無妄)[191]하고 지성불식(至誠不息)[192]한 경지에 능히 나아가실 것이니, 문왕 또한 어떤 사람이겠습니까. 전하께서는 힘쓰소서.

신들이 앞서 올린 차자에서 이미 성실(誠實)을 제일의 덕목으로 삼아, 성인이 하늘을 본받아 덕을 닦고 정사를 베풀어 백성을 미덥게 하는 기초는 '성' 자 하나를 넘어서지 않는다고 하였기에, 설날 아침의 축하에서 감히 거듭 뜻을 아뢴 것입니다. 신들은 어제 어리석은 소견을 아뢰어 국청을 열기를 급히 청하였는데, 삼가 비지(批旨)[193]를 받들고 보니 깨우쳐 타일러 주심이 자상하고 지극하시었습니다.

신들이 비록 우매하나 또한 전하께서 일념(一念)으로 묵묵히 기도하심을 알아 정성을 다해 우러러 존경하고 있사온데, 어찌 감히 한갓 신하의 우려하는 마음만 가지고 거듭 어지럽혀드리기를 그치지 않겠습니까? 다만 삼가 생각건대, 백성을 중히 여기고 풍년을 기원하는 것도 진실로 나라를 위한 일이요, 역적을 국문하고 흉악한 자를 신문하는 것 또한 나라를 위한 일입니다. 백성을 진휼함도 진실로 하늘의 은혜를 받드는 일이요, 무도한 자를 뿌리 뽑아 다스림도 하늘의 토벌을 행하는

191 진실무망(眞實無妄) : 진실되어 망령됨이 없음을 말한다. 《중용》 제16장에 "은미한 것이 드러나니, 성(誠)의 가릴 수 없음이 이와 같구나!〔夫微之顯, 誠之不可揜, 如此夫!〕"라고 하였다. 주자가 해석하기를 "성(誠)은 진실하고 망령됨이 없음을 이른다. 음양의 합하고 흩어짐이 진실 아님이 없다. 그러므로 그 발현되어 가릴 수 없음이 이와 같은 것이다.〔誠者, 眞實無妄之謂. 陰陽合散, 無非實者. 故其發見之不可如此.〕"라고 하였다.

192 지성불식(至誠不息) : 지극히 정성스러워 쉬지 않음을 말한다.

193 비지(批旨) : 임금이 내린 비답(批答)의 말씀을 말한다.

일입니다. 국체(國體)는 대충 할 수 없으며, 사리(事理) 또한 태만히 할 수 없습니다. 천지신명이 밝게 굽어보고 계시니, 그들의 건재함을 보신다면 분명 노여워할 것입니다. 유사(有司)가 옥사(獄事)를 다스리고 문서를 출납하는 것이 어찌 신을 공경히 섬기는 도리에 방해됨이 있겠습니까? 《예기(禮記)》에 이른바 "여러 가지 일이 병행되어도 잘못되지 않는다."[194]라고 한 것은 이것을 이른 말입니다.

성상의 하교에서 비록 "이것은 '위를 향해 부도한 것〔向上不道〕'[195]에 불과하다."라고 하셨을지라도, 그 죄상은 이미 잠깐도 토죄를 지체해서는 마땅치 않거늘, 하물며 그 요악(妖惡)한 속셈을 또 어찌 헤아릴 수 있다고 여러 날을 끌어가며 즉시 캐묻지 않을 수 있단 말입니까? 이는 단지 목전의 근심일 뿐 아니라 실로 후일의 폐단에 크게 관계되는 바입니다. 엎드려 바라옵건대 성상께서 앞서 올린 청을 즉시 윤허하시어 이를 거행할 수 있도록 속히 명하여 주소서. 허락해 주소서.

194 여러……않는다 : 《예기》 〈예운(禮運)〉에, "그런 까닭에 대순(大順)의 도로써 천하를 다스리면 일의 큰 것이 겹쳐 쌓이더라도 교체하지 않으며, 여러 가지 일이 일시에 병행되어도 잘못되지 않고, 작은 일의 미세한 처리에도 실수하지 않는다.〔故事大積焉而不苑, 並行而不繆, 細行而不失.〕"라고 하였다.

195 위를……것〔向上不道〕 : 임금에 대한 죄목의 하나이다.

옥당에서 두 대간[196]을 처분하고 겸하여 소회를 진달한 차자
玉堂處置兩臺 兼陳所懷箚

삼가 아뢰옵니다. 대신(臺臣)[197]들이 모두 인혐(引嫌)[198]하고 물러갔습니다. 일을 만나 경계를 진달한 것이 이미 대간의 체통을 얻었다면, 온당치 못하다는 비답이 어찌 혐의가 되겠습니까? 허물을 들어 탄핵한 바가 비록 공의(公議)에 합당하였다고는 하나, 이름자를 들지 않아 끝내 분명하지 않았습니다. 청컨대 지평(持平)[199] 박필재(朴弼載)[200]는 출사시키고 정언(正言)[201] 조진세(趙鎭世)[202]는 체차시키소서.

196 대간(臺諫) : 감찰 임무를 맡은 대관(臺官)과 국왕에 대한 간쟁 임무를 맡은 간관(諫官)의 합칭이다.

197 대신(臺臣) : 사헌부와 사간원의 관원을 통칭한 말이다.

198 인혐(引嫌) : 혐의가 있는 일에 대해 책임을 지고 사퇴하는 것, 또는 그러한 청원(請願)을 말한다.

199 지평(持平) : 사헌부의 정5품 관직이다.

200 박필재(朴弼載) : 1688~? 조선 후기의 문신으로 본관은 반남(潘南)이고 자는 성적(聖績)이다. 음서로 관직에 오르고 봉사(奉事)의 신분으로 1727년(영조3) 정시문과(庭試文科)에 급제하였다. 정언·지평·수찬·헌납·사간·집의 등을 지내면서 탕평책(蕩平策)의 문제점을 지적하고, 소론을 공격하는 소(疏)를 자주 올렸다. 외직(外職)으로는 안릉 현감(安陵縣監)을 지냈고, 1741년 보덕(輔德)이 되어 장헌세자(莊獻世子)를 보도(輔導)하였다. 1743년 승지가 되어 당상관으로 승진하였고, 1750년 대사간이 되었으나 적절한 탄핵 활동을 하지 않았다는 이유로 체차(遞差)되었다.

201 정언(正言) : 사간원의 정6품 관직이다.

202 조진세(趙鎭世) : 1689~? 조선 후기의 문신으로 본관은 한양(漢陽)이며, 자는 안석(安石)이다. 좌랑 조중려(趙重呂)의 증손으로, 할아버지는 조종저(趙宗著)이고,

가만히 생각해보건대 이 일은 지극히 작은 일인데, 끝내 사단이 굴러서 주상의 마음이 격뇌(激惱)하시기에 이르렀으니, 신들이 근심하고 개탄하는 마음을 가지고 있는 마당에 어찌 감히 어리석음이나마 다하지 않을 수 있겠습니까. 생각건대 우리 전하의 밝으심으로 구경(九經)[203]을 체인하고 대신(大臣)[204]을 존경하는 의리에 있어 어찌 신료들의 면려와 경계를 기다리시겠습니까마는, 당일의 성교(聖敎)인즉 아마도 요즈음 종친들의 속적(屬籍)[205]이 점차 멀어져 혹 조정 벼슬아치들에게 경시를 받을까 염려스러운 마음에 이들을 누르고 저들을 도와주시는[206] 하교를 내리셨을 것입니다.

그러나 국가의 체통을 가지고 말한다면, 대신이 한번 종부(宗府)[207]의 서리를 가둔 일로 인하여 그 지위를 불안해하기에 이르렀고, 2품의 종신(宗臣)[208]이 대신에게 마구 화를 내어 이에 서로 겨루며 체수(替

아버지는 조의상(趙儀祥)이며, 어머니는 여필승(呂必升)의 딸이다. 1725년(영조1) 증광문과에 병과로 급제하였다. 1728년 문학(文學)을 지냈고, 1732년에는 지평(持平)과 정언을 역임하였다. 그 뒤 1748년에는 사간(司諫)에 임명되어 언론 임무를 담당하였다.

203 구경(九經) : 신하를 다스리는 아홉 가지의 큰 법을 말한다. 곧 몸을 닦는 것〔修身〕, 현자를 높이는 것〔尊賢〕, 가까운 친척을 친애하는 것〔親親〕, 대신을 존경하는 것〔敬大臣〕, 여러 신하들의 마음을 몸소 체험하는 것〔體群臣〕, 백성을 자식처럼 사랑하는 것〔子庶民〕, 먼 지방 사람을 회유하는 것〔柔遠人〕, 여러 제후들을 회유하는 것〔懷諸侯〕이다. 《中庸章句 20章》

204 대신(大臣) : 조선 시대에 재상(宰相)을 가리킨 말이다.

205 속적(屬籍) : 여기서는 종친이 종적(宗籍)에 소속하는 것을 말한다.

206 이들을……도와주시는 : 조정의 관리들을 누르고 종친을 도와준다는 말이다.

207 종부(宗府) : 종친부(宗親府)이다. 조선 시대에 왕실의 계보와 초상화를 보관하고, 왕과 왕비의 의복을 관리하며, 왕의 일가붙이를 다스리던 관청이다.

208 종신(宗臣) : 왕족(王族)으로 벼슬을 가진 사람을 말한다.

囚)[209]까지 하게 되었으니,[210] 이와 같고서야 나라의 기강과 조정의 체통을 어찌 사방에 내보이고 후세에 법도를 드리울 수 있겠습니까?

전후 여러 신하들이 진언한 것은 단지 조정을 높이고 체통을 엄히 하고자 했을 뿐, 사욕을 위한 것이 아니었으니, 어찌 일찍이 조금이라도 이기고자 하는 의도가 있었겠습니까? 그러나 매번 비지를 보면 개납(開納)[211]하지 않으실 뿐만 아니라 바로 자만하는 안색[212]으로 물리치

209 체수(替囚) : 조선 시대에 범인이 잡히지 않았거나 죄인이 병이나 어떤 사정으로 복역을 할 수 없게 되었을 때, 그와 관계있는 사람이나 가까운 일가 되는 사람을 대신 가두어 두던 일을 말한다.

210 대신이……되었으니 : 《영조실록》 9년 11월 5일과 7일 기사에 이 일이 기록되어 있다. 5일의 기사 내용은 다음과 같다. 좌의정 서명균(徐命均)이, "해흥군(海興君) 강(橿)이 난데없이 빈청(賓廳)에 와서 대신의 자리에 앉았으므로, 신이 '하리(下吏)가 잘 인도하지 못했다.'고 하여 종친부(宗親府)의 서리를 잡아 가두었습니다. 그러자 그의 아우인 해춘군(海春君)이 도리어 정부(政府)의 서리들을 가두었습니다. 이 일은 비록 나이 어린 종반(宗班)이 사체(事體)를 알지 못한 소치라 해도 실로 전에 없던 일입니다" 하였다. 이에 대해 박문수 등이 종친을 비난하자 영조는 종친부는 정부에서 간섭할 일이 아니라고 하였다. 그러나 정언(正言) 조진세(趙鎭世)는 종친을 경책해야 한다고 하였고, 박문수는 2품 종반이 정부의 서리를 가둘 수 없다고 하자, 영조는 매우 노하여 "박 문수를 종중추고(從重推考)하라. 너희들이 내가 왕자로 들어와 이 자리를 이었다고 가벼이 여기기 때문에 종친부를 멸시하느냐?" 하고 안상을 치며 오열하였다. 11월 7일에는 지평(持平) 박필재(朴弼載)와 정언 조진세 등이 상소하여 사교(辭敎)가 중도(中道)에 지나쳤음을 논하였다.

211 개납(開納) : 마음을 열어서 받아들이는 것을 말한다. 가납(嘉納)과 같다.

212 자만하는 안색 : 《맹자》 〈고자 하(告子下)〉에 "만일 선을 좋아하지 않으면 사람들이 장차 말하기를, '자만해 함을 내 이미 안다.' 할 것이니, 자만하는 목소리와 얼굴빛이 사람들을 천 리 밖에서부터 막아 버려 오지 못하게 할 것이다. 그리하여 선비가 천리 밖에서 발걸음을 멈춘다면 아첨하고 비위맞추는 사람들이 올 것이니, 아첨하고 비위맞추는 사람들과 더불어 거처한다면 나라가 다스려지기를 바란들 될 수 있겠는

셨으니, 마음을 돌려 간언을 받아들이는 성덕에 있어서 어찌 부족함이 없다 하겠습니까.

신들은 삼가 성주(聖主)를 위하여 개탄하였습니다. 또한 신들은 성상의 비답 중 '군부(君父)의 마음을 생각하라.'라는 하교에 대하여 실로 서글프고 근심스런 심정을 이기지 못하였고, 이어서 우려하여 탄식하였습니다. 아! 오늘 국세의 위태롭고 어려움이 너무 심한지라, 신린(臣隣)이 우러러 믿고 명(命)으로 삼는 바는 오직 전하의 일심(一心)밖엔 없습니다.

전하께서 진실로 마땅히 함양(涵養)[213]하고 조존(操存)[214]하는 공부를 깊이 체득하시고, 강대(剛大)[215]하고 홍의(弘毅)[216]한 도에 더욱 힘

가?〔夫苟不好善, 則人將曰: '訑訑予旣已知之矣.' 訑訑之聲音顔色, 距人於千里之外. 則讒諂面諛之人至矣, 與讒諂面諛之人居, 國欲治, 可得乎?〕"라고 하였다.

213 함양(涵養) : 도덕, 학문을 수양하는 것으로, 물에 젖듯이 차츰차츰 공부가 양성(養成)되어 감을 말한다. 《주자전서(朱子全書)》에, "반드시 평상시에도 공경하고 성실하여 함양하는 데에 바탕을 두어야만 바야흐로 이렇게 할 수 있다.〔蓋必平日, 莊敬誠實, 涵養有素, 方能如此.〕"라고 하였다.

214 조존(操存) : 마음을 흩어지지 않게 꼭 붙잡아 간직한다는 뜻으로, 마음을 다스려 올바른 방향으로 길러 나가는 것을 말한다. 《맹자(孟子)》 〈고자 상(告子上)〉에 인용되어 있는 공자의 말로, "잡으면 보존되고 놓아 버리면 잃어서, 나가고 들어옴이 일정한 때가 없으며, 그 방향을 알 수 없는 것은 오직 사람의 마음을 두고 말한 것이다.〔操則存, 舍則亡, 出入無時, 莫知其鄕, 惟心之謂與.〕"라고 하였다.

215 강대(剛大) : 강하고 큰 것을 말한다. 맹자가 호연지기(浩然之氣)를 말하면서 "그 기운이 지극히 크고 지극히 강하니, 정직으로써 잘 기르고 해침이 없으면, 천지의 사이에 가득 차게 된다.〔其爲氣也, 至大至剛, 以直養而無害, 則塞于天地之間."라고 하였다. 《孟子 公孫丑上》

216 홍의(弘毅) : 크고 굳세다는 뜻으로 원대한 포부나 견고한 의지를 이르는 말이다.

쓰시어, 단 하나의 명령이라도 항상 전칙(典則)을 따라 혹시라도 터럭만큼의 차이도 없게 한 연후에야 바야흐로 대본(大本)을 세워 치도(治道)를 낼 수 있을 것입니다. 비록 혹 시름 풀기가 지극히 어렵고 억제하기가 지극히 어려운 때가 있을지라도, 마땅히 성심을 넓게 가지심으로써 이치를 살피고 감정을 절제하시어 동인증익(動忍增益)[217]의 공효에 이르는 것, 이것이 마음을 다스리는 첫째의 공부입니다. 그러나 지금 한 종신의 일로 인하여 심기를 지나치게 허비하시어 마침내 성상의 마음이 매우 상하시고 말씀의 뜻이 슬픈 지경에 이르렀으니, 유(類)에 따라 확장하고 유(類)를 미루어 짐작하면[218] 어디를 간들 근심을 일으키는 단서가 아니겠습니까. 이는 보양(保養)과 절섭(節攝)의 도에 손상되는 바가 적지 않을 것입니다.

신들의 사사로운 걱정과 깊은 근심은 진실로 이미 헤아릴 수 없이 많사온데, 더구나 이로 인하여 노여움의 격발을 혹 억제하지 못하고 사령(辭令)을 내는 중에 혹 말을 가릴 겨를이 없어, 마음에서 발한 것이 일을 해침을 면하지 못한다면, 이것이 어찌 오늘 신료들이 전하께 바라는 바이겠습니까. 만약 조정 신하들로 하여금 단지 슬픔과 근심을

증삼이 "선비는 뜻을 크고 굳세게 가지지 않을 수 없으니, 임무는 무겁고 도는 멀기 때문이다.〔士不可以不弘毅, 任重而道遠.〕"라고 말한 것을 가리킨다. 《論語 泰伯》

217 동인증익(動忍增益) : 《맹자》 〈고자 하(告子下)〉에, "마음에 고통을 주고 참을성을 길러, 그 능하지 못한 바를 증익시킨다.〔動心忍性, 增益其所不能.〕"라고 한 데서 온 말이다.

218 유(類)에……짐작하면 : 원문의 "觸而長之, 類而推之."는 "觸類而長之."에서 온 말이다. 《주역》 〈계사전 상(繫辭傳上)〉에 "이끌어 펴며 유(類)에 따라 확장하면, 천하의 능사를 다하게 될 것이다.〔引而伸之, 觸類而長之, 天下之能事畢矣.〕"라는 말이 있다.

가리고 누르는 것만 일삼게 하신다면, 성심을 더욱 근심스럽게 할까 그것이 두렵습니다. 지나친 행동을 보고도 바로잡을 방도를 생각하지 않는다면 참으로 이른바 부시(婦寺)의 충성[219]입니다. 신들이 유악(帷幄)[220]에 출입하는 이유는 그 직임이 오직 군주의 마음을 계도(啓導)함에 있으므로 이에 감히 참람함을 피하지 않고 바로 작은 정성을 바치는 것입니다.

부디 바라옵건대 전하께서는 천근하다고 하여 소홀히 하지 마시옵고, 저번에 진계(陳啓)하온 바 존양(存養)의 공부와 강의(剛毅)의 도에 성의(聖意)를 깊이 유념하소서. 치우쳐 매이는 폐단을 제거하시고 듣고 받아들이는 아량을 넓히시어 성덕을 날로 새롭게 하심으로써 고명하고 광대한 경지[221]에 이른다면, 가까이 모시는 신들도 더불어 영광스러울 것입니다. 허락해 주소서.

219 부시(婦寺)의 충성 : 부인과 내시의 충성이라는 말로, 순종하기만 하는 나약한 충성심을 말한다. 《논어》〈헌문(憲問)〉에 나오는 공자의 말로, "사랑한다면 수고롭게 하지 않을 수 있겠는가. 충성한다면 깨우쳐 주지 않을 수 있겠는가.〔愛之, 能勿勞乎? 忠焉, 能勿悔乎?〕"라고 하였다. 이에 대해서 소식(蘇軾)이 "사랑하기만 하고 수고롭게 하지 않는 것은 짐승들의 사랑이요, 충성하기만 하고 깨우쳐 주지 않는 것은 부인과 내시의 충성이니, 사랑하면서도 수고롭게 할 줄 안다면 그 사랑함이 깊은 것이요, 충성하면서도 깨우쳐 줄 줄 안다면 그 충성이 큰 것이다.〔愛而勿勞, 禽犢之愛也; 忠而勿誨, 婦寺之忠也, 愛而知勞之, 則其爲愛也深矣; 忠而知誨之, 則其爲忠也大矣.〕"라고 해설하였다.

220 유악(帷幄) : 왕이 정책을 결정하는 곳이나 대장이 작전 계획을 세우는 막부(幕府)를 말한다. 즉 나라의 중대사를 논하는 곳을 의미한다.

221 고명하고……경지 : 증자(曾子)가 이르기를, "군자가 들은 바를 높이면 고명해지고, 들은 바를 실천하면 광대해지나니, 고명함과 광대함이 다른 데에 있는 것이 아니라, 뜻을 두는 데에 있을 뿐이다.〔君子尊其所聞, 則高明矣; 行其所聞, 則廣大矣. 高明、廣大, 不在于他, 在加之志而已矣.〕"라고 하였다. 《大戴禮記 卷5》

부교리를 사임한 소[222]

辭副校理疏

삼가 아뢰옵니다. 신은 오광운(吳光運)[223]의 소(疏)[224]에서 더욱 위태

222 부교리를……소 : 이와 관련된 내용이 《영조실록》 10년(1734) 1월 19일 기사에 실려 있다. 여기에는 위 본문의 오원의 상소문과 이에 관계된 오광운의 상소문이 요약되어 실려 있다. 이 기사의 첫머리에 "부수찬 오원을 파직시켰다.〔罷副修撰吳瑗職〕"라고 한 것으로 보아, 당시 오원의 직위는 부교리가 아니라 부수찬(副修撰)인 것으로 보인다.

223 오광운(吳光運) : 1689~1745. 조선 후기의 문신으로 본관은 동복(同福), 자는 영백(永伯), 호는 약산(藥山)이다. 1714년(숙종40) 사마시를 거쳐, 1719년 증광 문과에 급제하였다. 설서(說書)에 올라 연잉군(延仍君 뒤의 영조)의 서연관(書筵官)이 되었으며 승지를 지냈다. 1728년 이인좌(李麟佐)의 난이 일어나자 변을 아뢰고 대비하도록 하였다. 영조의 탕평책(蕩平策) 하에서 청남(淸南) 세력의 정치적 지도자로서 활약하였다. 1729년에 올린 상소에서 "무릇 탕평의 근본은 전하가 일심(一心)으로 최상의 목표를 세우는 데 있습니다. 이에서 행하는 모든 시책과 행위는 지극히 공적이어서 사사로움이 없고, 지극히 올바르므로 편벽됨이 없게 됩니다."라고 하면서, 남(南)·서(西)·노(老)·소(少)를 막론하고 당인(黨人) 중에서 명류(名流)로 지칭되는 인물들을 등용할 것을 주장하였다. 대사헌, 대사간을 거쳐 1740년 부사과(副司果)로서 소론인 원경하(元景夏)·정우량(鄭羽良) 등과 함께 다시 대탕평론을 내세워 "붕당(朋黨)을 없애되 명절(名節 명분과 절개)을 숭상해야 한다."고 적극 주장하였다. 유형원(柳馨遠)의 《반계수록(磻溪隨錄)》 서문을 썼고, 저서로 《약산만고(藥山漫稿)》가 있다. 이조판서와 대제학에 추증되었다. 시호는 충장(忠章)이다.

224 오광운(吳光運)의 소(疏) : 《영조실록》 10년(1734) 1월 19일 기사 중에, 좌윤(左尹) 오광윤이 부수찬 오원(吳瑗)을 비판한 상소문이 요약되어 있다. 당시 오원과 오광운은 서로 적대관계로서 《영조실록》 5년(1729) 3월 19일 기사에, 오원이 상소문에서 오광운을 '간사한 자들의 나머지〔奸壬遺餘〕'라고 비판하였는데 이때 병조 판서(兵曹參判) 박사수(朴師洙)의 상소문에서 "오원의 말은 비록 오광운과는 빙탄(氷炭)의 관계

롭고 두렵게 여기는 바가 있사옵니다. 신이 진실로 어리석어 이 예리한 칼날을 범하였으나, 신인들 어찌 미워함이 너무 심한 것에 대한 경계[225]가 없었겠습니까? 그러나 신은 늘 신하가 임금을 섬김에 있어 어려운 일을 권하고 선한 말을 아뢰며,[226] 잘못을 바로잡고 그릇됨을 보필함으로써[227] 임금을 과실 없는 경지로 들이고자 힘쓰면서 자신을 위해 도모하지 않는 자라면 반드시 임금을 사랑하는 자이고, 몰래 엿

에 있지만, 탕평을 배척하는 것은 똑같다.〔且瑗之言, 雖與吳光運氷炭, 其爲斥蕩平則一也.〕"라고 하였다. 《영조실록》 9년(1733) 12월 19일 기사에는, 오원이 영조에게 오광운을 소인(小人)이라고 지칭한 바가 있다.

225 미워함이……경계 : 《논어》 〈태백(泰伯)〉에 "용맹을 좋아하고 가난을 싫어하는 것도 난(亂)을 일으키고, 인하지 못한 사람을 너무 심히 미워하는 것도 난을 일으킨다.〔好勇疾貧, 亂也, 人而不仁, 疾之已甚, 亂也.〕"라고 하였다.

226 어려운……아뢰며 : 원문의 '責難陳善'은 신하가 임금에게 어려운 일 곧 인정(仁政)을 하도록 권면하고, 임금에게 선언(善言) 곧 인의(仁義)의 도리를 진술하는 것이다. 《맹자(孟子)》 〈이루 상(離婁上)〉에, "'어려운 일을 인군(人君)에게 책하는 것을 공(恭)이라 이르고, 선(善)한 것을 말하여 사심(邪心)을 막는 것을 경(敬)이라 이르고, 우리 군주는 불가능하다 하는 것을 적(賊)이라 이른다.〔責難於君謂之恭, 陳善閉邪謂之敬, 吾君不能謂之賊.〕"라고 하였다.

227 잘못을……보필함으로써 : 원문은 '格非弼違'인데, 격비(格非)는 '格君心之非'의 준말로, 임금의 잘못을 바로잡는 것을 말한다. 《맹자》 〈이루 상(離婁上)〉에 "오직 대인만이 임금의 잘못된 마음을 바로잡을 수 있다. 임금이 인하면 인해지지 않는 일이 없고, 임금이 의로우면 의롭지 않은 일이 없고, 임금이 바르면 바르게 되지 않는 일이 없으니, 한번 임금의 마음을 바르게 하면 나라가 안정되는 것이다.〔惟大人爲能格君心之非. 君仁莫不仁, 君義莫不義, 君正莫不正, 一正君而國定矣.〕"라는 말에서 나왔다. 원문의 '弼違'는 《서경》 〈익직(益稷)〉에서 순(舜) 임금이 우(禹)에게 "내가 도리에 위배됨을 네가 보필할 것이니, 너는 대면해서는 따르고 물러가서는 뒷말을 하지 말아서 네 사린의 직책을 공경하라.〔予違汝弼, 汝無面從, 退有後言, 欽四隣.〕"라는 말에서 나왔다.

보아 영합하고, 아첨으로 뜻을 받들며, 감히 임금을 노리개로 삼으면서[228] 자신의 사욕을 이루고자 꾀하는 자라면 진실로 임금에게 무례한 자라고 여겨왔습니다.

신이 비록 재주는 없으나 일찍이 이러한 의리를 들어왔기에, 조정에 선 이래로 후회 없기를 마음으로 맹세하였사옵니다. 신 혼자만 반드시 선(善)을 아뢰고 잘못된 일을 보필하기 위해 힘쓴 것이 아니라, 온 조정의 신하들이 모두 이를 위해 스스로 힘쓰기를 바랐습니다. 신 혼자만 차마 영합하고 뜻을 받드는 짓을 하지 않았을 뿐만 아니라, 이러한 짓을 하는 자를 한번 보기만 하면 차라리 몸으로 공격하며 피하려 하지 않았습니다. 밝게 타오르는 신의 충정은 천지신명이 살펴보실 것인데, 신이 어떻게 사사로운 호오(好惡)를 두었겠습니까.

아! 저 소인들이 하는 짓이 어찌 그 성품이 그렇기 때문이겠습니까. 돌아보건대 그 재주라고는 오직 아부하고 참소하는 것뿐이므로, 자기의 계획을 이루고자 하면 반드시 윗사람의 뜻에 아부하고, 사람을 재앙에 밀어 넣으려고 하면 반드시 윗사람의 노함을 이용하였던 것입니다. 그래서 아부하는 자는 반드시 참소하고 참소하는 자는 반드시 아부하나니, 그 단서는 다른 것 같으나 실은 서로 연관되어 있습니다. 이는 살펴보기 어렵지 않으니, 신이 어찌 많은 말을 할 필요가 있겠습니까.

지금 광운이 스스로 이른바 "차마 곡영(谷永)[229]이 될 수 없다."[230]라

228 임금을……삼으면서 : 이 말에 대해 좌윤(左尹) 오광운이 상소하여 오원을 비판하고 그와 대질하여 완희(玩戱)라는 말의 허실(虛實)을 분변하게 할 것을 요구하였다. 《英祖實錄 10年 1月 21日》

229 곡영(谷永) : ?~기원전 8. 전한(前漢) 때 경조(京兆) 장안(長安) 사람으로 본명은 병(並), 자는 자운(子雲)이다. 젊어서 장안의 소사(小史)가 되어 경서를 두루

는 말이 무엇을 가리키는지 알지 못하겠습니다만, 고인이 곡영을 비난한 까닭인즉, 당시 왕봉(王鳳)[231]의 무리가 국정을 농단하고 권력을 훔쳐서 바야흐로 한(漢)나라를 위태롭게 하는데도 곡영이 전후로 일을 논한 것 중에 단 한 마디도 그것을 언급하지 않았기에, 전적으로 임금만 공격하였다는 비판이 나왔던 것입니다.[232] 광운이 이것을 끌어서

공부했는데, 특히 천관(天官)과 《경씨역(慶氏易)》에 정통했다. 원제(元帝)의 건소(建昭) 연간에 태상승(太常丞)에 올랐다. 여러 차례 상서하여 재이(災異)의 발생을 조정의 득실과 관련지어 추론했다. 성제(成帝) 때 광록대부급사중(光祿大夫給事中)으로 옮겼다. 황태후와 측근들이 그를 썩 달갑지 않게 여겼으므로 이 때문에 북지태수(北地太守)로 나갔다가 다시 불려 대사농(大司農)이 되었다. 그 해 말에 병으로 사직했다. 《漢書 卷85 谷永傳》

230 차마……없다 : 오광운의 상소에서 "아! 곡영이 임금의 잘못만을 전적으로 공척한 것은 당로자(當路者)들에게 아첨하기 위한 것이었습니다만, 신은 차마 그렇게 할 수 없으니, 임금을 섬기면서 예의를 다하는 것을 사람들이 아첨한다고 하는 것이 당연합니다.〔噫! 谷永之專攻上失, 以媚當路, 臣不忍爲, 則宜乎事君盡禮, 人以爲諂也.〕"라고 하였다. 《英祖實錄 10年 1月 19日》

231 왕봉(王鳳) : ?~기원전 22. 전한(前漢) 때 제남(濟南) 동평릉(東平陵) 사람으로 자는 효경(孝卿)이다. 원제(元帝)의 황후 왕정군(王政君)의 오빠다. 처음에 위위시중(衛尉侍中)이 되고, 양평후(陽平侯)를 이었다. 성제(成帝)가 즉위하자 대사마(大司馬)와 대장군(大將軍)이 되어 상서사(尙書事)를 맡았다. 그의 동생 다섯 사람도 같은 날 후(侯)에 봉해졌다. 왕씨의 자제들이 요직을 차지하여 황제가 제 역할을 할 수 없었다. 경조윤(京兆尹) 왕장(王章)이 평소 강직하여 과감하게 간언(諫言)을 올려 왕봉을 탄핵했다. 왕봉이 글을 올려 사직을 청하자 태후가 음식을 들지 않았다. 얼마 뒤 왕봉이 재기하여서 상서를 시켜 왕장을 탄핵하니 왕장은 옥중에서 죽었다. 이때부터 공경들이 질시했다. 정권을 보좌한 11년 동안 왕씨들이 조정을 장악한 것은 그로부터 시작되었고, 나중에 조카 왕망(王莽)이 한나라를 대신하여 신(新) 왕조를 건립했다. 시호는 경성(敬成)이다.

232 고인이……것입니다 : 곡영이 광록대부로 있을 때 전후에 상소한 40여 가지 일이

말한 것이 과연 오늘날 조정에 왕봉의 무리와 같이 국정을 농단하고 권력을 훔친 자가 있다고 여겨서입니까? 가령 광운이 진실로 이와 같음을 알았다면, 이미 스스로 "충성을 다해 임금을 섬긴다."라고 말해놓고서 어찌하여 분명히 말하고 드러내 배척함으로써 국가를 부축하지 않았으며, 대고(大誥) 아래 봉서(封書)를 올려 일을 말하면서도 입 다문 채 이를 언급조차 하지 않았단 말입니까?

염치를 지니고 스스로 지조를 지키며, 물러나기를 쉽게 여기고 나아오기를 어렵게 여기는 선비라면, 진실로 성심을 거스름이 거듭되어 전후로 내려진 엄한 꾸짖음과 준엄한 견벌이 이미 여러 차례였을 것입니다. 그런데 광운의 쟁론(爭論)은 여기에 있어서도 감히 망측한 말로써 죄를 엮어 모함하였으니, 어찌 주상의 노여움을 타서 남을 해치려는 마음을 부리려는 자가 아니겠습니까.

이제껏 전하의 지극하신 인자와 지극하신 용서가 아니었다면, 한 때의 사류(士類)들이 어떻게 일망타진됨을 면할 수 있었겠습니까. 또한 광운이 정말 그 가운데 진정 위복(威福)을 만드는[233] 자가 있다고

오로지 임금과 후궁을 공격하는 것이었다고 한다. 당시 실권자인 외척 왕봉(王鳳)에게 아첨하기 위하여 상소를 올려 당시의 모든 문제를 임금과 후궁(後宮)의 탓으로 돌렸다. 《漢書 卷85 谷永傳》

233 위복(威福)을 만드는 : 원문의 '作威福'은 위압(威壓)과 복덕(福德)을 만든다는 말로 권세를 부린다는 뜻이다. 《서경》 〈홍범(洪範)〉에 "오직 군주만이 복을 짓고 오직 군주만이 위엄을 짓고 오직 군주만이 옥식을 할 수 있으니, 신하는 복을 짓고 위엄을 짓고 옥식함이 있어서는 안 된다.〔惟辟作福, 惟辟作威, 惟辟玉食. 臣無有作福作威玉食.〕"라고 하였다. 오광운은 상소에서 "저 사람이 신에게 말 못하게 하는 이유는 '위복(威福)'이라는 두 글자에 있습니다. 대저 위복이란 두 글자는 홍범(洪範) 이후로 전현(前賢)들의 학설(學說)에 나타난 것이 자주 있어왔는데, 그 위복의 권한이 위에 있지

여겼다면, 어찌하여 이름을 들어 바로 진달함으로써 형법(刑法)이 바로 잡히기를 바라지 않고서, 머리와 꼬리를 감추어 그 말을 알아챌 수 없게 함으로써 아래에서는 스스로 분별할 수 없게 만들고 위에서는 밝히 살펴볼 수 없게 만들었단 말입니까? 이는 본디 예로부터 참소하는 사람들이 전해오는 수법인데, 참으로 육지(陸贄)가 이른바 "중상(中傷)에는 이롭고 공변(公辨)에는 두려워하니, 선(善)을 손상하고 간사함을 부리는 것이 이보다 심한 것이 없다."[234]라는 것입니다.

신으로 말하면 힘을 다해 반열(班列)에 나아간 이상 실로 벼슬하지 않은 사람은 아니지만, 직책이 낮고 지위가 미미하며 또한 권세의 길에서 멀어졌으니 광운의 말이 신과 무슨 상관있겠습니까? 평소 독서한 것을 가지고 일찍이 사정(邪正)과 선악(善惡)의 분별에 개연히 발분하여 지척의 전하 앞자리에서 입을 놀려 망발을 하였을 뿐이나, 신에게 있어 스스로를 위해 꾀함이 참으로 어리석다고 이를 만하니, 그가 반드시 신을 해치고자 한들 어찌 족히 괴이하다 하겠습니까. 그가 걸핏하면 고인(古人)을 끌어들여 자신에 견준 것은, 요컨대 신을 욕보이려 함이나, 광운이 이를 신에게 가하지 않은 것은 족히 신의 부끄러움이 됩니다.[235] 신이 광운에게서 이러한 비방을 받은 것에 대해서는 또한 후에

않게 될까봐 두려워하는 것은 바로 신하 된 도리에 있어 당연한 것입니다.〔彼之銜臣者, 在於威福二字. 蓋威福二字, 自《洪範》以來, 見於前脩之說者屢矣, 惟恐威福之不在上者, 乃臣道之當然.〕"라고 하였다.

234 중상(中傷)에는……없다 : 육지 〈장상편(將相篇)〉에 나오는 말이다.

235 그가……됩니다 : 《영조실록》 10년 1월 19일에 실려 있는 오광운의 상소에, "군자와 소인이라는 명칭에 이르러서는 이는 옥석(玉石)과 경위(涇渭)와 같은 것이므로, 부녀자와 아이들도 분변할 수 있는 것입니다. 그런데도 유독 괴이한 것은 군자는 소인을

다시 말이 있을 것입니다.

아! 그 또한 사람일진대, 신이 어찌 그가 그릇됨에 빠지기를 바라겠습니까. 그러나 그 사람이 스스로 그릇됨에 빠진다면 신은 구제할 방법이 없습니다. 비록 국가를 위하고 재해를 염려하는 마음에 차마 말하지 않을 수 없었지만, 신은 진실로 마음 약한 사람이라 몰래 불쌍히 여기고 있습니다. 만약 광운이 만에 하나라도 마윤(馬尹)과 진채(眞蔡)[236]에 가까울 수 있다면, 이는 비단 광운의 영광일 뿐만 아니라 실로 국가의 복이라, 신은 장차 한없이 기뻐할 것이니, 비록 사람을 알아보는 통찰력을 잃었다 해도 또한 무엇이 싫겠습니까. 염려되는 바는 혹시라도 일득(一得)의 견해[237]가 불행히 적중할까 하는 것뿐입니다. "위복(威福)이 위에 있지 않을까 오직 두려워한다."[238]라는 한 구절에 이르러서는 비록 말은 안 되더라도 위태롭고 두려움은 극심합니다.

가리켜 소인이라고 하고 소인은 또한 군자를 가리켜 소인이라고 하는 그것입니다. 사마광(司馬光)은 장돈(章惇)・채경(蔡京)의 무리에게 간사한 사람이라는 지목을 받았었고, 진덕수(眞德秀)는 양성대(梁成大)에게 진짜 소인이라 지목 받았으며, 석예(石豫)가 윤화정(尹和靖)을 공격할 때와 심계조(沈繼祖)가 채원정(蔡元定)을 공격할 때는 간사한 사람이라고도 하고 요망한 사람이라고도 했으니, 이 명칭의 유래가 예로부터 이미 그러했습니다."라고 하였는데, 이 대목을 염두에 두고 한 말인 듯하다.

236 마윤(馬尹)과 진채(眞蔡) : 마윤은 사마광과 윤화정이고, 진채는 진덕수와 채원정을 가리킨다. 진덕수(1178~1235)는 자는 경원(景元)・희원(希元)・경희(景希), 호는 서산(西山), 시호는 문충(文忠)이다. 주자학파(朱子學派)의 학자로서 저서는 《대학연의(大學衍義)》, 《서산문집(西山文集)》 등이 있다.

237 일득(一得)의 견해 : 자신의 견해에 대한 겸사이다. 《안자춘추(晏子春秋)》에 "성인도 천 번 생각하면 반드시 한 번의 실이 있고, 어리석은 사람도 천 번 생각하면 반드시 한 번의 득이 있다.〔聖人千慮, 必有一失; 愚人千慮, 必有一得〕"라고 하였다.

238 위복(威福)이……두려워한다 : 204쪽 주233 참조.

그가 뜻이 어긋나 서로 합치하기 어려운 두세 명의 재야인(在野人)[239]을 여기에다 지목하여 비긴다면, 반드시 온 세상 사람이 모두 발몽진락(發蒙振落)[240]의 무리가 된 후에야 바야흐로 위복이 아래에 있지 않다고 이를 수 있겠습니까? 신은 실로 깊이 의심스럽습니다. 신은 이미 해기(駭機)[241]에 걸린 이상, 마땅히 자취를 거두어 물러남으로써 사의(私義)를 편히 해야 할 뿐, 벼슬길의 거취를 어찌 다시 논할 수 있겠습니까. 천패(天牌) 아래 감히 간절한 충정을 진계하고, 문득 대궐 밖으로부터 물러가옵니다.

삼가 원하옵건대 천지 부모(天地父母)[242]께오서 굽어 살펴주시어,

239 뜻이……재야인(在野人) : 누구를 가리키는지 잘 알 수 없다. 《영조실록》 10년 1월 19일의 다른 기사에, 임금이 이조 판서(吏曹判書) 김재로(金在魯)와 승지(承旨) 이성룡(李聖龍)에게, "오원(吳瑗)의 상소에서 이른바 두세 명의 재야인(在野人)이 누구인가를 내가 잘 모르겠으나, 그의 의도는 이들을 고사한 품성을 지닌 청류(淸流)로 여기는 것 같다.〔吳瑗疏中所謂二三在野者, 予未知其爲誰, 而其意似以此等人爲淸流高致耳.〕"라고 말하였다.

240 발몽진락(發蒙振落) : 물건 위에 덮인 먼지를 털어 내거나 낙엽을 흔들어 떨어지게 하는 것으로, 매우 손쉬운 것을 뜻하는 말이다. 여기서는 보잘 것 없고 천박한 사람을 말한 것이다. 전한(前漢)의 회남왕(淮南王) 유안(劉安)이 반란을 도모할 때 "급암(汲黯)은 직간을 잘하는 데다 절의를 지키면서 의리를 위해 목숨을 바치는 사람이니, 잘못된 일을 가지고 그를 미혹시키기는 어려울 것이다. 그러나 승상 공손홍(公孫弘) 같은 자를 설복(說服)하는 것은 물건 위에 덮인 먼지를 털어 내거나 낙엽을 흔들어 떨어지게 하는 것처럼 쉬울 것이다.〔好直諫, 守節死義, 難惑以非. 至如說丞相弘, 如發蒙振落耳.〕"라고 한 데서 나온 말이다. 《史記 卷120 汲鄭列傳》

241 해기(駭機) : 갑자기 쇠뇌를 쏘아 사람을 놀라게 한다는 말로, 갑작스러운 화란(禍難)을 뜻한다.

242 천지 부모(天地父母) : 은혜가 천지와 같고 부모와 같다는 말로, 임금을 가리킨다.

속히 퇴출을 허락해 주시옵소서. 이어 사패(司敗)[243]에 명해 신의 쌓인 죄를 심문하게 하시어 조정의 기강이 추락하지 않게 해 주신다면, 신의 분의로서 조금은 편안해질 터, 그 매우 다행함은 이루 말할 길이 없사옵니다. 신은 지극히 황공하고 간절히 바라는 마음을 이기지 못하겠나이다.

243 사패(司敗) : 관직명으로 사구(司寇)를 말하는데, 널리 사법기관을 뜻한다.

부교리를 사임한 소

辭副校理疏

삼가 아뢰옵니다. 신 파직된 지 얼마 되지 않아 발탁됨을 입어 다시금 관직(館職)[244]을 차지하였는데, 문득 위포(違逋)[245]를 범하였음에도 오히려 중죄를 모면하고 잠깐 예감(例勘)[246]을 따랐사와 하늘같은 자애로움을 우러러 받았으니, 황감하기 그지없사옵니다. 참으로 생각지도 않게 시일이 얼마 되지 않았는데 서용(敍用)의 명이 곧바로 내려와 신을 예전의 자리로 돌려놓으시고, 직무에 이바지하도록 재촉하시니, 이것이 어찌 죄 지은 천신(賤臣)이 마땅히 성주(聖主)에게 받을 바이겠습니까. 놀랍고 두려워 몸 둘 바를 모르겠나이다.

신이 지난번에 후원(喉院)[247]과 다툰 것은 다만 체모에 관련된 자잘한 일이었을 뿐입니다.[248] 신이 올린 소(疏) 중 "위이(逶迤)할 수 없다."[249]

244 관직(館職) : 조선 시대 홍문관 부제학(弘文館副提學) 이하의 관원과 성균관 대사성(成均館大司成) 이하의 관원에 대한 총칭이다. 여기서는 홍문관 부교리를 가리킨다. 종5품으로 경연시독관(經筵侍讀官)·춘추관기주관(春秋館記注官)·지제교를 겸직하였고, 때로는 세자시강원(世子侍講院)의 관직을 겸하기도 하였다. 교리와 함께 왕의 교서를 제찬, 검토하는 것이 주임무였으나, 왕의 측근에서 학문을 강론하고 역사를 기술하며, 또 삼사의 일원으로서 언론활동에 참여하기도 하였다.

245 위포(違逋) : 패초를 어기고 나오지 않는 것을 말한다.

246 예감(例勘) : 의례적으로 감처(勘處)하는 것을 말한다.

247 후원(喉院) : 왕명의 출납을 맡아보던 승정원(承政院)의 별칭이다.

248 신이……뿐입니다 : 《영조실록》 10년(1734) 1월 5일에 실려 있는 일을 말한 것 같다. 내용은 다음과 같다. 좌승지(左承旨) 홍호인(洪好人)을 체직(遞職)시키라고 명

라는 한 마디 말 때문에 누차 엄한 하교를 내리시게까지 하였으니, 신은 진실로 두려움을 견디지 못하겠나이다. 오광운(吳光運)의 일[250] 같은 것은, 우매한 신이 단지 창단(彰癉)[251]의 의리를 엄히 하고 논사(論思)[252]의 직임을 다하고자 했을 뿐, 어찌 감히 터럭만큼이라도 사사로이

하였다. 앞서 대가(大駕)가 사직단(社稷壇)에 나아갈 때 배종(陪從)하는 백관(百官)들에게 말에서 내려 걸어서 따르라고 명했는데, 앞서 가던 시신(侍臣)들이 명령을 미처 듣지 못하여 이례(吏隷)들이 전호(傳呼)하느라 가전(駕前)이 요란스러웠다. 이에 대해 오원 등이 소장(疏章)을 진달하고 곧바로 나가면서 후사(喉司)에서 잘 주선하지 못한 탓이라고 강력하게 지척(指斥)했으므로 임금이 엄중한 비답을 내려 파직시켰다. 이때 홍호인이 비지(批旨) 가운데 교만하고 방자하고 망령되다는 등의 하교는 대성인(大聖人)의 사령(辭令)에 흠점이 있다는 것을 이유로 고치기를 청하니, 임금이 성난 목소리로, "옥당(玉堂)이 군부(君父)에 대해 노여움을 품고 승정원(承政院)에다 화풀이를 하였으므로 내가 일부러 죄를 준 것인데, 홍호인이 이에 감히 말을 늘어놓으면서 영호(營護)하고 나서는가? 특히 그를 체직시키도록 하라."라고 하였다.

249 위이(逶迤)할……없다 : 원문은 "不能逶迤"로 위이(逶迤)는 구불구불하다는 뜻인데, 여기서는 굽히거나 둘러대어 말하는 것으로 보이며, 어물쩍 넘어갈 수 없다는 뜻으로 쓰인 것 같다. 이는 오원 등이 소장에서 후원(喉院)을 강력하게 지척(指斥)한 것과 관련된 내용으로 보인다. 앞 주 참조.

250 오광운(吳光運)의 일 : 《영조실록》 10년 1월 19일에 관련된 내용이 실려 있다. 앞의 글 〈부교리를 사임한 소〔辭副校理疏〕〉 참조.

251 창단(彰癉) : 창선단악(彰善癉惡)의 준말로, 선을 표창하고 악을 병들게 하는 것을 말한다. 《서경》 〈필명(畢命)〉에 "선과 악을 표창하여 구별하고 거주하는 마을을 정표(旌表)하며, 선을 표창하고 악을 병들게 하여 명성을 세워주며, 가르치는 법을 따르지 않거든 정강(井疆)을 달리하여 두려워하고 사모하게 하며, 거듭 교기(郊圻)를 구획하며 봉강(封疆)의 지킴을 삼가고 튼튼히 하여 사해를 편안하게 하라.〔旌別淑慝, 表厥宅里, 彰善癉惡, 樹之風聲, 弗率訓典, 殊厥井疆, 俾克畏慕, 申畫郊圻, 愼固封守, 以康四海.〕"라고 하였다.

252 논사(論思) : 논의하고 생각하고 궁리하는 것으로, 임금과 신하가 학문을 토론하

좋아하고 미워함이 있었겠습니까. 성지를 받들고 보니 타이르심이 엄하고 절실하였기에, 신은 또 황공하옵기 그지없었나이다.

신은 본디 어리석어 다른 능력이라곤 없사옵고, 오직 염려하고 잊지 못하는 한마음만을 지니고서 의리를 다하고 충성을 다하여 위로 성상의 은혜에 조금이나마 보답하고자 하였으나, 수립한 본바탕이 없고 정성이 부족하여 매번 입을 열 때마다 천일(天日)의 밝음에 의심 받음을 면하지 못하였기에, 구구하게 충성을 다하고자 하는 정성은 번번이 죄려(罪戾)에 빠지고 말았습니다. 이 마음의 캄캄함을 스스로 드러낼 수 없거니와, 진실로 조금이라도 도움이 될 수 있어서 군부 앞에 바칠 것이 없사옵니다. 이것이 신이 스스로 돌아보고 부끄러워하면서, 몰래 그 기구하고 궁색함을 슬퍼하는 까닭이옵니다.

또한 신의 사적인 뜻 가운데 직명(職名)과 거취(去就)에 대해 미처 논할 겨를이 없었던 것이 있습니다. 신이 가혹하게 비난당한 것이 본디 한두 가지가 아닙니다만, 홍경보(洪景輔)[253]가 재차 올린 소[254]에서 추

는 것을 말한다.

253 홍경보(洪景輔) : 1692~1745. 조선 후기의 문신. 본관은 풍산(豊山), 자는 대이(大而), 호는 창애(蒼厓)이다. 조부는 홍만종(洪萬鍾), 아버지는 홍중하(洪重夏)이다. 1723년(경종3) 증광문과에 급제하고, 1727년(영조3) 정언이 되어 형률시행(刑律施行)의 잘못에 관해 소를 올렸다. 1729년 탕평(蕩平)의 폐단을 호소했다가 온성부사로 좌천되었다. 박문수(朴文秀)에 의해 품행이 추장(推奬 뛰어난 점을 말하고 추천함)되었고, 승지로서 사대부들의 방납(防納) 폐해를 숙종에게 아뢰었다. 1734년 정월 김약로(金若魯)에 의해 배척을 받았다. 당시 인물보다는 당색을 앞세우는 조정의 작태와 무능을 강력히 비난하는 소를 올려 여러 대신들의 노여움을 샀다. 관작을 착출하라는 요구가 뒤따랐으나, 영조는 다시 서용(敍用)하겠다는 뜻을 밝혔다. 공조 참판・한성부 우윤・대사헌・대사간을 역임하였다. 그 뒤 좌찬성에 추증되었으며, 시호는 충헌(忠獻)이다.

악하게 매도한 말인즉 길거리나 촌구석에서 마구 지껄인 말보다도 자못 심했습니다. 이는 진정 맹씨(孟氏)가 이른바 '횡역(橫逆)이 닥쳐온 것'[255]이므로, 신이 스스로 반성한 지 이미 오래이온데 또 무엇이 어렵겠습니까마는, 오광운이 말단(末端)의 소(疏)에서 장황하게 선동하고 현혹시킴은 지극히 위태롭고 두려운 것이어서, 곁에서 지켜보던 자들이 신을 대신하여 뼈까지 떨었습니다. 끝내 다시 '완희(玩戲)' 두 자에 기인하여 신을 망측한 죄과로 몰아넣으려고 하였으며,[256] 심지어

254 홍경보(洪景輔)가……소 : 《영조실록》 10년 1월 19일에 실려 있는 바에 의하면, 오원 등이 상소하여 여러 승지들을 공척(攻斥)할 때 홍경보(洪景輔)·이광보(李匡輔) 등이 교대로 대장(對章)을 올려 논했는데, 혹 "갑(甲)의 노여움을 을(乙)에게 옮겨 오로지 혼동하여 공척하기만을 일삼고 있는데 풀지 못한 분노를 기필코 추가로 보복하려는 앙심을 품고 온 정원(政院)을 거론하여 농간하는 수단을 부린다고 단정하였다."라고도 하고, 혹 "청조(淸朝)의 경악(經幄)의 반열에 있다는 것을 헤아리지 않고 이런 놀라운 거조를 하고 있다."라고도 하였다. 20일에는 좌부승지(左副承旨) 홍경보(洪景輔)가 상소하여 오원(吳瑗)·김약로(金若魯) 등의 소장에 대해 변해한 바가 대략 실려 있다. "을(乙)에게 노여움을 옮겨 전적으로 뒤섞어 공척하였고 풀지 못한 분노를 풀기 위해 기필코 추후 보복하려는 앙심을 품었다고 한 것은, 대개 해방(該房) 때문에 노여움을 일으켜 그 예봉(銳鋒)을 여러 관료(官僚)들에게 돌렸다는 말이고 그 분노를 청대(請對)에서 풀지 못하자 기필코 추후 소론(疏論)으로 앙심을 풀려고 했다는 것을 가리켜 한 말인 것입니다. 상하의 문세(文勢)를 보면 저절로 깨닫기 쉬운 것인데, 경악을 담당하고 있는 박식한 선비들이 문자를 보는데 대한 아둔함이 이 지경에 이를 줄은 생각지 못했습니다."라고 하였다.

255 횡역(橫逆)이……것 : 《맹자》 〈이루 하(離婁下)〉에 나오는 말로, "여기에 어떤 사람이 있는데, 자신을 대하기를 횡역으로써 하면, 군자는 반드시 스스로 돌이켜서, 내 반드시 인(仁)하지 못하며 내 반드시 예(禮)가 없는가 보다. 이러한 일이 어찌 이를 수 있겠는가 한다.〔有人於此, 其待我以橫逆, 則君子必自反也, 我必不仁也, 必無禮也. 此物奚宜至哉?〕"라고 하였다. 주희의 주에, "횡역은 강포하여 이치를 순종하지 않음을 이른다.〔橫逆謂强暴不順理也.〕"라고 하였다.

"어찌 감히 이것을 말할 수 없는 곳[257]에 사용하는가?"라고까지 말하였습니다.

아! 신이 어려서 말을 배울 적부터 배우고 익힌 것은 임금을 섬기는 예였거늘, 뜻밖에도 오늘날 이런 말을 차마 들었으니, 비통한 마음 뼈에 사무쳐 차라리 죽고만 싶습니다. 아! 경석(經席)에서 사람을 논함에 자고로 한계가 있었겠습니까마는, 이러한 망극한 변괴를 당함은 실로 신에게서 처음 보았으니, 비록 신 자신을 자애하지 않는다 하더라도 조정에 치욕을 끼침은 이에 이르러 극에 달했습니다.

대저 신이 상소에서 예로부터 군자와 소인의 정상(情狀)을 통렬하게 진언한 것[258]은 신이 입에서 나오는 대로 지껄인 것이 아니라 참으로

256 완희(玩戱)……하였으며 : 《영조실록》 10년 1월 19일에 오원이 올린 상소문 가운데 "임금을 완희(玩戱)로 삼다."라는 구절이 있었는데, 이에 대해 1월 21일 기사 〈오광운이 오원과의 대질을 요구하다〉에 보면 오광운이 상소하여 자신을 사패(司敗)에 내려 오원과 대질하게 함으로써 완희란 말의 허실에 대해 분변하게 해달라고 청하였다는 내용이 보인다. "오원이 연석(筵席)에서 추욕(醜辱)을 가한 것은 오로지 능멸하기 위한 데에서 나온 것이었으며, 대소(對疏)에서의 욕설은 또 전보다 배나 더하였습니다. 그것은 한바탕 득실을 다투는 가운데 임기응변의 마음을 교묘하게 기울여 스스로 임금의 마음을 엿보아 영합하기 위한 것으로, 아첨하고 승봉(承奉)하고 참소 무함하는 등 비부(鄙夫)의 작태를 다하여 분수를 지키기 위해 자취를 숨기고 있는 사람에게 덮어씌운 것이니, 냉소를 자아내기에 충분한 것이었습니다. 그리고 그가 이른바 임금을 완희(玩戱)에 빠뜨렸다고 한 것은 이것이 어떠한 죄악입니까? 과연 오원의 말이 사실이라면 신은 당연히 부도죄(不道罪)로써 복주(伏誅)되어야 하는 것이고, 그 말이 신을 무함한 데서 나왔다면 오원이 당연히 반좌율(反坐律)을 받아야 되는 것입니다. 이런 것을 어떻게 모호한 상태에 버려 둔 채 인간의 세상에서 숨을 쉬게 할 수 있겠습니까? 삼가 바라건대, 신을 사패(司敗)에 내려 오원과 대질하게 함으로써 완희(玩戱)란 말의 허실(虛實)에 대해 분변하게 하소서."

257 감히……곳 : 임금을 가리킨다.

불변의 본성〔彝性〕에 근본을 둔 것이 그러하며, 또한 신의 어리석은 말이 아니라 실로 또한 옛 성현이 정한 가르침이 그러한 것입니다. 광운이 참으로 그 말을 듣기 싫어서 끌어다 스스로 논변하고자 하였다면, 자기에게 이런 일이 없다고 통렬히 변론한즉 누가 불가하다고 하겠습니까? 그런데 이렇게 하지 않고 지금 이에 다른 말을 지어내어 지엄하고 지경(至敬)한 자리[259]에 방자하게 끌어다 대었습니다. 논자들이 바야흐로 그의 죄를 논척하자 그 스스로 말하기를, "이는 감히 말할 바가 아니다."라고 하면서, 그저 위로 성상의 총명을 어지럽히고 얽어매고 모함하려는 숙습(宿習)을 드러내기만 하였지, 자신이 무례의 죄를 거듭 범하고 있음은 알지 못하였으니, 또한 참으로 애처로울 따름입니다.

아! 신하가 임금을 섬기는 의리 중에 간사하고 아첨하는 자들을 비판하여 물리치고, 밝게 듣는 귀를 열어 넓히는 것보다 더 큰 것이 없습니다. 말이 곧을수록 임금의 밝음은 더욱 드러나고, 충성이 간절할수록 공경의 지극함은 더욱 드러납니다. 그래서 주부자(朱夫子)께서 전후로 올린 봉장(封章)에서 소인을 논척하기를, "희만(戲慢)하고 설압(媟狎)하며[260] 기괴한 것과 사특한 것을 섞여 들인다."라 하고, "간사하고 아첨하는〔邪媚〕 행동을 멋대로 하여 주상의 마음을 방탕하게 한다."라고 하였으며, 심지어 말하기를 "성상의 마음을 혼탁하고 어지럽게 한다.",

258 신이……것 : 앞의 글 〈부교리를 사임한 소〉 참조.

259 지엄(至嚴)……자리 : 임금을 가리킨다.

260 희만(戲慢)하고 설압(媟狎)하며 : 남을 우습게 여기고 거만하며, 지나치게 친밀하게 구는 점잖지 못한 행동을 말한다.

"폐하의 심지(心志)를 고혹(蠱惑)시킨다."[261]라고까지 하였던 것인데, 그 말이 유난히 아프고 절실하였음에도 당시 임금은 즐겨 들었고, 후세도 칭송하며 본받았습니다. 비록 용대연(龍大淵)[262]·증적(曾覿)[263]·장열(張說)[264]·왕변(王抃)[265]과 같은 무리[266]라 할지라도 일찍이 감히 이를 죄로 여겨서 주자를 도리어 해치지는 않았습니다.

지금 광운의 말이 이 지경에 이른 것은 아마도 세급(世級)이 더욱 하락하여 사람들의 거리낌 없음 또한 전보다 심해졌기 때문일 것입니다. 만약 그의 말대로라면, 비록 용대연이나 장열 같은 무리가 백 명이나 있다 하더라도, 주자 또한 감히 배척하지 못할 곳에 두었을 것입니

261 주부자(朱夫子)께서……고혹(蠱惑)시킨다 : 모두 주희가 송 효종(孝宗)에게 올린 봉사(封事)에 들어있는 말이다. 《송사(宋史)》 권429 〈주희전(朱熹傳)〉에 실려 있다.

262 용대연(龍大淵) : ?~1168. 남송 효종(孝宗) 때의 영신(佞臣)으로 권세를 부리며 비리를 자행하였다. 효종이 잠저에 있을 때 증적(曾覿)과 함께 집사(執事)인 내지(內知)로 있다가 효종이 제위에 오른 뒤 중용되었다. 의주관찰사(宜州觀察使), 지합문사 겸 황성사(知閤門事兼皇城司), 절동총관(浙東總管) 등을 지냈다. 《宋史 卷470 曾覿·龍大淵傳》

263 증적(曾覿) : 1109~1180. 자는 순보(純甫), 호는 해야노농(海野老農)이다. 남송 효종 때의 영신(佞臣)으로 권세를 부리며 비리를 자행하였다. 용대연(龍大淵)과 함께 효종이 잠저에 있을 때 내지(內知)로 있다가 중용되었다. 권지합문사(權知閤門事), 복건 절동총관(福建浙東總管)을 지냈다. 《宋史 卷470 曾覿·龍大淵傳》

264 장열(張說) : 남송 효종 때의 영신(佞臣)으로 황실과 인척이 되어 국정을 농단하였다. 지합문사(知閤門事), 도승지(都承旨), 첨서추밀원사(簽書樞密院事), 태위(太尉) 등을 지냈다. 《宋史 卷470 佞幸 張說傳》

265 왕변(王抃) : 남송 효종 때의 영신(佞臣)으로 국정을 농단하였다. 추밀도승지(樞密都承旨), 복주관찰사(福州觀察使) 등을 지냈다. 《宋史 卷470 佞幸 王抃傳》

266 용대연(龍大淵)……무리 : 주희가 정감(鄭鑑)에게 답하는 편지에서 이 4명을 가리켜 '쥐새끼 같은 무리'라고 하였다. 《晦庵集 卷25 答鄭自明書》

다. 이는 소인에게 있어서야 가히 교묘한 계획이요 지극한 책략이라고 이를 만하겠지만, 나라는 장차 어찌하겠습니까.

아! 참으로 광운의 말과 같다면 신은 진실로 마땅히 부월(鈇鉞)의 주벌을 받아야 할 것이나, 다행히도 일월이 밝게 비추심을 입어 이미 위태로운 함정을 면할 수 있었습니다. 성군이 위에 계시고 백세(百世)가 뒤에 있으니, 신이 진실로 변리(辨理)를 일삼을 필요 없겠사오나, 남의 신하가 되어서 이런 망극한 악언(惡言)을 당하고도 오히려 자취를 거두어 스스로 물러나기를 생각지 않고, 다만 성상의 돌보심만 믿고서 태연히 함부로 나아간다면, 한 몸의 위태로운 재앙은 감히 걱정할 바가 아니요, 청렴한 지조〔廉節〕가 상실되고 풍속의 교화〔風教〕가 추락할 것이니, 장차 무엇으로써 세상에 수립하겠습니까?

신이 소(疏)를 작성하여 막 올리려던 참에 삼가 듣건대, 어제 소대(召對) 때 성상께서 이 미천한 신하의 거취를 가지고 누누이 하교하셨다고 하기에, 신은 참으로 감격의 눈물을 흘리며 죽을 곳을 알지 못했나이다. 개미같이 지극히 하찮은 몸이 전하께서 돌아보시고 기억해 주시는 은혜를 입음이 이에 이르렀으니, 신이 비록 목석같이 아둔할지라도 어찌 힘을 다해 머리 조아려 사례하고, 작은 정성을 조금이나마 펼치고 싶지 않겠습니까? 다만 충정(衷情)은 드러나지 못하고 종적만 지극히 위태로워져 하늘과도 같은 은혜에 보답할 길이 없기에, 구름을 바라보며 그리워하고 마음을 어루만지며 슬퍼하였습니다. 이에 궐밖에 나아가 소장(疏章)을 올리고 곧바로 물러가나이다.

삼가 비옵건대, 자애로우신 성상께서는 신의 지극한 정성을 살피시고 신의 위태롭고 간절한 심정을 불쌍히 여기시어, 현직(現職)을 속히 삭탈하시고 이어 물러남을 허락하심으로써 해기(駭機)[267]를 멀리하고 사의(私義)를 편안히 할 수 있도록 해주소서. 이것이 신의 구구한 바람이옵니다.

267 해기(駭機) : 207쪽 주241 참조.

수찬을 사임한 소

辭修撰疏

삼가 아뢰옵니다. 신이 지난번에 잠깐 경기 땅을 벗어났다가 곧바로 임명을 받고 삼가 은혜로운 부름을 받들어 도성으로 달려와 엎드렸사옵니다만, 죄가 커 마음이 위축되어 있는지라 감히 함부로 나아가지 못하고서 엄한 부르심을 어겼사오나, 벌이 예파(例罷)[268]에 그쳤습니다. 며칠 지나지 않아 다시 서용(敍用)됨을 입어, 신을 관직(館職)[269]에 제수하시고 신에게 명을 받들기를 재촉하셨습니다. 스스로 생각건대, 서캐나 이처럼 보잘 것 없는 신하가 죄를 많이 지었음에도 중죄(重罪)를 피하고 거듭 과분한 은혜까지 받았으니, 참으로 천지(天地)를 포용하시는 덕을 입은 셈입니다. 돌아보건대 신은 놀랍고 황송할 뿐, 더욱이 어디에 몸을 두어야 하올는지요?

생각건대 신은 재주도 없는 몸으로 외람되이 큰 은혜를 입어 영예롭게도 성상 가까이 출입하고 있으니, 이는 분수에 지나치는 바라, 혹여 시위소찬(尸位素餐)[270]할까 그 두려움과 부끄러움이 이미 극에 달하였

268 예파(例罷) : 관례를 따라 파직하는 것을 말한다.

269 관직(館職) : 홍문관의 직책으로 홍문관 정5품 관직인 수찬(修撰)을 가리킨다.

270 시위소찬(尸位素餐) : 재덕(才德)이나 공적도 없이 벼슬자리를 차지하여 하는 일 없이 국록(國祿)만 축낸다는 뜻으로, 겸사이다. 소찬(素餐)은 《시경》 〈벌단(伐檀)〉에 "쿵쿵쿵 박달나무 베어 왔거늘, 하수 물가에 버려두니, 하수가 맑고 또 물결이 일도다. 심지 않고 거두지 않으면, 어찌 벼 삼백 전을 취할 것인가? 수렵하지 않으면, 어찌 너의 뜰에 매달려 있는 담비를 보리오? 저 군자여, 공밥을 먹지 않도다.〔坎坎伐檀兮,

사옵니다. 전랑(銓郎)[271]의 직으로 말하자면 본디 권요직(權要職)이라 불리니, 신의 졸렬한 분수로서 더욱 마땅한 자리가 아닙니다. 스스로 분수를 헤아리기를 마음으로 맹세하고 하찮은 지취(志趣)를 온전히 하기를 바랐으나, 거듭 불행한 일을 당하여 정지(情地)[272]가 매우 위축되었으니, 죽음을 무릅쓰고 승강이하는 것은 참으로 만부득이한 데서 나온 것이었습니다.

마침 대정(大政)[273]이 바야흐로 펼쳐질 때를 당하여 거듭 비상한 성상의 하교를 받자와 하찮은 지조를 끝내 이루지 못하였으니, 마음과 자취는 어긋나고 부끄러움과 후회는 산처럼 쌓였습니다. 헌신(憲臣)[274]

寘之河之干兮, 河水淸且漣猗. 不稼不穡, 胡取禾三百廛兮? 不狩不獵, 胡瞻爾庭有縣貆兮? 彼君子兮, 不素餐兮.〕"라고 하였다. 〈벌단〉은 관리가 하는 일 없이 탐욕스러운 것을 풍자하기 위해 지은 것이라고 한다. 탐욕스럽고 비루한 자가 하는 일 없이 자리를 차지하고 있어, 현명한 사람이 벼슬에 나아가지 못하는 것을 말한 것이다.

271 전랑(銓郎) : 조선 시대 경관직(京官職)인 육조(六曹) 가운데 특히 이조(吏曹)의 정랑(正郎)과 좌랑(佐郎)을 합하여 일컫는 말이다. 조선 시대 관제상 인사권을 장악한 관청은 이조(吏曹)와 병조(兵曹)이며, 이 양조의 정랑(正郎)을 특히 양전(兩銓)이라 했다. 오원은 1734년(영조10) 이조 좌랑에 임명되었다. 《영조실록 10년 9월 26일》

272 정지(情地) : 심정과 처지를 말한다.

273 대정(大政) : 해마다 음력 12월에 행하는 도목 정사(都目政事)를 말한다. 도목 정사는 관원의 성적을 고사(考査)하여 출척(黜陟)과 이동(移動)을 행하던 일이다. 고려 때에는 정기적으로 12월에 대정(大政), 6월에 권무정(權務政)이라 하여 관리의 출척 이동을 하였는데, 이 대정과 권무정을 도목정(都目政)이라 하였다. 조선 시대에도 이를 계승하여 매년 6월과 12월에 관리 적격자(適格者)의 선발·임면·전근·승진 등을 심사하였다. 6월과 12월에 두 차례 행하는데, 12월 것이 규모가 커서 대대적으로 행하므로, 대정이라고 일컬었다.

274 헌신(憲臣) : 사헌부(司憲府)의 관원을 가리킨다.

의 소(疏)가 나옴에 공의(公議)가 지극히 준엄해진지라, 설령 신이 그대로 자리를 차지하고자 하여도 그렇게 할 수 없는 것이 있어서 마침내 또다시 위만(違慢)[275]을 범하여 스스로 큰 죄에 빠지고 말았으며, 나라의 체통과 조정의 기강은 신 한 몸으로 말미암아 남김없이 무너지고 떨어져 내렸습니다.

지금 돌이켜 생각해보면 꿈속에서도 놀랍고 송구합니다. 오직 분수를 들어 숨죽이고 잘못을 반성해야 마땅할 터, 어찌 감히 성은의 지극한 두터움만 의지하여 문득 이전의 죄가 이미 감처(勘處)되었다고 생각하고서, 허물을 잊고 영화를 탐내어 태연히 좇아 받듦으로써 방자하고 무엄한 죄를 더할 수 있겠습니까? 또한 신은 전 사간(司諫) 이보욱(李普昱)[276]의 소(疏)에서 더욱 놀랍고 두려운 바가 있었사옵니다. 신은 본디 성품이 느슨한 편이어서 격하게 괴롭히는 것에는 서툰데, 이미 전형(銓衡)의 붓을 잡은 이상[277] 감히 직책을 폐할 수 없어 너무 심한

275 위만(違慢) : 명을 어기고 태만한 죄를 말한다.

276 이보욱(李普昱) : 1688~? 조선 후기의 문신으로 본관은 용인(龍仁), 자는 휘백(輝伯)이다. 1719년(숙종45) 증광문과에 급제하였고, 지평·정언 등을 거쳐 대사헌·종성 부사(鐘城府使)·나주 목사(羅州牧使)·승지·의주 부윤(義州府尹) 등을 역임하였다. 1723년(경종3)에 연잉군(延礽君)의 세제책봉(世弟冊封)을 둘러싼 신임옥사(辛壬獄事)가 일어나자, 지평으로서 이만성(李晩成) 등이 노론 4대신의 흉역(凶逆)에 참여하였다 하여 국문하기를 청하였다. 또 신임옥을 고변한 목호룡(睦虎龍)만이 단신으로 녹훈(錄勳)되자, 고변자가 단독으로 원훈(元勳)된 예는 없다 하여 옥사를 다스린 여러 신하들이 함께 녹훈되어야 한다고 주장하였다. 영조 즉위 후 김일경(金一鏡)·목호룡의 여당으로 몰려 탄핵을 받고 유배되었다. 1734년(영조10) 10월에 사간에 임명되었고, 이듬해 8월에 종성 부사(鐘城府使)가 되었다.

277 전형(銓衡)의……이상 : 이조 좌랑이 전형(銓衡)을 담당하였기 때문에 이른 말

것을 제거하는 일을 그만 둘 수 없었으니, 위태로운 화살이 날아오는 것을 어찌 피할 수 있겠습니까?

가만히 보건대, 요즈음 염치와 예양(禮讓)은 쓸어버린 듯 사라지고, 반대하고 욕하는 것이 풍조를 이루고 있어 식견 있는 이들이 참으로 이미 한심하게 여기기는 하나, 한 관직의 지의(枳擬)[278]로 인하여 붓 잡은 사람에게 함부로 입을 열어 꾸짖는 것은 실로 지금 처음 보는 바입니다. 신이 비록 못났지만 어떻게 그들과 더불어 변리(辨理)할 수 있겠습니까?

돌아보건대 그가 말한 것은 비록 조리 없으나, 위협하고 짓밟음은 가히 낭자하다고 이를 만합니다. 가령 보욱에게 전혀 죄가 없는데도 신이 통색(通塞)[279]하는 즈음에 터럭만큼의 사사로운 뜻으로 농간을 부린 사실이 있었다면, 이는 그 죄 됨이 실로 작지 않으니, 청명한 조정의 종핵(綜核)[280]하는 정사에서 어찌 그냥 둘 수 있겠습니까? 신의 어리석은 신심(信心)이 여러 번 위기를 건드렸으나, 오직 자애로운 성상께서 곡진히 보호해 주심을 입어 오늘날에 이르렀습니다. 그러나 신은 참으로 떠들어대는 말에 이가 시리고 시끄럽게 다투는 곳에서 마음이 재가 되었으니, 오직 자취를 감추고 물러나서 위태로움과 욕됨을 피할 뿐, 어찌 캄캄한 길을 더듬으며 다시 엎어지고 자빠짐을 취할

이다. 오원은 영조 10년 9월 20일에, 이조 판서 송인명(宋寅明)에 의해 전랑(銓郎)에 의망(擬望) 되었으며, 9월 26일에 임명되었다. 《英祖實錄 10年 9月 20日 · 26日》

278 지의(枳擬) : 어떤 사람에 대하여 의망(擬望)을 방해하던 일을 말한다. 즉 삼망(三望)의 후보자로 추천되는 것을 방해하는 일을 이르던 말.

279 통색(通塞) : 여기서는 인물을 추천하는 것과 관직을 못하게 막는 것을 말한다.

280 종핵(綜核) : 사건의 본말을 자세히 밝혀내는 것을 말한다.

수 있겠습니까?

신의 처지가 궁색하여 어제 또 패초(牌招)를 어겼는데도 엄절히 회유(誨諭)하시고 다시 명을 내리시어 특별히 부르시니, 분의(分義)를 돌아보건대 마땅히 즉시 힘껏 달려가야 할 터이나, 반복해서 생각해봄에 실로 무모하게 받들기가 어렵사옵니다. 이에 감히 삼가 궐하(闕下)에 나아와 충정(衷情)을 일일이 아뢰오니, 삼가 바라옵건대 성상께오서 미천한 정성을 굽어 살피시어 물러가도록 속히 허락해 주시옵고, 이어서 엄중하게 감처하시어 무너진 기강을 엄숙히 하고, 신의 사사로운 뜻을 편안하게 해주소서.

형조 참의를 사임한 소 병진년(1736, 영조12)

辭刑曹參議疏 丙辰

삼가 아뢰옵니다. 황천(皇天)이 상서(祥瑞)를 내리시어 세자의 자리가 정해지니[281] 온 누리의 모든 백성들이 그 누가 뛰쳐 일어나 발을 구르며 손뼉 치지 않으리오마는, 신은 죄 지은 몸으로 다행히 특별 서용(敍用)의 은혜를 입어 말반(末班)[282]에 나아가 몸소 성대한 예를 바라보고, 조수(鳥獸)와 더불어 다 같이 춤을 춤으로써[283] 화숭(華嵩)[284]의 축원을 다하였으니, 그 기쁨과 감격은 시간이 지날수록 더욱 끝이 없나이다. 이때 추관(秋官) 좌이(佐貳)[285]에 임명한다는 명(命)

281 세자의……정해지니 : 1736년 3월의 장헌세자 책봉을 가리킨다. 장헌세자는 정조의 생부인 사도세자(思悼世子)로 영조의 둘째 아들이며 이름은 이선(李愃), 자는 윤관(允寬), 호는 의재(毅齋)이다. 영조 41세인 1735년(영조11)에 태어나서 이듬해인 1736년 3월에 세자로 책봉되었다. 영조의 첫째 아들인 효장세자(孝章世子)는 정빈(靖嬪) 이씨의 소생으로 9세인 1728년(영조4)에 요절하였고, 7년 후에 효장세자가태어났을 때 매우 기뻐하여 말하기를, "삼종(三宗 효종・현종・숙종)의 혈맥이 끊어지려고 하다가 비로소 이어지게 되었으니, 돌아가서 여러 성조(聖祖)를 뵐 면목이 서게 되었다. 즐겁고 기뻐하는 마음이 지극하고 감회 또한 깊다."라고 하였다.

282 말반(末班) : 낮고 보잘 것 없는 관위(官位)라는 말로, 겸사이다.

283 조수(鳥獸)와……춤으로써 : 임금의 훌륭한 덕화를 칭송한 말로, 태평성세를 뜻한다. 《서경》 〈익직(益稷)〉에, 순 임금의 신하 기(夔)가 말하기를 "내가 경석(磬石)을 치고 두드리니 온갖 짐승들이 다 같이 춤을 추었으며, 여러 관장(官長)들이 진실로 화합하게 되었다.〔予擊石拊石, 百獸率舞, 庶尹允諧.〕"라고 하였다.

284 화숭(華嵩) : 화산(華山)과 숭산(嵩山)의 병칭이다. 높아서 숭고함과 원대함을 비유한다.

이 은혜를 머리에 이고 허물을 덜어내는 중에 갑자기 이르렀으니, 신의 분의(分義) 상 진실로 즉일로 명을 받들어 마땅할 터이나, 돌아보건대 신의 구구한 사정상 조정의 반열을 함부로 더럽히지 못할 것이 있사옵기에, 마침내 감히 충정을 대략 아뢰오니, 천감(天鑑)[286]으로 굽어 비추어 주시기를 바라나이다.

신은 작년에 외람되이 근밀(近密)한 자리[287]에 있으면서 연석(筵席)에서 주대(奏對)할 때 문득 죄를 지었사온데,[288] 지금 돌이켜 생각해보아도 두려움과 부끄러움이 교차합니다. 아! 신은 참으로 용렬하고 불초한데도 망극한 은혜를 입었기에, 오직 외로운 충성만을 스스로 믿고 바른대로 말씀드려 숨김이 없음으로써 티끌만큼이나마 보답할 수 있기를 바랐사옵니다. 비록 다시 근심스런 일을 여러 번 겪고 곤경을 거듭 당하였으나, 염려하는 미미한 마음은 잊은 적이 없습니다. 그러므로 임금님의 지척에서 입을 열어 우러러 대하면서 감히 머뭇거리며 모호한 태도를 취하지 못하였으니, 이는 신의 평소의 마음이 그러했기 때문

285 추관(秋官) 좌이(佐貳) : 여기서는 형조 참의를 가리킨다. 추관(秋官)은 형조(刑曹)의 별칭으로 원래 중국 주대(周代)의 육관(六官)의 하나로 형률(刑律)을 관장하였고, 추관의 장을 대사구(大司寇)라고 하였다. 좌이(佐貳)는 주사(主司)를 보좌하는 관원으로 육조의 참판과 참의를 아울러 이르는 말이다.

286 천감(天鑑) : 임금을 가리킨다.

287 근밀(近密)한 자리 : 임금을 가까이에서 모시는 직책을 말한다. 주로 승정원(承政院)의 승지(承旨), 경연관(經筵官)을 가리키는 말로 쓰였다.

288 작년에……지었는데 : 오원이 영조 11년(1735) 12월 14일에 우부승지가 되었다. 동월 23일에 임금이 소대(召對)를 행하였을 때 오원이 참찬관(參贊官)으로서 아뢰기를, 민형수(閔亨洙)의 처분이 너무 과중한 것과 이종성(李宗城)이 공정하지 못한 것을 비판하였다. 이에 대해 영조는 오원이 당론을 한다고 매우 질책하고 파직을 명하였다.

입니다. 다만 성신(誠信)이 천박함으로 말미암아 능히 위로 미더움을 받지 못하고서 필경에는 편당(偏黨)의 죄과에 빠졌으나, 성은이 너그럽게 용서해 주시어 벌이 파직(罷職)에 그쳤습니다. 또 앞자리에 나아오게 하시어 특별히 따뜻한 가르침을 정성스럽게 내려 주시기를 마치 자애로운 아버지가 어리석은 자식을 인도하는 듯하였습니다. 이는 참으로 세상에 없는 특별한 은총이거늘, 신이 어떤 사람이기에 이를 입었단 말입니까?

신이 바야흐로 죄를 짓고도 은혜를 입어 가슴에 새길 겨를도 없는데, 하물며 지금 또 용서해 주시는 은혜를 입어 다시 조정의 반열을 더럽히게 되었으니, 황감하기 그지없는 사심으로 어찌 감히 바로 면직(免職)을 아뢰겠습니까마는, 돌아보건대 신은 어리석음을 스스로 잘 알면서도 9년이나 조정의 반열에 섰으되 털끝만큼도 보필한 것이 없고, 말을 하면 재앙을 부르고 일마다 말썽을 일으켜 부질없이 위로는 성상의 생각을 번거롭게 하고 아래로는 신의 죄를 쌓았습니다. 이는 아마도 타고난 성품이 어리석고 품부받은 운명이 기박하여, 일찍이 태평성세의 한 가지 물건의 수효로써 갖추어지기에 부족해서일 것입니다. 부디 원하옵건대, 천지의 덮어주는[289] 어지심으로 곡진하게 더욱 가엾게 여겨주시고, 예전의 죄에 기인해 조속히 물리쳐 주심으로써 스스로 허물을 반성할 수 있게 해주심으로써 거듭 죄에 저촉되지 않도록 해주심이

289 천지의 덮어주는 : 천지가 만물에게 은혜를 베풀고 보호해 주는 것과 같은 성인의 덕을 말한다. 《중용장구(中庸章句)》에, "비유하면 하늘과 땅이 실어주지 않음이 없고 덮어주지 않음이 없는 것과 같으며, 비유하면 사시가 교대하여 운행함과 같으며, 일월이 교대하여 밝음과 같다.〔辟如天地之無不持載, 無不覆幬, 如四時之錯行, 如日月之代明.〕"라고 하였다.

실로 미천한 신하의 간절한 소원이옵니다.

또한 신이 삼가 전 참의(參議) 이종성(李宗城)[290]이 스스로 변명한 소(疏)를 보았는데, 신이 경연에서 주대(奏對)한 것에 대해 화를 내며 방자하게 입을 놀려 추하게 비난하였습니다. 그가 이르기를, "그림자처럼 달라붙는 의취(意趣)가 사사로운 원수를 갚는 것 같았다."[291]라고 한 것은 비록 수수께끼처럼 들리지만, 뜻인즉 뒤섞어 몰아가려는 데 있습니다. 신은 참으로 천박하고 졸렬하여 족히 자중(自重)할 것도 없습니다만, 이와 같은 제목(題目)이라면 아무리 지혜가 낮다 하더라도[292] 문득 변리(辨理)하는 데 이르지 않고 그저 한 번 웃음에 부칠

290 이종성(李宗城) : 1692~1759. 조선 후기의 문신으로, 본관은 경주(慶州), 자는 자고(子固), 호는 오천(梧川)이다. 이항복(李恒福)의 5세손이며, 이시술(李時術)의 증손으로, 할아버지는 이세필(李世弼)이고, 아버지는 좌의정 이태좌(李台佐)이다. 1711년(숙종37) 진사가 되고, 1727년(영조3) 증광 문과에 병과로 급제해 3일 만에 예문관 설서가 되었다. 이듬해 경연(經筵)의 전경(典經)으로 시독관 박문수(朴文秀)와 함께 붕당 200년의 폐를 논하였다. 그 해 경상도 암행어사가 되어 민폐를 일소했으며, 이인좌(李麟佐)의 출가한 자매가 문경에 갇혀 있음을 보고 부당함을 상소해 석방하게 하였다. 1733년 대사성이 되었고, 이듬해 홍문관 부제학이 되어 양역(良役)의 폐를 상소하였다. 1735년 다시 이조 참의가 되어 화폐 사용의 편리함을 논하고, 이듬 해 탕평책에 반대하다가 파직되었으나 다시 기용되었다. 1752년 좌의정에 이어 영의정이 되었다. 그러나 이듬 해 세자의 처벌에 적극적이던 김상로(金尙魯) 등의 간계로 영의정을 사직하였다. 1758년 영중추부사가 되어 장헌세자(莊獻世子)를 잘 보살폈다. 장조(莊祖)의 묘정에 배향되었고, 저서로는 《오천집》이 있다. 시호는 처음에 효강(孝剛)이었다가 뒤에 문충(文忠)으로 개시(改諡)되었다.

291 그림자처럼……같았다 : 이종성(李宗城)이 영조 12년(1736) 3월 12일에 올린 〈비국당상을 사임한 소〔辭備局堂上疏〕〉에 들어 있는 말이다. 《梧川集 卷5》

292 지혜가……하더라도 : 《맹자》 〈공손추 상〉에 있는 맹자의 말로, "재아(宰我)와 자공(子貢)과 유약(有若)은 지혜가 족히 성인(聖人)을 알 만하니, 이들이 가령 지혜가

수 있습니다. 그러나 조정을 부끄럽게 하고 천신(薦紳)[293]을 더럽힘이 이보다 심한 것이 없으니, 염의(廉義)[294]란 지극히 중하고 치욕이란 씻기 어려우므로 작명을 사양함과 받음은 의논할 겨를조차 없습니다. 훈목(薰沐)[295]의 성대한 뜻을 우러러 받들고자 하지 않음은 아니나, 더럽고 천한 자취로 끝내 함부로 나아갈 도리가 없으며, 중임(重任)을 헛되이 띠는 것은 또한 신의 죄를 더할 뿐입니다.

삼가 바라옵건대, 천지 부모(天地父母)[296]께오서 신의 미천한 정성을 헤아려 주시어 신을 현직에서 내치시고, 군함(軍銜)[297]이나 산름(散廩)[298]으로써 분주하게 스스로 힘을 다하도록 허락하시어, 저의 분수를 다하고 염치와 부끄러움을 온전히 하도록 해주시는 것이 그지없는 큰 소원이옵니다. 또한 신은 월초에 괴원(槐院) 부제조(副提調)에 차임되

낮다 하더라도 좋아하는 사람에게 아첨하는 데는 이르지 않았을 것이다.〔宰我、子貢、有若、智足以知聖人, 汚不至阿其所好.〕"라고 하였다.

293 천신(薦紳) : 지위가 높은 벼슬아치를 말한다.

294 염의(廉義) : 청렴하고 절조가 있는 것을 말한다.

295 훈목(薰沐) : 임금의 훈도해 준 은택을 말한다.

296 천지 부모(天地父母) : 은혜가 천지와 같고 부모와 같다는 말로, 임금을 가리킨다.

297 군함(軍銜) : 군직(軍職)의 직함으로, 여기서는 군함 체아직(軍銜遞兒職)을 말한 것이다. 임시로 증원(增員)되거나 체직되어 다음의 인사를 기다리는 관리들에게 내리는 임시의 군직을 말한다. 조선 시대에 관직 수가 제한되고 은퇴한 관리나 임명 대상자가 월등히 많아지자, 문관・음관・무관・삼사(三司)・춘방(春坊)의 관원이 현직에서 물러날 때, 이들의 생활안정을 위하여 중추원(中樞院)이나 오위(五衛)의 군직에 소속시켜 실무가 없이 녹봉을 받도록 하던 제도를 말한다.

298 산름(散廩) : 산관(散官)의 늠식(廩食)으로, 산관을 말한 것이다. 산관은 일정한 직무가 없이 명칭만 있는 관직이다.

었사온데,[299] 이는 실로 자고로 신중히 선발하는 직임으로서, 신처럼 문질(文質)[300]이 온당치 않고 자질과 인망이 제일 얕은 자에겐 전혀 어울리는 자리가 아닙니다. 거듭 헤아려 보아도 부끄러움만 더해가니, 이미 모르는 척 무릅쓰고 받들 수 없는데, 또 어찌 잠시인들 자리만 차지하고 있을 수 있겠습니까?[301]

삼가 바라옵건대 성상께오서 통촉하시어 서둘러 면직을 허락하신다면 공사(公私)에 있어 매우 다행한 일일 것입니다. 신은 황공함을 감당치 못하겠나이다.

299 월초에……차임되었사온데 : 영조 12년 5월 13일에 오원이 승문원 부제조에 임명되었다. 괴원(槐院)은 승문원(承文院)의 별칭으로, 승문원 앞에 회화나무를 심었으므로 이른 말이다. 승문원은 조선 시대 정삼품아문으로 사대교린(事大交隣)에 관한 문서를 관장하였으며 이문(吏文)의 교육도 담당하였다. 관원은 도제조(都提調), 제조(提調), 부제조(副提調) 등을 두었는데, 부제조는 정3품 당상관이다.

300 문질(文質) : 겉으로 드러난 모습과 본바탕, 즉 형식과 내용을 뜻한다. 《논어》 〈옹야(雍也)〉에 "바탕이 문채를 압도하면 촌스럽게 되고, 문채가 바탕을 압도하면 겉치레에 흐르게 되나니, 문채와 바탕이 조화를 이룬 뒤에야 군자라고 할 수 있다.〔質勝文則野 文勝質則史 文質彬彬然後君子〕"라고 하였다.

301 자리만……있겠습니까 : 원문의 '虛縻'는 임명을 받았으나 행공(行公)하지 않는 것을 뜻한다.

대사성을 사임한 소[302]

辭大司成疏

삼가 아뢰옵니다. 신이 성묘에서 돌아오는 길에 삼가 제서(除書)를 받들었사온데, 신을 성균관 대사성(成均館大司成)[303]으로 삼는다는 내용이라, 신 명을 받들고 몹시 황공하였사옵니다. 곧 사차(私次)로 돌아와 엎드려 있다가 가만히 생각해보건대, 자고로 국가에 있어 인재를 양성하고 백성을 교화하는 근본은 오로지 태학(太學)[304]에 있고, 이 직임은 맡은 자는 실로 학관(學官)[305]의 장(長)이니, 그에게 달려 있는 중대함이 어떠하겠습니까?

후세에 선비를 기르고 인재를 키우는 도(道)가 진실로 옛 법도를 다 좇지는 못합니다만, 관직을 위하여 사람을 뽑는 것은 대개 어렵고

302 대사성을……소 : 1736년(영조12) 12월 2일에 오원이 대사성에 제수되었다.《英祖實錄 12年 12月 2日》

303 성균관 대사성(成均館大司成) : 성균관의 으뜸 벼슬로 정3품 당상관직이다. 사장(師長)이라고도 불렀으며, 문과 출신의 학문이 뛰어난 자가 임명되었고, 유학에 관계된 일과 문묘(文廟) 관리에 관한 일을 담당하였다.

304 태학(太學) : 성균관(成均館)의 별칭이다. 조선 시대에 인재 양성을 위하여 서울에 설치한 최고의 유학 교육기관으로 국립대학 격이다. 태학은 원래 중국에서 고대 주(周)나라 때 설립된 국립대학으로서 후대에 계속 이어졌다. 우리나라에서는 고구려 소수림왕 2년(372)에 최초로 설립되어 귀족자제의 교육기관으로 유교 경전과 문학, 무예 등을 교육하였다.

305 학관(學官) : 교육기관에서 학업을 가르치는 일을 담당하는 관원을 말한다. 교관(教官), 교수관(教授官)이라고도 불렀다. 성균관과 사부학당(四部學堂)에 있었다.

신중하게 하지 않음이 없습니다. 열조(列朝) 이래 선배 명신(名臣)으로 이 임직을 맡은 자들이라면, 그 유풍(流風)과 유운(遺韻)이 아직까지도 사대부들의 이목(耳目)을 메우고 있습니다.

지금 비록 세대가 내려와 인재 얻기가 어려워진 탓에 조종(祖宗)이 번성하였을 때 숲처럼 많은 뛰어난 선비들을 두루 선발하던 것에 비길 수는 없지만, 이 직임을 감당할 수 있는 자를 구하고자 한다면 또한 어찌 그런 사람이 없겠다고 신 같이 재주 없는 자에게 제수하시다니, 신은 참으로 놀랍고 두려워 진땀이 나서 스스로 몸 둘 바를 모르겠사옵니다.

신은 본디 용렬하고 미련하여 문질(文質)이 모두 마땅하지 못하고, 경행(經行)[306]과 예업(藝業)[307]은 이미 논할 만한 것도 없으려니와 조전(雕篆)[308]과 기문(記問)[309]과 같은 말단의 기예 또한 전혀 남들만 같지 못하온데, 요행히 한번 급제하여 여러 자리를 거쳐 여기에 이르렀습니다. 많은 선비들을 표솔(表率)[310]하고 인재를 육성하는 일은 본디 감히 엇비슷하게나마 토의할 수조차 없거니와, 예사로운 과시(課試)[311]의

306 경행(經行) : 경술(經術)과 품행(品行)을 말한다.

307 예업(藝業) : 학업을 말한다.

308 조전(雕篆) : 조충전각(雕蟲篆刻)의 준말로, 벌레 모양이나 전서(篆書)를 조각하듯이 미사여구로 문장을 꾸미는 하찮은 기교를 가리킨다.

309 기문(記問) : 마음에 자득함이 없이 단지 옛글만 기억하는 학문을 말한다. 《예기》〈학기(學記)〉에 "기문의 학은 남의 스승이 될 수 없다.〔記問之學, 不足以爲人師.〕"라고 하였다.

310 표솔(表率) : 스스로 모범이 되어 사람들을 이끌어가는 것을 말한다.

311 과시(課試) : 정기적으로 일정한 시기에 보이는 시험을 말한다.

일 또한 실로 그 직분에 걸맞게 수행할 수 없음을 스스로 매우 잘 알고 있으니, 여기에 추호의 가식도 들어있지 않사옵니다.

밝디밝은 성조(聖朝)에서 가르침을 펴고 선비를 양성하는 곳이라면 신이 절취소식(竊吹素食)[312]함으로써 그 일을 망치는 것을 본디 용납할 수 없으려니와, 신하 된 자 또한 어찌 감히 계명(稽命)[313]의 죄가 두려워 자신을 헤아리는 의리에 어두워져, 뻔뻔스럽게 스승의 자리[314]에서 얼굴을 쳐들고 있음으로써 현관(賢關)[315]에 부끄러움을 남기고 사방의 이목을 놀라게 할 수 있겠습니까?

더구나 삼가 생각건대, 신 이른 나이에 급작스럽게 높은 지위에 뛰어 올라, 분수에도 넘치고 못난 자취에도 거스름이 많았기에, 늘 근심하고 두려워하면서 오직 청도(淸塗)[316]를 멀리 피하여 졸렬한 분수를 삼가

312 절취소식(竊吹素食) : 절취(竊吹)는 자격도 없이 끼어드는 것을 말한다. 《한비자(韓非子)》 〈내저설 상(內儲說上)〉에 보이는 내용이다. 제(齊)나라 선왕(宣王)이 피리를 좋아하여 300명으로 무리를 지어 피리를 불게 했는데, 남곽 선생(南郭先生)이란 자는 실력도 없이 그 중에 끼어서 함께 녹을 먹었다. 제 선왕이 죽고 그 아들이 한 사람씩 불게 하자, 남곽 선생은 실력이 탄로날까 두려워하여 도망갔다. 소식(素食)은 하는 일도 없이 녹(祿)을 먹는 것을 말한다. 《시경》 〈벌단(伐檀)〉에서 "심지 않고 거두지 않으면 어떻게 벼 삼백 억을 취할 것인가? 수렵을 하지 않으면 어떻게 뜰에 매달려 있는 짐승을 보겠는가? 저 군자여 공적없는 녹을 먹지 않도다.〔不稼不穡, 胡取禾三百億兮? 不狩不獵, 胡瞻爾庭有縣特兮? 彼君子兮, 不素餐兮.〕"라고 하였다.

313 계명(稽命) : 명을 받고도 지체함을 말한다.

314 스승의 자리 : 원문은 '皐比之座'로, 고비(皐比)는 호피(虎皮)이다. 옛 사람들은 호피에 앉아 강학(講學)을 하였으므로 후에 강석(講席)을 의미하게 되었다.

315 현관(賢關) : 현사(賢士)가 진출하는 관문으로, 태학(太學) 즉 성균관을 가리킨다. 《한서(漢書)》 권56 〈동중서전(董仲舒傳)〉에 "태학은 현사가 진출하는 관문이요, 교화의 본원이다.〔太學者, 賢士之所關也, 教化之本原也.〕"라고 하였다.

지켜 곤경을 면하기를 바랐사온데, 지금 화무(華膴)[317]의 관직을 차지한 채 그칠 줄을 모르면서 본래 신의 것인 양 여긴다면, 저의 하찮은 지취(志趣)에 또한 어찌 크게 어긋나지 않겠습니까.

신이 이 명을 들은 지 또한 여러 날이 되었습니다. 아무리 이리 생각하고 저리 생각해보아도 의리상 끝내 감히 명을 따라 나갈 수 없었으니, 하루라도 허미(虛縻)[318]하는 것은 마침 그 죄만 무겁게 할 뿐입니다. 이에 부득불 소장(疏章)을 올려 성청을 번거롭게 하옵니다.

삼가 바라옵건대 성상께서 본직이 관계된 바의 중대함을 깊이 생각하시고, 미천한 신하가 이 일에 걸맞지 않은 실상을 헤아리시어, 속히 체차(遞差)를 허락하심으로 관방(官方)[319]을 엄히 하시고 저의 분수를 편안히 해 주신다면 이루 말할 수 없는 다행이겠습니다.

316 청도(淸塗) : 청귀한 길로, 청직(淸職)을 말한다.

317 화무(華膴) : 청직(淸職)과 후직(厚職)을 가리킨다. 화(華)는 사헌부·사간원·홍문관의 삼사(三司)와 같은 청환(淸宦)이며, 무(膴)는 호조(戶曹)와 같은 후한 녹봉을 받는 관직을 말한다.

318 허미(虛縻) : 임명을 받았으나 행공(行公)하지 않는 것을 말한다.

319 관방(官方) : 관리를 임명하는 것을 말한 것이다. 《국어(國語)》〈진어(晉語) 4〉에 '관방정물(官方定物)'이라 한 데 대하여 위소(韋昭)의 주에 "방(方)은 상(常)이고, 물(物)은 사(事)이다. 곧 일정한 관직을 만들어 온갖 일을 다스리는 것이다." 하였다.

경상 감사를 사임한 소 정사년(1737, 영조13)

辭慶尙監司疏 丁巳

삼가 아뢰옵니다. 신이 지난번 대궐에서 숙직하고 있을 때 삼가 제서(除書)를 받았사온데, 신을 경상도 관찰사에 임명한다는 내용이었습니다.[320] 신이 명을 듣고 깜짝 놀라서 물러나 사차(私次)에 엎드려 있은 지 지금 여러 날이 되었습니다만, 끝내 감히 은명(恩命)에 숙배(肅拜)할 계획을 하지 못하고 있어, 신하의 분의(分義)가 어그러짐에 황공하여 몸 둘 바를 모르겠나이다.

삼가 생각하건대 국가가 팔로(八路)[321]로 구획하고, 연수(連帥)[322]를 두어 한 지방의 병사와 백성의 다스림을 전적으로 맡겼으니, 그 임무가 참으로 지극히 중대합니다. 더구나 영남(嶺南)은 실로 한 나라가 의지하는 바이며, 근간이 되는 곳간과 같은 곳인지라, 제대로 된 사람을 뽑았는지 그 여부에 따라 안위(安危)의 기틀이 관계되는 바가 몹시 큽니다. 이것은 성상께서 굽어 살피신 바라 진실로 신이 아뢸 필요조차 없겠으나, 오늘의 이 직임이 어찌하여 신의 몸에 미쳤습니까?

320 신을……것이었습니다 : 영조 13년(1737) 2월 21일에 오원이 경상 감사에 임명되었다.

321 팔로(八路) : 팔도(八道)와 같다.

322 연수(連帥) : 감사(監司)를 가리킨다. 조선 시대에 감사는 옛날의 방백(方伯)·연수(連帥)의 직임에 해당된다. 연수는 원래는 주(周)나라 방어 제도의 하나로, 10개 제후국의 우두머리였다. 《예기(禮記)》 〈왕제(王制)〉에 "10국이 연이 되고, 연에 수를 두었다.〔十國以爲連, 連有帥.〕"라고 하였다.

신은 연소한 일개 서생에 불과할 뿐으로, 오활하고 미련하여 백에 하나도 잘하는 것이 없사옵니다. 책을 읽음에[323] 아직 끝까지 하지 못한 우환이 있어, 세상을 경영하는 일은 애초에 염두에 두지도 않았습니다. 나약함이 천성이 되어 해이하게 스스로 방일하고, 지극히 자잘한 집안 일조차 능히 변통하여 처리하지 못하며, 벗들과 마주함에 번번이 흐리멍덩하다는 조롱을 받습니다. 이것이 바로 신의 실제 행적으로, 감히 추호의 과장도 있지 아니하온데, 다만 신이 내복(內服)[324]에 유유자적 앉아 청화직(淸華職)[325]이나 훔쳤지, 부서(簿書)가 어지러이 섞여있는 곳에서 시험받은 적이 없었던 덕분에 못나고 서툰 자질이 다 드러나지 않았을 뿐입니다. 그래서 지금 갑자기 산악처럼 중대한 직임을 초요(僬僥)[326]같은 몸에게 맡기시면서 그 능력이 어떠한지 묻지도 않으셨던 것입니다.

323 책을 읽음에 : 원문의 '尋行數墨'은 깊은 이치를 탐구하지 않고 글자만 따라 책을 읽는 것을 말한다. 여기서는 자신의 독서에 대한 겸사로 쓰였다.

324 내복(內服) : 왕기(王畿) 이내의 땅을 말한다. 중국 고대의 우(禹) 임금이 9주(州)를 정할 때 왕기(王畿)를 중심으로 전 지역을 전복(甸服)·후복(侯服)·수복(綏服)·요복(要服)·황복(荒服)의 다섯 구역으로 나누었는데, 한 구간이 5백 리씩이었다. 왕기는 천자가 직접 통치하였다.

325 청화직(淸華職) : 청환(淸宦)과 화요(華要)의 관직을 말한다. 학식이 높은 사람에게 제수하였던 홍문관·예문관·춘추관·사간원·사헌부 등의 벼슬로, 지위는 높지 않으나 중요한 자리였다.

326 초요(僬僥) : 난쟁이를 말하는데, 비루한 소인이라는 뜻이다. 초요는 원래 전설 속의 난쟁이로, 《열자(列子)》〈탕문(湯問)〉에 "중주(中州)로부터 동쪽으로 4만 리에 초요국이 있는데 사람의 키가 1척 5촌이다.〔從中州以東四十萬里得僬僥國, 人長一尺五寸.〕"라고 하였다.

돌아보건대 신에게 무슨 위세와 명망이 있어 관리와 백성을 제압할 수 있고, 무슨 재능이 있어 매우 번거로운 일을 전결(剸決)할 수 있으며, 무슨 지혜가 있어 임기응변할 수 있겠습니까? 스스로 돌이켜 헤아려 보아도 오히려 그 놀라움을 이길 수 없는데, 옆에서 듣는 사람들이 한심하게 여길 것이야 또한 상상할 수 있습니다. 가만히 삼가 생각하건대, 임금이 신하를 아는 것은 아버지가 자식을 아는 것과 같으니, 신이 불초한 자질로 위로 전하를 기만하여 지나치게 융숭한 돌보심을 입어 오래 성상의 간택을 받았다 할지라도, 일월의 지극한 밝음으로 또한 반드시 성위(聲威)[327]와 간국(幹局)[328]을 신에게 바라지 않으실 것은 분명합니다.

조정에서 애초에 잘못 천거하여 이내 은점(恩點)[329]이 외람되이 더해졌는데, 신이 만약 다시 스스로 처신할 도리를 생각하지 않고 모른 척 무릅쓰고 임무를 맡는다면, 그저 정절(旌節)[330]과 헌사(軒駟)[331]로 혁연히 일신의 영광은 되겠지만, 일을 그르치고 나라를 저버림에 이르러서는 비록 만 번 주벌을 당한다 해도 또한 무슨 소용이 있겠습니까.

신이 입은 임금의 큰 은혜가 하해도 오히려 얕을 지경인데, 10년 동안 시종신(侍從臣)의 반열에 있으면서 털끝만큼도 도와 드린 것이 없고, 은혜로운 처우를 저버리고서 속죄하기조차 힘든 죄를 지었습니

327 성위(聲威) : 명성과 위풍(威風)을 말한다.

328 간국(幹局) : 사물을 처리하는 재간(才幹)과 국량(局量)을 말한다.

329 은점(恩點) : 임금의 낙점(落點), 즉 재가(裁可)를 말한다.

330 정절(旌節) : 임금이 지방에 나가는 절도사에게 내리는 기(旗)를 말한다.

331 헌사(軒駟) : 지위가 높고 귀한 이가 타는 사마(四馬)가 끄는 높은 수레이다.

다. 만약 신의 재주가 만에 하나라도 이 직임을 감당할 수 있다면, 변방의 땅에서 힘을 다하고 왕사(王事)를 위해 심신을 바쳐 조금이나마 은혜를 갚을 수 있을 터, 신이 진실로 장차 기꺼이 부임할 겨를도 없을 마당에 어찌 감히 사양하고 피할 뜻을 품겠습니까.

오직 자신을 아는 것이 매우 분명하고 스스로를 헤아림이 이미 세심해서, 참으로 감히 신 한 몸으로 말미암아 나라의 계획을 거듭 그르쳐서 그 큰 죄를 더할 수 없는 것이오니, 근심하는 이 마음을 신명(神明)께서는 굽어보실 것입니다. 질병이 안으로 고질이 되어 살과 뼈가 지탱하기 어려운 상황과 같은 것은 신이 또한 자세히 진술할 겨를이 없습니다.

신이 삼가 보건대 번신(藩臣)이 임명을 받으면 반드시 면직을 청하는 한 통의 소(疏)를 올리는 것이 문득 고사(故事)가 되었으나, 신의 오늘의 간절한 소원으로 말하자면 감히 온화한 예사(禮辭)[332]를 내어 타인의 극양(克讓)[333]의 미덕을 본받고자 하는 것이 아닙니다. 참으로 송구함과 근심이 마음속에 몰아쳐서 그 번잡스러움이 이 지경에 이른 것도 스스로 깨닫지 못하였사오나, 만약 병침(丙枕)[334]의 여가에 남쪽 변경

332 예사(禮辭) : 옛 사람들이 직임을 제수 받고서 예의상 한 번 사양하는 절차를 말한다. 예(禮)에 사양하는 법이 세 가지 있는데, 그 처음이 예사이고, 두 번째로 굳이 사양하는 것을 고사(固辭), 세 번째로 끝내 사양하는 것을 종사(終辭)라고 한다.

333 극양(克讓) : 능히 겸양(謙讓)함을 말한다. 《서경》 〈요전(堯典)〉에 요 임금의 덕을 열거하며 찬미하기를, "옛날 요 임금을 상고하건대 방훈(放勳)이시니, 공경하고 밝고 문채롭고 생각함이 편안하고 편안하시며, 진실로 공손하고 능히 겸양하시어 그 빛이 사방에 퍼지고 온 천하에 이르셨다.〔若稽古帝堯, 曰放勛, 欽明文, 思安安, 允恭克讓, 光被四表, 格于上下.〕"라고 하였다.

을 맡기는 일에 대한 경중(輕重)과 이 미천한 신하의 재주와 그릇이 합당한지 여부를 따져 비교하여 헤아려 보신다면, 반한(反汗)[335]의 명은 반드시 신이 다 아뢸 때까지 기다리지 않아도 될 것입니다.

삼가 바라옵건대 천지 부모(天地父母)께오서 신의 깊은 간청을 특별히 살피시어 속히 체차(遞差)를 허락하여 주신다면, 신의 개인적인 다행뿐만이 아니오라 실로 남쪽 백성들의 다행일 것이며, 남쪽 백성들의 다행뿐만이 아니오라 실로 국가의 큰 다행일 것입니다. 신은 지극히 황공하고 간절히 바라는 마음을 이기지 못하옵고, 삼가 죽음을 무릅쓰고 아뢰옵니다.

334 병침(丙枕) : 하룻밤을 갑, 을, 병, 정, 무의 오야(五夜)로 나눈 셋째 시각으로서 임금이 잠자리에 드는 시간을 말한다.

335 반한(反汗) : 왕명을 되돌리는 것을 말한다. 땀[汗]은 한번 몸에서 나오면 다시 돌아가지 않으므로, 임금의 명령도 한번 내리면 취소하지 못하는 것을 비유한 말이다.

이조 참의를 사임한 소[336]

辭吏曹參議疏

삼가 아뢰옵니다. 신이 며칠 전에 말미를 받아 고향에 내려갔다가, 돌아오는 길에 더위를 먹어 병든 채로 도성에 들어왔기에, 국자감에 제수되었으나[337] 아직 숙배(肅拜)도 못하였사오니, 분의(分義)가 어그러져 황공함에 몸 둘 곳이 없었사옵니다. 그런데 천만 뜻밖에도 삼가 이조 참의로 옮겨 제수하신다는 제지(除旨)[338]를 받게 되어, 신은 명을 듣고 놀라고 두려워서 또 몸 둘 바를 알지 못하였습니다.

가만히 생각건대 국가가 인물을 평가하여 모든 직책에 등용하는 권력은 오로지 전조(銓曹)[339]에 주어져 있는데, 그 책임의 무거움은 좌이(佐貳)[340]와 장관(長官)이 그다지 현격하지 않아서, 그 지위의 드러남과 명망의 높음은 그저 한 시대의 극선(極選)[341]에 그치는 정도가 아닙니다.

336 이조……소 : 《영조실록》에 의하면 오원은 영조 13년(1737) 6월 25일에 이조 참의에 임명되었다.

337 국자감에 제수되었으나 : 《영조실록》에 의하면, 오원은 영조 13년 5월 27일에 대사성에 임명되었는데, 이 때 승지로 있었다. 대사성은 국자감의 전임직이었다.

338 제지(除旨) : 벼슬을 내리는 임금의 교지(敎旨)를 말한다.

339 전조(銓曹) : 조선 시대 때 문관의 전형(銓衡)을 맡아보던 이조(吏曹)와 무관의 전형을 맡아보던 병조(兵曹)를 일컫는 말이다.

340 좌이(佐貳) : 주사(主司)를 보좌하는 관원으로 육조의 참판(參判)과 참의(參議)를 아울러 이르는 말이다.

341 극선(極選) : 한껏 엄밀하게 진행하는 인선(人選)을 말한다.

신은 자질이 본래 우활하고 산만하며, 성격이 매우 엉성하고 졸렬한 데다가, 조정에 선 지 오래되지 않아 일을 겪음이 지극히 적은 탓에, 명망(名望)은 신복(信服) 받기에 얕고 견식(見識)은 감재(鑑裁)[342]하기에 어둡습니다. 이는 신 스스로 잘 아는 바일뿐만 아니라 또한 같은 조정의 사람들도 다 알고 있는 바입니다.

더구나 지금 세도는 무너지고 국사(國事)는 위태로우며, 기강은 날로 해이해지고 민생은 날로 쇠잔해져가고 있습니다. 이러한 때를 당하여 공(公)을 넓히고 사(私)를 물리치며, 탁한 물을 흘려보내고 맑은 물을 끌어들이며,[343] 조급한 경쟁을 억제하고 현자(賢者)의 진로를 넓히며, 요행을 막고 관방(官方)을 맑게 함으로써 조정이 존엄해지게 하고 내외(內外)가 직책을 걸맞게 수행하게 하는 것은 오직 전부(銓部)[344]의 책임이옵니다. 그러나 신의 몽매함과 천박함으로 이 책임을 맡아서 다스림에 조금의 도움도 되지 못하리라는 것은 진실로 두말할 필요도 없습니다. 필경 일을 그르쳐서 죄를 자초한다면, 신의 몸이야 감히 불쌍히 여길 것이 못 된다 하더라도 국사(國事)는 어찌한단 말입니까? 비록 그러하나, 이는 사람의 그릇이 걸맞은지 아닌지를 가지고 말해야 할 뿐입니다. 이에 신은 구구한 개인적인 정성으로 인자하게 보살펴 주시는 하늘같은 은혜를345 스스로 막는 것을 용납할 수

342 감재(鑑裁) : 사람의 재능을 자세히 살펴서 식별하는 것을 말한다.

343 탁한……끌어들이며 : 원문의 '激濁揚淸'은 악을 물리치고 선을 장려하는 것을 비유한 말이다.

344 전부(銓部) : 이조(吏曹)의 별칭이다. 관리를 전형하는 일을 맡은 데서 이른 말이다.

345 인자하게……은혜를 : 임금의 은혜를 말한다. 원문의 '仁覆'은 《맹자》〈만장 상(萬

없사옵니다.

생각건대 신은 재주도 없고 무능하오나 일찍 외과(巍科)[346]를 훔쳐서 성상의 크나큰 은혜를 입었고, 조상의 여음(餘蔭)[347]을 의지해 외람되이 청도(淸塗)[348]를 차지하고 재빨리 남 먼저 자리를 잡아, 높은 벼슬을 역임하며 두루 거치지 않은 곳이 없으니, 고인(古人)이 말씀하신 두 가지 불행의 경계[349]를 신이 모두 범한 셈입니다. 차례로 여러 자리를 거치면서 관직은 더욱 높아지고 입지는 더욱 험준해졌는데, 의분(義分)[350]이 두려워서 감히 사양하여 피하지 못하고, 명이 내려올 때마다 곧바로 받으면서 마치 본디 가졌던 것처럼 여겼습니다. 가만히 스스로 생각하건대 기구한 신세에 타고 난 복도 적은 몸이 탐욕과 무모함을 그치지 않았으니, 몰락의 우환은 이치상 필연적으로 오게 되어있던

章上)〉에 "만장이 묻기를 '순 임금이 밭에 가서 하늘에 부르짖으며 우셨으니 어찌하여 부르짖으며 우신 것입니까?'라고 하였다. 맹자께서 말하기를 '원망하고 사모하신 것이다.'라고 하였다.〔萬章問曰: "舜往于田, 號泣于旻天, 何爲其號泣也?" 孟子曰怨慕也.〕" 라고 하였다. 집주(集註)에서는 "인으로 덮어주어 아랫사람들을 불쌍히 여김을 민천(旻天)이라 이른다.〔仁覆閔下, 謂之旻天.〕"라고 하였다.

346 외과(巍科) : 장원급제를 말한다. 오원은 영조 4년(1728) 5월에 29세로 문과에 장원급제하였다.

347 여음(餘蔭) : 선조가 쌓은 공덕(功德)으로 자손이 받는 복을 말한다.

348 청도(淸塗) : 청귀(淸貴)한 길로, 좋은 벼슬길을 말한다.

349 두 가지……경계 : 정이천(程伊川)이 말하기를, "사람에게는 세 가지 불행이 있다. 젊은 나이에 고과(高科)에 오르는 것이 첫 번째 불행이요, 부형의 권세를 빌려 좋은 벼슬을 하는 것이 두 번째 불행이요, 높은 재주가 있어서 문장을 잘하는 것이 세 번째 불행이다.〔人有三不幸: 少年登高科, 一不幸; 席父兄之勢爲美官, 二不幸; 有高才能文章, 三不幸也.〕"라고 하였다.《小學集註 嘉言》

350 의분(義分) : 도의에 합당한 분수를 말한다.

것입니다.

그래서 망극한 은혜를 받고도 티끌만큼의 보답도 하지 못하였더라도, 힘을 다해 분주히 움직이면 아마도 공효를 바치리라 생각했습니다. 비록 감히 지족(知足)[351]의 교훈을 좇아 몸을 편하게 하는 계책을 도모하지는 못하였더라도, 오직 권요(權要)의 길을 힘써 피하고 졸박한 분수를 조금이나마 지키기를 기약하면 "자만하면 손해를 본다."[352]라는 경계를 지키고 급히 엎어지는 재앙은 면할 수 있으리라 생각했습니다. 밝디밝은 마음을 스스로 정한 지 이미 오래이건만, 지금 이 과분한 관직이 신 한 몸에 내려졌으니, 어찌 눈부시게 영화롭지 않겠으며, 세상에서 일컫는 요진열관(要津熱官)[353]도 아마 이보다 더하지 않을 것입니다.

제서(除書)를 받고서부터 밤낮으로 근심하며, 마치 깊은 골짜기가 앞에 있는 듯 두려웠기에, 비록 억지로 평소의 뜻을 누르고 마지못해 달려가 받들고 싶었으나 또 그렇게 하지 못하였습니다. 어제 개정(開政)[354]의 명이 있음으로 인하여 천패(天牌)[355]가 재차 내려옴에 이르렀사오나, 아무리 생각해 보아도 함부로 나아갈 수가 없어, 거듭 명을

351 지족(知足) : 《도덕경(道德經)》 44장에, "족함을 알면 욕되지 않고, 그칠 줄을 알면 위태롭지 않다.〔知足不辱, 知止不殆.〕" 하였다.

352 자만하면……본다 : 원문은 '招損'으로, 《서경》 〈대우모(大禹謨)〉에 "자만하면 손해를 자초하고, 겸손하면 이익을 얻게 하니, 이것이 바로 하늘의 도이다.〔滿招損, 謙受益, 時乃天道.〕"라는 말이 나온다.

353 요진열관(要津熱官) : 높은 직위에 있으면서 권세를 가진 관리를 말한다.

354 개정(開政) : 인사 행정을 개최하는 것을 말한다.

355 천패(天牌) : 임금의 소패(召牌)를 말한다.

어기고 오만한 죄를 범하며 삼가 중벌을 기다렸사온데, 성상께서 넓은 도량으로 관대히 용서해 주시어 오히려 예감(例勘)[356]을 아끼셨으니, 은혜가 하늘과 같사온데 어찌 감격하지 않겠습니까마는 신의 정지(情地)는 다시금 더욱 위축되었사옵니다.

삼가 생각하옵건대 천지는 지극히 인자하여 한 물건도 생성(生成)하려고 하지 않음이 없으니, 신처럼 미미한 정성과 작은 진심도 또한 마땅히 성상의 긍휼히 살피심을 입어야 하옵기에, 엄한 부르심을 받들고 삼가 궐 밖에 나아가 지극히 간절한 마음을 드러내어 위로 성상의 귀를 더럽혔사옵니다.

삼가 바라옵건대 성상께서 신의 가슴 깊은 곳에서 우러나오는 말을 살피시어 신이 새로 받은 관직명을 속히 깎아 주시고, 이어서 신의 포만(逋慢)의 죄를 엄히 감처(勘處)하시어 하찮은 지조를 온전히 하고 나라의 법을 해이하지 않게 해주신다면, 신은 마땅히 죄를 영광으로 여기어 운결(隕結)[357]을 기약할 것이옵니다.

충정(衷情)이 격발되었사옵기에 말을 절제할 줄 몰랐나이다. 신은 지극히 황공하고 떨리는 마음을 이기지 못하겠나이다.

356 예감(例勘) : 의례적으로 감처(勘處)하는 것을 말한다.

357 운결(隕結) : 촉한(蜀漢)의 이밀(李密)이 진 무제(晉武帝)에게 올린 〈진정표(陳情表)〉에, "살아서는 목숨을 바쳐 그 은혜를 보답할 것이며, 죽어서는 결초보은하겠다.〔生當隕首, 死當結草.〕"라고 한 데서 나온 말이다. 《古文眞寶 卷1 陳情表》

이조 참의를 사임한 소 두 번째 소

辭吏曹參議疏 再疏

삼가 아뢰옵니다. 신은 지극히 어리석고 비루한데도 과분하게 성상의 은혜를 입었사오니 정수리부터 발꿈치까지, 그리고 털과 머리카락조차도 실로 신의 것이 아닙니다. 평탄함과 험난함, 어려움과 쉬움은 감히 택할 수 없는 바이며, 더구나 이 높고 귀한 직책은 세상에서 칭찬하고 부러워하는 자리임에도 신은 유독 죽기를 작정하고 힘써 피하면서 위축되고 절박한 마음에 이처럼 극한 상황에 이르고서도 돌이킬 줄을 모르니, 이는 또 무슨 마음이겠습니까? 참으로 신은 집안 대대로 조심스러운 데다가, 타고난 성질이 나약하고 어리석어, 무릇 중요한 권세의 자리와 뭇 사람이 달려가는 벼슬길에서 마음속으로 두려워하기를 단지 불을 쥐고 끓는 물을 더듬는 정도가 아니었사옵니다. 또한 더욱이 재주는 매우 짧고 인망(人望)은 매우 얕은데, 위계는 더욱 올라가고 지체는 더욱 높아지니, 반드시 장차 아래로는 빨리 무너지는 재앙을 초래하고 위로는 인자하게 덮어주시는 은혜를 저버리게 될 터인즉, 생각이 여기에 이르면 자다가도 깨고 꿈에서도 놀라 차라리 달아나고 싶었으나 그렇게 하지도 못했습니다. 신의 이러한 심정은 귀신도 알 것입니다.

신이 선배(先輩)의 고사를 가만히 듣건대, 전관(銓官)[358]을 힘써 사

358 전관(銓官) : 이조(吏曹)와 병조(兵曹)에 소속되어 문관(文官)과 무관(武官)의 전형을 맡아보던 관리를 말한다.

양하고 끝내 명을 받지 않은 자는 한두 사람에 그치지 않는다고 하였습니다. 심지어 전조(銓曹)에 들어가는 날 곧바로 도성 문을 빠져 나가 고향으로 돌아간 자까지 있었는데, 전조(前朝)에서 마침내 그의 사직을 허락하여 후인들이 미담으로 전하였습니다. 이는 진실로 석덕(碩德)과 명경(名卿)의 아름다운 풍모이자 고아한 절조이니, 신의 미미하고 미련하고 둔함으로는 참으로 감히 흉내 낼 수가 없습니다만, 우인(虞人)은 올바른 부름이 아니면 가지 않고 죽음으로써 지켰으며, 성인 또한 이를 허물로 여기지 않으셨습니다.[359] 신과 같은 필부의 진심이라고 우인의 운명에 견주기에 어찌 부족하겠습니까?

신의 구구한 작은 뜻에 본디 스스로 정한 바가 있기에, 특별한 하교가 엄절하여도 움직일 줄을 모르고, 소패(召牌)가 이어져도 좇아 받들 수가 없습니다. 오직 빨리 중벌을 받아 신의 마음이 편해지기를 바랐건만, 은혜로운 용서가 너무 너그러워 죄려(罪戾)가 더욱 쌓였는데도 사헌부(司憲府)[360]의 탄핵 또한 문비(問備)[361]에 그쳤으니, 이것이 어찌

359 우인(虞人)은……않으셨습니다 : 《맹자》 〈등문공 하(騰文公下)〉에, "옛날에 제 경공이 사냥할 적에 우인을 정으로 불렀는데 오지 않으니 장차 그를 죽이려 했었다.(공자께서 우인을 칭찬하시기를), '지사는 시신이 도랑에 버려짐을 잊지 않고, 용사는 자기 머리를 잃을 것을 잊지 않는다.' 하셨으니 공자께서 어찌하여 그를 취하셨는가? 자기의 신분에 맞는 부름이 아니면 가지 않음을 취하신 것이니, 만일 부름을 기다리지 않고 간다면 어떻겠는가?〔孟子曰 : 昔齊景公田, 招虞人以旌, 不至將殺之. 志士不忘在溝壑、勇士不忘喪其元, 孔子奚取焉? 取非其招不往也, 如不待其招而往, 何哉?〕" 하였다. 대부를 부를 때는 정(旌)을 사용하고, 우인을 부를 때는 피관(皮冠)을 사용하게 되어있으므로, 우인이 가지 않은 것이다. 더구나 군자는 부름을 기다리지 않고 나아가지 말아야 함을 말한 것으로, 공자가 제후왕을 찾아가서 만나볼 뜻이 없음을 나타낸 것이다.

360 사헌부(司憲府) : 원문의 '惠文'은 주후혜문(柱後惠文)의 준말로, 철사로 심을 넣

족히 신이 범한 죄의 만분의 일에라도 해당하겠습니까?

신이 양당(兩堂)[362]의 소(疏)를 가만히 살펴보니 모두 이 미천한 신하의 거취를 놓고 거론한 바가 있었기에, 신은 또한 황송하고 불안함을 이길 수 없습니다. 외부 사람들의 말이 분분한 것을 신 또한 익히 들었사온데, 신의 집에 들른 자들 모두가 신이 나가지 않은 것이 실로 이 일 때문인 것으로 생각하고 대부분 이것을 가지고 물었지만, 현직의 거취에 대해서는 신이 이미 평소 마음에 정한 바가 있고, 이 밖에 혐의의 단서는 애초에 생각이 미칠 겨를조차 없었으므로 단지 신의 평소의 뜻을 가지고 대답하였을 뿐입니다.

그러나 신의 본뜻을 가가호호 깨우치기 어려운데 사람들이 하는 말은 날로 널리 퍼져나가니, 전장(銓長)[363]이 이 일을 가지고 신이 나아가기 어려워하는 하나의 단서로 여기는 것 또한 이상한 일은 아닙니다만, 신은 명을 들은 처음에 진실로 이미 반드시 체직하기를 마음으로 맹세하였으므로 비록 이 일이 아니더라도 실로 함부로 나아갈 도리가 없습니다.

은 법관이 쓰는 관(冠)이다. 전(轉)하여 법관을 뜻하는 말로 쓰이는데, 여기서는 사헌부 관원을 가리킨다.

361 문비(問備) : 죄과가 있는 벼슬아치에 대하여 사헌부의 관원이 서면으로 심문하는 말에 답변하는 일을 말한다.

362 양당(兩堂) : 두 당상(堂上)을 말한 것으로 누구인지 알 수 없다. 당상은 당상관(堂上官)으로 동반(東班)은 정3품의 통정대부(通政大夫) 이상, 서반(西班)은 절충장군(折衝將軍) 이상의 품계를 가진 관료로, 국정 의결에 참여하였다.

363 전장(銓長) : 여기서 이조 판서를 가리킨다. 본래는 문무관의 전형(銓衡)을 맡은 이조와 병조의 판서를 통칭하였다. 이때의 이조 판서는 김창협(金昌協)의 문인인 조상경(趙尙絅, 1681~1756)이었다.

천패(天牌)가 내려왔는데 감히 거스를 수 없어 문득 다시 따라서 대궐문 밖에 나아갔으나, 보잘 것 없는 지조를 혼미하여 고칠 줄을 알지 못하고, 천지 안에 두려움에 떨며[364] 죽으려고 해도 죽지 못하였기에, 정성을 다하여 간절한 마음을 진달하여 우러러 높고 지엄한 성청을 더럽혔사옵니다.

삼가 바라옵건대 자애로우신 성상께오서 신의 작은 마음과 애틋한 정성을 굽어 살피시어 속히 신의 직임을 체차하시옵고, 인하여 신의 적포(積逋)[365]의 죄를 엄히 처단하시어 부디 무너진 기강을 조금이나마 진작시키고 구료(具僚)[366]들로 하여금 경계할 줄 알게 하신다면, 공사(公私)에 있어 말할 수 없이 큰 다행일 것입니다. 신은 지극히 황공하고 간절히 바라는 마음을 이기지 못하겠나이다.

364 두려움에 떨며 : 원문의 '跼蹐'은 '국천척지(跼天蹐地)'를 말한다. 즉 머리가 하늘에 부딪칠 것을 두려워하여 허리를 굽혀 걷고 땅이 꺼질 것을 두려워하여 발로 긴다는 말로, 두렵고 불안하다는 뜻이다. 고후(高厚)는 천지(天地)를 뜻한다. 《시경》〈정월(正月)〉에 "하늘이 높다고 하나 감히 몸을 굽히지 않을 수 없으며, 땅이 두텁다고 하나 발자욱을 작게 떼지 않을 수 없노라.〔謂天蓋高, 不敢不局 ; 謂地蓋厚, 不敢不蹐.〕"라고 하였다.

365 적포(積逋) : 여러 번 명을 어긴 것을 말한다.

366 구료(具僚) : 정원을 채우고 있는 관료를 말한다.

월곡집

제8권

소차 疏箚
응제록 應製錄

소차 疏箚

부제학을 사임한 소 무오년[1]

辭副提學疏 戊午

삼가 아뢰옵니다. 신이 일전에 제서(除書)를 삼가 받들었사온데, 신을 홍문관 부제학(弘文館副提學)에 이배(移拜)하신다는 것이었습니다. 신은 오싹 떨리고 멍하니 놀랍다가 이어서 부끄러움으로 땀이 등을 흠뻑 적시어 몸 둘 바를 모르는 상태가 며칠 지나도록 안정되지 않았나이다.

삼가 생각하건대 나라에서 인재를 엄선하여 경연에 두고, 임금의 덕을 성취하는 책임을 부여함에 우뚝 일관(一館)의 수장으로 앉아 신료들을 통솔하는 것은 직임의 지극히 중대함과 선발의 지극히 엄중함이 다른 관원들과 비교될 수 있는 정도가 아니기 때문입니다. 그래서 옛날에는 명신(名臣)과 석덕(碩德)들도 오히려 머뭇거리거나 사양하곤 하였는데, 비록 지금 인재의 수준이 날로 떨어지고 관직의 기강이 점점 무너져 옛날의 성대함과는 비할 수 없다 해도 어찌 이 벼슬이 신의 몸에 미칠 것이라 생각했겠나이까.

1 무오년 : 영조 14년(1738) 오원의 나이 39세이다. 이해 1월 부제학에 제수되었다.

신은 본디 어리석고 불초하며, 거칠고 게을러 스스로 포기한 상태라[2] 실로 문학의 선발에 충당되고 고문(顧問)의 말석을 채우기에 합당한 재주나 장점이 조금도 없사옵니다. 당초 외람되이 관직에 제수되었을 때부터 일찍이 죽음을 무릅쓰고 힘껏 사양하였으나 끝내 분의(分義)를 두려워했기에 능히 본분을 굳게 지키지 못한 것이옵니다. 게다가 강연(講筵)에 출입한 지 전후로 2년이 되어 가는데 허물이 자주 생기고 졸렬함이 다 드러나서, 이 직분을 가진 사람이 마땅히 해야 할, 성상을 계도하고[3] 간언[4]하는 일에 있어서 만분의 일도 책임을 다하지 못하였으니 실로 군국(君國)에 터럭만큼도 보탬을 드린 것이 없습니다.

삼가 생각건대 하늘의 살핌은 매우 밝아서[5] 반드시 임하여 비추어 주시지만 미천한 신하가 녹을 훔치고 자리만 차지하고 있는 죄는 이미

2 스스로……상태 : 《맹자》 〈이루 하(離婁上)〉에 "스스로 해치는 자는 더불어 말할 수 없고 스스로 버리는 자는 더불어 훌륭한 일을 할 수 없으니, 말할 때에 예의를 비방하는 것을 '자포(自暴)'라 하고, 내 몸은 인에 거하고 의를 따를 수 없다고 하는 것을 '자기(自棄)'라 이른다.〔自暴者, 不可與有言也, 自棄者, 不可與有爲也, 言非禮義, 謂之自暴也, 吾身不能居仁由義, 謂之自棄也.〕"라는 말이 있다.

3 성상을 계도하고 : 원문의 '啓沃'은 나의 착한 마음을 임금의 마음에 물대듯이 옮겨 놓는다는 뜻으로, 곧 착한 도리로 임금의 마음을 깨우쳐 주는 것을 일컫는 말이다. 《서경(書經)》 〈열명(說命) 상(上)〉에, "너의 마음을 열어서 나의 마음을 넉넉하게 하라.〔啓乃心, 沃朕心〕"라고 한 데서 나온 말이다.

4 간언 : 원문의 '獻替'는 행해야 할 일을 진헌(進獻)하고 행해서는 안 되는 일을 폐지하도록 임금에게 건의한다는 '헌가체부(獻可替否)'의 준말로, 중대한 국사(國事)를 조정에서 의논하는 것을 말한다.

5 하늘의……밝아서 : '天鑑'은 하늘이 세상을 굽어보는 것으로 임금이 세상을 살펴봄을 뜻한다. 《시경》 〈대명〉에 "하늘이 굽어보심이 아래에 있어 천명이 이미 모였다.〔天監在下, 有命旣集.〕"라고 하였다.

이루다 속죄할 수 없게 되었습니다. 이에 신은 반성하고 부끄러워하며 몸 둘 바를 모르다가, 분수를 헤아려 스스로 한계를 짓고, 위포(違逋)의 죄[6]를 누차 범하면서까지 감히 다시는 금화(金華)[7]의 계책에 참여하지 않았으니 이는 마음속에서 다짐한 바가 있어서 그러했던 것입니다.

하오나 이윽고 외람되이 발탁해 주시는 은혜를 입어 관질(官秩)이 더욱 높아지니 신의 미천한 분수에 있어서 어찌 남월(濫越)이 아니겠나이까? 그런데도 등짐을 져야 할 사람이 수레를 타서는 안 된다는 경계[8]을 잊고, 분주히 받들어야 하는 의[9]를 빙자하여 오직 직분에 따라 힘을 다하고 엎어지고 넘어지는 것도 피하지 않음으로써 티끌만큼이라도 보답하려는[10] 생각을 가졌습니다. 그러나 오늘 제수 받은 관직으로

6 위포(違逋)의 죄 : 패초를 어기고 나오지 않는 것을 말한다.

7 금화(金華) : 금화전(金華殿)으로, 원래 한나라 때 미앙궁(未央宮) 안에 있던 궁전의 이름인데, 성제(成帝)가 이곳에서 《상서(尙書)》와 《논어》 등을 강론하였으므로 후세에 경연이나 서연을 뜻하는 말로 쓰이게 되었다.

8 수레를……경계 : 원문의 '負乘'은 자격이 모자라는 소인(小人)이 분에 넘치게 군자의 벼슬자리에 있다는 뜻이다. 《주역》 〈해괘(解卦)〉에 "지고 있어야 하는데도 타고 있는지라 도적이 오게 한다.〔負且乘, 致寇至.〕"라고 하였다. 소인은 마땅히 짐을 져야 하는데 수레를 타고 있으면 차지할 자리가 아닌 것을 차지하고 있는 격이니, 반드시 도적의 빼앗음이 이르게 된다는 의미이다.

9 분주히……하는 의 : 《시경》 〈청묘(淸廟)〉에 "제제(濟濟)한 많은 선비들이 문왕(文王)의 덕을 간직하여 하늘에 계신 분을 대하고 사당에 계신 신주(神主)를 매우 분주히 받든다.〔濟濟多士, 秉文之德, 對越在天, 駿奔走在廟.〕"라고 하였다.

10 티끌만큼이라도 보답하려는 : 원문의 '涓埃'는 작은 물방울과 미세한 먼지로 매우 보잘 것 없는 것을 비유한 말이다. 《주서(周書)》 〈소휘전(蕭撝傳)〉에 "신이 은혜를 입어 조정에 돌아온 지가 16년이 되었는데 은혜가 바다와 산악처럼 심대하지만 보답은 물방울과 먼지처럼 일천합니다.〔臣披款歸朝, 十有六載, 恩深海嶽, 報淺涓埃.〕"라는 말

말하자면 비록 참으로 남들보다 뛰어난 명망을 가지고 있고 일찍이 직분을 게을리 한 죄가 쌓이지 않은 자에게 맡긴다 해도 오히려 두려워 회피하며 감히 나가지 않을 것인데 하물며 신이 어떤 사람이관대 감히 그 자리에 논의될 수 있겠나이까?

아! 공을 헤아리고 업적을 매겨 유능한 사람을 올리고 무능한 사람을 내치는 것은 왕정의 요체인지라 이보다 중대한 것이 없습니다. 성조(聖朝)에서 너그러이 인정을 베푸시어, 비록 신이 그 관직을 폐기한 죄를 소급하여 다스려, 자리를 차지하고 있는 데 대한 경계를 하시지는 않는다 해도, 또한 현양하고 발탁하여, 논사(論思)를 하는[11] 수석자리에 앉히시어 마치 장려함이 있으신 것처럼 하시는 것이 어찌 또한 마땅한 일이겠나이까.

지금 만일 신이 스스로 반성하지 못하고 한갓 영광과 은총만 탐하여 태연스레 무릅쓰고 나아가기를 당연히 그 관직을 가져할 할 것처럼 한다면, 위로는 청조의 종핵(綜核 모든 것을 총괄하여 밝게 핵실함)하는 정치에 누를 끼치고 옆으로는 금규(金閨)[12]의 선비들에게 부끄러움을 끼칠 텐데 어이하겠나이까.

또 신은 한미한 집안 출신으로 대대로 근졸(謹拙)을 지키며 살았나이다. 신은 또 일찍이 험난한 운수를 만나 의지할 곳 없는 외로운 신세[13]

이 있다.

11 논사(論思)를 하는 : 홍문관이 학문을 강론하고 사리를 논변하며 계책을 사려하는 일을 맡고 있으므로 이렇게 이른 것이다.

12 금규(金閨) : 금마문(金馬門)의 다른 이름이다. 한(漢)나라 때 학사들을 모아 놓은 곳으로 문학하는 선비들이 모이는 한림원(翰林院)을 가리키는데 여기서는 조선 시대의 홍문관을 의미한다.

로 지내다가 요행히 과거에 합격하여 큰 은혜를 과분하게 입어, 거치는 벼슬마다 요직과 준선(峻選)이 아닌 바 없이 지금에 이르렀으니 분에 넘치게 차지하고 있었던 것이 지극하다 하겠습니다.

천도(天道)는 가득 찬 것을 싫어하고[14] 작은 그릇은 넘치기 쉬운 법입니다. 진실로 요행으로 얻은 복이 너무 지나쳐 재앙과 죄를 자초하여, 위로 나라의 은혜를 저버리고 아래로 선조의 가르침을 실추시킬까 봐 밤낮으로 두려워하기를 마치 깊은 못에 임하듯이[15] 하였으니 밝디 밝은 이 마음은 귀신들도 살펴 알 것입니다. 감히 터럭만큼이라도 문식하여 군부(君父)를 속이고 겸양[16]하다는 명성을 훔치려 한 것이 아닙니다. 신이 차지해서는 안 될 자리를 외람되이 차지하고부터 대각의 의논이 사그라들지 않으니 필시 논정(論正)이 있을 것이라고 생각했기에,

13 외로운 신세 : 원문의 '孤露'는 어릴 때 부모를 잃어 비호(庇護)해 줄 사람이 없다는 뜻이다.

14 천도(天道)는……싫어하고 : 《주역(周易)》 〈겸괘(謙卦) 단(彖)〉에 "천도는 차서 넘치면 허물어뜨리고 겸허하면 더해주며, 지도는 차서 넘치면 변화시키고 겸허하면 계속 흘러가게 하며, 귀신은 차고 넘치면 재앙을 내리고 겸허하면 복을 주며, 인도는 차고 넘치면 싫어하고 겸허하면 좋아한다.〔天道虧盈而益謙, 地道變盈而流謙, 鬼神害盈而福謙, 人道惡盈而好謙.〕"라는 말이 나온다.

15 깊은……임하듯이 : 원문의 '淵冰'은 조심스러운 마음으로 매사를 신중히 처리하는 것을 말한다. 《시경(詩經)》 〈소민(小旻)〉에 "전전긍긍하여 깊은 못에 임한 듯이 하며 얇은 얼음을 밟는 듯이 한다.〔戰戰兢兢, 如臨深淵, 如履薄氷.〕"라는 말에서 나온 것이다.

16 겸양 : 원문의 '克讓'은 참으로 공손하고 겸양하다는 뜻으로, 《서경》 〈요전(堯典)〉에 "옛날 요 임금을 상고하건대 방훈(放勳)이시니, 공경하고 밝고 문채롭고 생각함이 편안하고 편안하시며 진실로 공손하고 능히 겸양하시어 그 빛이 사방에 퍼지고 온 천하에 이르셨다.〔曰若稽古帝堯, 曰放勛, 欽明文思, 安安, 允恭克讓, 光被四表, 格于上下.〕"라는 말이 있다.

움츠리고 엎드려서 우러러 명을 기다릴 뿐 감히 스스로 진달할 수는 없었던 것이옵니다.

그때 마침 홍문관의 당직이 모두 공석인 상태를 만나 천패(天牌 임금의 召牌)가 거듭 내렸사옵니다. 양일 동안 세 번이나 소명을 어겼으니 그 죄는 진실로 만 번 죽어 마땅하온데 성상께서 너그럽게 용서하시어 통상적인 처벌을 하지 않으시고 특교(特敎)로 회유(誨諭)하시었습니다. 말씀하신 뜻이 온순(溫諄)하였고 엄중히 추고[17]하라는 명이 벌이 아니라 은혜였으니 개미 같은 미천한 신이 어찌 성상께 이러한 은혜를 받을 수 있겠나이까. 너무도 황감하여 있는 힘을 다해 달려가 머리 조아리며 사은해야 마땅한 일이었사옵니다. 허나 생각해보면 지금 매어있는 직책이 한만한 직에 있는 관원이 용이하게 힘써 달려가 명을 받을 수 있는 경우와는 같지 않은지라, 차라리 이 한 몸이 명을 회피한 죄를 받을지언정 끝내 감히 분의를 잊고 분수에 맞지 않는 자리를 차지하여 성조(聖朝)의 관방(官方)[18]을 더럽히고 분패(憤敗)의 큰 죄를 부르지는 못하겠사오니 반복해서 깊이 생각해 보아도 어찌해야 할지 모르겠나이다.

그리하여 특별히 부르심에 삼가 궐문 밖에 이르러 죽음을 무릅쓰고 간절한 심정을 감히 드러내옵니다. 잔약하고 병들어 관직에 나가 힘을 쓸 가망이 없는 상태 같은 것까지 아울러 번거롭게 아뢸 겨를이 없는

17 엄중히 추고 : 원문의 '重推'는 종중추고(從重推考), 즉 관리의 죄과를 엄중하게 캐물어서 밝히는 것을 말한다. 종중추치(從重推治), 종추(從推)라고도 한다.

18 관방(官方) : 관리가 직무를 관장함에 있어 지켜야하는 법례(法例), 또는 규율을 의미한다.

것은 진실로 사적 의리는 지극히 편애하고 미미한 진심은 고칠 수 없어, 고통스럽게 호소하는, 이 일만이 급박하기 때문입니다.

엎드려 바라옵건대 천지와 같고 부모와 같으신 성상께서는 긍휼히 여기고 굽어 살피시어 속히 신의 직명을 떼어내도록 명하시옵소서. 이어서 신이 여러 번 어명을 어긴 죄를 다스려, 왕조에서 관직을 임명하는 정사를 중히 하고, 신하로서 어명을 홀만히 한 자의 경계로 삼으신다면 공사 간에 매우 다행일 것입니다. 신은 지극히 황공하고 간절히 바라는 마음 이기지 못하겠나이다.

대사성을 사직한 소

辭大司成疏

삼가 아뢰옵니다. 신은 본디 앓던 담벽증(痰癖症)이 여러 달 동안 점점 고질화되어 감으로 병마에 시달린 나머지 부득불 장문의 단자를 올려 교체시켜주심을 바랐사온데, 생각지 않게 삼고(三告)[19]가 막 들어가는 날 국자감의 장관으로 옮겨 제수하시었습니다. 신은 이 관직에 2년 동안 무려 여섯 번이나 은명의 제수를 받았습니다. 설령 신이 참으로 이 책임을 감당할 만한 자라도 어진 이의 등용을 막는 것이 이 지경이면 온당치 않사온데, 하물며 미련하고 비루하며 노둔하고 졸렬하여 문질(文質)[20]이 당치 않아, 선비들에게 모범이 되고 무너진 풍속을 진작시킴에 있어서 천부당반부당한 정도가 아님에리까?

최초의 사직소에서 아뢴 것은 감히 터럭만큼도 의례적으로 사양한 바가 아니었사옵고, 매번 급한 형편에 따라 쓰이게 될 때마다 단지 포만(逋慢 명령대로 하지 않고 우물우물하는 것)의 죄를 쌓을까 두려워서 간혹 마지못해 직무를 보았을 뿐이었나이다. 그러나 급한 일이 지난 뒤에는 곧바로 몸을 끌어,[21] 끝내 감히 그대로 눌러 앉아 있을 생각을 못하

19 삼고(三告) : 세 번째 사직소를 말한다. 관행상 벼슬을 사면하려면 세 번 사표를 올려야 사면할 수 있었다.

20 문질(文質) : 본바탕과 문채, 즉 내용과 형식을 말한다. 《논어》 〈옹야(雍也)〉에 "바탕이 문채를 압도하면 촌스럽게 되고, 문채가 바탕을 압도하면 겉치레에 흐르게 되나니, 문채와 바탕이 조화를 이룬 뒤에야 군자라고 할 수 있다.〔質勝文則野, 文勝質則史, 文質彬彬然後君子.〕"라는 공자의 말이 있다.

였으니, 이러한 것은 아마 성상께서 이미 알고 계실 것입니다.

지금, 전에 급한 형편에 따라 임용될 때에는 급박한 나머지 어쩔 수 없이 나갔다 해도, 이부에서 의망하고 성상께서 재가를 하심에 마치 신이 아니면 할 수 있는 사람이 없다는 듯이 하시니, 비로소 신의 지조가 굳건치 못하여 뻔뻔스러운 얼굴로 벼슬을 차지한 죄는 소급해서 속죄할 수 없다는 것을 알게 되었습니다. 그런데 또 어찌 감히 벼슬을 제수하는 대로 얼른 받들고, 혼미하여 생각을 고치지 않기를, 참으로 신이 아니면 할 수 없는 것처럼 할 수 있겠나이까?

병세가 위태롭고 괴로운 것으로 말씀드리자면 실로 스스로 노력해서 해결할 수 있는 것이 아니옵니다. 근자에 다시 무더위에 시달리면서 여러 가지 증상이 더해져서 가슴이 몹시 답답하고 음식이 소화가 되지 않습니다. 머리가 어지럽고 눈이 아찔하며 구역이 함께 일어나고 한기와 열기가 번갈아 공격하여 허한(虛汗 허증 때문에 생기는 땀)이 쏟아집니다. 완담(頑痰 끈끈하고 잘 나오지 않는 담)이 병세를 타고 심해져 온몸이 찌를 듯 아프고, 때로는 정신을 잃을 것처럼 숨이 막혀 괴로움에 부르짖기도 하는데 탕약과 뜸을 함께 써도 도무지 효과가 없습니다. 일전에 말미를 청할 때와 비교하여도 기력이 몇 배 떨어진 정도가 아니니 어떻게 얼마 안 되는 기간 사이에 다시 일어나 관직 생활하기를 기대할 수 있겠나이까?

성상의 소패가 이르렀는데도 끝내 은명을 어기고 말았으니 병중에 두렵고 떨려 어찌 할 바를 더욱 알지 못하였나이다. 그런데도 도량이

21 몸을 끌어 : 원문의 '引入'은 벼슬아치가 잘못된 일에 대하여 인책(引責)하고 출사하지 않음을 이른다.

넓으신 성상께서 너그러이 용서해 주시면서 오히려 규례대로 파면을 하지 않으시니, 우악한 은혜 하늘과 같아 황감한 마음 더하옵니다. 그러나 돌아보면 신은 견디기 어려운 병을 안고, 차지해서는 안 되는 직임을 헛되이 지니고 있으니, 하루 병을 핑계대고 공무를 보지 않으면[22] 도리어 하루의 죄가 늘어나는 것이라, 이에 감히 병을 무릅쓰고 애달프게 호소하면서 우러러 성상을 번거롭게 합니다. 엎드려 바라옵건대 어지신 성상께서는 굽어 살피고 긍휼히 여기시어 빨리 신의 현직을 전삭(鐫削)[23]시켜 주소서. 이어서 신이 포만(逋慢)한 죄를 다스리시어 중임을 맡은 자로 하여금 직무를 소홀히 하지 못하도록 하고 무너진 기강을 조금이라도 진작시키신다면 공사 간에 매우 다행일 것입니다.

신이 비록 어명에 숙배하지는 못하였으나 기왕에 관함(官銜)[24]을 가지고 있으니 직무에 관계되는 일로써 감히 아뢰겠나이다. 삼가 들으니 지난번에 경연 석상에서 이사복(李思復) 등의 이름이 있는지의 여부를 《청금록(靑衿錄)》[25]에서 고찰해 내라고 하시자[26] 상소에 참여한 유생

22 병을……않으면 : 원문의 '瘝曠'은 벼슬아치가 병을 핑계로 공무를 잘 살피지 않는 것을 말한다.

23 전삭(鐫削) : 관원의 명단에서 이름을 깎아버리는 것을 말한다.

24 관함(官銜) : 계(階)·사(司)·직(職)·성명(姓名)을 합한 것으로, 예를 들어 대광보국숭록대부(階) 의정부(司) 영의정(職) 누구(姓名)라고 할 수 있다.

25 청금록(靑衿錄) : 조선 시대 성균관·사학(四學)·향교·서원 등에 비치되어 있는, 유생(儒生)들의 인적사항을 기록한 명부이다. 청금록에는 유학(幼學)·생원·진사의 인적사항을 기록했을 뿐만 아니라 이미 문과에 급제하여 조관(朝官)으로 있는 자도 해당 기록을 삭제하지 않고 그대로 두었다.

26 지난번에……하시자 : 유생 이사복(李思復) 등이 상소하여 조현명(趙顯命)이 맹자를 무욕(誣辱)한 죄를 다스리기를 청하니, 임금이 비답을 내리지 않은 채 도로 내주게

으로 허위 서명한 혐의를 받은 자가 자수(自首)하라는 명에 따랐다고 합니다. 아. 명색이 유생의 상소인데 허위로 기록[27]하고 허위로 서명하는 지경에 이르렀다면 실로 사림의 막대한 수치입니다. 상소에 참여한 유생으로서, 허위 서명을 하여 자수를 한 자는 마땅히 하교에 의거하여 벌을 주어야 할 것입니다. 그러나 이사복의 경우, 오늘 아침에 단자를 제출하기 위해 성균관에 나타났을 때 성균관의 종복이 신에게 와서 고하였으나, 신은 이미 출사를 못한 처지라 상례상 단자를 받을 수 없기로, 물러가도록 하였습니다.

신이 삼가 생각하기에 《청금록》이라는 것은 학교에 있는 많은 선비들의 이름이 실린 기록입니다. 그리고 국가가 학교[28]를 세우고 인재를 육성할 때 반드시 염치와 예절로써 교양하는 것은 교화를 북돋는 원천이기 때문입니다. 지금 일개 이사복의 일로 전에 없던 규정을 만드셔서 사학(四學)[29]의 재임(齋任)[30]들로 하여금 명록(名錄)을 두루 뒤져 이름

하고, 소두(疏頭)인 이사복은 연한(年限)을 정하여 정거(停擧)하게 하고, 함께 참여한 여러 유생들은 10년 동안 정거하도록 명한 일이 있었다. 그런데 소두 이사복의 존재를 바로 확인할 수 없게 되자 임금이 그가 가명을 기록한 것이 아닌가 의심하여 성균관(成均館)에 명하여 청금록에서 고찰해 내어 이름의 유무(有無)를 징험(徵驗)하도록 명하였다. 그러자 대사성 오원(吳瑗)이 상소하여 상적(庠籍)을 수고(搜考)함은 학교(學校)를 높이고 유적(儒籍)을 중히 여기는 것이 아니라면서 불가함을 논한 것이다. 《영조실록 14년 5월 22일, 5월 30일, 6월 4일》

27 허위로 기록 : 원문의 '冒錄'은 사실이 아닌 것을 사실인 것처럼 기록하는 것이다.

28 학교 : 원문의 '膠庠'은 주(周)나라 때의 학교이다. 교(膠)는 대학으로서 왕궁의 동쪽에, 상(庠)은 소학으로서 서쪽 교외(郊外)에 있었다. 《예기(禮記)》〈왕제(王制)〉에 "주(周)나라 사람이 국로(國老)를 동교(東膠)에서 기른다." 하였다. 우리나라에서는 성균관을 가리킨다.

의 유무를 자세히 조사하도록 하는 것을 마치 관사에서 장적(帳籍)[31] 조사하듯 하시니, 이는 학교를 숭상하고 유적(儒籍)[32]을 중히 여기는 것이 절대로 아닙니다. 더욱이 지금은 이사복이 자수한 뒤여서 알아내기 어려운 단서도 없음에리까? 꼭 《청금록》을 조사하여 유학 학교의 체면을 손상 시킬 필요는 없을 듯하옵니다. 신이 얕은 소견을 가지고 있기에, 감히 이렇게 덧붙여 아뢰어 재량해 처결해 주실 자료로 대비하오니 밝으신 성상께서는 살펴주소서.

29 사학(四學) : 선비를 양성하기 위해 서울의 중앙 및 동·서·남 네 곳에 국가에서 세운 학교로 중학(中學)·동학(東學)·남학(南學)·서학(西學)을 말한다. 태종 11년에 창설하였다.

30 재임(齋任) : 조선 시대 성균관(成均館) 등에 거재(居齋)하는 유생(儒生) 가운데 유생들의 의견 등을 대표하거나 거재(居齋)할 때의 여러 일들을 처리하기 위해 뽑힌 임원(任員)을 말한다.

31 장적(帳籍) : 보통 국가가 백성들을 파악하고 조세를 부과하기 위해 하던 조사를 말하는데, 좁은 의미로는 호구장적(戶口帳籍)을 말한다.

32 유적(儒籍) : 조선 시대 각 지방의 향교(鄕校)를 중심으로 해당 지역에 있는 유학자(儒學者)들의 가계(家系)· 학통(學統)·종파(宗派) 따위를 기록한 문부(文簿)를 말한다.

부제학을 사직하면서 소회를 아울러 진달한 소 기미년[33]

辭副提學兼陳所懷疏 己未

삼가 아뢰옵니다. 신은 어명을 포만(逋慢)한 죄로 영어(囹圄)를 자초하여[34] 몹시 두렵고 떨리는 마음으로 중죄로 다스려 주시기를 삼가 기다리고 있었사온데, 뜻하지 않게 덕이 하늘같으신 성상께서 특별히 사면하라는 명을 내리시고 소패(召牌)가 이어서 이르러 신에게 직무에 이바지할 것을 재촉하였습니다. 신은 은혜를 머금고 잘못을 반성하면서 두렵고 감격스러운 마음에 홀연 이 몸의 소재를 알지 못하였습니다. 신은 미련하지만 목석이 아니옵고 또 견마(犬馬)가 주인을 그리워하는 미천한 성품이 있사온데 진실로 정황상 억지로라도 명을 받들 수 있는 명분이 조금이라도 있다면 어찌 감히 위포(違逋)의 죄[35]가

33 기미년 : 영조 15년(1739) 오원의 나이 40세이다. 이 해 1월 부제학이 되었다.

34 영어(囹圄)를 자초하여 : 《영조실록》 15년 5월 21일 기사에 "오원(吳瑗)·박필균(朴弼均)·홍계유(洪啓裕)·이영복(李永福)·권집(權緝)·조명리(趙明履)·홍봉조(洪鳳祚) 등 20인을 석방하라고 명하였다."라는 내용이 있다. 사유가 실록에 정확히 적시되지는 않았으나 《월곡집》 권5에 같은 해에 지은 시 가운데 〈5월 15일 의금부에 갇혀 있을 때 꿈에 매화나무 한그루가 옛 옥기에 심어져 있는데 꽃은 막 활짝 피어나고, 가지와 꽃잎 꽃판이 모두 청고하고 밝아 당의 난간을 환하게 비추는 것을 보고 기뻐서 절구 한수를 짓는 꿈을 꾸고 깨어나서 기록한다.〔五月十五日繫金吾, 夜夢見一梅樹置古玉器, 花方盛開, 枝柯瓣萼皆極淸高明瑩, 照映堂檻, 欣然得一絶, 覺而記之〕〉라는 시가 있고 또 이어 지은 〈차운하여 덕재의 영춘 현재에 부치다.〔次寄德哉永春縣齋〕〉에 "나는 부제학에 숙배하지 않았다는 이유로 막 삭탈관직의 벌을 받았다.〔余以不拜副學, 新被奪職之罰.〕"라는 내용이 적혀 있는 것으로 보아, 부제학을 사양했다는 이유로 의금부에 영어되어 있었던 것으로 보인다.

이 지경에 이르렀는데 움직일 줄 모르겠나이까?

돌아보건대 기구하고 한미한 것이 과분한 복을 받고, 어리석고 졸렬한 자질이 몹시 어려운 세상을 무릅쓰고 살면서, 관작은 더욱 높아지고 지체는 더욱 청한(淸閑)해졌습니다. 머뭇거리고 움츠렸던 것은 겸손한 마음에서 나온 것이 아니었고, 근심하고 두려워하며 나약하고 겁많은 것은 실로 천성이었으니, 성일(誠一)한 이 마음은 천일(天日)[36]이 임하여 비춰 주실 것입니다. 그러하오나 이 현직으로 말하면 책임의 지중함은 따질 것도 없이 만 번 가당치 않고, 그 정세(情勢)로 보아도 몽매함을 무릅쓰고 몸을 진출시킬 수 없는 문제가 있습니다.

신이 외람되이 강석(講席)에서 성상을 모신지도 거의 2년이 되었습니다. 그러나 용렬하고 소루하여 직무를 폐기하고 국록이나 축냈을 뿐, 임금을 바로잡고 일을 바로 잡는 책임에 대해서는 실로 조금도 그 직분을 다하지 못한 채 갖가지 허물만 짓고 층층이 흔단만 쌓았으니 낭패를 당하고 실패한 모든 일들은 다 신이 자초한 것이었습니다. 지금도 비록 감히 매번 번독스럽게 인피는 하지 않았으나 요행히 면하려한 죄를 입기를 바라면서 성상께서 임용해 쓰시려는 뜻을 외롭게 져버리고 있으니 그 죄 실로 소급해서 속죄하기 어렵습니다.

청명한 조정, 금화(金華)[37]의 반열은 천신(賤臣)이 죄를 이고 하는 일 없이 국록이나 축내고 있을 자리가 아닙니다. 설사 임무를 잘 수행하여 평탄하게 승진하였다 하더라도 오히려 관을 털 뜻[38]을 다시 싹틔

35 위포(違逋)의 죄 : 패초를 어기고 나오지 않은 죄를 말한다.

36 천일(天日) : 임금을 상징한다.

37 금화(金華) : 251쪽 주7 참조.

워서는 옳지 않거늘, 지금 은총에 기대어 의기양양하게 한 관서의 장을 함부로 차지한다면, 신은 비록 슬쩍 가리고 싶어 해도, 어두운 이를 내치는[39] 성조(聖朝)의 법이 어찌 신으로 인해 폐기될 수 있는 것이겠나이까? 이에 감히 부름에 따라 대궐로 나아가 감히 간절한 심정을 피력하오니, 신의 말은 간담에서 나온 것이요, 감히 조금이라도 억지로 꾸며대어 군부(君父)를 속이는 것이 아닙니다.

삼가 생각건대 천지는 지극히 어질어서 만물의 성품을 곡진히 이루어주십니다. 그러니 혹 긍휼히 헤아려 주시어 신의 직명을 깎도록 빨리 명하시고, 이어서 신이 포만(逋慢)한 죄를 다스리어 신하들을 면려시키신다면 중벌이 가해지는 것을 신은 달게 받겠사옵니다.

신이 삼가 생각해보건대, 지금 사책(史冊)의 일로 종묘에 고하고 경사를 칭하는 예를 거행함에 있어서 이미 날을 잡았습니다.[40] 신은 이에 대하여 구구한 소회가 있어 감히 아울러 진달하겠습니다. 아! 우리 성조(聖祖)께서는 변란을 평정하고 정도를 회복하시어[41] 인륜을

38 관을 털 뜻 : 원문의 '彈冠'은 갓의 먼지를 터는 것으로, 장차 벼슬길에 나아갈 준비를 하는 것이다. 전한(前漢) 왕길(王吉)이 관직에 임명되자 친구 공우(貢禹)도 덩달아 갓의 먼지를 털고 벼슬길에 나설 준비를 했다는 '왕양재위 공공탄관(王陽在位 貢公彈冠)'이란 말이 《한서》 권72 〈왕길전(王吉傳)〉에 나온다.

39 어두운……내치는 : 원문의 '黜幽'은 '黜幽陟明'의 준말로 암매(暗昧)한 사람을 쫓아내고 현명한 사람을 등용한다는 뜻이다.

40 사책(史冊)의……잡았습니다 : 영조 8년 7월 10일에 사책(史冊)의 변무(辨誣)에 대한 일로 태묘(太廟)에 고유제(告由祭)를 지낸 사실을 가리킨다.

41 변란을……회복하시어 : 원문의 '撥亂反正'은 난세를 다스려 안정을 회복하는 것을 말한다. 《춘추공양전(春秋公羊傳)》 애공(哀公) 14년 조에 "난세를 다스려 그것을 정도로 되돌아가게 하는 데는 춘추만한 것이 없다.〔撥亂世, 反諸正, 莫近於春秋.〕"라는 말

밝게 내거신 공과 덕이 백왕의 으뜸이시거늘 야사(野史)의 기록이 잘못되어 차마 들을 수 없는 것이 있게 되었으니, 무릇 선왕의 남은 백성된 자 누군들 마음이 아프지 않았겠습니까? 이것이 세 조정을 거치면서 여러 번 사신을 보내어 기필코 오류를 바로잡아 말끔히 씻고야 말겠다고 다짐한 까닭입니다.[42]

돌아보건대 오늘날은, 관상(冠裳)[43]이 거꾸로 되어 중국에 임금이 없습니다. 혁혁한 명나라는 우리 선왕께서 부모로 섬기신 나라이건만 이제는 이미 멸망하였기로 번병(藩屛)의 나라가 의지할 곳이 없게 되었습니다.[44] 그래서 구편(舊編)의 정정을 다른 조정(청나라의 조정)에 간청하는 것을 면치 못하게 되었으니 아, 어찌 애통하지 않겠습니까?

이 있다.

42 야사(野史)의……까닭입니다 : 청나라가 이전 시대의 역사를 정리하면서 우리나라의 인조반정(仁祖反正)을 왕위찬탈로 기록한 《황명십육조기(皇明十六朝記)》, 《양조종신록(兩朝從信錄)》 등의 야사(野史)의 내용을 인용하였다. 현종 때 복창군(福昌君) 이정(李楨)과 복선군(福善君) 이남(李柟)이 연경에 사신 갔다 잘못된 내용을 보고 돌아와서 변무(辨誣)할 것을 청하였으나, 조정의 논의가 통일되지 않아서 그대로 버려두어 시행되지 못했고, 숙종이 1676년(숙종2)과 1678년(숙종4)에 두 차례에 걸쳐 변무사(辨誣使)를 파견하여 이를 시정해 줄 것을 요청하였으나 청나라에서 이를 들어주지 않았다. 그러다가 1726년(영조2) 2월에 서평군(西平君) 이요(李橈)를 사은 겸 진주정사(謝恩兼陳奏正使)로 파견하여 개정(改正)된 사서(史書)를 가져오도록 한 사실을 말한다. 《英祖實錄 3年 閏3月 3日》

43 관상(冠裳) : 본래 벼슬아치의 관복을 말하는데 문명국(文明國)의 예의와 법도를 상징한다.

44 번병(藩屛)이 ……되었습니다 : 원문의 '因極'은 《시경(詩經)》 〈재치(載馳)〉에 "대국에 하소연하고 싶다마는 누구에게 달려가며 누구에게 의지할꼬.〔控于大邦, 誰因誰極?〕"라는 구절에서 의미를 파악하였다.

이러한 연고로 이 의논이 처음 나왔을 때에 문충공(文忠公) 신(臣) 김만기(金萬基)[45] 등의 의논은 늘 도리와 시세(時勢)로 간절하게 말하는 것이었습니다.[46] 그런데 지금껏 오랑캐의 백년 국운이 오히려 연장되고 황하가 한번 맑아지는 기회가 돌아오지 않아[47] 명나라 열여섯 황제[48]의 옥판(玉版)과 금궤(金櫃)의 서적[49]을 필삭하고 여탈하는 것이 저들의 손에서 이루어지니, 이것이 참으로 충신(忠臣)·의사(義士)가 눈물을 머금고 애통해 하는 지점입니다.

45 김만기(金萬基) : 1633~1687. 본관은 광산, 자는 영숙(永淑), 호는 서석(瑞石) 또는 정관재(靜觀齋)이며, 시호는 문충(文忠)이다. 1652(효종3)년 사마시를 거쳐, 이듬해 별시문과에 을과로 급제했다. 1671년(현종12) 딸이 세자빈이 되고, 1674년 숙종이 즉위하자 국구(國舅)로서 광성부원군(光城府院君)에 봉해졌다. 1680년 경신대출척 때 공을 세워 공신에 책록되었다. 문집에 《서석집(瑞石集)》이 있다.

46 문충공(文忠公)……것이었습니다 : 인조 때의 일이 《명사(明史)》에 잘못 기록된 문제를 논의할 때, 김만기 등이 변무의 필요성을 주장하며 강경한 의견을 낸 사실을 가리킨다. 특히 김만기는 "이른바 《명사(明史)》라는 것은 사관(史館)에 소장한 것에서 나온 것이 아니고 초야(草野)에서 수집한 종류인데, 외국의 일을 자세히 알지 못하고 이문(異聞)으로 박식(博識)을 삼는 것이 많다"면서 책을 사와서, 조선 측에서 변무한 내용이 과연 잘 반영되었는지를 자세히 열람하여 처리하여야 한다는 의견을 내었다. 《숙종실록 2년 1월 28일》

47 황하가……않아 : 원문의 '一淸'은 '百年河淸'의 의미를 포함한 말이다. 《사문유취(事文類聚)》 등에 "황하는 천 년에 한 번 맑아지는데, 황하가 맑아지면 성인이 탄생한다."라는 기록이 있다. 청나라가 망하지 않고 여전히 중원을 지배하고 있는 데 대한 한탄이다.

48 명나라……황제 : 명 태조부터 16대 황제 숭정제(崇禎帝)까지를 말한다.

49 옥판(玉版)과……서적 : 옥판(玉版)은 글자를 새기는 데 쓰는 옥 조각을 말하고, 금궤(金匱)는 국가에서 귀중한 서적들을 간직해 두던 서궤(書匱)로 모두 귀중한 국가의 문서나 서적을 뜻한다.

약한 나라가 믿을 데가 없고 기쁨과 슬픔이 남에게 달려있었으니, 우리 사신이 잇달아 가서 정정하여 누명을 씻기를 바란 것이 어찌 이것으로 영예를 삼고자 한 것이겠습니까? 이는 주자(朱子)가 이른바 "아픔을 견디고 원한을 머금으나 절박하여 어쩔 수 없다."[50]라는 것입니다. 이제 일을 마치고 돌아왔으니 어찌 불행 중 다행이 아니겠습니까마는 원통한 본래의 마음은 본디 그대로입니다.

삼가 생각건대 우리 성조께서 경절(慶節)에 후원(後園)에 올라가 눈물을 흘리며 예를 행하신 마음[51]과, 효종께서 내리신 "지극한 아픔이 마음에 있는데 해는 저물고 갈 길은 멀다"[52]는 비답(批答)은 먼 후대

50 아픔을……없다 : 주희(朱熹)의 〈여진시랑서(與陳侍郎書)〉에 나오는 말이다. 송(宋)나라가 금(金)나라의 침략을 받아 양자강(揚子江) 이남으로 쫓겨 가게 된 것에 대해 주희(朱熹)는 "아픔을 견디고 원한을 머금으나 절박하여 어쩔 수 없다.〔忍痛含寃, 迫不得已.〕"라고 하였다. 《晦庵集 卷24》

51 성조께서……마음 : 인조의 예화이다. 실록에서 내용을 확인할 수는 없지만 대의를 역설한 송시열의 글에 "우리 인조대왕(仁祖大王)께서 늘 후원(後園)에서 눈물을 흘리시면서 성절(聖節 성인의 탄일)에 큰소리로 외친 것이 어떤 의리이겠습니까?〔我仁祖大王每於後園, 涕泣嵩呼於聖節者, 何義耶?〕"라는 내용이 있다. 《宋子大全 卷18 請追上徽號於太廟疏》

52 지극한……멀다 : 이 말은 효종이 이경여(李敬輿)에게 내린 비답의 내용으로, 본래 전국 시대 초(楚)나라 사람인 오자서(伍子胥)가 말한 '日暮途遠'에서 왔다. 오자서는 평왕(平王)이 무고하게 아버지와 형을 죽이자, 아버지의 원수를 갚기 위해 오나라로 망명하여 재상이 되어 초나라를 정벌하고 아버지의 원수 평왕의 묘를 파헤치고 시체에 3백 대의 곤장을 가하였다. 친구 신포서(申包胥)가 사람을 보내 이를 비난하자, 오자서는 "나를 위하여 신포서에게 사죄의 말을 전하라. 해는 저물고 갈 길은 머니, 내가 어쩔 수 없이 일을 거꾸로 행하며 하늘의 뜻에 반하는 일을 하였다.〔爲我謝申包胥, 曰, 吾日莫途遠, 吾故倒行而逆施之.〕"라고 하였다. 《史記 卷66 伍子胥列傳》 이경여(李敬輿, 1585~1657)는 자가 직부(直夫), 호가 백강(白江)이며 시호는 문정(文貞)이다.

사람들로 하여금 눈물을 떨구게 하였고, 열성(列聖)으로 보위가 이어지면서 이러한 의리가 더욱 돈독해졌습니다. 우리 전하께서도 선왕의 유지(遺志)를 깊이 추모하여 자나 깨나 변함없이 환하게 존주의 의를 누차 사륜(絲綸)[53]에 표명하셨습니다. 그런데 오늘의 일은, 신이 비록 혼미하고 어리석으나, 크게 벌리려 하지 않으시는 성상의 뜻임을 또한 어찌 모르겠나이까?

"일이 있으면 고해야 한다"[54]는 것은 예(禮)에 그런 글이 있습니다. 고묘(告廟)하는 하나의 절차는 대개 전례(前例)를 따를 일이옵니다. 다만 신의 어리석은 생각으로는 대찬(代撰)하는 신하에게 명하여 문구 사이에 반드시 "원통하지만 부득이하다"는 의미를 위주로 쓰도록 하시는 것이 마땅하다고 여겨지니, 그런 연후라야 비로소 열조(列祖)의 뜻과 일을 계승하는데[55]에 부합할 것입니다. 그리고 경사를 칭하는 예로 말씀드리자면 원통한 본래의 마음에 비추어 본다면 진실로 차마 하지 못할 일이니, 만일 이 예의 거행 여부가 혹여라도 본사의 중대함에 손상을 가한다면 논의하지 말아야 합니다. 지금 칭하(稱賀)하지

1609년(광해군1) 증광 문과에 을과로 급제하였고 인조반정 이후 중용되어 벼슬이 영의정에 이르렀다. 배청친명파로 청나라 연호를 사용하지 않다가 밀고되어 심양(瀋陽)에 억류된 적이 있다.

53 사륜(絲綸) : 임금의 말이 실을 자아내듯이 차츰 커진다는 뜻으로, 임금의 말을 뜻한다.

54 일이……한다 : 이 말은 《가례집람(家禮輯覽)》 〈통례(通禮)〉에 보인다.

55 뜻과……계승하는데 : 원문은 '志事'이다. 《중용장구》 제19장의 "효라는 것은 부모의 뜻을 잘 계승하며, 부모의 일을 잘 전술(傳述)하는 것이다.〔夫孝者, 善繼人之志, 善述人之事者也.〕"라고 한 데서 온 말이다.

않고 반교(頒敎)[56] 하지 않아도 실로 이미 이루어진 본사(本事)에 조금의 손상이 가지 않고, 우리가 아픔을 견디고 원한을 머금은 뜻이 오히려 이로 말미암아 조금 펴질 수 있다면 이것이 성조께 빛을 더하고 성덕(聖德)을 빛나게 하는 것이 아니겠습니까? 전하께서는 깊이 유념하소서.

혹자는 "우리나라가 저들에게 요구함이 있는 경우, 이를테면 봉책(封冊)이 완성된 것을 고하는 것과 같은 것은, 으레 모두 반경(頒慶)과 선사(宣赦)를 하는데 어찌 유독 이 일에 대해서만 불가하다고 하느냐?"라고 말합니다. 그러나 이 또한 그렇지 않은 점이 있습니다. 지금 사책의 일은 우리나라에 있어서는 진실로 불행 중 다행이지만 일이 화이(華夷)가 뒤바뀐 일과 관련되어 있으니 고금을 둘러볼 때 그 아픔이 더욱 깊은지라, 봉책에 칭경(稱慶)하는 일을 끌어다 예로 삼을 수 없음이 분명합니다.

지금 혹 이러한 의리를 조금이라도 소홀히 하여 온 나라 상하의 사람들이 기쁜 얼굴로 서로 경하할 뿐이라면 장차 어떻게 우리의 〈비풍(匪風)〉·〈하천(下泉)〉[57]의 슬픔을 붙여서 천하 후세에 할 말이 있겠습니까? 신이 전하께 바라는 바는 유사에게 유서(諭書)를 내려서 진하(陳

56 반교(頒敎) : 국가의 비상사태나 중요 사안이 있을 때, 또는 나라의 경사나 왕실의 경사가 있을 경우에 백성에게 포고하는 국왕의 포고문이다.

57 비풍(匪風)·하천(下泉) : 모두 《시경(詩經)》의 편명이다. 〈비풍〉은 주나라 왕실이 쇠미하게 되자 문왕·무왕·주공의 정치를 그리워하며 지은 시이고, 〈하천〉은 당시의 가혹한 정치를 걱정하고 주나라의 서울을 생각하며 지은 시이다. 모두 나라가 쇠미하거나 멸망한 것에 대한 슬픈 감회를 주제로 하고 있는데, 여기에서는 명나라의 멸망을 슬퍼하는 것을 나타낸다.

賀)・반사(頒赦)하는 의식을 거행하지 말게 하시라는 것입니다.

신이 이 상소를 써 놓고도 미처 올리지 못하다가 마침 여러 날 관리와 대면할 기회를 만나 지금에야 비로소 절하고 머리 조아리며 상소[58]를 올리옵니다. 진실로 이 일이 의리의 실제 강령과 관계되어 있기로 걱정스러워하는 어리석은 충정을 스스로 숨길 수 없기 때문이요, 감히 논사(論思)로 자부해서가 아닙니다. 이 또한 성명께서 양찰하여 주소서.

58 상소 : 원문의 '封章'은 임금에게 올리는 상소문을 말한다. 고대에 관료들이 임금에게 기밀의 사안을 건의할 때 누설을 방지하기 위해서 검정 주머니에 담아 밀봉하여 올렸기 때문에 봉장(封章)이라고 한 것이다.

이조 참의를 사직한 소

辭吏曹參議疏

삼가 아뢰옵니다. 신은 일전에 외람되이 관직에 제수되고 스스로 위포(違逋 패초를 어기고 나오지 않는 것)의 죄를 범하여, 열흘 동안 옥리(獄吏)를 대하고 두 달 동안 처벌의 명을 기다렸사온데, 성상의 하늘 같은 자애로 벌이 탈직(奪職)에 그쳤는지라, 은혜를 머금고 죄를 자책하며 끝없이 감사하였나이다. 그런데 수개월도 지나지 않아 도로 수서(收敍 거두어 서용하도록 함)하라 하시고 이어서 괴원(槐院) 부제조(副提調)에 제수하라는 명을 내리셨으며[59] 또 얼마 되지 않아 다시 은명으로 이조 참의를 제수하셨습니다. 신이 이미 중죄를 짓고도 성명(聖明)의 은총을 치우치게 입고 있는 것이 이에 이르렀는데 비록 어둡고 어리석기가 목석 같기로소니 어찌 감동함이 없겠나이까. 진실로 있는 힘을 다해 명을 따라, 조금이나마 작은 정성을 펴야 마땅한 일이옵니다. 하오나 돌아보면 신이 저번에 패초를 어긴 일은 비록 처지가 궁박하여 어쩔 수 없었기 때문이라 해도, 제신들이 죄를 입어 엄명이 거듭 내리는 때에, 감히 또 명을 어기고 오만하게 굴었으니 그 죄는 실로 다른 관료들의 몇 갑절은 될 것인즉, 입은 바 엄교를 상법(常法)으로 처단하신다면 부월(鈇鉞)의 형벌이 가해지는 것을 신이 어찌 감히 피하겠나이까? 당초 중벌을 요행히 피하고도 도리어 다시 높은 벼슬을 제수받았

59 괴원(槐院)……내리셨으며 : 영조 13년(1737) 4월 오원이 승문원 부제조에 제수된 사실을 가리킨다.

으니 신에게 있어서는 너무도 영광스럽고 감격스러운 일이오나, 왕조의 형정(刑政)이 천신(賤臣)으로 인해 무너지는데 신이 비록 은총에 기대어 죄를 숨기고, 뻔뻔스러운 얼굴로 염치 무릅쓰고 나아가려 한들 그 의리와 분수상 절대로 감히 할 수 없음에야 어찌하겠나이까.

또 삼가 생각하건대 신이 현직에 대해서 전부터 극력 사양한 것은 실로 감히 일부러 시애(撕捱 서로 자기주장을 내세워 승강이함)한 것이 아니었사옵니다. 그런데도 작은 틈새까지 비추시는 해와 같은 성감(聖鑑)[60]이 오히려 굽어 통촉하지 못하시어 지금까지 세 번이나 제명(除命)이 내려왔으니, 신은 충정을 모두 다 드러내 성명께서 긍휼히 여겨 살펴주시기를 바라고자 하나이다.

신은 가법(家法)이 보잘 것 없고 천성이 용렬하온데 불행히 일찍 과거에 급제하여 청요직을 두루 거쳤사온지라, 지나친 복에 대한 두려움이 또렷이 마음속에 있어 권요(權要 권력 있는 중요한 지위)의 길엔 가지 않기로 맹세하였습니다. 근년에는 외람되이 전랑(銓郎)에 제수되었기로 죽을 각오로 면직을 청하였으나 끝내 분의(分義)에 못 이겨 어리석음을 무릅쓰고 나갔사온데, 대정(大政)을 겨우 마치자 사람들이 잇따라 비난을 하고, 교대로 소장을 올려 공격하는 데 있는 힘을 다하였습니다.[61]

60 작은……성감(聖鑑) : 임금의 은혜를 해로 비유한 말이다. 《맹자》 〈진심 상(盡心上)〉에 "해와 달은 밝음 덩어리라, 빛을 받아들일 만한 곳은 반드시 모두 비춰 준다.〔日月有明, 容光必照焉.〕"라는 말이 있다.

61 전랑(銓郎)에……다하였습니다 : 《영조실록》과 《승정원일기》영조 10년 10월 2일 등의 기록에 의하면 이조 좌랑에 제수된 오원이 '까닭 없이' 도목정사에 참여하지 않았던 것이 원인으로 보인다. 당시 오원은 화가 난 임금이 거세게 독촉한 뒤 늦게서야 참석하

신은 진실로 평소의 뜻을 굳건히 지키지 못하여 끝내 전패(顚沛)[62]를 취했음을 스스로 후회하였습니다. 그러나 힘써 엄명을 거역하다 마침내 옥리를 대하고 파직되기에 이른 것은 실로 염치와 의리상 어쩔 수 없는 데서 나온 것이었사옵고, 전석(銓席)[63] 한 건으로 말하면 이미 벼슬을 사절한 사람의 일이었사옵니다. 관질(官秩)이 오르고 역임한 벼슬이 더욱 높아짐에 미쳐서는 두렵고 근심스러운 마음이 실로 엷은 얼음을 밟으며 깊은 못에 임한 것 같았사온데, 지금 외람되이 제수된 관직은 그 권한과 책임의 막중함이 낭관(郎官)에 비해 더합니다. 그런데도 도리어 총영(寵榮)이나 탐하고 평소의 뜻을 변모(弁髦)[64]처럼 버린다면 식보(息補)[65]의 의리에 어둡고 징취(懲吹)[66]의 경계를 범하는

였고, 결국 대신들의 심한 비난을 받고 의금부에서 추고를 받았다.

62 전패(顚沛) : 경황이 없거나 위급한 상황을 가리킨다. 《논어》 〈이인(里仁)〉에 "군자는 밥 먹는 동안이라도 인의 정신을 어겨서는 안 되니, 아무리 다급한 때라도 이 인에 의거해야 하고, 넘어져 뒤집히는 때라도 반드시 이 인에 의거해야 한다.〔君子無終食之間違仁, 造次必於是, 顚沛必於是.〕"라는 공자의 말이 나온다.

63 전석(銓席) : 인물을 전형(銓衡)하는 자리로, 오원이 이조 좌랑으로 있었기 때문에 한 말이다.

64 변모(弁髦) : 변(弁)은 치포관(緇布冠)으로 관례(冠禮)를 행하기 전에 잠시 쓰는 갓인데 관례가 끝나면 버리고, 모(髦)는 배안에서 자란 황새머리를 잘라 비단주머니에 넣어 머리의 양쪽에 묶는데 부모가 별세하면 제거하기 때문에, 무용지물(無用之物)의 비유로 쓴다.

65 식보(息補) : 식경보의(息黥補劓)의 준말로, 그동안의 잘못을 반성하고 앞으로 새롭게 되는 것을 말한다. 《장자(莊子)》 〈대종사(大宗師)〉의 "조물주가 내 이마에 가해진 묵형(墨刑)의 흔적을 없애 주고 나의 베인 코를 보완해 주어 완전한 인간의 몸으로 선생의 뒤를 따르게 해 주지 않을 줄 어떻게 알겠는가.〔庸詎知夫造物者之不息我黥而補我劓, 使我乘成以隨先生耶?〕"라는 말에서 나온 것이다.

것이니 천하에 어찌 이런 도리가 있겠습니까?

생각건대 불초한 신이 대대로 크나큰 은총을 입어, 의리는 기쁨과 슬픔을 같이하고 은혜는 정수리에서 발끝까지 스며들었습니다. 진실로 성은에 보답할 수 있는 길이 있다면 끓는 물에 달려가고 활활 타는 불을 밟아도[67] 신은 진실로 달게 여길 것입니다. 더구나 지위가 높고 봉록이 많은 관직은 사람들이 선망하는 것이거늘, 신만이 유독 무슨 마음으로 이렇게까지 극력 사양하는 것이겠나이까. 진실로 사적인 의리는 지극히 편애하고 못난 분수는 넘기가 어려워서, 작은 지조 지키는 것을 혼미하여 고칠 줄 모르기 때문입니다.

어제 신은 천패(天牌)를 어기고 또 상전(常典)을 모면하였기로 천지간에 몸을 움츠린 채 스스로를 돌아보며 슬퍼하였사옵니다. 그리고는 중추(重推)[68]와 특소(特召)를 받고 감히 앉아서 명을 어길 수는 없기에 궐밖에 나아가 외람되이 간곡한 진심을 아뢰옵니다. 엎드려 바라옵건

66 징취(懲吹) : 징갱취해(懲羹吹薤)의 준말로 뜨거운 국을 먹다가 입을 데고 나면 냉채국을 먹을 때도 불어서 먹는다는 뜻이다. 부혁(傅弈)이 한왕(漢王) 양(諒)에게 아뢴 말 가운데, "끓는 국에 덴 자는 냉채를 불어 마시고, 화살에 상한 새는 굽은 나무를 보고도 놀란다.〔懲沸羹者吹冷薤, 傷弓之鳥驚曲木.〕"라는 말이 있다. 한 번 큰 곤란을 겪은 사람이 매사에 지나치게 놀라고 조심하는 것을 비유한다.《新唐書 卷107 傅弈列傳》

67 끓는……밟아도 : 어떤 괴로움이나 위험한 일에 처하게 되더라도 피하지 않겠다는 뜻이다. 한 문제(漢文帝) 때 충신 조조(晁錯)가 전쟁에서는 신상필벌을 엄히 할 것을 말하면서 "이렇게 함으로써 그 군사들로 하여금 화살과 돌을 무릅쓰고 끓는 물과 타는 불 속으로 뛰어들게 할 수 있습니다.〔故能使其衆, 蒙矢石, 赴湯火.〕"라고 하였다.《漢書 卷49 晁錯傳》

68 중추(重推) : 종중추고(從重推考)와 같은 말로, 벼슬아치의 과실이 있을 때 죄과를 따져서 그중 중한 벌에 따라 징계하는 것을 말한다.

대 천지와 같고 부모 같으신 성상께서 굽어 살피시고 긍휼히 여기시어 빨리 어명을 내려 업신여긴 죄를 다스려 주시고, 신이 차지해서는 안 될 직을 깎아주신다면 공사 간에 매우 다행이겠나이다. 신은 지극히 황공하고 간절히 바라는 마음 이기지 못하겠습니다.

강화유수를 사직한 소 경신년[69]

辭江華留守疏 庚申

삼가 아뢰옵니다. 신이 지난번 정석(政席)에서 물러나올 때에 삼가 제서를 받자오니 신을 가선대부(嘉善大夫) 강화부 유수(江華府留守)로 삼는다는 것이었습니다. 신은 은혜를 머금고 감격하였사오나 분수를 헤아려보고는 두려워 사차(私次 사사로이 머물러 있는 곳)에서 움츠리고 엎드려 있으면서 먹고 숨 쉬는 것도 편치 못한 상태로 벌써 며칠을 보냈습니다.

삼가 생각건대 신은 재주가 노둔하고 기품이 하류인지라 진실로 말단 벼슬에 충당되기에도 부족하온데, 성명한 시대를 만나 임금의 은혜를 흠뻑 입어 전후로 거쳐 간 벼슬이 분수에 넘칠 정도가 아니었습니다. 융통성 없고 우둔하여 끝내 만분의 일도 베푸신 은혜에 보답하지 못하였기에, 신은 출연(怵然)히 부끄럽고 떨리어 밤낮으로 반성하고 있던 차였사온데, 총애로 발탁하라는 명을 내리실 줄을 어찌 꿈엔들 생각했겠나이까.

아! 국가의 보장(保障)[70]이 되는 곳으로는 강도(江都)가 가장 중요합니다. 조종조(祖宗朝)로부터 이 직임을 맡은 자는 모두 명경(名卿)·현재(顯宰)로서, 직무를 잘 알고 일을 잘 처리하는 사람이었습니다.

69 경신년 : 영조 16년(1740) 오원의 나이 41세이다. 이해 2월 오원은 강화 유수가 되어 성돈(城墩)을 순시하고 〈순해일기(巡海日記)〉를 남겼다.

70 보장(保障) : 국가를 보호하는 장벽이나 보루를 일컫는다.

비록 지금 인재가 옛날에 미치지는 못한다 하더라도 명망과 실질이 신보다 나은 사람을 찾는다면 어찌 이루 다 헤아릴 수 있겠나이까. 그런데 갑자기 신처럼 세상 물정 어둡고 졸렬하여 백에 하나도 능한 것이 없는 자를 하대부의 반열에서 승진시켜, 어려움 없이 임명하셨나이다. 그러나 밝은 조정의 이경(貳卿)[71] 자리는 사람마다 연줄을 타고 함부로 오를 수 것이 아니어서 신처럼 재주가 얕고 박복한 사람은 필시 굴러 떨어지는 재앙을 부를 것입니다. 이것만도 족히 섬뜩한 일이어늘 하물며 일의 경험도 없는 일개 학구(學究)[72]로서 갑자기 막중한 임무의 위임을 받게 된다면 어찌 능히 군민(軍民)을 어루만져 안집시키고 관방(關防)을 견고히 하여 전하께서 맡겨 주신 뜻을 저버리지 않을 수 있겠나이까. 미천한 신하의 거취가 비록 작은 일인 듯하여도 끝내 일을 그르쳐 필시 나라에 해를 끼치게 될 것이니 신이 깊이 근심하고 크게 두려워하는 것이 어찌 구구한 사사로운 겸양에서 나온 것이겠나이까.

또 신이 근년에 경상도 관찰사에 제수하신다는 명을 받았을 때[73] 대신(臺臣)이 주군(州郡)의 수령을 두루 거치지 않았다는 것으로 비판의 말을 삼았습니다. 비록 비지(批旨)로 윤허하시지는 않았으나 신은 마침내 은혜를 입어 짐을 풀어놓게 되었고, 그 이후로 수년간 신은 늘 내직에만 있고 외직에는 제수되지 않았으니, 부서(簿書)와 전곡(錢

71 이경(貳卿) : 아경(亞卿)과 같은 말로 통상 육조(六曹)의 참판을 이르는데, 여기서는 강화 유수를 가리킨다.

72 학구(學究) : 학문(學問)에만 열중(熱中)하여 세상일을 모르는 사람으로, 겸사이다.

73 경상도……받았을 때 : 오원이 영조 13년(1737) 2월 경상도 관찰사에 제수된 것을 가리킨다.

穀)의 일에 익숙하지 못한 것은 지난날과 다름없습니다.

지금 임명된 직책은 실로 목어(牧禦 목민과 방어)의 책임을 겸하고 있는지라, 일이 크고 임무가 번잡한 것이 진실로 방백에 못지않으니 어찌 세월이 지나고 직명이 좀 다르다고 하여 태연히 차지하고는 스스로 처신할 바를 생각지 않을 수 있겠나이까?

신은 또 삼가 듣기로, 일전에 묘당(廟堂)에서 대정(大政)할 때에 두서너 명의 지방 관직을 옮겨 제수하였다는 이유로 전관(銓官)을 추고하기를 청하였다고 합니다. 신은 대정에 참여했던 사람으로 비난과 책망이 오는지라, 이치상 편안하기 어려우니 이것이 모두 신이 염치를 무릅쓰고 나아갈 수 없는 이유입니다. 은명(恩命)이 이미 내렸으니 감히 한결같이 엎드려만 있을 수 없고, 직임이 지극히 중하니 날을 끌며 헛되이 맡고 있어서는 안 되는 것이라, 문득 짧은 소(疏)를 갖추어 어리석음을 무릅쓰고 스스로 논열하오니, 천지와 같고 부모와 같은 성상께서 가슴속의 간절함을 굽어살피시어, 신의 반대(鞶帶)[74]를 바꾸시는 것을 아끼지 마시고 신에게 제수한 직질(職秩) 또한 체차(遞差)하시어 공기(公器 관직)을 중히 하고 천한 신분을 편안케 해 주소서. 그렇게 해 주신다면 어찌 신이 죄에서 면할 뿐이겠습니까? 실로 국사(國事)에도 다행일 것입니다. 신은 지극히 황공하고 간절히 바라는 마음 이기지 못하겠나이다.

74 반대(鞶帶) : 가죽으로 만든 큰 띠로 관복(官服)을 말하는데, 관직에 제수되는 것을 뜻하는 말로 쓰인다. 《주역》〈송괘(訟卦) 상구(上九)〉에 이르기를, "혹 반대를 하사받더라도 하루아침에 세 번 빼앗기리라.〔或錫之鞶帶, 終朝三褫之.〕" 는 말이 있다.

진정소[75]

陳情疏

삼가 아뢰옵니다. 신은 다행히 성세(聖世)를 만나 하늘과 같은 은혜를 받았사온데 어리석고 변변치 못하여 일찍이 조금의 보답도 하지 못하였나이다. 그러니 감히 또 미천한 정성을 성상께 우러러 간청해서는 안 되겠으나 사사로운 생각과 간절한 슬픔을 끝내 스스로 억누를 수 없어 부득불 눈물을 흘리며 진걸(陳乞 사정을 진술하여 허락를 청하는 것)하여 하늘처럼 어지신 성상께서 긍휼히 여겨 주시기를 바라오니 모독의 죄는 실로 만 번 죽어 마땅할 것이옵니다.

신은 허물과 죄가 많이 쌓여 팔자가 기구하였습니다. 선신(先臣 군주에게 자기의 망부(亡父)를 일컫는 말)은 일찍 작고하였고, 본생부(本生父) 정랑(正郎) 신(臣) 진주(晉周)[76] 또한 불행히 단명하였사옵니다. 그리하여 선민(鮮民)[77]의 삶을 모질게도 구차히 이어오다 조상의 음덕에

75 진정소(陳情疏) : 영조 16년(1740) 3월 13일 강화 유수(江華留守) 오원(吳瑗)이 양부의 지위가 극품(極品)에 올라 더 추증(追贈)할 것이 없으니, 추영(追榮)하는 은전(恩典)을 본생부에게 옮겨 베풀어 달라는 내용으로 올린 소이다. 영조가 윤허하였다.

76 본생부(本生父)……진주(晉周) : 오진주(吳晉周, 1680~?)로 오원의 생부이다. 본관은 해주(海州), 자는 명중(明仲), 호는 무위재(無爲齋)이고, 행 형조 판서(行刑曹判書) 오두인(吳斗寅)의 아들이며, 농암(農巖) 김창협(金昌協)의 사위이다. 1714년(숙종40) 갑오(甲午) 증광시(增廣試)에 생원(生員) 3등으로 급제하였고, 문학(文學)으로 이름이 났다. 관직은 군수(郡守)에 이르렀다.

77 선민(鮮民) : 《시경》 〈육아(蓼莪)〉에 "선민의 생애는 죽는 것만도 못한 지가 오래이네.〔鮮民之生, 不如死之久矣.〕"라고 한 말에서 유래하였는데, 곤궁하게 사는 사람을

의탁하고 나라의 은혜를 입어 나이 겨우 마흔[78]을 넘어 외람되이 이경(貳卿)의 반열에 올랐으니, 신의 일신에 있어서는 진실로 지극한 영광이오나, 깊고 어두운 황천에서 누가 함께 기뻐해 주겠나이까?

삼가 생각하온대 나라에서 깊은 사랑을 아래까지 미치고 덕스러운 뜻을 널리 펼쳐, 관직이 이품(二品)되는 신료는 법적으로 추은(推恩)하여 증봉(贈封)[79]할 수 있게 하였사옵니다. 그런데 신의 선부(先父)께서는 지위가 극품(極品)에 올랐는지라, 영광스럽게 추증하는 은전을 이미 더 이상 베풀 곳이 없습니다.

이전 조정의 신하로 사정이 신과 비슷한 자 가운데, 부모를 추영할 수 있게 되어, 낳아주신 부모로 바꾸어서 추증해 달라고 간구한 사람은 모두 윤허를 입었으니 은덕이 매우 성대하였습니다. 신의 집안의 옛일을 가지고 말씀을 드리자면 신의 조부인 충정공(忠貞公) 신(臣) 두인(斗寅)[80]은 고(故) 주부(主簿) 신(臣) 상(翔)의 아들로서, 백부(伯

이른다.

78 마흔 : 원문의 '强'은 강사(强仕)로 40세를 말한다. 《예기(禮記)》 〈곡례 상(曲禮上)〉에 "나이 사십을 강(强)이라고 하니, 이때에 벼슬길에 나선다.〔四十曰强而仕.〕"라는 말이 나온다. 이 때 오원의 나이 39세였기 때문에 이렇게 말한 것이다.

79 증봉(贈封) : 종이품 이상 벼슬아치의 죽은 아버지, 할아버지, 증조할아버지에게 벼슬을 추증하는 것을 말한다.

80 충정공(忠貞公)……두인(斗寅) : 오두인(吳斗寅, 1624~1689)으로, 오원의 생부인 오진주(吳晉周, 1680~1724)의 아버지이다. 자는 원징(元徵), 호는 양곡(陽谷), 시호는 충정(忠貞)이다. 1648년(인조26)에 진사시에 1등으로 합격하고, 이듬해 별시문과에 장원으로 급제하였다. 공조 참판·경기도 관찰사·형조 판서 등을 지냈으며 인현왕후(仁顯王后)가 폐위되자 이세화(李世華)·박태보(朴泰輔)와 함께 반대하는 소를 올려 국문을 받고 의주로 유배 도중 파주에서 죽었으며, 그 해에 복관되었다.

父) 감사(監司) 증(贈) 좌찬성(左贊成) 신(臣) 숙(翻)의 후사가 되었습니다. 신의 조부가 관직이 정경(正卿)에 이르렀으나 신의 증조인 신(臣) 숙(翻)은 앞서 다른 일로 추증을 받았던 터였습니다. 그리하여 작고한 신의 조부가 한번 사정을 진달하여 추증을 받을 사람을 본생부모로 바꾸어 주십사 바랐으나 뜻을 이루지 못하고 세상을 떴습니다. 그러자 선신(先臣)이 봉장(封章)을 올려 간절한 마음을 진달하되, 당송(唐宋)의 고사와 근세(近世) 여양부원군(驪陽府院君) 신(臣) 민유중(閔維重)의 집안일을 끌어와 선친의 뜻을 이루어 주실 것을 간청하였습니다. 숙종대왕(肅宗大王)께서는 비답을 내리시기를 "상소를 보고 경의 간절한 마음을 잘 알았다. 상소대로 시행하지 않을 수 있겠는가?"라고 하셨습니다.[81] 이에 신의 조부 두인(斗寅)의 본생부(本生父) 상(翔)이 이조 판서(吏曹判書)에 추증될 수 있었습니다.

신이 어릴 적에 선신은 항상 성상의 비답을 장중하게 외며 은혜와 영광에 감읍하였고, 그 후에 고(故) 상신(相臣) 신완(申琓)[82], 고(故)

영의정에 추증되었으며, 파주의 풍계사(豊溪祠), 광주(光州)의 의열사(義烈祠) 등에 제향되었다. 저서로는 《양곡집》이 있다.

81 숙종대왕(肅宗大王)께서……하셨습니다 : 이조 판서(吏曹判書) 신완(申琓)이 상소하여, "2품으로 있을 적에 받지 못했던 증전(贈典)을 본생(本生)의 부모(父母)에게 옮겨 적용하게 해달라"고 청하니, 임금이 특별히 그대로 시행할 것을 명하였다. 본래 남의 후사(後嗣)로 들어간 사람은 지위가 높고 현달하여져도 본친(本親)에게 증전(贈典)을 가하지 않는 것이 전례였으나 여양부원군(驪陽府院君) 민유중(閔維重)과 해창위(海昌尉) 오태주(吳泰周)가 본친(本親)의 조부(祖父)와 증조(曾祖)를 위해 이런 청을 하여 모두 윤허 받은 예가 있었고, 신완도 그렇게 하였으므로, 이후 준례가 되었다. 《숙종실록 25년 9월 1일》

82 신완(申琓) : 1646~1707. 본관은 평산(平山), 자는 공헌(公獻), 호는 경암(絅

판서(判書) 신(臣) 권성(權惺)[83]도 모두 이 전례를 따라 낳아주신 부모에게 추증을 옮길 수 있었습니다.[84] 불초한 신의 효성이 천박(淺薄)하여 진실로 위로 하늘에 이르기에는 부족하나 우리 전하의 사랑과 은혜가 두루 미치어 무엇이든 적시지 않음이 없으니, 만일 미천한 신하를 불쌍히 여기시고 슬프고 간절한 마음을 살펴주시어, 선조(先朝)에서 베풀어 주신 은혜를 좇으시고 공가(公家)에서 시행된 전례에 근거하여 특명으로 신이 받게 된 추영(追榮)의 은전을 신의 본생부모에게 바꾸어 내려주시어, 미천한 신의 부자로 하여금 대대로 깊고 특별한 은혜를 입게 하신다면, 신이 비록 노둔하고 재주가 없어 우러러 큰 성은을 갚을 길은 없사오나 훗날 죽어 선신(先臣)을 만나게 되면 함께 결초보은을 도모할 수 있을 것입니다. 마음은 슬프고 말은 넘쳐 어찌 할 바를 모르겠나이다. 신은 지극히 황공하고 간절히 바라는 마음 이기지 못하겠습니다.

菴), 시호는 문장(文莊)이다. 박세채(朴世采)의 문인으로, 한성부 판윤·대사헌·이조 판서·우의정·영의정 등을 지냈다. 저서에 《경암집(絅菴集)》이 있다.

83 권성(權惺) : ?~1713. 본관은 안동, 자는 경중(警仲), 호는 제월재(霽月齋)이다. 지평·장령·사간을 거쳐 강원·함경·경상·충청 등 여러 도의 관찰사를 역임하였고, 신임옥사(辛壬獄事)로 은퇴하였다가 1724년(영조1) 노론의 집권으로 부총관(副摠管)을 거쳐 한성부 판윤에 재임했으며, 정미환국(丁未換局)으로 삭직당하였다.

84 고(故) 상신(相臣)……있었습니다 : 친조부 고 참봉 허신(許紳)에게 추증(追贈)의 은전을 내려 줄 것 등을 진달하고 체차해 줄 것을 청하는 허윤(許玧)의 상소에 신완(申琓)과 권성(權惺)의 사례가 언급되어 있다. 《승정원일기 영조 1년 11월 6일》

대제학을 사직한 소

辭大提學疏

삼가 아뢰옵니다. 신은 이달 12일에 강도(江都)의 임소(任所)에 있으면서 문형(文衡)에 새로 제수하신다는 명을 삼가 받들었사온데, 진실로 놀랍고 두려워 곧장 달아나고 싶은 마음이었으나 할 수 없었나이다. 삼가 생각건대 우리나라에서는 문치를 존중하여, 이 관직을 두어 일세 유학 문장(儒學文章)의 사명(司命)이 되도록 하였으니 그 책임의 막중함과 선발의 어려움은 진실로 성명(聖明)께서도 깊이 알고 계신 바라, 신이 외람되이 아룀을 기다리지 않아도 될 것입니다.

지금 비록 인재가 쇠퇴하여 조종(祖宗)의 성시(盛時)에 비해 훨씬 미치지 못한다 해도 어찌 배우지 못하고 문장도 없으며 거칠고 방탕한 일개 후생으로 하여금 우뚝 삼관(三館)의 수장이 되게 하여 사방에서 듣는 사람들을 놀라게 하고 후세의 기롱을 부르게 하는 것이 마땅한 일이겠나이까. 또 삼가 생각건대 조가(朝家)에서 사람을 쓸 때에는 정례(政例 인사 행정의 준례)를 가장 중요하게 여기는 법입니다. 전망(前望)을 임명하는 일[85]은 실로 통상의 격식이 아니니 다른 관직에 있어서도 오히려 불가한 일인데 하물며 이 직임에 있어서리까?

85 전망을……일 : 원문의 '前望'은 이전에 삼망(三望)에 들었던 사람을 가리키고 '下批'는 임금이 임명하는 것을 말한다. 《은대조례(銀臺條例)》〈문형회권(文衡會圈)〉에는 대제학을 임명할 때에 "이전에 삼망에 들었던 사람을 낙점을 받아, 정사를 열어 임명하도록 할 것을 청한다.〔前望受點, 請政下批.〕"라고 적혀있다. 그러나 통상적인 경우는 아니었던 것으로 보인다.

원임대신(原任大臣)이 인용했던 고사(故事)로 말씀을 드리자면, 국초로부터 300년 지나 정묘년(丁卯年)에 이르러서야 비로소 그 직책을 두었고, 정묘년으로부터 수십 년이 지나 을사년(乙巳年)에 이르러서 다시 두었으니 지극히 드물게 두었다고 이를만합니다. 그러나 쓰이는 바는 실로 사람들의 중망이 모이는 바이니 나라에서 정사를 잘못함이 없어야 사람들 또한 두말이 없게 되는 것입니다.

신으로 말하자면 처음에 비록 외람되이 말천(末薦)으로 천거되었으나 권점의 수를 잘못 차지하는 바람에 한 시대의 웃음거리를 제공하기에 충분하였거늘 또 어찌 감히 그것을 인연으로 슬그머니 차지하기를 마치 본래 가져야할 자리인 것처럼 하여, 위로는 성상의 간택에 누를 끼치고 아래로는 공의(公議)를 범할 수 있겠나이까? 신이 가만히 보건대 전배들 가운데서 이 직임을 제수 받은 자는 반드시 다 온화하게 말을 꾸미고 겸손과 사양으로 예를 삼았사옵니다. 그런데 신은 진실로 변변치 못한지라 감히 본말을 진열(陳列)하고 인기(人器)의 우열을 비교하면서 사수(辭受)[86]의 예절을 논의할 수 없사옵고, 또한 사직(司直 남의 잘못을 바로잡는 일을 맡은 관원)의 자리에서 반드시 바로잡는 논의가 있을 것이라 생각하여 입을 다물고 공손히 기다리고 있은 지 이미 여러 날이 되었습니다.

재촉하여 부르시는 명을 삼가 받고 일전에 겨우 도성에 이르렀사오

86 사수(辭受) : 선물이나 벼슬 등의 일을 사양하거나 받는 것을 이른다. 주자(朱子)는 "사대부의 사수와 출처는 비단 그 자신만의 일이 아니다. 그 처신의 득실은 바로 풍속의 성쇠에 관계가 된다. 그러므로 더욱 살피지 않으면 안 된다.〔士大夫之辭受出處, 又非獨其身之事而已. 其所處之得失, 乃關風俗之盛衰. 故尤不可以不審也.〕"라고 하였다.《晦庵集 卷25 答韓尙書書》

나 헛되이 영화로운 직함에 얽매어 순월(旬月 열흘이나 달포쯤)을 보냈으니 이 또한 큰 죄인지라 부득불 간절한 마음을 대략 펼치어 처분을 기다릴 수밖에 없습니다. 엎드려 바라옵건대 성명께서는 중임(重任)이 잘못 주어져서는 안 되고 상전(常典)이 갑자기 무너지게 해서는 안 된다는 것을 깊이 유념하소서. 그래서 신에게 새로 제수하신 문형의 직임을 빨리 개정(改正)해 주시면 공사 간에 매우 다행이겠습니다. 경조(京兆)의 본직(本職)에 이르러서도 또한 사송(詞訟)의 긴급한 일과 관련이 되어있는지라[87] 신처럼 우둔한 사람이 감당할만한 자리가 아니오니 함께 해직시켜 주시어 천한 분수를 편안하게 해 주실 것을 다시 간청드리옵니다. 신은 지극히 황공하고 간절한 마음 금할 수 없습니다.

87 경조(京兆)의……있는지라 : 같은 해 한성부 우윤에 제수되었는데 이를 이르는 듯하다. 한성부 우윤은 한성부에서 일어나는 크고 작은 송사(訟事)를 비롯해 한성부 관할의 제반 업무를 담당하였다.

대제학을 사직한 소 두번째 소

辭大提學疏 再疏

삼가 아뢰옵니다. 신은 외람됨을 무릅쓰고 간절한 마음을 아뢰어 위로 숭청(崇聽)을 번거롭게 해드렸습니다. 비록 두려움이 심하여 말씀을 다 드릴 겨를이 없었으나 그래도 성상께서 조종(祖宗)이 관직을 세운 뜻과 청조(淸朝)에서 인재를 고르는 정사를 깊게 생각하시어 앞서 내리신 명을 즉시 거두어 미천한 소망을 이루어 주시리라 기대하였습니다. 그런데 비지(批旨)를 받들고 보니 생각하던 것과 크게 어긋났는지라, 신은 굽어보고 우러러보아도 움츠러들고 부끄러워 몸 둘 바를 모르겠나이다.

삼가 생각건대 나라에서 문형(文衡)을 선발하여 제수하는 것은 법이 매우 엄격하옵니다. 결원(缺員)이 있을 때에는 반드시 앞서 임명되었던 사람으로 하여금 추천해 올리도록 하고, 또 반드시 삼공(三公) 구경(九卿)으로 하여금 조당(朝堂)에서 회권(會圈)[88]을 하게 한 연후에야 비로소 선발하여 등용하였습니다. 혹 까닭이 있어 즉시 거행할 수 없으면 차라리 그 자리를 비워 둘지언정 이 법을 폐기한 적은 없었습니다. 전망(前望 먼젓번 삼망(三望)에 들었던 사람)을 특별히 채용하는 것으로 말하자면, 비록 일찍이 그런 사례가 있기는 했으나 반드시 한때 사세(事

88 회권(會圈) : 대제학(大提學) 이하 각급 관원의 적임자를 새로 선출할 때 전임자들이 모여서 피선될 사람의 성명 위에 권점(圈點)을 찍어 이 권점을 많이 얻은 자가 임명되도록 한 제도이다.

勢)가 부득이한 경우였으니 상례로 삼을 수 있는 것이 아닙니다.

또 삼가 나라의 법전을 보건대 일찍이 문단을 주도한 자로서 신망(新望)을 추천하는 경우는 당초 햇수의 오래고 짧음과 체대(遞代)의 많고 적음에 구애받지 않았습니다. 조종조(祖宗朝) 때에는 대신이 문형에서 교체된 지가 20년이 넘고 그 사이 여덟아홉 개의 새 관직을 거친 다음 명을 받아 천망(薦望)[89]을 한 고사가 있었습니다. 지금 원로가 지나치게 겸양하기로, 결국 새로 추천하는 제도를 폐지하고 갑자기 이전에 삼망에 든 사람을 쓰시니 어찌 문임(文任)을 중시하고 선발의 법을 엄히 하는 것이라 하겠습니까? 신이 감히 염치를 무릅쓰고 나아가지 못한 것은 이 한 가지 절차를 가지고 중요함을 삼았던 것인즉 재기(才器)에 맞고 않고는 진실로 논할 겨를이 없사온데, 지나치게 칭찬을 하시면서 마치 변변치 못한 신이 참으로 이 관직을 감당할 수 있는 자인 것처럼 하시는 성상의 비답을 삼가 받고 보니, 신이 또 어찌 감히 번거롭고 외람된 것을 두려워하여 그 실정을 한 번 아뢰지 않을 수 있겠나이까.

신은 어려서 가정에서 배워, 겨우 구두(句讀)나 통할 정도였는데, 불행히 거듭 부모를 여의는 재앙을 겪으면서, 슬픔이 마음을 상하게 하고, 질병이 몸을 감아, 이내 해이하고 방종함이 자포자기를 달게 여기는 지경까지 되었습니다. 경업(經業)과 문예(文藝)에는 하나도 힘을 쓰지 못하였고, 때로 잡서를 보고 부화한 문사를 희롱하기도 하였으나 애오라지 근심이나 풀고 날이나 보내는 것이었을 뿐, 조금도 실용에

89 천망(薦望) : 관원 후보자를 추천(推薦)하는 것을 말한다. 후보자는 3인씩 추천하게 되어 있고, 이중에서 임금이 낙점(落點)하는 사람이 임용된다.

맞지 않아, 우두커니 지금까지 반평생을 살고 있으니 가슴을 어루만지며 슬퍼하고 탄식하여도 이미 소용이 없습니다. 한갓 과장에서 요행히 얻은 명성과 친구들이 빌려준 칭찬 때문에 세상에서는 혹 조충전각의 작은 기예[90]가 있다고 생각하나 본말을 돌이켜 보면 신은 스스로 가소롭습니다. 생각지 못하게도 이를 빙자한 것이 결국 성상의 간택을 욕되게 하고 막중한 권한을 훔치는데 이르렀는데, 신의 변변치 못함이 한 시대를 속이는 것으로 부족하여 끝내는 또 위로 성명(聖明)을 속이었으니 그 지은 죄를 더욱 갚을 수 없습니다.

또한 생각건대 신은 외로운 선민(鮮民)[91]으로, 과거(科擧)를 훔치고 영달을 도모하여 성은을 치우치게 입고 빠르게 청현직(淸顯職)을 거쳤는지라 늘 분수에 넘쳐 재앙을 부를까 걱정이었습니다. 나이 비로소 마흔 남짓이고 입조(立朝)한 지 겨우 13년인데 이에 또 연각(筵閣)에 오르고 예형(藝衡)[92]을 장악하게 되었으니 이는 진실로 전배(前輩) 명신(名臣)들에게도 드물던 바라 필시 신의 작은 복이 이미 차서 하늘이 장차 재앙을 남기실 것입니다. 신이 만약 총애와 영광에 의지하여 염치를 무릅쓰고 나아가 그치지 않는다면 엎어지고 넘어질 우려가 이치상 반드시 이를 것입니다. 신의 몸은 비록 돌아볼 것이 못 된다 해도 나라

90 조충전각……기예 : 조충전각(雕蟲篆刻)은 벌레 모양이나 전서(篆書)를 조각하듯이, 미사여구(美辭麗句)로 문장을 꾸미는 작은 기예(技藝)를 폄하하는 말이다.

91 선민(鮮民) : 《시경》 〈육아(蓼莪)〉에 "선민의 생애는 죽는 것만도 못한 지가 오래이네.〔鮮民之生, 不如死之久矣.〕"라는 말에서 유래하였는데, 곤궁하게 사는 사람을 이른다.

92 예형(藝衡) : 문예를 다는 저울이라는 뜻으로 오원이 홍문관 대제학이 되었기에 이른 말이다.

의 은혜를 저버리고 선인의 유훈을 실추시키는 데야 어찌하겠습니까? 생각이 이에 이르자 마음이 떨리고 모골이 송연해지지 않음이 없으니 구구하게 고통을 호소하는 것을 또한 어찌 그만둘 수 있겠습니까?

신이 헛되이 이 관직을 차지하고 있은 지 이미 20일이 지났습니다. 일전에 단오첩자(端午帖子)의 운을 내고 등수를 매기는 일로 이틀 동안 세 번 엄한 부르심을 입었으나 신은 고집스레 엎드려 있으면서 스스로 엄명을 오만하게 어긴 죄를 범하였으니, 상법으로 논하자면 중죄를 받아 마땅합니다. 엎드려 바라옵건대 어지신 성상께서는 미천한 정성을 굽어 살피시어 빨리 신의 이름을 새로 제수하신 문임(文任)에서 깎아주소서. 이어서 신을 어명을 소홀히 하고 게을리 한 죄로 다스리시어 조정의 기강을 엄숙히 하시고 미천한 분수를 편히 하게 하여 주신다면 공사 간에 매우 다행일 것입니다.

대제학을 사직한 소 세번째 소
辭大提學疏 三疏

삼가 아뢰옵니다. 신은 헛되이 중임을 차지하고 있으면서 엄한 부르심을 누차 어겼사온데 형벌이 가해지지 않고 돈박(敦迫 출사(出仕)를 재촉하는 것)을 더욱 부지런히 하시니 하늘을 우러러보고 땅을 굽어보아도 몸 둘 바를 모르겠나이다. 신의 보잘 것 없는 정성과 졸렬한 글이 진실로 위로 천청(天聽)에 이르도록 하기에는 부족하오나, 성명(聖明)께서 괴롭고 간절한 마음을 담아 연이어 올린 상소를 전적으로 구구한 사정(私情)에서 나온 것이라고 생각하시는 것 같아 신은 더욱 민망하고 답답한 마음 이기지 못하겠나이다.

삼가 생각하건대 학교로 덕의(德義)를 일으키고 문사(文詞)로 치도(治道)를 수식하며 과거(科擧로) 인재(人才)를 진출시키는 것, 국가의 기백(氣脈)은 실로 이 세 가지에 달려 있고, 그 흥망성쇠의 기틀은 또한 문형으로 마땅한 사람을 얻느냐의 여부에 달려 있으니 염려하지 않을 수 있습니까? 지금 새로 추천하는 제도를 정지하시고 이미 넣어 둔 낡은 종이를 취하시며, 통상의 격식을 폐하시고 드물게 있는 특전(特典)을 끌어오시어 결국 등용하신 바가 보잘 것 없는 천신(賤臣)이니, 이것이 어찌 성조에서 인재 뽑는 것을 어렵게 여기고 신중히 하는 도이겠습니까[93]

93 어찌……도이겠습니까 : 원문의 '其難其愼'은 어렵게 여기고 신중하게 처리한다는 뜻으로, 적임자를 엄밀히 가려서 임명하는 국가의 정당한 인사행정을 말한다. 《서경》

신이 시종의 반열에 드나든 지 지금 13년이 되었습니다. 삼가 생각건대 성상(聖上)의 일월(日月)과 같은 총명은 응당 신의 장단점을 다 살피셨을 것입니다. 비록 매우 용렬하여 재주가 없으나 어리석고 둔박한 성품은 남을 속이거나 기만하는 데 이르지 않았으니 앞서 올린 상소에서 스스로 나열한 내용이 어찌 감히 조금이라도 덮거나 꾸며 군부(君父)를 속인 것이 있었겠습니까? 황태(荒怠 성질이 거칠고 게으름)하고 방일(放逸)하여 일개 버려진 백성이 되었는지라, 학문은 기문(記問)[94]에도 부족하고 글은 실용에 도움이 되지 못합니다. 선비들의 사표가 되고 큰 모유(謨猷)를 윤색[95]하는 것을 감히 의의(擬議)[96]할 수 없사옵고, 요행히 여러 시험에서 일찍이 고선(高選 우수한 성적으로 시험에 합격함)을 훔쳤는지라, 과정(科程)의 여러 문체에 실로 공을 이루지 못하고, 밝게 감별하는 것 역시 남에게 미치지 못합니다. 이러한 상태로 관직에 나아

〈함유일덕(咸有一德)〉의 "관직을 임명할 때에는 덕이 있고 유능한 인재를 가려야 하고, 좌우에 부리는 자도 그 자리에 합당한 자를 가려야 한다. 신하는 위로는 임금의 덕을 선양해야 하고, 아래로는 백성을 행복하게 해야 하니, 관직을 임명하는 것을 그야말로 어렵게 여기고 신중하게 해야만 할 것이요, 오직 조화롭고 전일하게 해야 할 것이다.〔任官, 惟賢材, 左右, 惟其人. 臣爲上爲德, 爲下爲民, 其難其愼, 惟和惟一.〕"라는 말에서 나온 것이다.

94 기문(記問) : 《예기》 〈학기(學記)〉에 이르기를, "박식하고 잘 암기하는 학문만으로는 남의 스승이 되기에 부족하다.〔記問之學, 不足以爲人師.〕"라고 하였다. 기문지학(記問之學)은 남의 질문에 답하기 위해 기억만 하고, 깊이 구하지 않는 학문이다.

95 큰 모유(謨猷)를 윤색 : 원문의 '鴻猷'는 국가적 대업(大業)으로, 큰 모유를 윤색한다는 것은 왕명(王命)을 받들어 외교문서 등을 작성하는 것을 의미한다.

96 의의(擬議) : 어떤 사안(事案)에 대해 대신들이 그 가부를 의논하는 일이다. 의논된 것을 임금께 아뢰면 임금은 이에 의거해 재결한다.

간다면 장차 어떻게 직분의 만에 하나라도 효과를 낼 수 있겠나이까?

아! 근래 관방(官方)[97]이 날로 난잡하고 참람한 데로 달려가고 있으니, 아마 그렇지 않는 관직이 없을 것인데 문형의 경우만은 그래도 견실한 편입니다. 지금 보면 이 직임을 거쳐 갔거나 관각에 출입하는 신하들 가운데는 사학(詞學)이 노성하여 명망과 실상이 충분히 드러나 여론이 인정하는 분이 한두 분에 그치지 않습니다. 그런데 모두 버려두고 등용하지 않으시면서 보잘 것 없는 후진으로 취할 만한 장점이 조금도 없는 자를 상례를 넘어 제수하시니, 국조(國朝) 문병(文柄)의 엄중함이 여기에서 드디어 크게 무너져서, 직무를 감당치 못하고 관직을 망쳐 국사를 그르치는 일에 필시 요행이 없을 것입니다. 그러하온즉 신이 죽음을 무릅쓰고 힘써 사양을 하는 것이 어찌 일신의 사사로움 때문이겠나이까?

신이 듣건대 옛날에는 위에서 제수하고 아래에서 사양하는 일에는 반드시 세 번 사양하는 것[98]으로 절도를 삼았다 하니 이는 진실로 예의 상례입니다. 지금 신이 하늘에 간절히 호소하고 누차 성총을 번거롭게 하면서도 그치지 않은 것은 실로 곤궁한 입지와 답답한 심정을 하소

97 관방(官方) : 관리가 직무를 관장함에 있어 지켜야 하는 법례(法例), 또는 규율(規律)을 말한다.

98 세……것 : 춘추 시대 진 문공(晉文公) 중이(重耳)가 주(周)나라 천왕(天王)으로부터 패자(覇者)에 임명될 적에 세 차례 사양하고 나서 받았던 '진후삼사(晉侯三辭)'의 고사가 있다. 《春秋左氏傳 僖公28年》 남조 양(梁) 유협(劉勰)의 《문심조룡(文心雕龍)》 〈장표(章表)〉에 "옛날 진 문공이 패자의 임명을 받을 적에 세 번 사양하고 명을 따랐기 때문에, 한나라 말기에 사양하는 표문을 올릴 적에는 세 번 사양하는 것으로 관례를 삼았다.〔昔晉文受冊, 三辭從命, 是以漢末讓表, 以三爲斷.〕"라는 말이 나온다.

연[99]할 곳이 없기 때문이지, 감히 고인의 예사(禮辭)를 모방한 것이 아니오나, 성상의 명을 어기고 신하의 본분을 무너뜨린 것으로 보면 또한 국법으로 용서할 수 없는 죄입니다. 엎드려 바라옵건대 성명께서는 깊이 유념하시어 빨리 신의 직명을 깎아내도록 허락해 주옵소서. 이어서 담당 기관에 명하여 범한 죄를 다스려서 명기(名器)[100]가 실추되지 않게 하시고 법강(法綱)이 조금이라도 진작되게 하신다면 천만다행이겠나이다.

신은 오늘 강도(江都)의 새 수령 신(臣) 윤득화(尹得和)[101]와 직접 만나 부인(符印 부절(符節)과 인신(印信))을 교환하였사오나, 궐문을 지척에 두고도 염치를 무릅쓰고 나아갈 길이 없어 삼가 편비(褊裨 측근의 비장(裨將)을 말함)를 시켜 밀부(密符)[102]를 대신 드리도록 하였사옵니다.

99 하소연 : 원문의 '因極'은 《시경》〈재치(載馳)〉의 "대국에 하소연하고 싶다마는 누구에게 달려가며 누구에게 의지할꼬.〔控于大邦, 誰因誰極?〕"라는 말에서 유래한 것이다.

100 명기(名器) : 작위(爵位)와 거복(車服)이다. 거복은 임금이 공신에게 내리던 물건이다.

101 윤득화(尹得和) : 1688~1759. 본관은 해평(海平)이며 자는 덕휘(德輝)이다. 1725년(영조1) 생원시에 합격하고 같은 해 문과에 급제하였다. 이후 병조 좌랑·지평·대사간·대사성·도승지·강화 유수·예조 참판·강원도 관찰사·대사헌 등을 두루 역임하였다. 1729년 사서로 있으면서 재상 조문명(趙文命)의 탕평론에 반대하여 영조의 탕평책에 해를 끼쳤고, 1731년 이광좌(李光佐)의 죄를 논하다 갑산에 유배된 민형수(閔亨洙)를 변호하여 좌천되었으며, 대사헌으로 있을 때 송인명(宋寅明)을 탄핵하다 파직되었다. 송시열(宋時烈)과 그의 제자 윤증(尹拯)이 서로 화목하지 못하자 1723년(경종3) 포의(布衣)의 몸으로 윤증이 스승을 배반한 죄를 규명하고 왕이 윤증을 지지하는 것은 부당하다고 주장하다가 파면되었다. 오원과는 절친한 관계로 서로 교유하면서 남긴 시가 많다.

신의 죄가 이에 이르렀으니 더욱 도망갈 길이 없사온지라, 신은 몹시 두렵고 떨리는 마음으로 견책을 기다리겠나이다.

102 밀부(密符) : 조선 시대 감사(監司) · 유수(留守) · 총융사(摠戎使) · 진무사(鎭撫使) · 통제사(統制使) · 병사(兵使) · 수사(水使) · 방어사(防禦使) 등이 부임할 때 유서(諭書)와 함께 가지고 가게 한 부신(符信)이다. 한 방면의 군사권을 가진 사람이 왕명이 없이 군대를 동원하는 것을 방지하고자 지급하였다.

〈효종대왕 추상 존호 옥책문〉의 제진을 사양한 소
辭製進孝宗大王追上尊號玉冊文疏

삼가 아뢰옵니다. 신이 문형(文衡)의 직에 대해 어찌 감히 하루라도 염치를 무릅쓰고 명을 받들겠습니까마는, 마침 나라에 연달아 대의(大議)와 대경(大慶)이 있어 신자(臣子)의 의리로 다른 것은 돌아볼 겨를이 없는지라, 뻔뻔스러운 얼굴로 나아가 공무(公務)에 복무한지 어느덧 열흘이 되었으니, 명기(名器)을 더럽힌 것이 진실로 이미 지극합니다. 그런데 어제 또 삼가 듣건대 상시도감(上諡都監)에서 신의 이름으로 옥책문 제술관(玉冊文製述官)을 계청(啓請)하였다고 하니 신은 진실로 두렵고 진땀이 나서 몸 둘 바를 모르겠나이다.

삼가 생각하건대 지금 이 전례(典禮)는 실로 천고의 성대한 일이니 분토(糞土)와 같은[103] 천신(賤臣)이 이러한 기회를 만나 붓을 잡는 역할에 참여할 수 있게 된 것이 어찌 지극한 소원이고 영광이 아니겠사옵니까? 그러나 돌아보면 신의 부족한 재주와 졸루(拙陋)한 문사로는 결코 하늘의 해를 잘 본뜨고[104] 덕업과 공렬을 드러내 선양함으로써

103 분토(糞土)와 같은 : 뜻이 흐리고 게으른 사람을 비유하는 말이다. 공자가 낮잠을 자는 재여(宰予)를 꾸짖어 말하기를, "썩은 나무는 조각할 수 없고, 거름흙으로 쌓은 담장은 흙손질할 수 없다.〔朽木不可雕也, 糞土之牆, 不可杇也.〕"라고 말한 바 있다. 《論語 公冶長》

104 하늘의……본뜨고 : 제왕의 덕행을 표출하여 서술하는 것을 말한다. 한유(韓愈)의 〈진찬평회서비문표(進撰平淮西碑文表)〉에, "천지의 얼굴과 일월의 빛은 그려낼 수 없다는 것을 잘 알면서도, 두꺼운 낯으로 뻔뻔스레 글을 지어서 분부에 답하는 바입니

백세(百世)에 빛을 내어, 우리 전하의 다함없는 효성에 부합하게 하지 못할 것을 아온데 비록 모른 체 받아들여 감당하려고 한들 감히 할 수 있는 일이겠나이까.

이전 조정에서는 큰 술작(述作)은 반드시 일세의 뛰어난 석학에게 맡겼고, 현임 문형으로 중요성을 삼지 않았으니 사례가 또렷이 있어 계고(稽考)하기 어렵지 않습니다. 바로 지금도 원로 거장(鉅匠)과 관각 선진으로 이 일을 맡을 만한 사람이 진실로 적지 않습니다. 신 같은 것은 두려워 어물거리다가 일찍 사임하지 못하고 끝내 종묘 전책(典冊 옥책문)의 중요한 일로 하여금 유감(遺憾)이 있음을 면치 못하게 하리니 비록 중벌을 받는다 해도 어떻게 속죄를 할 수 있겠습니까? 엎드려 바라옵건대 성명께서는 굽어 살피시어 빨리 옥책 제술의 소임을 다른 사람에게 고쳐 명하여 주소서. 그리하여 대사가 그르치는 지경에 이르지 않고 미천한 신하가 죄를 면하게 하여 주신다면 참으로 다행이겠나이다. 신은 지극히 황공스럽고도 간절한 마음 금할 수 없습니다.

다.〔乾坤之容, 日月之光, 知其不可繪畫, 强顔爲之, 以塞詔旨.〕"라는 말이 있다.

응제록 應製錄

효종대왕께 존호를 추상하는 옥책문[105] 경신년

孝宗大王追上尊號玉冊文 庚申

이륜(彝倫)이 크게 펼쳐지니 성대한 공업이 태평 시대[106]를 이루셨고, 전책(典冊)이 융숭함을 더하니 큰 이름(존호)이 비할 데 없는 공렬을 천명하였습니다. 이에 찬란한 예물로 정성을 폅니다.

삼가 생각하건대 행실은 백왕(百王)보다 높고, 뜻은 삼대(三代)를 회복시키셨습니다. 곤경에 빠지고 일이 잘 되지 않는 상황[107]에서도

105 효종대왕께……옥책문 : 영조 16년 흠천달도광의홍렬선문장무신성현인(欽天達道光毅弘烈宣文章武神聖顯仁)이었던 효종의 존호에 명의정덕(明義正德)을 추상하였는데 이때 올린 옥책문이다.

106 태평 시대 : 원문은 '一治'이다. 맹자는 "천하에 인간이 살아온 지가 오래되었는데, 한 번 다스려지고 한 번 혼란하였다.〔天下之生久矣, 一治一亂.〕"라고 하였다.《孟子 滕文公下》 성인(聖人)이 덕(德)에 의한 정치를 실행해서 천하가 태평해지는 시기 뒤에, 미처 계승자가 나타나지 못하고 폭군이나 사악한 이론이 횡행하는 시기가 이어지고, 다시 성왕(聖王)이 나타나 태평성대가 이어지며, 또 그 뒤에 폭군이 나타나는 일이 되풀이 된다는 뜻이다.

107 곤경에……상황 : 원문의 '拂亂'은 몸을 궁핍하게 하고 하는 일마다 잘못되고 뒤틀리게 하는 것을 말한다.《맹자》〈고자 하(告子下)〉에 "하늘이 장차 큰 소임을 이 사람에

도는 문왕의 명이(明夷)[108]에 부합하였고, 위태로운 인심과 희미한 도심(道心)을 정일하게 하여[109] 마음으로 황고(皇考)의 아름다운 법을 전하셨습니다. 하늘이 이미 큰 책무를 내리시니 성덕은 실로 큰 근심에서 계발되었습니다.[110]

함하(函夏)가 멸망함에[111] 더부룩한 잡초[112]를 돌아보며 강개한 마음

게 내리려면, 반드시 먼저 그 심지를 괴롭게 하고 그 살과 뼈를 고달프게 하며 그 신체와 피부를 주리게 하고, 그 몸을 궁핍하게 하며, 그가 하는 일마다 잘못되고 뒤틀리게 하는데, 이는 마음을 분발시키고 성격을 강인하게 함으로써 그의 부족한 능력을 키워 주려는 것이다.〔故天將降大任於是人也, 必先苦其心志, 勞其筋骨, 餓其體膚, 空乏其身, 行拂亂其所爲, 所以動心忍性, 曾益其所不能.〕" 하였다.

108 문왕(文王)의 명이(明夷) : 명이는 주역 64괘의 하나로 밝음을 상징하는 이(離)가 땅을 상징하는 곤(坤) 아래에 위치하여 현자가 뜻을 얻지 못한 채 고달픈 처지에 놓인 것을 보여주는 괘이다. 《주역(周易)》〈명이괘(明夷卦)단(彖)〉에서 "밝음이 땅속으로 들어가는 것이 명이(明夷)이니 안은 문명(文明)하고 밖은 유순하여 큰 환란을 무릅썼으니 문왕이 이것을 사용하였다.〔明入地中, 明夷, 內文明而外柔順, 以蒙大難, 文王以之.〕"라고 하였다. 문명한 덕을 지닌 문왕이 주(紂)에게 곤경을 당했던 것을 말한 것이다.

109 위태로운……하여 : 《서경》〈대우모(大禹謨)〉의 "인심은 위태롭고, 도심은 은미하니, 정하게 하고 전일(專一)하게 하여야 그 중도(中道)를 잡을 수 있다.〔人心惟危, 道心惟微, 惟精惟一, 允執厥中.〕" 구절을 원용한 표현이다. 형기(形氣)에서 생기는 인심(人心)은 사(私)로 흐르기 쉽기 때문에 위태로우니, 정(精)하게 살펴 형기의 사심을 제거하고, 의리에서 생기는 도심(道心)은 어두워지기 쉽기 때문에 은미하니, 오직 전일(專一)하게 지켜 의리의 정도를 보존하라는 말이다.

110 성덕은……계발되었습니다 : 진(晉)나라 유곤(劉琨)이 원제(元帝)에게 왕위에 오르기를 권고한 글 가운데 "어려움 많을수록 나라가 흥하고, 걱정이 많을수록 성군을 만든다.〔多難興邦, 殷憂啓聖.〕"라는 말이 있다. 《晉書 卷6 元帝紀》

111 함하(函夏)가 멸망함에 : 함하(函夏)는 중국 전체를 말한 것으로, 제하(諸夏)와 같은 말이다. 《한서(漢書)》 권87〈양웅전(揚雄傳) 하동부(河東賦)〉에, "함하의 대한이

일으키셨고, 관리(冠履)가 전도됨에[113] 옥백(玉帛)[114]을 어루만지며 슬픔을 더하셨습니다. 탁월하신 광복(匡復)의 영명한 계획, 성패를 미리 알았던 것은 아니었습니다. 그러나 물고기와 물 같은 교분[115] 맺으시니 수많은 암혈의 현인들이 왔고, 우림(羽林)[116]을 사랑으로 돌보시니 수많은 용맹한 군사들이 모였습니다. 펼치신 문덕(文德)과 떨치신 무공(武功)으로 정대(正大)한 규범이 절로 있게 되었고, 나라를 다스리는

여, 저들이 어찌 공을 비교하랴.〔以函夏之大漢兮, 彼曾何足與比功?〕" 하였다. 함하가 멸망하였다는 것은 명나라가 멸망한 것을 가리킨다.

112 더부룩한 잡초 : 원문의 '稂', '蓍'는 모두 풀 이름이다. 주나라를 생각하며 지은 《시경》〈하천(下泉)〉 시에 "저 차갑게 흘러내리는 샘물이여, 더부룩이 자라는 잡초를 적시도다. 한숨을 쉬며 내 잠 깨어 탄식하면서, 저 주나라 서울을 생각하노라.……저 차갑게 흘러내리는 샘물이여, 더부룩이 자라는 시초를 적시도다. 한숨을 쉬며 내 잠 깨어 탄식하면서, 저 경사를 생각하노라.〔洌彼下泉, 浸彼苞稂. 愾我寤嘆, 念彼周京. ……洌彼下泉, 浸彼苞蓍. 愾我寤嘆, 念彼京師.〕"라는 구절이 있다.

113 관리(冠履)가 전도됨에 : 관리는 머리에 쓰는 관과 발에 신는 신으로, 상하와 존비를 비유하는 말이다. 한나라의 가의(賈誼)가 문제(文帝)에게 올린 글 가운데 "신발은 비록 곱더라도 베개 위에 올려놓지 않으며, 관(冠)은 비록 해졌더라도 신발의 깔창으로 쓰지 않는다.〔履雖鮮, 不加於枕, 冠雖敝, 不以苴履.〕"라는 대목이 있다. 《漢書 卷48 賈誼傳》 여기서는 오랑캐 청(淸)이 명(明)을 멸망시킨 것을 가리킨다.

114 옥백(玉帛) : 옛날 제후가 조알(朝謁)할 때나 회맹(會盟)할 때 예물로 쓰던 옥과 비단을 말한다.

115 물고기와……교분 : 물고기와 물의 관계처럼 군신 간의 관계가 친밀함을 비유하는 말이다. 촉한(蜀漢) 때 유비(劉備)가 제갈량(諸葛亮)과 매우 좋게 지내자, 관우(關羽)·장비(張飛)가 그를 싫어하므로, 선주가 말하기를, "나에게 공명(孔明 제갈량)이 있는 것은 마치 고기에게 물이 있는 것과 같으니, 제군(諸君)은 다시 그런 말을 하지 않기 바란다."라고 한 데서 나왔다. 《三國志 卷35 蜀書 諸葛亮傳》

116 우림(羽林) : 궁궐의 호위를 맡은 친위(親衛) 부대 중의 하나인 우림위(羽林衛) 소속의 군인들을 말하는데, 깃처럼 빠르고 숲처럼 많다 하여 붙여진 이름이다.

법과 적을 치는 계책은 공리(功利)의 비루함을 한 번에 씻었습니다. 엄숙하고 공손하며 공경하고 두려워하며[117] 수고로움을 늦추지 않으셨고[118] 힘차게 손을 놀리고 발을 쿵쿵 디디며[119] 행여 일을 완수하지 못할까 염려하셨습니다.[120]

비록 날 저물고 길이 멀어[121] 지극한 아픔 남기셨으나, 다행히 하늘과 땅의 기강에 힘입어 나라가 무너지지 않았습니다. 외진 이역 땅 변방 제후국이 홀로 존왕양이(尊王攘夷)의 절개를 지켰고, 어리석은 백성들까지 모두 치욕을 참고 원한을 머금었습니다. 기봉(箕封)의 예의 더욱

117 엄숙하고……두려워하며 : 《서경》 〈무일(無逸)〉에 "엄숙하고 공손하며 공경하고 두려워하여 천명을 스스로 따랐으며, 백성을 다스림에 공경하고 두려워하여 감히 향락에 빠지거나 편안히 지내지 않았다.〔嚴恭寅畏, 天命自度, 治民祇懼, 不敢荒寧.〕"라는 말이 있다.

118 수고로움을……않으셨고 : 장재(張載)의 〈서명도 하(西銘圖下)〉에 "수고로움을 늦추지 않아서 기뻐하는 데 이르게 한 것은 순 임금의 공이다.〔不弛勞而底豫, 舜其功也.〕"라는 말이 있다. 《古文眞寶 後集》

119 힘차게……디디며 : 원문의 '蹈厲發揚'는 처음 춤을 시작할 때 수족(手足)을 세차게 놀리고 발로 땅을 밟는 기세가 사나운 것으로, 무왕이 주(紂)를 정벌(征伐)할 때를 상징하여 만들어진 춤을 형용한 것이다. 《禮記 樂記》

120 엄숙하고……염려하셨습니다 : 송시열이 찬한 〈영릉지문(寧陵誌文)〉에 효종의 덕을 형용하여 "문무(文武)를 겸비한 것은 요(堯) 임금을 본받았고, 효제(孝悌)의 도리를 극진히 한 것은 순(舜) 임금을 본받았고, 부지런하고 검소하고 맛있는 술을 싫어한 것은 우(禹) 임금을 본받았고, 성색(聲色)을 멀리하고 허물 고치는 것을 인색하게 하지 않은 것은 탕(湯) 임금을 본받았고, 백성을 상처 난 사람처럼 돌보고 자봉(自奉)은 박하게 하면서 백성을 편안케 했던 것은 문왕(文王)을 본받았고, 힘차게 손을 놀리고 발을 쿵쿵 디디며 행여 일에 미치지 못할까 염려한 것은 무왕(武王)을 본받았다.〔發揚蹈厲, 恐不逮事, 象乎武王.〕"라고 하였다. 《宋子大全 卷181》

121 날……멀어 : 266쪽 주52 참조.

빛나고 인필(麟筆)의 경법(經法)[122] 이에 드러났습니다. 어찌 다만 우리의 후손들만 계도하고 보우하시리이까? 참으로 마땅히 만방에 표창해야 할 것입니다. 백세토록 조천(祧遷)하지 않도록 하여[123] 이미 태실(太室 종묘)의 제사 성대히 올렸고 한 가지 선행을 취해 시호를 정하되[124] 외려 대업을 드러내지 못할까 염려하였습니다. 옛 전례에서 상고할 수 있으니 존호를 추상하여 드날림이 마땅합니다.

이미 어두워진 천리(天理)를 밝히어 순연히 일을 제어하심이 의(義)에 맞았고[125] 장차 사라질 인심을 바로잡아 패연히 도를 행하여 마음에 얻음이 있으셨습니다.[126] 아름다운 덕은 민생의 표준을 세우셨고, 대의

122 인필(麟筆)의 경법(經法) : 춘추필법(春秋筆法)을 말한다. 공자(孔子)가 《춘추(春秋)》를 짓다가, 애공(哀公) 14년 서수획린(西狩獲麟)의 대목에서 절필(絶筆)한 고사에서 유래한 것이다.

123 백세토록……하여 : 종묘에 모신 신주는 대수(代數)가 오래되면 윗대부터 차례로 옮기게 되는데 태조와 공덕이 있는 임금의 신주는 세실(世室)이라 하여 종묘에서 옮겨 나가지 않는다. 효종의 묘당(廟堂)을 세실로 정하자는 논의는 우암 송시열(宋時烈)에 의해 제기되었다. 《宋子大全 卷17 請以孝宗大王廟爲世室疏》《숙종실록 42년 11월 24일》

124 선행을……정하되 : 《예기》 〈표기(表記)〉에 "선왕이 시호로써 이름을 높이고 한 가지 선으로써 요약했다.〔先王謚以尊名, 節以壹惠.〕"라고 하였다. 이는 아름다운 시호를 내려 그 이름을 높이되 여러 가지 선행을 다 들기 어려우므로 가장 큰 것으로 요약함을 이른다. 이 때문에 시호를 절혜(節惠)라고도 칭한다.

125 순연히……맞았고 : 《서경(書經)》 〈중훼지고(仲虺之誥)〉에, "의로 일을 바로잡고 예로 마음을 바로잡아 후세에 덕행을 남겨 주소서.〔以義制事, 以禮制心, 垂裕後昆.〕"라는 말이 있다

126 패연히……있으셨습니다 : 《논어》 〈위정〉에 "정사(政事)를 덕(德)으로 하는 것은 비유하면, 북극성(北極星)이 제자리에 머물러 있으면 여러 별들이 그에게로 향하는 것과 같다.〔爲政以德, 譬如北辰居其所, 而衆星共之.〕"라는 공자의 말이 있는데 주

(大義)는 일월과 같은 빛을 밝히셨습니다.[127] 성지(聖志)가 분명히 드러났으니 진실로 신기(神祇)에 질정(質正)할 수 있고,[128] 아름다운 공렬 높고도 넓으니 어떻게 그림으로 형용할 수 있으리까. 예가 탕손에게서 거행되니[129] 전형(典刑)이 멀지 않고, 공업은 우임금보다 못하지 않으니 낙리(樂利)[130]가 무궁할 것입니다. 길일을 가리어 성대한 의식

자의 주에 "정사(政事)란 말은 바로잡다의 뜻이니, 사람의 바르지 못한 것을 바로잡는 것이다. 덕(德)이란 말은 얻는다의 뜻이니, 도(道)를 행하여 마음에 얻음이 있는 것이다.〔政之爲言, 正也, 所以正人之不正也, 德之爲言, 得也, 行道而有得於心也.〕"라고 하였다.

127 아름다운……밝히셨습니다 : 추상한 존호 '明義正德'에 대한 설명으로 보인다. 당시 종실(宗室) 하평정(夏坪正) 이무(李懋)가 상소하여 "《춘추(春秋)》의 대일통(大一統)의 의(義)는 천지(天地)를 버티고 만고(萬古)에 뻗어 하루도 없어질 수 없는 것입니다. 효종대왕의 성덕(聖德)·신공(神功)은 천지를 세우고 백세(百世)에 끼쳤는데, 이제 80년이 되어도 이 일을 뒤미처 높여 더 존숭(尊崇)하지 않는다면, 대의(大義)가 오늘날에 밝혀지지 않을 것입니다."라고 하면서 존호를 추상할 것을 청하였다.《영조실록 16년 5월 15일》

128 신기(神祇)에……있고 :《중용장구》 제29장에 "이 때문에 군자의 도(道)는 자기 몸에 근본하여 여러 백성들에게 징험하며, 삼왕(三王)에게 상고해도 틀리지 않으며, 천지(天地)에 세워도 어그러지지 않으며, 귀신(鬼神)에게 질정(質正)하여도 의심이 없으며, 백세(百世)에 성인(聖人)을 기다려도 의혹(疑惑)되지 않는 것이다.〔故君子之道本諸身, 徵諸庶民, 考諸三王而不謬, 建諸天地而不悖, 質諸鬼神而無疑, 百世以俟聖人而不惑.〕"라는 구절이 있다.

129 예가……거행되니 : 원문의 '湯孫'은 은(殷)나라 탕왕(湯王)의 자손으로, 훌륭한 선왕(先王)의 자손을 뜻한다. 《시경》〈나(那)〉에 "나의 증 제사와 상 제사를 돌보시니 탕왕의 후손이 제사를 올리도다.〔顧予烝嘗, 湯孫之將.〕"라는 말이 있다. 여기서는 영조가 효종의 존호를 올리는 예를 거행한 것을 말한다.

130 낙리(樂利) : 백성들이 왕의 덕을 즐겁게 여기고 이롭게 여기는 것으로, 백성의 행복을 뜻한다. 《대학장구》 전(傳) 3장(章)에서 "군자는 선왕의 어진 덕을 어질게 여기

을 준비하였습니다. 삼가 아무개를 보내어, 운운(云云).[131] 우러러 충감(冲鑑)하시기를 바라오니 변변찮은 정성 굽어 살피소서. 덕이 드러나지 않겠으며 받들지 않으오리까. 경광(耿光) 드날려 백성들이 싫증내지 않을 것이요[132], 창성하고 치성하게 하여[133] 복을 더욱더 멀리 펼쳐 주시리이다.

고 선왕이 친했던 이들을 친히 여기며, 소인은 선왕이 즐겁게 해 주었던 일을 즐겁게 여기고 선왕이 이롭게 해 주었던 일을 이롭게 여긴다.〔君子賢其賢而親其親, 小人樂其樂而利其利.〕"라고 하였다.

131 삼가……운운(云云) : 원문의 '謹遣云云'은 투식으로, 의식을 위해 삼가 누구누구를 보낸다는 내용을 담는다.

132 덕이……것이요 : 《시경》 〈청묘(淸廟)〉에 "아, 깊고 그윽한 맑은 사당에 엄숙하면서 부드러우며 밝은 재상과 많은 선비들이 문왕의 덕을 받들어 하늘에 계신 이를 마주 대하고 매우 분주히 사당에 모였으니, 나타나지 아니할까, 받들지 아니할까, 사람들에게 미움을 삼이 없으셨다.〔於穆淸廟, 肅雝顯相. 濟濟多士, 秉文之德. 對越在天, 駿奔走在廟. 不顯不承? 無射於人斯.〕"라고 하였는데 중국 주나라의 주공(周公)이 낙읍(洛邑)을 이룬 후 제후들에게 조회를 받고, 다시 제후들을 거느리고 문왕에게 제사를 드리는 내용의 악가(樂歌)이다. 경광(耿光)은 훌륭한 선조의 밝은 덕을 가리키는 단어로, 주공(周公)이 성왕(成王)에게 "문왕(文王)의 경광(耿光)을 보시고 무왕(武王)의 큰 공렬을 드날리소서.〔以觀文王之耿光, 以揚武王之大烈.〕"라고 한 말에서 유래하였다. 《書經 立政》

133 창성하고……하여 : 《시경》 〈비궁(閟宮)〉에 "너로 하여금 창성하고 치성하게 하며, 너로 하여금 장수하고 부유하게 한다.〔俾爾昌而熾, 俾爾壽而富.〕"라고 하였다.

대전에 존호를 올린 옥책문[134]

大殿上尊號玉冊文

성상의 교화가 두루 미쳐 바야흐로 형통하고 태평한 아름다움을 이루셨고, 훌륭한 명성 펴서 밝히시어[135] 이에 높고 큰 이름을 올리오니, 대개 상례[136]를 따른 것일 뿐 그 성덕(盛德)을 어찌 형용할 수 있겠나이까.[137]

삼가 생각건대 성상께서는 총명하고 예지로운 자질[138]로 성학을 끊임없이 밝히시었습니다.[139] 만물을 함육(涵育)함에 지극히 어질고 공

134 대전에……옥책문 : 영조 16년 경신(1740) 윤 6월 8일(정미) 대전(大殿)에 지행순덕 영모 의열(至行純德英謨毅烈), 대왕대비전(大王大妃殿)에 현익(顯翼), 중궁전(中宮殿)에 혜경(惠敬)이라는 존호를 올렸다.

135 훌륭한……밝히시어 : 《서경》 〈문왕(文王)〉에 "천명은 보전하기가 쉽지 않으니, 너에서 끊어지게 하지 말지어다. 훌륭한 명성을 펴서 밝히며, 또 은나라를 헤아리되 하늘로부터 하라.〔天命不易, 無遏爾躬. 宣昭義問, 有虞殷自天.〕"라고 하였다.

136 상례 : 원문의 '彝章'은 상례(常禮), 즉 보통의 예법 혹은 사람으로서 떳떳이 지켜야 할 예법을 말하는데 여기서는 존호를 올리는 의례를 가리킨다.

137 성덕을……있겠나이까 : 《논어》 〈태백(泰伯)〉에, "위대하도다, 요의 임금 되심이여. 오직 하늘만이 비길 데 없이 크거늘, 오직 요 임금만이 이 덕을 몸받았나니, 그 덕이 한없이 넓어서 백성들이 어떻게 형용할 줄을 몰랐도다.〔大哉! 堯之爲君也! 巍巍乎唯天爲大, 唯堯則之, 蕩蕩乎民無能名焉.〕"라는 공자의 말이 실려 있다.

138 총명하고……자질 : 《중용장구》 제31장에 "오직 천하에 지극한 성덕을 지닌 분이라야 총명하고 예지로워서 백성의 위에 군림할 수가 있다.〔唯天下至聖, 爲能聰明睿智, 足以有臨也.〕"라는 말이 나오는데, 주희(朱熹)가 해설하기를 "총명예지는 태어나면서부터 아는 자질을 말한다.〔聰明睿智, 生知之質.〕"라고 하였다.

139 성학을……밝히시었습니다 : 원문의 '緝熙'는 성학(聖學)이 지향하는 이상적인 경지이다. 《시경》 〈경지(敬之)〉에 "나 소자가 총명하지 못하여 공경하지 못하나 날로

변된 마음 베풀어 주셨고, 하늘을 공경하고 두려워함에[140] 못에 임한 듯 살얼음 밟는 듯한 경계 늦추지 않으셨습니다. 아! 효제(孝弟)가 시정(施政)의 근본이 되었기에, 치교(治敎)가 집을 벗어나지 않고 이루어졌습니다.[141] 침선(寢膳)을 편히 해드리고 종묘 제사 경건히 올리신 것은 외려 상절(常節)이었고, 신명과 소통하고[142] 천지를 감동시키신 것이 인륜을 극진히 했다 이를 수 있습니다. 영고(寧考)의 아름다운 법도[143]를 널리 펴서 선왕의 뜻을 잘 이으셨고[144], 경묘(景廟)의 큰 부탁을 빛나게 드러내어 형님께 우애하셨습니다.[145]

나아가고 달로 진보하여 배움을 이어 밝혀서 광명함에 이르고자 한다.〔維予小子, 不聰敬止, 日就月將, 學有緝熙于光明.〕"라고 한 데서 온 말이다.

140 하늘을 두려워함에 : 주공(周公)이 은나라의 중종(中宗)을 찬양하여 "엄숙하고 공손하며 공경하고 두려워하여 천명을 스스로 따랐으며, 백성을 다스림에 공경하고 두려워하여 감히 향락에 빠지거나 편안히 지내지 않았다.〔嚴恭寅畏, 天命自度, 治民祗懼, 不敢荒寧.〕"라고 말하였다.《書經 無逸》

141 치교가……이루어졌습니다 :《대학장구》전 9장에 "이른바 나라를 다스림이 반드시 먼저 그 집안을 가지런히 함에 있다는 것은 그 집안을 가르치지 못하고 능히 남을 가르치는 자는 없기 때문이다. 그러므로 군자는 집을 나가지 않고 나라에 가르침을 이루는 것이다.〔所謂治國, 必先齊其家者, 其家不可教, 而能教人者無之. 故君子不出家而成教於國.〕"라고 하였다.

142 신명과 소통하고 :《효경(孝經)》〈응감장(應感章)〉에 "효성과 우애가 지극하면 신명에까지 통한다.〔孝悌之至, 通於神明.〕"라는 말이 나온다.

143 아름다운 법도 : 원문의 '徽猷'는《시경》〈각궁(角弓)〉에 보인다. "군자가 아름다운 도(道)를 갖고 있으면 소인(小人)들도 모두 와서 따르리라.〔君子有徽猷, 小人與屬〕"라고 하였다.

144 선친의……이으셨고 : 원문은 "善繼其志"이다.《중용장구(中庸章句)》제19장에 "효는 부모의 뜻을 훌륭히 계승하고, 부모의 일을 훌륭히 이어가는 것이다.〔夫孝者, 善繼人之志, 善述人之事者也.〕"라는 말이 있다.

역란을 평정함[146]에 이르러서는 성단(聖斷)이 뛰어나셨음을 흠앙합니다. 신묘한 계책 미리 정해지자 사나운 고래[147]들 다 부침(斧礎)[148]에 엎드렸고, 하늘 같은 위엄[149] 환하게 조림하자 요망한 기운 온 천하에서 영원히 사라졌습니다. 윤리와 강상을 붙들어 밝게 걸었으니 어찌 하늘의 큰 명[150]이 장구히 이어질 뿐이리까.[151] 어렵고 험난한 일을 겪

145 경묘의……하셨습니다 : 원문의 '則友'는 형제간의 우애가 돈독함을 뜻한다. 《시경》〈황의(皇矣)〉에 "이 왕계가 마음으로부터 우애하여, 그 형과 우애로워 그 경사를 도탑게 하였다.〔維此王季, 因心則友, 則友其兄, 則篤其慶.〕"라고 하였다. 경종의 뜻에 따라 왕세제로 책봉된 것을 가리킨다.

146 역란을 평정함 : 이인좌의 난을 평정한 것을 말한다. 이인좌(李麟佐, ?~1728)는 본관은 광주(廣州), 본명은 현좌(玄佐), 관찰사 이운징(李雲徵)의 손자이며, 윤휴(尹鑴)의 손서(孫壻)로서 남인의 명가 출신이다. 1728년(영조4) 영조와 노론을 제거하고 밀풍군(密豐君) 이탄(李坦)을 추대하려 반정을 일으켰으나 오명항(吳命恒)이 지휘하는 관군에 의해 17일 만에 평정되어 영조의 친국을 받고 능지처참되었다.

147 사나운 고래 : 원문의 '鯨鯢'는 고래의 수컷과 암컷을 가리키는 말로, 소국(小國)을 병탄(幷呑)하려는 흉악무도한 자를 뜻하는데, 여기서는 반란을 일으킨 무리를 말한다. 《춘추좌씨전》 선공(宣公) 12년 조에 "옛날에 밝은 임금이 불경스러운 자를 징벌한 뒤에, 그 고래〔鯨鯢〕와 같은 시체를 모아 높이 쌓아 놓고는 이것을 대륙(大戮)이라고 하였으며, 이 광경을 모두 보게 함으로써 흉악한 행동을 징계토록 하였다.〔古者明王伐不敬, 取其鯨鯢而封之, 以爲大戮, 於是乎有京觀, 以懲淫慝.〕"라는 말이 나온다.

148 부침(斧礎) : 부(斧)는 목을 자르는 데 쓰는 도끼이고, 침(礎)은 목을 자를 때 받치는 모탕으로, 형벌을 당하는 것을 말한다.

149 하늘 같은 위엄 : 원문의 '天威'는 제왕의 위엄이 하늘과 같다 하여 붙여진 말이다.

150 하늘의 큰 명 : 원문의 '景命'은 대명(大命), 즉 제왕의 지위를 수여하는 천명을 가리킨다. 《시경》〈기취(旣醉)〉에 "군자에게 만년토록 하늘의 큰명이 따르게 해 주리라.〔君子萬年, 景命有僕.〕"라고 한 구절에서 나온 말이다.

151 장구히……뿐이리까 : 원문의 '靈長'은 국운이 유구히 이어짐을 뜻한다. 《세설신어(世說新語)》〈출면(黜免)〉에 "만약 진(晉)나라 왕실이 장구히 이어지면 명공이 이

고도 안정될 수 있었으니 마침내 실행이 신명의 감응에 힘입었기 때문입니다.

크시도다, 은탕(殷湯)과 같은 덕이시여! 사랑을 세우고 공경을 세우는 것[152]을 우선으로 하셨고, 위대하시도다. 주실(周室)과 같은 융성함이여! 큰 계책과 큰 공렬을 능히 드러내셨습니다. 아름다운 광채 영원토록 드리워질 것이요, 아름다운 덕 높은 칭호에 참으로 걸맞습니다. 겸덕을 베풀어 신하들의 뜻을 물리치시며 스스로 성인을 자처하지 않으셨고, 자교(慈教 대비의 전교)를 받들고 옛 전례를 따르시며 실로 어버이께 순종하셨습니다.[153]

칭송을 다할 수 없고 추대의 마음 더욱 간절하니 삼가 "지행순덕영모의열(至行純德英謨毅烈)"이라는 존호를 올립니다. 삼가 바라옵건대 백성들의 송축에 힘써 부응하시어 큰 규모를 더욱 넓히소서. 저녁까지 두려워하고 종일토록 힘쓰시어[154] 천운(天運)에 짝하여 나라를 영원토

조칙을 받들어야 할 것이다.〔若晉室靈長, 明公便宜奉行此詔.〕"라고 하였다.

152 사랑을……세우는 것 : 이윤(伊尹)이 태갑(太甲)에게 "이제 왕께서 그 덕을 이으려 하신다면 초기(初期)에 있지 않음이 없으니, 사랑을 세우되 어버이로부터 하시며 공경을 세우되 어른으로부터 하시어 집과 나라에서 시작하여 사해에서 마치소서.〔今王嗣厥德, 罔不在初. 立愛惟親, 立敬惟長, 始于家邦, 終于四海.〕"라고 하였다. 《書經 伊訓》

153 겸덕을……순종하셨습니다 : '撝謙'은 겸손하게 자기를 낮춘다는 말이다. 《주역》 〈겸괘(謙卦) 육사(六四)〉에 "겸손함을 베풂에 이롭지 않음이 없다.〔無不利撝謙.〕"라고 하였다. 당시 신하들은 영조에게 효제와 덕망, 그리고 당화를 제거하고 역란을 소탕한 것, 제사를 잘 올리고 백성들을 편안히 한 점을 들어 존호를 간청하였다. 영조가 고사하자 대왕대비가 존호를 받으라고 권유하였고 영조는 대왕대비께 존호를 올린 뒤에 명을 받겠다는 조건으로 허락하였는데 이러한 사실을 말한 것이다. 《영조실록 영조대왕 행장》

록 하시고, 바람이 지나가면 풀이 눕나니[155] 세도(世道)를 옹희(雍熙)[156]의 경지에 놓으소서.

154 저녁까지……힘쓰시어 : 《주역(周易)》 〈건괘(乾卦) 구삼(九三)〉에 "군자가 종일토록 건실한 자세를 유지하면서 저녁까지 두려워하는 마음으로 조심하면 비록 위태로운 지경을 당할지라도 허물이 없게 될 것이다.〔君子終日乾乾, 夕惕若, 厲無咎.〕"라는 말이 나온다.

155 바람이……눕나니 : 계강자(季康子)가 정치에 대해 묻자 공자가 "군자의 덕은 바람과 같고 소인의 덕은 풀과 같다. 풀 위에 바람이 불면 반드시 눕는다.〔君子之德風, 小人之德草, 草上之風, 必偃.〕"라고 하였다. 백성은 위정자(爲政者)의 덕화에 쉽게 감화된다는 뜻이다. 《論語 顔淵》

156 옹희(雍熙) : 천하가 잘 다스려져서 화락(和樂)한 모양을 뜻한다. 요순(堯舜) 때의 정치를 찬양하는 말에서 유래한 것이다. 진(晉)나라 장형(張衡)의 〈동경부(東京賦)〉에 "백성들이 부유함을 함께하고, 상하가 그 옹희(雍熙)를 함께 누린다.〔百姓同於饒衍, 上下共其雍熙.〕"라고 하였다.

대왕대비전 악장 〈오현곡〉[157]

大王大妃殿樂章 於顯曲

아 빛나는 그 덕이여	於顯維德
큰 나라의 모후이셨네	大邦之母
우리 사왕을 도우시니	翼我嗣王
기명[158]이 매우 두터웠도다	基命孔厚
왕은 천록[159]을 누리며	王廸天祿
아름다운 이름 빛내시었네	遹昭休名
왕께서 하신 말씀 "이 아름다움은	王曰斯休
자모의 공으로 이루어진 바라"	慈功攸成
성대한 전책에	有皇典冊
예의 더욱 높이니	禮儀彌尊

157 대왕대비전……오현곡(於顯曲) : 대왕대비는 숙종의 세 번째 계비인 인원왕후(仁元王后)이다. 연잉군(훗날 영조)이 왕세제로 책봉되는 과정에서 결정적인 역할을 하였고 당파의 와중에서 왕제세의 지위가 불안할 때에도 지켜주는 역할을 하였다. 이 악장은 대왕대비 인원왕후의 존호를 '현익(顯翼)'으로 올리면서 지은 노래이다.

158 기명(基命) : 임금이 처음 받은 하늘의 명이다. 《시경》〈호천유성명(昊天有成命)〉에 "하늘이 정한 명이 있거늘, 문왕과 무왕이 받으셨도다. 성왕이 감히 편안히 지내지 못하고, 밤낮으로 그 명을 다져 넓히고 정밀히 하였다.〔昊天有成命, 二后受之. 成王不敢康, 夙夜基命宥密.〕"라고 하였다.

159 천록(天祿) : 임금의 자리이다. 《서경》〈대우모(大禹謨)〉에, "사해가 곤궁하여 천록이 영원히 끊어진다.〔四海困窮, 天祿永終.〕"라고 했는데, 이후에는 제위(帝位)의 의미로 쓰였다.

산처럼 산등성이처럼 如山如岡
높이 쌓여 무너지지 않으리[160] 積高不騫
경쇠와 쇠북 조화롭게 연주하여 磬鏞和奏
온갖 상서를 이에 부르리로다 百祥是召
드넓고 큰 덕음이며 洋洋德音
힘쓰시는 왕의 효성이로다[161] 亹亹王孝

160 산처럼……않으리 : 《시경》 〈천보(天保)〉에 "하늘이 그대를 보정하사 성하지 않은 것이 없는지라, 산과 같고 언덕 같으며, 뫼와 같고 큰 언덕 같으며, 냇물이 한창 이르는 것과 같아서, 더하지 않은 것이 없도다.〔天保定爾, 以莫不興, 如山如阜, 如岡如陵, 如川之方至, 以莫不增.〕"라고 하였는데 복록과 장수를 송축한 말이다.

161 힘쓰시는……효성이로다 : 《시경》 〈문왕(文王)〉에 "힘쓰고 힘쓰신 문왕이 훌륭하신 명예가 그치지 않으시어 주나라에 베풀어 주시되 문왕의 자손들에게 하시니 문왕의 자손들이 본손(本孫)과 지손(支孫)이 백세를 전할 것이며 모든 주나라의 선비들도 대대로 드러나리로다.〔亹亹文王, 令聞不已. 陳錫哉周, 侯文王孫子. 文王孫子, 本支百世. 凡周之士, 不顯亦世.〕"라고 하였다.

경상도 관찰사 김재로[162]에게 내린 교서[163] 갑인년

敎慶尙道觀察使金在魯書 甲寅

왕은 이르노라. 영번(嶺藩 영남 지방, 또는 경상도 관찰사를 말한다)이 관직을 폐기시키는[164] 한탄을 하게 만들어 자주 교체하게 된 것[165]을 염려하고 있던 차에, 조가에 척보(斥補 외직으로 내쫓아 보임함)의 법이 있는지라, 그대를 보내려 한다. 비록 남쪽 걱정을 덜게 되었으나 실로 마음의 애석함이 간절하도다.

돌아보면 신라의 옛 땅은 곧 우리 해동(海東)의 웅번(雄藩)이라.

162 김재로(金在魯) : 1682～1759. 본관은 청풍(淸風), 자는 중례(仲禮), 호는 청사(淸沙)·허주자(虛舟子)이다. 1722년 신임사화로 문외출송(門外黜送)되었다가 이듬해 울산에 안치(安置)되었고, 1724년 풀려나와 이듬해 대사간에 등용되었으나 1729년 정미환국으로 소론이 재등장하자 다시 파직되었다. 이후 관직 생활의 절반을 모두 대신으로 있으면서 노론의 선봉자로 활약했다.

163 경상도 관찰사……교서 : 1734년(영조10) 당시 수찬(修撰)으로 있던 오원이 지어 올린 글이다. 참고로, 영조는 이 글이 마땅치 않았는지 여러 번 고치게 하였고 오원은 이 글로 인해 사직(辭職) 상소를 올렸다. 이에 대해 당시 사람들은 '사신(詞臣)의 체모를 얻었다'고 말하였다. 《영조실록 10년 7월 16일, 7월 19일》

164 관직을 폐기시키는 : 원문의 '瘝曠'은 관리가 병을 핑계로 공무를 잘 살피지 않는 것을 말한다.

165 자주……된 것 : 당시 김재로는 다섯 번째로 임명된 경상 감사였다. 1월에 전임 감사 김시형(金始炯)이 파직된 뒤 2월에 정우량(鄭羽良)과 유복명(柳復明), 4월에 권업, 6월에 서명빈(徐命彬)이 임명되었으나 모두 부임하지 않았고 그 때문에 경상 감사는 오래 궐직상태로 있었다. 《승정원일기 영조 10년 1월 22일, 2월 3일·10일, 4월 4일, 6월 21일》

자연적으로 요새를 이룬 금성탕지(金城湯池)[166]가 8, 9백 리 뻗어있고, 닭 울고 개 짖는 소리 들리는 크고 작은 성이 70여 개가 된다. 추로(鄒魯)[167]의 현송(絃誦)하던 풍도는 예부터 인재를 배출하였고, 오초(吳楚)[168]의 밭 가는 풍속은 또한 재부(財賦)를 가장 풍요롭게 하였다. 참으로 나라의 근본이니 어찌 다만 남쪽 지방의 병위(屛衛)일 뿐이겠는가.

오늘날 나라의 근심이 이토록 극심한 지경에 이르렀으되 이 지방의 고통이 유독 심하다. 상처는 겨우 아물었으나 견사(繭絲)와 보장(保障)[169]이 모두 정지되었고, 기근과 흉년이 거듭 이르니 골짜기에서 뒹구는 백성들이 애처롭다. 정령을 내리고 일을 시행하는 사이로 말하자면 장이(張弛)와 완급(緩急)의 방도를 알맞게 하기 어렵다. 지금 누차 제수를 했다가 다시 고쳐 제수하게 되니 마땅한 사람 얻기가 어려운데 누가 능히 함께 다스릴 어진 수령[170]이 되어 이 중책을 감당할 수 있을

166 금성탕지(金城湯池) : 금성은 쇠로 만든 성, 탕지는 물이 끓는 못의 뜻이다. 곧 성지(城池)의 튼튼함을 비유하는 말이다.

167 추로(鄒魯) : 추는 맹자의 출생지이고, 노는 공자의 출생지이기 때문에 훌륭한 학문과 도학이 있는 곳을 의미한다.

168 오초(吳楚) : 양자강(揚子江) 동쪽, 즉 강소성(江蘇省) 지방 및 양자강 하류인 호남(湖南)·호북성(湖北省) 지방으로 땅이 비옥하고 농경문화가 발달한 곳이다.

169 견사(繭絲)와 보장(保障) : 보장은 인심을 화합하게 하여 번방(藩方)을 견고히 한다는 뜻이고, 견사(繭絲)는 부세(賦稅)를 의미한다. 즉 민생을 안정시키고 변방을 견고히 하는 것을 말한다. 전국 시대 조간자(趙簡子)가 윤탁(尹鐸)을 진양 태수(晉陽太守)로 임명하자, 윤탁이 "세금을 많이 걷을까요, 아니면 백성을 안정시켜 나라의 보장이 되게 할까요?〔爲繭絲乎? 抑爲保障乎?〕" 하고 물으니, 보장이 되게 하라고 대답한 고사가 있다. 《國語 晉語9》

것인가. 특별한 제수는 비록 어떠한 견책에서 나왔을지라도[171] 깊은 뜻은 역시 믿고 의지함에 있도다.

생각건대 경은 화락하고 단아한 자질로 민달한 식견이 있었고, 충성스럽고 공경스러우며 검소하고 근면한 것은 능히 선부(先父)의 미덕을 계승하였다. 재주와 지략이 있고 문장을 잘 하여 온 조정의 추대를 가장 많이 받았고, 경서를 펼쳐 강학하는 경연자리[172]에서는 계옥(啓沃)[173]의 효과를 얼마나 많이 보여주었던가. 호남에서 부세를 균등하게 할 때는[174] 밝고 능숙한 재주를 더욱 드러내었고, 중원을 안무할 때는[175]

170 함께……수령 : 원문의 '共理'는 지방 수령을 말한다. 한(漢)나라 선제(宣帝)가 "나와 더불어 같이 다스릴 자는 오직 어진 이천석이다.〔與我共理者, 惟良二千石.〕"라고 말한 바 있다.《舊唐書 卷80 褚遂良列傳》

171 특별한……나왔을지라도 : 임인옥사(壬寅獄事)의 이듬해(경종3)에 실시된 토역과(討逆科)가 실시되었는데, 이때 급제하여 출사한 이철보(李喆輔)와 그를 비판하는 상소를 올려 파직되었다가 서용된 신만(申晩) 두 사람을 관직(館職)에 의망하는 문제를 놓고 이조 판서 김재로와 참판 송진명, 참의 서종옥이 대립한 사건이 있었다. 노론인 김재로는 이철보에 대해서는 반대하고 신만을 옹호하는 입장이었던 반면, 소론인 송진명과 서종옥은 정반대의 입장을 견지하였는데 세 당상이 모두 패초를 어기고 나오지 않자 영조가 세 당상을 불러 각각의 의리를 논하게 한 뒤, 김재로를 경상 감사(慶尙監司)로, 송진명을 황주 목사(黃州牧使)로, 서종옥을 이천 부사(伊川府使)로 좌천시켰다.《영조실록 10년 7월 13일》

172 경연 자리 : 원문의 '廈氈'은 넓은 집과 촘촘한 털방석을 말하는 것으로, 임금과 강학하는 경연(經筵)을 가리킨다.

173 계옥(啓沃) : 내 마음을 열어 마음속에 있는 것을 임금의 마음에 부어 넣는다는 말로 성심을 다해 인도하는 것을 이른다.《서경》〈열명(說命)〉에 은(殷)나라 고종(高宗)이 부열(傅說)에게 "그대의 마음을 열어 나의 마음을 적셔라.〔啓乃心, 沃朕心.〕"라고 말한 데서 나왔다.

174 호남에서……할 때는 : 김재로는 전라도 균전사(全羅道均田使)를 지내면서 농민

혼란할 때 충성스러운 신하를 알게 하였으며,[176] 대령(大嶺 새재)을 방어할 때는 적을 주벌하는 데 큰 공적을 바치었다.[177] 이에 더욱 깊이 의지하여 군역과 부역의 중요한 직책을 역임하게 하였다.

천관(天官)이 특별히 뽑아서 제수한 것을 경은 비록 겸손하게 고사하고 있으나 신묵(宸墨 임금의 글씨나 글)을 특별히 반포하여 나는 예우를 더욱 돈독히 하겠노라. 감격하며 명을 받들어 깊은 지우(知遇)에 보답할 것을 생각하고, 근신하면서 요직에서 능히 혼신의 정성을 다하라.

근래에 정주(政注)의 쟁난(爭難)[178]으로 인하여 결국 이조에서 옥신각신하는 결과를 초래하고 말았다. 경이 깨닫지 못하였기에 열심히 어전(御前)[179]에서 타일렀고, 내 뜻이 있는 바가 있어 신풍(新豐)의

들의 토지대장인 양안(量案)을 개정하여 백성들의 부담에 공정을 기할 것을 주장한 바 있다. 《숙종실록 46년 1월 5일》

175 중원을……때는 : 김재로가 1728년 이인좌(李麟佐)의 난이 일어나자, 충주 목사로 호서 안무사(湖西安撫使)를 겸해 난의 수습에 일익을 담당한 사실을 가리킨다. 《영조실록 4년 3월 24일》

176 혼란할 때……하였으며 : 원문의 '板蕩'은 나라가 어지러워지는 것을 말한다. 당 태종(唐太宗)이 소우(蕭瑀)를 칭찬하면서 하사한 시에 "질풍 속에서 굳게 버티는 초목을 알고, 난리 속에서 충성스러운 신하를 안다.〔疾風知勁草, 板蕩識誠臣.〕"라는 표현이 나온다. 《舊唐書 卷63 蕭瑀列傳》

177 대령을……바치었다 : 김재로가 이인좌(李麟佐)의 표종제(表從弟)이자 조령(鳥嶺)의 반란군 우두머리인 조세추(曹世樞)를 충주에서 잡아 압송하여 참형에 처하도록 한 사실을 가리킨다. 《영조실록 4년 4월 16일》

178 정주(政注)의 쟁난(爭難) : 정주(政注)는 관직의 후보자를 복수로 추천하여 올리는 일을 말한다. 312쪽 주171 참조.

179 어전(御前) : 원문의 '前席'은 임금이 신하의 이야기를 더 잘 들으려고 앞으로 나와 바짝 다가앉는 것을 말한다. 진 효공(秦孝公)이 상앙(商鞅)과 대화를 하다가 자기

옛 규례[180]를 따랐다. 구경(九卿)에서 좌천시킨 것은 옥성(玉成)[181]의 뜻이었으니, 한 방면의 중요한 임무를 맡기면서 어찌 중히 여기는 마음을 느슨히 하겠는가? 이에 경에게 경상도 관찰사(慶尙道觀察使)를 제수하노라. 운운(云云).

경은 더욱 마음 속 정성을 다하고 문책하여 보임한 것이라 여기지 말라. 덕화(德化)를 선양하여 양춘(陽春)이 인을 베푸는 것을 본받고, 위엄을 진작하여 가을 서리가 만물을 숙살(肅殺)시키는 것 같이 하라. 한갓 장부 정리나 하여 회계 보고하는[182]의 말단에만 힘을 쏟지 말고, 오직 모범을 보이고 통솔을 잘하는 방법에 마음을 기울여야 할 것이다. 동남 지방에 재력(財力)이 이미 다하였는데 백성들을 풍족하게 할 방도를 어찌 소홀히 할 것인가. 유풍(儒風)이 전보다 점점 쇠퇴하니 학문을 흥기시킬 방도가 더욱 급하도다. 조정의 계책과 연석의 책모는 진실

도 모르게 앞으로 나와 앉았다는 고사와, 한 문제(漢文帝)가 선실(宣室)에서 가의(賈誼)와 귀신에 대한 이야기를 나누다가 바짝 다가앉아 경청했다는 고사가 전한다. 《史記 卷68 商君列傳》《漢書 卷48 賈誼傳》

180 신풍(新豐)의 옛 규례 : 인조 때 이조 판서를 지냈던 신풍군 장유(張維)를 외직인 나주 목사(羅州牧使)에 임명한 일을 이른다. 당시 장유는 공신이면서도 공신의 전횡을 비판하고 소장 관인들을 보호하다 좌천을 당하였다. 《인조실록 5년 9월 6일, 7년 7월 21일》

181 옥성(玉成) : 사람을 옥처럼 훌륭히 완성시켜 준다는 뜻이다. 《시경》〈민로(民勞)〉에 "임금께서 당신을 옥같이 만들고자 하시므로 이 때문에 경계하는 것이다.〔王欲玉女, 是以大諫.〕" 하였고, 장재(張載)의 〈서명(西銘)〉에도 "가난과 미천함과 근심과 슬픔은 너를 옥으로 만들 것이다.〔貧賤憂戚, 庸玉成於女也.〕"라는 구절이 있다.

182 장부……보고하는 : 원문의 '簿書期會'는 1년 동안의 회계를 장부에 기입하여 기일 내에 조정에 보고하는 것으로 관청의 자질구레한 사무를 뜻한다.

로 손바닥 가리키듯 경이 잘 알 것이오, 백성들의 근심과 나라의 계책은 어찌 내가 말로 다 할 필요 있으랴. 관직이 통훈대부 이하인 사람은 알아서 처결하고 죄가 대벽(大辟 사형)에 이르면 품처(稟處)하라.

아! 신자(臣子)는 평탄하고 험한 것을 선택함이 없는 법이라, 반드시 처지에 따라 분수를 편히 해야 할 것이다. 비록 내직과 외직에 경중의 다름이 있지만 어딘들 직분을 다할 곳이 아니겠는가? 그러므로 이에 교시하니 의당 잘 알리라 생각한다.

구성임[183]을 총융사에 제수하며 내린 교서
敎摠戎使具聖任書

왕은 이르노라. 삼보(三輔)[184]가 간성(干城)의 중책에 의지하니 적임자를 얻기가 가장 어려운데, 4대에 걸쳐 가업을 물려받았으니[185] 경이

183 구성임(具聖任) : 1693~1757. 본관은 능성(綾城), 자는 백형(伯衡)이다. 무과에 급제하고, 경기도 수군병마절도사·훈련대장·포도대장·총융사·어영대장 등을 거쳐, 병조 판서·형조 판서·판의금부사를 역임하였으며, 판돈녕부사에 이르렀다. 1749년(영조25)에 왕명으로 조관빈(趙觀彬)·박문수(朴文秀)·김성응(金聖應)·김상로(金尙魯) 등과 함께 《속병장도설(續兵將圖說)》을 편찬하였다.

184 삼보(三輔) : 중국 한(漢)나라 무제(武帝) 태초(太初) 원년에 서울인 장안(長安)을 중심으로 부근의 땅을 셋으로 나눈 행정구역, 곧 장안 이동(以東)의 경조윤(京兆尹), 장릉(長陵) 이북의 좌풍익(左馮翊), 위성(渭城) 이서의 우부풍(右扶風)이다. 기전(畿甸)을 보호하는 3개의 중요한 곳을 이르는 것으로 근기(近畿)의 별칭으로도 쓰인다. 총융청이 경기 지역의 군무를 맡아보는 군영이므로 이렇게 표현하였다.

185 4대에……물려받았으니 : 원문의 '弓箕'는 부자(父子)가 대대로 가업을 잇는다는 뜻이다. 《예기》〈학기(學記)〉에 "활을 잘 만드는 집안의 자식은 반드시 배워서 키를 만든다.〔良弓之子, 必學爲箕.〕"라고 하였다. 4대라고 함은 구성임의 고조·증조·조·부까지를 말한다. 구성임의 고조부는 원종(元宗)의 비인 인헌왕후(仁獻王后)의 오빠인 구굉(具宏)이다. 1608년 무과에 급제하고 1617년(광해군9) 폐모론(廢母論)이 일어나자 이서(李曙)·신경진(申景禛)·구인후(具仁垕) 등과 함께 인조를 추대할 것을 모의하고 김류(金瑬)·이귀(李貴) 등과 합류하여 인조반정(仁祖反正)을 이루어 정사 공신(靖社功臣) 1등으로 능성부원군(綾城府院君)에 봉해졌다. 이후 1624년(인조2) 이괄(李适)의 난 때 공주(公州)까지 왕을 호종하였고, 한성부 판윤·3도수군통제사(三道水軍統制使)·형조 판서를 거쳐 1636년(인조14) 공조 판서로 있을 때 병자호란(丙子胡亂)이 일어나자 남한산성을 지켜 공을 세웠다. 난이 끝난 후 병조 판서가 되었으며, 일생 동안 형조 판서 3번, 공조 판서 4번, 병조 판서 2번을 지냈고, 별직으로 도총관(都

아니면 누가 능히 할 수 있으랴. 이에 여러 사람의 천거를 따라 관작을 내리노라.

경의 관진(觀津)[186] 고가(故家 대대로 조정에서 벼슬한 명망 있는 가문)는 서평(西平)의 명문가[187]라. 일찍이 병법[188]에 통달하여 이미 노성하다

摠管)・의금부 판사・훈련대장・어영대장・포도대장・총융사(摠戎使) 등을 역임하였다. 증조부는 부친과 함께 1623년 인조반정(仁祖反正)에 공을 세워 정사 공신(靖社功臣) 3등으로 책록된 구인기(具仁塈)이다. 사헌부 감찰(監察)과 총융사(摠戎使)・공조판서 등을 거쳐 1674년(현종15) 판돈령부사(判敦寧府事), 1675년 능풍부원군(綾豐府院君)에 봉해졌다. 조부인 구일(具鎰)은 1668년 무과 별시에 급제해 도총부경력(都摠府經歷)・훈련원 부정 등을 역임하였으며 이후 황해도 병마절도사 금군별장(禁軍別將)을 거쳐 한성부판윤 겸 총융사(摠戎使)・지돈녕부사(知敦寧府事)가 되었다. 부친인 구상정(具尙禎)은 음직으로 선공감 감역(繕工監監役)에 올라 그 후 군자감 주부(軍資監主簿)·감찰사어(監察司禦)·충훈 도사(忠勳都事)·낭천 현감(狼川縣監)·장수 현감(長水縣監)·천안 군수(天安郡守)·사옹원 첨정(司饔院僉正) 등을 역임하였다.

186 관진(觀津) : 한 문제(漢文帝)의 황후이자 경제(景帝)의 모후인 두 황후(竇皇后)의 고향으로, 오늘날 하북(河北) 무읍(武邑)의 동남 지역이다. 곧, 황후가 나온 두씨 가문을 뜻하는데 여기서는 구씨 가문을 뜻한다. 구성임의 집안이 원종의 비 인헌왕후(조선 제16대 왕 인조의 어머니)를 배출하였고, 인조반정 후 가문의 인척들이 중신(重臣)으로 기용되는 등, 공훈(功勳)이 높았기에 이렇게 표현한 것이다.

187 서평(西平)의 명문가라 : 서평은 당 덕종(唐德宗) 때 주자(朱泚)의 난을 평정한 이성(李晟)을 가리킨다. 장안(長安)을 수복하여 봉천(奉天)으로 피신했던 덕종을 다시 돌아오게 한 공로를 인정받아 서평군왕(西平郡王)에 봉해졌다. 구씨 집안을 서평군에 비유한 것은 구성임의 현조(玄祖)인 구사맹이 임진왜란 당시 의주(義州)로 임금을 호종해 피난하였고, 고조 구굉(具宏)이 정묘호란 때는 강도(江都)로, 병자호란 때는 남한산성으로 임금을 호종한 바 있기 때문으로 보인다.

188 병법 : 원문의 '韜略'은 고대의 병서(兵書)인 《육도(六韜)》와 《삼략(三略)》의 병칭(竝稱)인데, 보통 병서나 병법(兵法)을 가리키는 말로 쓰인다. 《육도》는 주(周)나라의 국사(國師)인 태공망(太公望) 여상(呂尙)이 지은 병서라고 하며, 《삼략》은 황석공

는 명성이 있었고, 고을 수령을 두루 역임하면서[189] 더욱더 공적이 드러났다. 금위군을 다스림에[190] 성벽과 보루가 빛을 발하였고, 경사의 도적을 잡음에 북을 쳐서 경보를 멈추었다.[191] 진실로 휴척(休戚)을 함께 함이 마땅하니 그것이 특별히 발탁한 까닭이다.

생각해보면 경보(京輔 서울 경기 지역)를 진수(鎭守)하는 병력은 나라의 근본이 있는 바라. 당(唐)나라의 용무(龍武)와 신책(神策)이 경기의 군사들을 모두 총괄한 것[192]과 같고, 한(漢)의 풍익(馮翊)과 부풍(扶風)이 중위(中尉)에게 통제를 받은 것[193]과 같다. 맡긴 일은 양국(兩局 어영청(御營廳)과 훈련도감(訓鍊都監))에 비해 차이가 없고, 책임은 여러 곤

(黃石公)이 장량(張良)에게 전수해 준 병서인데, 일설에는 《황석공소서(黃石公素書)》를 이른다고 하나 확실치는 않다.

189 고을……역임하면서 : 구성임은 장단 부사(長湍府使)·황해 병사(黃海兵使)·양주 목사(楊州牧使)·수원 부사(水原府使) 등을 지낸 바 있다.

190 금위군을 다스림에 : 구성임이 영조 2년과 7년에 금군 별장(禁軍別將)을 지낸 것을 말한다.

191 경사의……멈추었다 : 원문의 '桴鼓'는 북채와 북으로 전쟁 때 또는 도적을 잡거나 쫓을 때에 북을 쳐서 신호하는 것을 말한다. 한(漢)나라 때 저자 거리에 북을 설치하여 도적이 나타나면 북을 두드려 여러 사람에게 경보(警報)를 알렸다. 구성임은 영조 8년 포도대장(捕盜大將)을 역임하였다.

192 당(唐)나라의……총괄한 것 : 용무(龍武)와 신책(神策)은 모두 당(唐)나라 금군(禁軍)의 명칭이다. 금군에 좌우용무군(左右龍武軍)과 좌우신책군(左右神策軍)이 있었다.

193 한의……받은 것 : 한(漢)나라 때 도성인 장안(長安)을 경조(京兆)·풍익(馮翊)·부풍(扶風) 세 구역으로 나누고 삼보(三輔)라고 하였는데, 그중 한 곳의 치안을 담당하는 자가 경보도위(京輔都尉)이다. 경보도위는 좌보도위(左輔都尉)·우보도위(右輔都尉)와 함께 경사의 치안을 총괄하는 중위(中尉)에 소속되어 있었다. 《漢書 卷19 百官公卿表》

임(閫任 병사(兵使)나 수사(水使)와 같은 외방의 직임)들에 비할 수 있는 것이 아니라. 하물며 지금 나라일이 점점 어려워지고 있고, 게다가 군정(軍政)이 더욱 해이해지고 있음에랴.

오랫동안 태평하게 지냈으니 병기와 갑옷을 잘 수선하는 것이 가장 시급한 정사요, 연이어 기근과 흉년이 드니 척적(尺籍)과 오부(伍符)[194]에 결함이 많음을 어찌하리? 환란을 미리 방비하고[195] 군사를 훈련하는 계책은 반드시 마땅한 사람을 기다려야 하는 법이나, 완급을 조절하여 나라를 방위하는 일은 누가 그 책임에 부응하겠는가?

이에 경에게 총융사(摠戎使)를 제수하니, 경은 나의 뜻을 깊이 체인하고 조상의 아름다운 공렬을 욕되게 하지 마라. 기율(紀律)을 밝히되 신엄(申嚴 법령을 거듭 엄히 함)을 귀히 여기고, 군리(軍吏)를 다스릴 땐 애휼을 우선으로 하라. 웅비(熊羆)[196]와 같은 군사들을 정돈할 때에는

194 척적(尺籍)과 오부(伍符) : 척적은 군령(軍令)과 군공(軍功)을 기재한 장부를 말하고, 오부는 군사가 각각 대오(隊伍)를 유지하는 수칙(守則)을 말한다. 《사기(史記)》 권102 〈장석지풍당열전(張釋之馮唐列傳)〉에 "대저 사졸은 모두 집에 있던 자제들로서 농사를 짓다가 군대에 왔으니, 어떻게 척적이나 오부를 알겠는가.〔夫士卒盡家人子, 起田中從軍, 安知尺籍伍符?〕"라는 말이 나온다.

195 환란을……방비하고 : 원문의 '綢繆'는 미리 치밀하게 준비하는 것을 말한다. 《시경》 〈치효(鴟鴞)〉에 "하늘에서 장맛비가 아직 내리지 않을 때에, 저 뽕나무 뿌리를 거두어 모아다가 출입구를 단단히 얽어서 매어 놓는다면, 지금 이 아래에 있는 사람들이 혹시라도 감히 나를 업신여길 수 있겠는가.〔迨天之未陰雨, 徹彼桑土, 綢繆牖戶, 今此下民, 或敢侮予?〕"라는 말이 있다.

196 웅비(熊羆) : 맹수인 곰과 큰곰으로 용맹한 병사나 장수를 뜻한다. 《서경》 〈목서(牧誓)〉에 "부디 굳세고 굳세어 범과 같고 비휴와 같으며 곰과 같고 큰곰과 같이 상나라 교외에서 싸워 도망하는 자들을 맞아 공격해서 서쪽 지방 사람들을 수고롭게 하지 말라.〔尙桓桓, 如虎如貔, 如熊如羆于商郊, 弗迓克奔, 以役西土.〕"라는 말이 보인다.

삼가기를 적과 대치할 때처럼 하고, 호표(虎豹)와 같은 위엄을 떨칠 때는 어슴푸레 호표가 산에 있는 듯 하라. 일을 처리하는 모든 법에는 오직 풀고 당김의 마땅함이 있어야 한다.

아! 한 나라 안위의 권한을 위임하니 의탁한 바가 중하고, 삼군(三軍)의 목숨을 맡게 하니 어찌 힘쓰지 않을 수 있겠는가? 오직 공경스럽고 삼가야 임금의 은혜에 보답할 수 있고, 오직 충성스럽고 의로워야 가문의 아름다운 전통을 이룰 수 있다. 마음을 열어 고한 말을 잘 듣고, 허벅지를 치며 기대하던 마음[197]을 져버리지 말라. 그러므로 이에 교시하니 의당 잘 알리라 생각한다.

197 허벅지……마음 : 한 문제(漢文帝)가 일찍이 풍당(馮唐)으로부터 염파, 이목의 장재(將才)가 같은 조나라의 장수 이제(李齊)보다 훨씬 훌륭했었다는 말을 듣고는 매우 기뻐하여 무릎을 치면서 "아, 나는 다만 염파와 이목이 활동하던 시대에 태어나지 못하여 그들을 장수로 삼지 못했을 뿐이다. 그런 사람을 장수로 삼는다면 어찌 흉노를 걱정하리오.〔嗟乎! 吾獨不得廉頗李牧時爲吾將. 吾豈憂匈奴哉?〕"라고 말한 고사가 있다.《史記 卷102 馮唐列傳》

효종대왕께 존호를 추상한 뒤에 내린 반교문 경신년
孝宗大王追上尊號後頒教文 庚申

초본으로, 사용하지 않았다.

칠묘(七廟)에서 덕을 보니[198] 이미 하늘과 같은 큰 아름다움을 우러렀고, 만세토록 칭송이 있으니 해를 그리는[199] 현호(顯號)를 더하였다. 이에 성대한 예를 거행하고 크게 윤음을 펼치노라.

삼가 생각건대 성인이 천년에 한번 오는 기회에 나시었으나[200] 시대는 106년 만에 오는 액운의 운세를 만났도다.[201] 양의(兩儀)가 어두워

198 칠묘(七廟)에서……보니 : 《서경》〈함유일덕(咸有一德)〉에 상(商)나라의 이윤(伊尹)이 그의 임금 태갑(太甲)에게 선정(善政)을 하도록 면계(勉戒)한 내용 가운데 "일곱 대의 묘를 통해 그 나라의 덕을 볼 수가 있고, 만인의 어른 되는 사람을 통하여 그 나라의 정치를 볼 수가 있다.〔七世之廟, 可以觀德, 萬夫之長, 可以觀政.〕"라는 말이 있다. 그러나 7묘는 원래 중국 천자의 종묘 제도이고, 조선은 제후국으로서 5묘 제도를 채택했다.

199 해를 그리는 : 원문의 '繪日'은 '화일모천(畫日摹天)'에서 온 말로, 제왕의 덕행을 표출하여 서술하는 것을 말한다. 한유(韓愈)의 〈진찬평회서비문표(進撰平淮西碑文表)〉에, "천지의 얼굴과 일월의 빛은 그려낼 수 없다는 것을 잘 알면서도, 두꺼운 낯으로 뻔뻔스레 글을 지어서 분부에 답하는 바입니다.〔乾坤之容, 日月之光, 知其不可繪畫, 强顔爲之, 以塞詔旨.〕"라는 말이 있다.

200 성인이……나시었으나 : 원문의 '千一之期'는 천 년에 한 번 찾아오는 기회를 말한다. 황하수가 1천 년 만에 한 번씩 맑은데, 이 물이 맑으면 천하가 태평하고 성인이 난다는 전설이 있다. 효종의 탄신을 칭송한 말이다.

201 106년 만에……만났도다 : 원문의 '百六'은 106년을 이르는 바, 4500년이 1원(元)이 되고 1원(元) 중에 5번의 양액(陽厄)과 4번의 음액(陰厄)이 있어 106년마다 액운이

져도 이치는 오히려 일양(一陽)에서 회복되고,[202] 모든 내는 바다로 모여들고[203] 의리는 만 번 꺾여도 반드시 동쪽으로 흐르는 법.[204] 형남(荊南)과 유악에서 긴밀하게 의논하였으니[205] 깊은 충정 귀신에게도 질정할 수 있었고,[206] 주나라의 서울을 돌아보니 지극한 아픔 자나 깨나

있으므로 백륙이라고 한 것이다.《漢書 卷21 律歷志上》 구체적으로는 병자호란을 일컫는다.

202 일양(一陽)에서 회복되고 : 순음(純陰)의 달인 10월을 지나 동지(冬至)가 되면 오음(五陰)의 아래 초효(初爻)에서 미세하게 일양(一陽)이 처음 생겨나 자라는 지뢰복(地雷復)의 괘(卦)를 이룬다. 아래에서 하나의 양기(陽氣)가 회복되어 싹트기 시작하는 것처럼 암울한 시대를 극복하고 새로운 희망을 가질 수 있는 계기가 마련된다는 말이다.

203 모든……모여들고 : '朝宗'은 제후와 백관이 제왕에게 조회하는 것을 말하는데, 보통 온갖 물줄기가 바다로 흐르는 것을 표현하는 말로 쓰인다.《서경》〈우공(禹貢)〉에 "강한이 바다로 흘러간다.〔江漢朝宗于海.〕"라는 말이 있다.

204 의리는……흐르는 법 :《순자(荀子)》〈유좌(宥坐)〉에, "물이 만 번 꺾이어도 반드시 동으로 흐르는 것은 굳은 의지가 있는 것 같다.〔其萬折也必東, 似志.〕" 한 데서 온 말로 여러 방면으로 꼬불꼬불 흐르는 중국의 강들이 결국에는 동쪽으로 흘러 바다로 들어간다는 뜻이다. 천하의 모든 제후국들이 중국 황제에 대해 충성을 바치는 말로 흔히 쓰인다.

205 형남과……의논하였으니 : 원문의 '荊幄'은 형남악대(荊南幄對)의 준말로, 송 효종이 장남헌(張南軒)을 유악으로 불러들여 토론한 고사를 하는데 여기서는 효종(孝宗)이 1659년(효종10) 3월 11일에 송시열(宋時烈)을 소대한 일을 말한다. 효종은 승지와 사관 및 환관들을 다 나가도록 하고 송시열(宋時烈)만 남게 하여 모책(謨策)을 의논하였고, 독대(獨對)를 한 뒤 세자를 통하여 수찰(手札)을 전하였다. 송시열은 이 때 상황을 적은 〈악대설화(幄對說話)〉에서 "악대(幄對)라고 이름한 것은, 송 효종(宋孝宗)이 장 위공(張魏公) 부자에게 정사를 위임하고서 남헌(南軒)을 유악(帷幄) 안으로 불러 토론할 적에 밖에 한 사람도 없었던 고사가 있으므로 지금 이 대화도 악대설화라고 명명한 것이다."라고 서술하였다.《宋子大全 雜著 幄對說話》

잊을 수 없었도다.[207] 왕도(王道)를 잡고 패술(伯術 패자(霸者)의 권모와 술수)을 내쳐 큰 법도를 세우셨고, 천리(天理)를 밝히고 인심(人心)을 바로잡아 큰 책임을 자임하셨다. 그러나 주 선왕의 과업[208]이 〈길일(吉日)〉로 넓혀지지 못했고,[209] 문왕(文王)의 나이가 중년에 갑자기 줄었도다.[210]

206 귀신에……있었고 : 301쪽 주128 참조.

207 주나라의……없었도다 : 《시경》〈하천(下泉)〉에 "저 차갑게 흘러내리는 샘물이여, 더부룩이 자라는 잡초를 적시도다. 한숨을 쉬며 내 잠 깨어 탄식하면서, 저 주나라 서울을 생각하노라.〔冽彼下泉, 浸彼苞稂. 愾我寤嘆, 念彼周京.〕" 하여, 쇠락한 주(周)나라에 대한 회상을 노래하였다. 여기서는 망한 명(明)나라에 대한 비감(悲感)을 담고 있다.

208 주 선왕의 과업 : 주 선왕(周宣王)은 주나라 왕실이 이미 쇠한 뒤에 즉위하여 주도(周道)를 다시 홍기시킨 왕이다. 특히 북쪽의 험윤(玁狁)이 침략하여 경읍(京邑)에까지 접근하자 윤길보로 하여금 북벌(北伐)에 나서게 하여 태원(太原)으로 몰아내었다.

209 길일로……못했고 : 길일(吉日)은 《시경(詩經)》〈소아(小雅) 남유가어지습(南有嘉魚之什)〉의 편명이다. 〈거공〉편과 함께 주실(周室)이 쇠미하여 오래도록 고례(古禮)를 폐하였다가 선왕(宣王) 때에 이르러 국세를 진작하고 제후들을 동도(東都)에 모아 가지고 사냥을 거행하는 것을 시인이 아름답게 여겨 노래하였다. 길일로 넓혀지지 못했다는 것은 효종의 북벌계획이 성사되지 못하였음을 이른 말이다.

210 문왕의……줄었도다 : 효종이 장수하지 못하고 승하한 것을 말한다. 주(周)나라 문왕이 아들 무왕(武王)에게 "네가 무슨 꿈을 꾸었느냐?" 하고 물으니, 무왕이 "꿈에 천제(天帝)께서 저에게 이빨 9개를 주었습니다."라고 답하였고, 이에 문왕이 "옛날에 나이를 영(齡)이라 하였는데, 이빨 또한 영이다. 나는 수명이 100세이고 너는 90세이니, 내가 너에게 3을 주겠노라." 하였는데, 그 뒤에 과연 문왕은 97세에 죽었고, 무왕은 93세에 죽었다. 《禮記 文王世子》《서경》〈무일(無逸)〉에는 "문왕이 천명을 받은 것이 중년이었는데, 나라를 향유한 것이 50년이었다.〔文王受命, 惟中身, 厥享國, 五十年.〕" 라는 구절이 있다.

다행히 인륜이 무너지지 않았던 것은 실로 풍성(風聲)이 영원히 수립되었기 때문이라.[211] 이하(夷夏)와 군신(君臣)의 큰 명분이 우리나라에서만 밝혀졌고, 존양(尊攘)[212]과 복설(復雪)의 큰 강령이 이에 성통(聖統)을 이어받게 하였다. 높이 보답하는 마음으로 종묘 제사 이미 지냈고, 이루어진 것을 상징하여 종묘 음악 걸맞게 연주하였다.[213] 그러나 몇 글자의 존명(尊名)만으로는 어지러운 세상을 바로잡으신[214] 성지(聖志)를 천명할 수 없다. 대개 성대한 덕과 지극한 선(善)을 극진히 드날리지 않음이 없어야 하고 빛나는 사업과 훌륭한 모책(謀策)은 오히려 더 드러내어 드날릴 것이 있다.

훌륭하도다. 비할 데 없는 공렬이여[215]! 진실로 돌아가셔도 잊지 못하

211 풍성이……때문이라 : 원문의 '風聲'은 풍교(風敎)와 같은 말로 훌륭한 기풍이나 가르침을 이른다. 《서경》 〈필명(畢命)〉에 "선한 이를 정표하고 악한 이를 가려내어 그 마을에 표하고, 선한 이를 드러내고 악한 이를 병들게 하여 풍성을 세우라.〔旌別淑慝, 表厥宅里, 彰善癉惡, 樹之風聲.〕"라는 구절이 있다.

212 존양(尊攘) : 중국의 예악 문물(禮樂文物)을 높이고 예의가 없는 오랑캐들을 물리친다는 뜻으로 춘추(春秋)의 존주 대의(尊周大義)를 가리킨다. 명을 높이고 청을 배척하는 논리이다.

213 이루어진……연주하였다 : 《예기》 〈악기(樂記)〉에 "음악이라는 것은 이루어진 것을 형상화한 것이다.〔樂者, 象成者也.〕"라는 말이 있다.

214 어지러운……바로잡으신 : 원문의 '一匡'은 어지러운 세상을 바로잡아 다스리는 것을 말한다. 《논어》 〈헌문〉에 "관중이 환공(桓公)을 도와 제후의 패자가 되어 한 번 천하를 바로잡아, 백성들이 지금까지 그 혜택을 받고 있으니, 관중이 없었다면 우리는 머리를 풀고 옷깃을 왼편으로 하는 오랑캐가 되었을 것이다.〔管仲相桓公霸諸侯, 一匡天下, 民到于今, 受其賜, 微管仲, 吾其被髮左衽矣.〕"라고 한 공자의 말이 보인다.

215 비할……공렬이여 : 《시경》 〈집경(執競)〉에서 중국 주(周)나라 무왕(武王)의 공을 칭송하면서, "강력하신 무왕이여. 비할 데 없는 공렬이시도다. 드러나지 않을까,

는도다.[216] 이에 백성들의 뜻에 따라 빛나는 옥책을 뒤늦게 높이 올리노라. 큰 덕이 천지에 표준을 세웠으니 어찌 다만 만방을 표정(表正)[217]할 뿐이리요. 대의가 해와 달처럼 밝아 온 세상을 찬란히 비추리로다. 아름다움을 밝히고 찬양한들 어찌 그 모습을 다 그려낼 수 있으랴. 높이기를 극진히 하고 존호를 더하여 다만 정성을 펼 뿐이라. 영고(寧考)의 지극한 소원이 비로소 이루어지니[218] 인정과 예문(禮文)에 어긋남이 없고, 태실(太室)의 옛 전장이 징험하니 물채(物采)가 모두 갖추어졌다. 성인을 기다려도 아마 의혹됨이 없을 것이고[219] 감히 선조의 공렬을 선양하여 더욱 빛낸다고 이를 수 있으리라. 세대가 여러 대 흘러감에

성왕·강왕이여. 상제가 인군으로 삼으셨도다.〔執競武王, 無競維烈. 不顯成康, 上帝是皇.〕"라고 하였다.

216 돌아가셔도……못하는도다 : 원문의 '沒世不忘'은 《대학장구》 전3장에 "《시경》에 '아, 전왕을 잊지 못한다.' 하였으니, 군자는 전왕의 어짊을 어질게 여기고 친하게 해주심을 친하게 여기며, 소인은 즐겁게 해주심을 즐거워하고 이롭게 해주심을 이롭게 여기니, 이 때문에 돌아가서 세상에 없는데도 잊지 못하는 것이다.〔詩云, 戲! 前王不忘. 君子賢其賢而親其親, 小人樂其樂而利其利, 此以沒世不忘也.〕"라고 한 대목이 보인다.

217 표정(表正) : 스스로 모범이 되어 천하를 바로잡는다는 뜻이다. 《서경》〈중훼지고(仲虺之誥)〉에 "유하가 덕에 어두워서 백성들이 도탄에 빠지거늘 하늘이 마침내 왕에게 용맹과 지혜를 내려주시어 만방을 표정하여 우왕(禹王)이 옛날 행하셨던 것을 잇게 하시니, 이는 그 떳떳함을 따라서 천명을 받들어 순히 하셔야 할 것입니다.〔有夏昏德, 民墜塗炭, 天乃錫王勇智, 表正萬邦, 纘禹舊服, 玆率厥典, 奉若天命.〕"라는 구절이 있다.

218 영고의……이루어지니 : 1716년에 11월 24일에 신하들이 효종의 존호를 청하였고 숙종은 윤허하였으나 뜻을 이루지 못하고 승하하였다. 영조는 "병신년(숙종42, 1716) 약시중을 들 때에 효묘(孝廟)의 존호는 내가 지극히 바라는 것이라는 하교를 친히 받았으므로 늘 생각하면 슬펐는데, 이제 종신(宗臣)의 소가 나왔다. 여러 신하의 뜻은 어떠한가?"라고 물어 숙종의 유지를 이루었다. 《영조실록 16년 5월 15일》

219 성인을……것이고 : 301쪽 주128 참조.

저 하늘이 돌이키지 않음을 개탄하고 세운(世運)이 날로 쇠퇴함에 의리가 혹여라도 인몰될 것을 염려하노라. 이에 운운(云云)하노라.

이미 종묘의 성대한 의례를 마치고 조정(朝廷)의 교명(敎命)[220]을 펴노라. 아! 계도하고 보우하시는 계책 잘못됨이 없고, 적시고 덥혀 주시는 은택 한이 없으리라. 크고 어려운 큰 기업을 이어받아 감히 계구(戒懼)[221]의 마음을 느슨하게 하랴? 광직(匡直)[222]의 남기신 교화를 입어 아마도 밝디밝은 아름다움을 보게 될 것이로다.

220 교명(敎命) : 원문의 '渙號'는 《주역》 〈환괘(渙卦) 구오(九五)〉에 나오는 환한대호(渙汗大號)의 준말로, 땀이 한 번 나오면 다시 들어갈 수 없는 것처럼, 다시 번복할 수 없는 제왕의 호령을 뜻한다.

221 계구(戒懼) : 계신공구(戒愼恐懼)의 준말로 경계하여 두려워함을 말한다. 《중용장구》 제1장에 "보지 못하는 데에 경계하고 듣지 못하는 데에 두려워한다.〔戒愼乎其所不睹, 恐懼乎其所不聞.〕"라는 말이 있다.

222 광직(匡直) : 바로잡는다는 뜻이다. 《맹자》 〈등문공 상(滕文公上)〉에 "백성을 위로하여 나에게 오게 하고, 바로잡아 곧게 해 주고, 도와주고 이끌어 주어 자득하게 한다.〔勞之來之, 匡之直之, 輔之翼之, 使自得之.〕"라는 요(堯) 임금의 말이 인용되어 나온다.

개본 改本

명을 받들어 개찬하였다.

왕은 이르노라. 증손은 선왕의 도를 힘껏 따라야 하니[223] 하늘 같은 큰 아름다움을 우러렀고, 만고에 큰 이름을 드리워야 하니 해를 그리는 큰 현책(顯冊)을 더하였다. 이에 의물을 갖추어 성대한 의례를 거행하고 사방에 윤음을 크게 선포하노라.

삼가 생각건대 효종대왕(孝宗大王)께서는 예지는 하늘에서 나왔고 효제는 도리를 다하셨도다. 능히 임금 노릇하고 능히 어른 노릇하신 것은 계력(季歷)이 태왕(太王)의 기업(基業)을 이은 것과 같으셨고,[224] 오직 정밀하게 하고 오직 전일하게 한 것은 우(禹)임금이 순(舜)임금의 가르침을 받은 것과 같으셨도다.[225] 이에 황고(皇考)의 남기신 뜻을

223 증손은……하니 : 《시경》 〈유천지명(維天之命)〉에 "우리 문왕께 크게 순히 하리니, 증손들은 돈독히 하여 크게 힘쓸지어다.〔駿惠我文王, 曾孫篤之.〕"라고 하였는데 여기서 증손은 후왕(後王)을 뜻한다.

224 능히……같으셨고 : 계력(季歷)은 주(周)나라의 시조인 태왕(太王) 고공단보(古公亶父)의 아들이자 문왕(文王)의 아버지인 왕계(王季)를 가리킨다. 고공단보에게는 아들이 셋 있었는데, 그 중 막내아들인 계력(季歷)의 아들 창(昌)이 태어났을 때 여러 가지 길조가 나타났다. 이에 고공단보는 계력이 자신의 뒤를 잇기를 원하였고, 이를 헤아린 큰아들 태백(泰伯)과 둘째 아들 중옹(仲雍)은 남쪽 형만 땅으로 나가 오나라를 창건하였다. 창은 훗날 주나라의 문왕이 되었고, 손자인 무왕은 계력을 추존하여 '왕계(王季)'라고 하였다. 《시경》 〈황의〉에 왕계(王季)를 칭송하여 "이러한 왕계(王季)를 상제께서 그 마음을 헤아려 보고 그 덕음을 맑게 하시니 그 덕이 능히 시비(是非)에 밝으셨네. 시비에 밝으시고 선악(善惡)을 잘 가리시어 어른노릇하시고 군주노릇하시며 이 대국(大國)을 통치하여 인자하고 온화하게 두루 복종시켰네.〔維此王季, 帝度其心, 貊其德音, 其德克明. 克明克類, 克長克君, 王此大邦, 克順克比.〕"라고 하였다.

225 오직……같으셨다 : 《서경》 〈대우모(大禹謨)〉에 "인심은 위태롭고 도심은 미묘

따라 시운(時運)이 매우 어려운 것을 구제하려 생각하셨다. 무왕(武王)의 공렬 드날리시고 문왕(文王)의 경광을 보시며[226] 큰 책임을 자임하셨고, 왕도(王道)를 따르고 패도(霸道)를 물리치며 능히 큰 규모를 넓히셨다.

그러나 아, 성수(聖壽)가 길지 못하셨으니, 어찌하여 하늘은 불쌍히 여기지 않았는가?[227] 그래도 풍성(風聲)이 영원히 수립됨에 힘입어 다행히 인륜이 무너지지는 않았도다. 기자의 나라에 예의가 더욱 드러난 것은 계도하고 보우하심에 부족함이 없었기 때문이요, 은나라의 제사가 매우 질서 있었던 것은 추숭하여 보답함을 성대히 하였기 때문이다. 그러나 두어 자의 존호(尊號)만으로는 일치(一治)[228]의 큰 업적을 밝힐 수 없다. 성대한 덕과 지극한 선(善)을 극진히 드날리지 않음이 없어야 하고 빛나는 사업과 훌륭한 모책(謀策)은 오히려 더 드러내어 드날릴 것이 있다.

하니, 오직 정밀하게 살피고 오직 전일하게 지켜야 진실로 중도(中道)를 잡을 수 있다.〔人心惟危, 道心惟微, 惟精惟一, 允執厥中.〕"라고 하였는데 이는 순 임금이 우 임금에게 제위를 물려주려고 하면서 경계한 말로, 도통을 전수하는 요결로 일컬어진다.

226 무왕의……보시며 : 주공(周公)이 성왕(成王)에게 "문왕(文王)의 경광을 보시고 무왕(武王)의 큰 공렬을 드날리소서.〔以覲文王之耿光, 以揚武王之大烈〕"라고 말 한 바 있다.《書經 立政》

227 어찌하여……않았는가 : 공자(孔子)가 죽었을 때에 노(魯)나라 애공(哀公)이 내린 조사(弔辭)에 "하늘이 나를 불쌍히 여기지 않는구나. 나라의 원로를 조금 더 세상에 있게 하여 나 한 사람을 도와 임금 자리에 있게 하지 않는구나.〔旻天不弔, 不慭遺一老, 俾屛余一人以在位.〕"라고 탄식한 바 있다. 성현의 죽음을 슬퍼하면서 흔히 쓰는 투식어이다.《春秋左氏傳 哀公16年》

228 일치(一治) : 296쪽 주106 참조.

아! 견줄 데 없는 공렬이여! 참으로 돌아가셨어도 잊을 수 없도다. 이에 백성들의 뜻에 따라 현호(顯號)를 뒤늦게 높이 올리노라. 이미 타락한 인심을 바로잡아 덕을 만방에 드러내셨고, 없어져 가는 천리(天理)를 밝혀 의리를 온 세상에 빛내셨도다. 훌륭함을 드러내고 아름다움을 기린들 어찌 그 모습을 다 형용할 수 있으랴. 존숭을 지극히 하고 존호를 더하여 다만 공경히 스스로 정성을 펼 뿐이다. 영고(寧考)의 지극한 소원이 비로소 이루어지니 인정(仁情)과 예문(禮文)에 어그러짐이 없고 태실(太室)의 옛 전장이 징험하니 물채(物采)가 환히 빛나도다. 성인을 기다려도 아마 의혹됨이 없을 것이고 감히 선조의 공렬을 드러내어 더욱 빛낸다고 말할 수 있으리라. 그리하여 이해 6월 22일에 효종대왕의 존시(尊諡)를 "명의정덕(明義正德)"으로 가상하노라.

종묘의 성대한 의례를 막 끝내고 조정(朝廷)의 교명(敎命)을 펴니, 성명(聲明)은 흘러 넘쳐 사방에서 보고 듣는 자들을 용동(聳動)시키고, 우악한 은혜 흡족히 적셔 기쁜 백성들의 마음에 답하리라. 아. 바로잡고 곧게 하신 교화가 멀지 않고, 적시고 덮어주신 은택 한이 없다. 큰 계책을 삼가 받들었으니 감히 삼가고 두려워하는 마음 느슨히 하랴. 남기신 교화에 힘입어 아마도 밝디 밝은 아름다움이 모일 것이라. 그러므로 이에 교시하니 의당 잘 알았으리라 생각된다.

존호를 올리고 내린 반교문[229]

上尊號頒教文

왕은 말하노라. 처음의 뜻을 굽히고 신하들의 뜻을 따라 현호(顯號)를 받았고, 옛 전례를 상고하고 모의(母儀)를 높여 성대한 예를 갖추었다.[230] 이에 은택을 미루어 윤음(綸音)을 널리 전하노라.

생각하건대 보잘것없는 자질로 태평성대의 대업(大業)을 이어받아 지켰노라. 영고(寧考)에게서 서훈(緖訓)을 받들었으나 어찌 잘 계술(繼述)[231]하는 아름다움이 있었겠는가? 황형(皇兄)의 큰 부탁을 받았으나 실로 중광(重光)[232]의 아름다움이 부족하였다. 외롭고 병든 몸의 지극한 아픔만이 종신토록 잊을 수 없을 뿐이요, 효우(孝友)로 일컬어지는 것은 마음에 슬픔만 보탤 뿐이었다.

난역(亂逆)을 평정한 것으로 말하자면 어찌 시원스레 평정한 공이 있다고 할 수 있겠는가? 조종(祖宗)의 덕과 은택이 크고 깊어 사민(士

229 존호를……반교문 : 영조 16년 경신(1740) 윤 6월 8일(정미)에 신하들의 뜻을 따라 영조 자신에게는 지행순덕영모의열(至行純德英謨毅烈)이라는 존호를 올리고 대왕대비전(大王大妃殿)에는 현익(顯翼), 중궁전(中宮殿)에는 혜경(惠敬)이라는 존호를 올린 후 7월 20일 내린 반교문이다.

230 처음의……갖추었다 : 원문의 '廷籲'는 신하들이 대궐 뜰에 모여 호소하는 것을 이른다. 영조가 현호를 받게 된 과정에 대해서는 306쪽 주153 참조.

231 계술(繼述) : 선왕의 뜻과 사업을 계승하는 것을 말한다.

232 중광(重光) : 두 임금이 성덕(盛德)의 광휘를 잇는 것을 말한다. 《서경》〈고명(顧命)〉에, "옛날 임금님이신 문왕과 무왕이 거듭 빛난 덕을 베풀었다.〔昔君文王武王, 宣重光.〕"라고 하였다.

民)들의 뜻이 화협하고, 천지신명이 환히 빛나 사악한 무리가 섬멸된 것이라. 즉위한 지 이미 여러 해가 되었으나, 어진 정치의 교화가 아직 다 이루어지지 않은 것이 늘 부끄럽다.

돌아보건대, 신하들의 아끼고 떠받드는 정성 때문에 열조(列朝)에서 거행해왔던 융숭한 의식을 따르려고 하지만, 시세(時世)가 어려운 것을 생각하면 진실로 남면(南面)의 즐거움을 알지 못하겠노라. 높고 넓은 선조의 공덕을 우러러보면 감히 그 발자취를 계승하기를 바랄 수 있겠는가? 신하들이 뜰에 가득 모여 극력 간쟁한 것은 비록 매우 간절한 청임을 알지만, 과인이 마음 속 생각을 펼쳐 많은 말을 한 것은 지나친 겸손에서 나온 것은 아니었다. 다만 자전(慈殿)의 전교가 특별히 은근하셨기에 평소의 생각을 끝내 지킬 수가 없었다.

스스로 돌아보건대, 변변치 못한 자질로 외람되게 포양(褒揚)[233]을 받았다. 진실로 성인(聖人)이 아니라면 누가 인륜을 극진히 하고 본성을 극진히 할 수 있겠는가?[234] 오직 명철한 임금만이 순수한 덕을 지녔다고 이를 수 있도다.[235] 이미 볼 만한 사업(事業)이 없는데 또 어떻게

233 포양(褒揚) : 포장 양려(鋪張揚厲)의 준말로 펴서 넓히고 찬양함을 이른다.

234 인륜을……있겠는가 : 《맹자》 〈이루 상(離婁上)〉에 "규구는 방원의 지극함이요 성인은 인륜의 지극함이다.〔規矩方員之至也, 聖人人倫之至也.〕"라고 하였고, 《순자(荀子)》 〈해폐(解蔽)〉에 "성인이란 인륜을 극진히 한 사람이다.〔聖也者, 盡倫者也.〕"라고 하였다. 《중용장구》 제22장에는 "오직 천하에서 가장 완전하게 참된 사람만이 하늘에서 품부받은 그 본성을 완전히 발휘할 수가 있다.〔唯天下至誠, 爲能盡其性.〕"라는 말이 나온다. 존호 가운데 "至行"이라는 글자를 의식하여 이른 말인 듯하다.

235 명철한……있도다 : 《시경》 〈유천지명(維天之命)〉에 "하늘의 명이 아 심원하여 그치지 않으시니, 아 드러나지 않겠는가, 문왕의 덕의 순수함이여.〔維天之命, 於穆不已, 於乎不顯? 文王之德之純.〕"라고 하였다. 이날 올린 존호 가운데 "純德"이라는 글자

"모(謨)"라 "열(烈)"이라 일컬을 수 있겠는가?[236] 아름다운 전례(典禮)로 융숭히 꾸미는 것이 어찌 백성들의 칭송[237]에 부응하는 것이겠는가마는, 자전(慈殿)의 공덕을 천양(闡揚)함에, 융숭하게 하고 싶은 바람 더욱 간절할 뿐이다. 어버이를 높이는 것보다 더 큰 것이 없기에 현책(顯冊)을 받들어 올리면서 한없이 기뻐하고, 선조(先祖)께 욕을 끼칠까 걱정하기에 이장(彝章 상전(常典))을 어루만지며 두려운 마음을 느낀다. 비록 아름다운 이름에 걸맞지 않는 것이 부끄럽긴 하지만, 미미한 정성을 펼 수 있음이 다행스럽도다.[238]

경사를 함께 하는 상규(常規)를 따르는 것은 예(禮)에 중한 바가 있기 때문이고, 만방에 호령[239]을 선포하는 것은 유신(維新)[240]을 함께 생각하기 때문이다. 이제 식희(飾喜)[241]의 때를 맞아 특별히 죄를 씻어

가 있기 때문에 이른 말이다.

236 모(謨)라……있겠는가 : 이날 올린 존호 가운데 '영모의열(英謨毅烈)'이라는 글자가 있기 때문에 이렇게 말한 것이다.

237 백성들의 칭송 : 원문의 '歸美'는 임금에게 민심이 쏠려 찬미하는 것이다. 《송서(宋書)》 권1 〈무제기(武帝紀)〉에 "사해가 귀미하고 조야가 추숭하였다.〔四海歸美, 朝野追崇.〕"라고 하였다.

238 아름다운……다행스럽도다 : 영조 자신의 존호와 대왕대비의 존호를 함께 올렸기 때문에 겸양의 뜻과 효성의 마음을 동시에 담아 이런 표현을 했다.

239 호령 : 원문의 '大號'는 《주역》 〈환괘(渙卦) 구오(九五)〉에 나오는 환한대호(渙汗大號)의 준말로, 땀이 한 번 나오면 다시 들어갈 수 없는 것처럼, 다시 번복할 수 없는 제왕의 호령을 뜻한다.

240 유신(維新) : 《시경(詩經)》 〈대아(大雅)〉의 "주나라가 비록 오래된 나라이나 천명(天命)은 오히려 새롭도다.〔周雖舊邦, 其命維新.〕"에서 온 말이다.

241 식희(飾喜) : 부모의 경사에 잔치를 베푸는 것을 뜻한다.

주는 은혜를 베푼다. 아! 백성들이 기원하는 마음 바야흐로 간절하니 내 마음의 조심스럽고 두려움이 더욱 깊어진다. 때마다 기미마다[242] 일념(一念)이 혹시라도 해이해질 것을 경계하고, 서로 훈계하고 서로 도와서[243] 여러 공적이 모두 빛나게 이루어지기를 기약해야 할 것이라. 이에 교시하노니, 의당 알지어다.

242 때……마다 : 《서경》 〈익직(益稷)〉에, 제순(帝舜)이 "하늘의 명을 삼갈진댄 때마다 삼가고 기미마다 삼가야 한다.〔則天之命, 惟時惟幾.〕"라는 말이 있다.

243 서로……도와서 : 원문은 '胥訓胥保'이다. "아! 내 들으니, 옛사람들은 오히려 서로 훈계하고 고하며 서로 보호하고 사랑하며 서로 가르쳤으므로 백성들이 서로 속이거나 과장하여 현혹하게 하지 않았다고 합니다.〔嗚呼! 我聞曰古之人, 猶胥訓告, 胥保惠, 胥教誨, 民無或胥譸張爲幻.〕"라고 하는 주공의 말을 원용한 표현이다. 《書經 無逸》

기설제문 계축년[244]

祈雪祭文 癸丑

나라에 강토가 있어	國有疆土
신은 이에 의지하니	維神是憑
비 내리고 햇빛 비추는 것	曰雨曰暘
고하면 응하지 않는 경우가 없습니다	靡告不膺
내 허물이 많음으로 말미암아	由予多愆
기근과 흉년이 자주 이어지니	饉荒頻仍
내년 농사 걱정에	嗣歲之慮
자나 깨나 전전긍긍입니다	寤寐戰兢
겨울에도 눈이 내리지 않으니	維冬無雪
이 또한 재앙의 징조라	迺又咎徵
밀과 보리를 장차 망칠 터인데	來牟將敗
어느 겨를에 풍년을 바라겠나이까	暇望秋登
저 가난하고 의지할 데 없는 사람[245]을 보고	相彼顚連
신은 어찌 불쌍히 여기지 않습니까	神胡不矜
바라건대 상서로운 눈을 퍼부어	庶霈祥霙

244 계축년 : 영조 9년(1733), 오원의 나이 34세이다.

245 가난하고……사람 : 원문의 '顚連'은 가난하고 의지할 곳 없는 것을 말한다. 장재(張載)의 〈서명(西銘)〉에 "천하의 노약자와 장애자, 의지할 데 없는 사람, 과부와 홀아비는 모두 내 형제 가운데 고통스러우면서도 호소할 데 없는 사람들이다.〔凡天下疲癃殘疾惸獨鰥寡, 皆吾兄弟之顚連而無告者也.〕"라는 구절이 있다.

신령께서 내리시는 복[246] 받게 하소서 靈貺是承

이상은 사직에 올린 제문이다.

부족한 나 소자가 眇台小子
이 큰 기업을 이어받아 承玆丕基
남기신 백성들로 하여금 迺令遺黎
해마다 기근에 걸리게 하였습니다 積罹饉饑
가만히 그 허물을 생각하면 靜思厥咎
내 살을 베어내듯 고통스러운데 若痛予肌
이 한겨울이 되도록 値斯深冬
눈도 싸라기도 제때 내리지 않습니다 雪霰愆期
백성들은 누구를 믿겠습니까 民其奚恃
보리도 시들어 갑니다 麥亦將萎
마음은 타들어가는데 心焉憔惔
어디에 아뢰고 의지하겠습니까 何所控依
아 밝게 오르내리시어[247] 於昭陟降
늘 이곳을 생각하시고 尙念在玆

246 신령께서……복 : 원문의 '靈貺'은 신령이 복을 내려 주는 것이다. 범엽(范曄)의 〈광무기찬(光武紀贊)〉에 "세조가 크게 명을 받으니 신령이 복을 내려 절로 성사시켜 주었네.〔世祖誕命, 靈貺自甄.〕"라는 구절이 있다. 《六臣註文選 卷50》

247 오르내리시어 : 원문의 '陟降'은 신령이 강림하는 모습이다. 《시경》〈민여소자(閔予小子)〉에서 "문왕(文王)의 혼령이 뜨락에 오르내린다.〔念玆皇祖, 陟降庭止.〕"라고 하였고 《시경》〈문왕(文王)〉에도 "문왕의 혼령이 오르내리면서 항상 상제의 곁에 계시니라.〔文王陟降, 在帝左右.〕"라는 말이 나온다.

삼백의 상서[248]로　三白之祥
온 나라를 편케 하소서　八方是綏

이상은 종묘에 올린 제문이다.

엄숙하여라 저 구덩이와 언덕은　肅彼坎墟
음의 신령이 깃들어 계신 곳　陰靈攸宅
온 세상 기운 얼어붙어도　一氣凝沍
생의가 돌아온다네　生意斯復
싸락눈 날리게 하고 눈을 만드는 것이　興霰釀雪
신의 직분이 아니랴　孰非其職
그런데 이 동짓달에 이르러　及玆仲冬
오히려 은혜를 아끼시는구려　尙慳玄澤
기함이 잘못 옮겨가　機緘錯遷
닫히지 못하고 어찌 열렸는가[249]　弗翕奚闢
보리가 장차 싹을 틔우지 못할 것이니　麥將無苗
백성들은 필시 골짝에서 죽어 나뒹굴 것이라　民必顚壑

248 삼백의 상서 : 《농정전서(農政全書)》 권11 〈점후(占候)〉에 "동지 지난 뒤 세 번째 술일(戌日)이 납일이다. 납일 이전에 세 차례 큰 눈이 오는 것을 '납전삼백(臘前三白)'이라고 하는데, 보리농사에 아주 좋다." 하였다. 또 《조야첨재(朝野僉載)》에 "섣달에 눈 오는 것을 보면, 농부가 껄껄 웃는다.〔臘月見三白 田公笑嚇嚇〕"라고 하였다.

249 기함이……열렸는가 : 원문의 '機緘'은 기관(機關)을 열고 닫는 것, 사물을 움직여 발생하게 하고 변화하게 하는 힘을 말한다. 《주역(周易)》 〈계사전 상(繫辭傳上)〉에 곤(坤)의 덕(德)을 일컬어 "그것이 고요할 때에는 닫고 있고 움직일 때에는 열어 놓는다.〔夫坤, 其靑靜也翕, 其動也闢.〕"라고 하였다. 땅의 신인 북교의 신이 음양을 잘못 조절했기 때문에 생긴 재앙이라는 인식을 담은 표현이다.

근심스러운 마음 매우 아픈데　　　憂心孔疚
신이 아니면 누구에게 빌리오　　　匪神曷祝
바라건대 은택을 내리시어　　　冀降冥貺
속히 한 자 높이 눈을 내려 주소서　　　亟霈盈尺

이상은 북교에 올린 제문이다.

풍릉부원군 조문명[250]에게 내린 치제문

豊陵府院君趙文命致祭文

아 내가 덕이 부족하여　咨予寡德

이 어려운 때를 만났는데　值兹艱否

큰 계책[251]으로 바루고 보좌하니　訏謨匡棐

오직 상공을 의지하였네　惟相是倚

그런데 어찌 그리 불행히도　云胡不幸

수가의 재앙[252]이 거듭 이르는지　災荐樹稼

두세 명의 재상이　二三輔臣

250 조문명(趙文命) : 1680~1732. 본관은 풍양(豊壤), 자는 숙장(叔章), 호는 학암(鶴巖), 시호는 문충(文忠)이다. 1705년 생원이 되고, 1713년 증광문과에 병과로 급제했다. 1727년 《경종실록》 편찬에 참여했고, 이인좌(李麟佐)의 난을 평정하여 분무 공신(奮武功臣) 2등에 책록되고, 풍릉부원군(豊陵府院君)에 책봉되었다. 관직에 있을 때 탕평책에 적극 호응하여 불편부당한 인사관리를 했다고 알려져 있고, 글씨에도 능했다. 문집에 《학암집》이 있다.

251 큰 계책 : 《시경》 〈억(抑)〉에 "계책을 크게 하고 명령을 살펴 정하며 계획을 장구히 하고 때맞추어 고한다.〔訏謨定命, 遠猶辰告.〕"라는 구절이 있다.

252 수가의 재앙 : 원문의 '樹稼'는 목가(木稼), 목빙(木氷)이라고도 하는데, 나무의 물방울이 추위로 얼어붙어 주렁주렁 매달려 있는 것을 말한다. 이런 현상이 발생하면 높은 관원이 죽는다는 속설에서 유래하여 현달한 관원의 죽음을 말할 때 주로 쓴다. 북송(北宋) 왕안석(王安石)이 한기(韓琦)의 죽음을 애도하는 만사(輓詞)에 "나무에 얼음이 얼면 달관이 두려워한다는 말을 들었더니, 태산이 무너지자 이제 철인이 쓰러짐을 보겠도다.〔木稼曾聞達官怕, 山頹今見哲人萎.〕"라는 구절이 있다. 《山堂肆考 卷153 木稼》

서로 이어 작고하셨구려	相繼歸化
아 경이 세상을 떠나고	噫卿云亡
세월 또한 1년이 지났건만	歲亦逾朞
아득히 그 충훈을 생각하면	緬懷忠勳
마음이 몹시 슬프오	怛焉心悲
나라의 형세를 돌아보면	回瞻國勢
내 근심 절박하니	我憂維棘
하늘의 노여움과 백성의 한탄	天怒民咨
나라의 기강이 무너져서라	綱紀壞析
비유하면 저 배가 흘러가서	譬彼舟流
어느 곳에 의지해 도달할까 하는 것 같으니[253]	奚所依屆
나 자신을 돌아보고 허물을 반성하며	反躬省尤
자나 깨나 편치 못하다오	弗寧寤寐
경연에서 강의 한 것이	臨筵有講
육지가 남긴 글이었는데	陸子遺編
정성스럽고 절절하여	勤懇剴切
법언 아님이 없었네[254]	罔非法言

253 비유하면……같으니 : 《시경》 〈소변(小弁)〉에 "비유하면 저 배가 흘러가서 이를 곳을 알지 못함과 같으니 마음에 근심하는지라 옷 입은 채 얼핏 잠 잘 겨를도 없노라.〔譬彼舟流, 不知所屆, 心之憂矣, 不遑暇寐.〕"라는 구절이 있다.

254 경연에서……없었네 : 원문의 '陸子'는 당나라의 재상인 육지(陸贄)를 가리키는데, 가흥(嘉興) 사람으로 시호가 선공(宣公)이다. 대종(代宗) 대력(大曆) 연간에 진사가 되고, 또 박학굉사과(博學宏詞科)에 급제하였으며 벼슬이 중서평장사(中書平章事)에 이르렀다. 육지가 남긴 글이란 그가 올린 주의(奏議)를 모아 편찬한 《육선공주의(陸

허물을 바로잡고 보필하여[255]　繩愆弼違
모든 왕의 귀감이 되게 하고　百王龜鑑
더욱 나의 병통을 적중해 내어　尤中予病
진정으로 침폄 노릇을 하였구려　允矣針砭
책을 열면 놀라고 두려워　開卷警惕
황연히 한숨만 났는데　怳然興喟
권강의 말을 듣고　勸講之言
비로소 경의 뜻을 깨달았네　始悟卿意
성심을 가지고 인도하기를　存誠納約
고서를 통해 하였으니[256]　牖以古書

宣公奏議)》라는 책이다. 논간(論諫)이 뛰어나고 말들이 모두 개절(剴切)하여 주의(奏議)의 전범으로 칭해졌다. 《영조실록》 7년 5월 14일 기사에, 영조가 소대(召對)에서 강(講)하기 위해 이 책을 간행해 바치도록 명하였다는 내용이 있다. 하루는 소대(召對)하여 《육선공주의》를 강독(講讀)할 때에 수심에 잠겨 말하기를, "예전에 고(故) 좌상(左相) 이집(李㙫)이 나에게 이 글을 강독하기를 권하고 고 상신(相臣) 홍치중(洪致中)·조문명(趙文命)도 말하였는데, 그 뜻은 대개 내 도량이 좁기 때문에 이 글을 빌려서 받아들이는 도량을 개발(開發)하려 한 것이다"라고 하기도 하였다. 육지의 주의를 통해 조문명이 영조에게 끼친 영향이 컸음을 보여준다. 《국조보감 제60권 영조조4 9년(계축, 1733)》 《영조실록 부록 영조대왕행장》

255 허물을……보필하여 : 원문의 '繩愆'은 《서경》 〈경명(冏命)〉의 "나 한 사람은 어질지 못하니 실로 좌우 전후의 지위에 있는 선비들에 힘입어 내가 미치지 못하는 것을 고치며 허물과 잘못을 바로잡고 나의 나쁜 마음을 바루어 선조의 공렬을 계승하고자 하노라.〔惟予一人無良, 實賴左右前後有位之士, 匡其不及, 繩愆糾謬, 格其非心, 俾克紹先烈.〕"에서 나온 말이고, '弼違'는 《서경(書經)》 〈익직(益稷)〉의 "내가 잘못하거든 그대가 바로잡아 나를 도우라.〔予違汝弼.〕"라는 말을 줄인 것이다.

256 인도하기를……하니 : 원문의 '納約'은 임금에게 나아가 말을 함에 있어서 임금이

소식이 송나라의 임금을 진취시킨 것이요[257] 蘇進宋辟
위상이 동중서의 계책을 차용한 것이라[258] 魏借董謨
경이 남긴 충정에 감동하고 感卿遺忠
나를 돌아보며 많이 부끄러웠으니 顧予多恧
임금을 허물없는 데로 인도한 것은 納君無過
경이 오래도록 노력한 바였네 卿所蓄積
내 도량이 넓지 못한 까닭으로 由予未弘
능히 마음 비워 받아들이지 못했으니 弗克虛受
나라 걱정하고 백성 사랑하는 한결같은 맘 憂愛一心
쌓아두고 펼치지 못하였구려 蘊而未布
저 어진 생각을 빌어서 藉彼良猷
나에게 법칙[259]을 보여주었으니 示予柯則

잘 아는 것부터 말하여 임금을 깨우쳐 주는 것을 말한다. 《주역》 〈감괘(坎卦) 육사(六四)〉에 "맺음을 들이되 통한 곳으로부터 하면 끝내 허물이 없을 것이다.〔納約自牖, 終无咎.〕" 하였는데, 이에 대한 전(傳)에 이르기를, "납약은 임금에게 나아가 맺는 도를 말하고, 유(牖)는 개통(開通)의 뜻이다. 사람의 마음은 가려진 바가 있고 통한 바가 있는데, 가려진 바는 어두운 곳이고 통한 바는 밝게 아는 곳이다. 그러니 임금이 밝게 아는 곳에 나아가 아뢰어서 임금이 믿기를 구하면 쉽게 깨우칠 수 있다." 하였다.

257 소식이……것이요 : 소식(蘇軾)이 육지(陸贄)의 주의(奏議)를 올리면서 "자리 옆에다 놓아두고서 육지의 얼굴을 보듯이 하시고, 반복해서 숙독하면서 육지와 말하는 것 같이 하소서."라고 말한 바 있다. 《蘇東坡全集 卷64 奏議十首》

258 위상이……것이라 : 위상(魏相)이 한 선제(漢宣帝) 때에 승상이 된 다음에, 가의(賈誼)와 동중서(董仲舒)가 상주(上奏)한 내용을 주청하여 시행한 일을 가리킨다. 《漢書 卷74 魏相丙吉傳》

259 법칙 : 원문의 '柯則'은 표준, 전범(典範) 또는 귀감이라는 뜻이다. 《시경》 〈벌가(伐柯)〉에 "도끼 자루를 벰이여, 도끼 자루를 벰이여. 그 법칙이 멀지 않네.〔伐柯伐柯,

그 말을 음미하면　有味其言
자다가 깨달은 듯하였는데　如寐斯覺
캄캄한 구원에서　冥冥九原
경은 움직이지 않으니　卿則無吪
대궐[260]에서 토론할 때마다　細氈討論
그저 슬픔과 탄식만 더하는구려　秖益傷嗟
내 이 책을 읽고　予讀玆編
행여 몸소 행하지 않는다면　儻未躬行
경은 나를 저버리지 않았는데　卿非負予
나는 그대를 저버리는 것이라　卽予負卿
언제나 가슴속에 품고 있으면　終始服膺
어둡지 않은 영령에게 위로가 되리니　庶慰不昧
경은 나의 정성을 헤아리고　卿諒予忱
부디 이 술잔에 흠향하시기를　尙歆斯酹

其則不遠.]"라고 한 데서 온 말이다.

260 대궐 : 원문의 '細氈'은 궁전(宮殿) 바닥에 까는 고운 융단으로 여기서는 어전을 말한다.

도산 퇴계 서원에 내린 치제문

陶山退溪書院致祭文

아 위대하신 열조께서	於皇烈祖
교화를 돈독히 하여 인재를 양성하시니	敦教作人
문질을 고루 갖춘[261] 석유들이	彬彬儒碩
사문을 크게 밝혔네	丕闡斯文
동남 땅에서 도를 강론하여	東南講道
명현 더욱 많이 배출하니	益多名賢
우뚝한 김굉필과 정여창[262]	巍然金鄭
문원공[263]도 있었어라	亦有文元

261 문질을……갖춘 : 원문의 '彬彬'은 바탕과 문채 즉 내용과 형식이 어느 한 곳으로 치우치지 않고 잘 조화된 군자를 뜻한다. 《논어》 〈옹야(雍也)〉에 "바탕이 문채보다 지나치면 촌스럽게 되고, 문채가 바탕보다 지나치면 겉치레에 흐르게 되나니, 문채와 바탕이 조화를 이룬 뒤에야 군자라고 할 수 있다.〔質勝文則野, 文勝質則史, 文質彬彬然後君子.〕"라고 하였다.

262 김굉필과 정여창 : 원문의 '金鄭'은 한훤당(寒暄堂) 김굉필(金宏弼)과 일두(一蠹) 정여창(鄭汝昌)을 말한다. 퇴계는 〈화도집음주(和陶集飮酒)〉에서 "점필재는 쇠한 사문(斯文) 일으켜 도 구하는 선비들 그 문정에 가득했네. 쪽빛에서 나온 청색 쪽빛보다 더 푸르니 김한훤과 정일두가 서로 이어 울렸네.〔佔畢文起衰, 求道盈其庭.有能靑出藍, 金鄭相繼鳴.〕"라고 하여 두 사람을 도학을 이은 인물로 칭송한 바 있다.

263 문원공(文元公) : 회재(晦齋) 이언적(李彦迪)을 말한다. 이언적은 정암(靜庵) 조광조(趙光祖)와 퇴계(退溪) 이황(李滉) 사이에서 도통을 계승한 인물로 칭송되었다.

나라 사람들이 모범으로 삼아	國人攸式
큰 길과 높은 산처럼 추앙하였는데[264]	景行高山
그 도를 집대성[265]할 분	集厥大成
바로 경을 만났도다	迺得卿焉
아. 경의 성덕이여	猗卿盛德
금처럼 정련되고 옥처럼 순수하였으니	金鍊玉純
깊이 침잠하고 지극한 경지로 나아가	淵涵造極
고요하고 두터운 것이 땅과 같았네[266]	靜厚如坤
모든 아름다운 자질 구비하고도	具茲衆美
공부는 남보다 백배 천배 하였고[267]	功則百千

264 큰 길과……추앙하였는데 : 옛사람 중에 높은 덕이 있는 자에 대해서는 사모하고, 밝은 행실이 있는 자에 대해서는 그를 모범으로 삼아 행한다는 것으로, 산은 덕을, 길은 행실을 비유하였다. 《시경》〈거할(車舝)〉에 "높은 산을 우러르고 큰길을 따라가네.〔高山仰止, 景行行止.〕"라는 말이 있다.

265 집대성 : 다른 성인(聖人)들의 여러 가지 특징을 한 몸에 다 갖추었다 하여 본래 공자를 지칭하는 말이다. 맹자가 "공자 같은 분을 두고 뭇 성인의 덕을 모아서 크게 이루었다고 하는 것이니, 집대성이란 바로 음악을 연주할 때 금속 악기인 징으로 시작하여 옥으로 만든 경쇠로 거두는 것과 같은 것이다.〔孔子之謂集大成, 集大成也者, 金聲而玉振之也.〕"라고 한 데서 온 말이다.《孟子 萬章下》 퇴계 역시 후진들에 의해 도학을 집대성한 사람으로 평가되었다.

266 고요하고……같았네 : 《주역》〈곤괘(坤卦)〉에, "땅의 도는 지극히 고요하며 덕이 방정하다.〔坤道至靜而德方.〕"라고 하였고 "땅의 형세가 순한 것이 곤이니, 군자가 후덕으로 만물을 포용한다.〔地勢坤, 君子以, 厚德載物.〕"라고 하였다.

267 공부는……하였고 : 《중용장구》 제20장의 "남이 한 번에 잘하면 나는 그것을 백 번이라도 하고, 남이 열 번에 잘하면 나는 그것을 천 번이라도 할 것이다. 과연 이 방법대로 잘 행하기만 한다면 아무리 어리석은 사람이라도 반드시 밝아지고, 아무리

급류에서 초연하고[268] 超然急流
화려한 수레[269]에 뜻이 없었네 志厭駟軒
양 조정에서 마음 비우고 기다리시니[270] 兩朝虛佇
큰 내를 건너는 배와 노가 되었고[271] 舟楫巨川
우리 성현께서 남기신 경전을 안고 抱吾遺經
초야에서 도를 지켰네 守道丘樊
자연스럽게 도에 합치하여 從容其中
거슬러 올라가 근원을 만났고 溯委逢源
주자[272]의 모든 글을 紫陽全書

유약한 사람이라도 반드시 강해질 것이다.〔人一能之, 己百之, 人十能之, 己千之. 果能此道矣, 雖愚必明, 雖柔必强.〕"라는 말이 있다. 남보다 더 노력하였다는 의미이다.

268 급류에서 초연하고 : 급류는 한창 벼슬을 할 때를 비유한다. 송(宋)나라 어떤 도승(道僧)이 전약수(錢若水)에 대해서 "급류 속에서 용감하게 물러날 수 있는 사람이다.〔是急流中勇退人也.〕"라고 평하였는데, 과연 그가 추밀 부사(樞密副使)에 이르렀을 때 40세도 안 된 나이로 관직에서 물러났다는 일화가 있다.《聞見前錄 卷7》 퇴계 또한 일찍 벼슬에서 물러나왔기에 이른 말이다.

269 화려한 수레 : 원문의 '駟軒'은 헌사(軒駟), 즉 사마헌거(駟馬軒車)의 준말로 지위가 높고 귀한 이가 타는 사마(四馬)가 끄는 높은 수레이다.

270 마음……기다리시니 : 원문의 '虛佇'는 '虛宁'라고도 하는데, 임금이 허심탄회하게 어진 신하의 말을 듣는 것을 말한다. 원래 '저(宁)'는 문(門)과 외병(外屛) 사이로 정당(正堂) 앞의 정중(庭中)에 있는데, 천자가 정사(政事)를 들을 때 서는 곳이다. 즉 허저란 이곳을 비워둔다는 뜻으로, 신하의 말을 허심탄회하게 듣는다는 것을 비유한 말이다.

271 큰 내를……되셨고 : 훌륭한 신하가 국가의 어려움을 헤쳐 나가는 것을 의미한다. 은(殷)나라 고종(高宗)이 부열(傅說)에게 "큰 시내를 건너면 너를 배와 노로 삼고 큰 가뭄을 만나면 너를 장맛비로 삼으리라.〔若濟巨川, 用汝作舟楫. 若歲大旱, 用汝作霖雨.〕" 한 데서 온 말이다.《書經 說命上》

더욱 우러르고 탐구하였도다[273] 尤所仰鑽
아득한 천년 세월 邈矣千祀
성현과 마음 맞은 것이 신통하였으니 所會者神
후손들에게 은혜를 끼쳤을 뿐 아니라 匪直嘉惠
이분이 바로 소신[274]이었도다 寔惟素臣
사단칠정[275]의 은미한 이치와 四七微蘊
진백사[276] 왕양명[277]의 어긋난 학설[278]을 陳王糾紛

272 주자 : 원문의 '紫陽'은 송나라 학자 주희(朱熹)의 별호이다. 주희의 부친 주송(朱松)이 자양산(紫陽山)에서 독서하였는데, 후에 주희가 복건(福建) 숭안(崇安)에서 살면서 정사의 이름을 자양서실(紫陽書室)이라 한 것에서 유래하였다.

273 더욱……탐구하셨도다 : 원문의 '仰鑽'은 안연(顔淵)이 공자의 도에 대해 "우러러 볼수록 더욱 높고 뚫을수록 더욱 견고하며, 바라보면 앞에 있다가 홀연히 뒤에 있도다. 〔仰之彌高, 鑽之彌堅, 瞻之在前, 忽焉在後.〕"라고 말한 데서 나온 말이다. 《論語 子罕》

274 소신(素臣) : 《춘추》를 지은 공자를 두고 제왕은 아니나 제왕의 덕을 지녔다 하여 소왕(素王)이라 하고, 공자의 뜻을 계술하여 《춘추좌씨전(春秋左氏傳)》을 지은 좌구명(左丘明)을 소신(素臣)이라 일컬었다. 《春秋左氏傳序》 퇴계를 칭송하여 한 말이다.

275 사단칠정(四端七情) : 사단은 사람의 본성인 인의예지(仁義禮智)에서 우러나오는 측은지심(惻隱之心)·수오지심(羞惡之心)·사양지심(辭讓之心)·시비지심(是非之心)을 말하고, 칠정은 사람의 일곱 가지 감정인 희로애구애오욕(喜怒哀懼愛惡欲)을 말한다. 퇴계는 고봉(高峯) 기대승(奇大升)과 사단(四端)과 칠정(七情)에 대한 이(理)·기(氣) 분속(分屬) 여부를 놓고 소위 사칠 논변(四七論辨)을 한 바 있다.

276 진백사(陳白沙) : 진헌장(陳獻章, 1428~1500)으로, 자는 공보(公甫), 호는 석재(石齋)이며, 백사(白沙)에서 살았기 때문에 백사선생(白沙先生)이라고도 한다. 그의 학풍은 정좌(靜坐)하여 마음을 깨끗이 함으로써 이치(理致)를 직관(直觀)하는 것으로, 주자(朱子)의 학풍과는 대치되었다.

277 왕양명(王陽明) : 왕수인(王守仁, 1472~1529)으로 양명(陽明)은 그의 호(號)이며 절강(浙江)에서 태어났다. 지행합일설(知行合一說)과 치양지설(致良知說)을 주

연구하고 치밀하게 분별하여 研思極辨
미세한 것까지 반드시 분석하였네 毫縷必分
성실함을 몸에 돌이키고[279] 反誠于身
하시는 일마다 법도에 맞았으며 動中方圓
순수함이 내면에 쌓여 醇粹積中
그 빛이 널리 드러났네 輝光著宣
소요하며 완락하였으니[280] 逍遙玩樂
물은 지자가 좋아하고 산은 인자가 좋아하는 것[281] 水智山仁

장하여 주자학파(朱子學派)와 서로 다투었으며, 세상에서는 그의 학파를 요강학파(姚江學派)라 불렀다.

278 진백사……학설을 : 퇴계는 〈백사시교와 전습록을 초하여 전하고 이어서 그 뒤에 쓰다〔白沙詩敎傳習錄抄傳 因書其後〕〉라는 글에서 "진백사(陳白沙)와 왕양명(王陽明)의 학문은 육상산(陸象山)에게서 나왔다."라고 하면서 "진백사의 학문은 그래도 완전한 선학(禪學)은 아니기 때문에 우리 학문에 가까운 점이 있으나 왕양명에 이르러서는 학술이 매우 어긋났으니, 인의(仁義)를 해치고 천하를 어지럽힌 이는 필시 이 사람일 것이다."라는 주장을 편 바 있다. 《退溪先生文集 卷41》

279 성실함을……돌이키고 : 《맹자》 〈진심 상(盡心上)〉에 "만물의 이치가 모두 나에게 갖추어져 있으니, 자기 몸을 돌이켜 보아 참되다면 이보다 더 큰 즐거움이 없다.〔萬物皆備於我矣, 反身而誠, 樂莫大焉.〕"라는 말이 있다.

280 완락하였으니 : 주자의 〈명당실기(名堂室記)〉에 "즐기고 완상하여 진실로 내 몸을 마칠 때까지 하여도 싫증나지 않을 것이니 또 어느 겨를에 외물을 사모하겠는가.〔樂而玩之, 固足以終吾身而不厭, 又何暇夫外慕哉?〕"라는 구절이 있는데 퇴계는 이 구절에서 따와 도산서당(陶山書堂)에 완락재(玩樂齋)를 지었다.

281 물은……좋아하는 것 : 공자(孔子)가 "지혜로운 자는 물을 좋아하고, 어진 자는 산을 좋아하며, 지혜로운 자는 동하고, 어진 자는 고요하며, 지혜로운 자는 즐겁고, 어진 자는 장수한다.〔智者樂水, 仁者樂山, 智者動, 仁者靜, 智者樂, 仁者壽.〕"라고 한 데서 온 말이다. 《論語 雍也》

유연히 목욕하고 노래 부르니	悠然浴詠
관 쓴 자와 아이들 정연하였어라[282]	有秩童冠
단비처럼 교화를 펴고[283]	時雨布化
베푼 공 끝이 없으니	功施無垠
사람은 가도 도는 남아	人亡道在
해와 별이 중천에 떠있듯 밝도다	日星中天
내 전형을 그리워하며[284]	予懷典刑
자나 깨나 잊지 못하니	寤寐靡諼
〈십도〉[285]로 펼친 요결이요	十圖要訣

282 유연히……정연하였어라 : 공자의 제자 증점(曾點)이 "늦은 봄에 봄옷이 만들어지면 관을 쓴 벗 대여섯 명과 아이들 예닐곱 명을 데리고 기수에 가서 목욕을 하고 기우제 드리는 곳에서 바람을 쏘인 뒤에 노래하며 돌아오겠다.〔暮春者, 春服旣成, 冠者五六人, 童子六七人, 浴乎沂, 風乎舞雩, 詠而歸.〕"라고 자신의 뜻을 밝히자, 공자가 감탄하며 허여한 내용이 《논어》〈선진(先進)〉에 나온다. 세상일에 연연하지 않고 자연과 동화되어 초연히 살아감을 뜻한다.

283 단비처럼……펴고 : 맹자는 군자가 사람을 가르치는 방법을 다섯 가지 제시하면서 "단비가 초목을 변화시키듯이 하는 경우가 있고, 덕을 이루게 하는 경우가 있으며, 재주를 통하게 하는 경우가 있고, 물음에 답하는 경우가 있으며, 사숙을 통해 자신을 다스리는 경우가 있으니, 이 다섯 가지가 바로 군자가 사람을 가르치는 방법이다.〔有如時雨化之者, 有成德者, 有達財者, 有答問者, 有私淑艾者, 此五者, 君子之所以敎也.〕"라고 하였다.

284 전형을 그리워하며 : '典刑'은 법도, 또는 모범이라는 뜻이다. 《시경》〈탕(蕩)〉에 "비록 노성인은 가고 없지만, 그래도 전형은 남아 있다네.〔 雖無老成人, 尙有典刑.〕"라는 시구가 있다.

285 십도(十圖) : 이황이 1568년(선조1) 12월 왕에게 올린 《진성학십도차병도(進聖學十圖箚幷圖)》를 의미한다. 성군이 되기를 바라는 뜻에서 군왕의 도에 관한 학문의 요체를 도식으로 설명했는데 서론의 내용이 담긴 <진성학십도차>를 비롯하여 〈태극

〈육조〉[286]로 진달한 차자라 六條箚陳

충심을 가슴에 새기고 單心服膺

시대를 함께 하지 못함을 슬퍼하나 慨未同辰

그래도 떳떳한 가르침[287]에 힘입어 尙賴彝訓

우리 백성 일깨우게 되었으니 牖我蒸民

추로의 옛 나라[288]에 鄒魯舊邦

남긴 교화 더욱 도타워 遺化尤敦

향당에선 효제하고 鄕黨孝弟

학교에선 현송[289] 하는구나 黌塾誦絃

도(太極圖)〉·〈서명도(西銘圖)〉·〈소학도(小學圖)〉·〈대학도(大學圖)〉·〈백록동규도(白鹿洞規圖)〉·〈심통성정도(心統性情圖)〉·〈인설도(仁說圖)〉·〈심학도(心學圖)〉·〈경재잠도(敬齋箴圖)〉·〈숙흥야매잠도(夙興夜寐箴圖)〉 등 10개의 도표와 해설로 이루어져 있다.

286 육조(六條) : 이황이 1568년(선조1)에 올린 이른바 〈무진육조소(戊辰六條疏)〉를 말한다. 그 여섯 조목은 첫째, 계통을 중히 하여 인효(仁孝)를 온전하게 할 것, 둘째, 참소를 막아 양궁(兩宮)을 친하게 할 것, 셋째, 성학(聖學)을 돈독히 하여 정치의 근본을 삼을 것, 넷째, 도술(道術)을 밝혀 인심(人心)을 바로잡을 것, 다섯째, 대신(大臣)의 마음을 헤아리고 나아가 대간(臺諫)들과 통할 것, 여섯째, 수성(修省)을 정성스럽게 해서 천심(天心)을 본받을 것 등 여섯 조목으로 되어 있다.

287 떳떳한 가르침 : 《서경》〈주고(酒誥)〉에 "조고(祖考)의 떳떳한 가르침을 잘 들어서 작은 덕(德)과 큰 덕을 자손들은 한결같이 여기도록 하라.〔聰聽祖考之彝訓, 越小大德, 小子惟一.〕"라는 말이 있다.

288 추로의 옛 나라 : 추(鄒)나라는 맹자의 출생지이고, 노(魯)나라는 공자의 출생지이다. 예의(禮義)와 문명(文明)이 발전된 나라를 가리키는데 여기서는 우리나라를 지칭한다.

289 현송(絃誦) : 현가(絃歌)와 같은 말이다. 즉 금슬(琴瑟)을 연주하며 노래하는 것으로, 예악(禮樂)의 교화를 뜻한다. 공자의 제자 자유(子遊)가 무성(武城)이란 고을

윗사람을 친애하고 의를 좋아하니 親上好義
예속이 잘 이루어져 禮俗循循
아이들은 선생을 알고 兒知先師
집집마다 남기신 책을 읽는도다 戶讀遺編
인후한 마을에 사는 것이 아름답다[290]는 里仁爲美
옛 말이 비록 있지만 雖古有言
한 지방이 덕에 물들어 선량해져[291] 一方薰善
이백 년을 내려왔으니 垂二百年
진실로 지극한 은택이 苟非至澤
살갗을 적시고 골수에 스미지 않았다면 肌浹髓淪
그 은택 깊고 멀리 전해져 流澤深遠
어찌 이에 이를 수 있었으랴 曷能斯臻
아득히 풍모와 공열을 추모하노라니 緬溯風烈
나의 흠앙과 차탄 더해지고 增予欽嘆
저 서원을 바라보니 瞻彼仁祠
경이 소요하던 광경 상상이 되는구나 想卿盤旋
무이의 구곡[292]이요 武夷九曲

의 읍재(邑宰)로 있으면서 현가로 백성을 교화하는 수단을 삼았다. 《論語 陽貨》

290 인후한……아름답다 : 이 말은 공자의 말로 《논어》 〈이인(里仁)〉에 나온다.

291 덕에……선량해져 : 한유(韓愈)의 〈쟁신론(爭臣論)〉에 "진의 시골 사람들 중에는 그의 덕에 감화되어 선량하게 된 이가 수천 명이나 됩니다.〔晉之鄙人, 薰其德而善良者幾千人.〕"라는 구절이 있다.

292 구이의 구곡 : 무이는 산 이름으로 중국 복건성(福建省) 숭안현(崇安縣) 남쪽에 있는데, 일찍이 주자(朱子)가 이곳에 무이정사(武夷精舍)를 짓고 지내면서 학문을 강론

요부의 백원[293]이라	堯夫百原
하늘의 구름과 활기찬 물줄기[294]	天雲活水
신묘한 운치가 거기 있도다	神韻則存
암서헌[295] 있어	巖棲有軒
벼루와 안석을 옮기지 않고 거기 두었으니	硯几無遷
씻은 듯 맑은 인품[296]	灑落光霽
앉은 자리에서 보는 듯하여라	如覿座間
그림을 그리라는 명은	圖繪之命
고사를 따른 것이오[297]	故事式遵

하였으며 구곡의 경치를 따라 지은 시로 〈무이구곡가(武夷九曲歌)〉라는 작품을 남겼다.

293 요부의 백원 : 요부(堯夫)는 송(宋)나라 소옹(邵雍)이고 백원(百原)은 하남성(河南省) 휘현(輝縣) 서북에 있는 산으로, 젊었을 때 소옹이 은거하여 성정(性情)을 수양하고 학문을 닦았던 곳이다.

294 하늘의……물줄기 : 도학자의 깊은 정신세계에서 우러나온 시적인 운치를 의미한다. 주자의〈관서유감(觀書有感)〉의 "자그마한 네모난 연못 거울처럼 열렸는데, 하늘빛과 구름 그림자가 함께 비쳐 배회하네. 그대에게 묻노니 어찌 이렇듯이 맑은가? 근원에서 싱싱한 물이 흘러들기 때문이라네.〔半畝方塘一鑑開, 天光雲影共徘徊. 問渠那得淸如許? 爲有源頭活水來.〕"라는 구절을 연상시킨다.

295 암서헌(巖栖軒) : 도산서원에 있는 마루이다. 퇴계는 여기서 제자를 가르치며 휴식을 취하였다. 주희의 시 가운데, "자신을 오래도록 가지지 못했으니 바위에 깃들여 작은 효험 바라노라.〔自信久未能, 巖棲冀微效.〕"라는 말을 따온 것으로 알려져 있다. 《退溪先生文集 卷3 陶山雜詠》

296 맑은 인품 : 원문의 '光霽'는 광풍제월(光風霽月)의 준말로, 청랑(淸朗)한 기상과 인품을 비유한다. 송나라 때 황정견(黃庭堅)의 《산곡집(山谷集)》〈염계시(濂溪詩)〉 병서(幷序)에 "용릉 주무숙은 인품이 매우 높아서 흉중이 씻은 듯함이 마치 광풍제월과 같다.〔舂陵周茂叔, 人品甚高, 胸中灑落, 如光風霽月.〕"라고 하였는데 퇴계를 추앙하는 많은 사람들이 퇴계를 광풍제월에 비유하곤 하였다.

향을 가져가 예를 펴는 것은	齎香展禮
내 가까운 신하[298]에게 시키도다	伻我邇班
봄가을에 공자의 사당에	春秋孔廡
정결한 제사 빠짐이 없으리니[299]	匪缺精禋
이에 맑은 술[300] 올려	惟玆泂酌
특별히 정성을 표하노라	特表忱虔
경은 제사에 흠향하시고	卿其顧享
계도하고 보우하기를 더욱 힘써서	啓佑彌勤
길이 민풍을 수립하여	永樹人風
세상 끝까지 인몰됨이 없도록 하시길	亘宙無湮

297 그림을……것이요 : 명종은 퇴계가 조정에 나오기를 매우 간절하게 기대했으나 여러 번 사양하고 오지 않자 퇴계가 사는 도산을 그림으로 그리게 하고, 또 여성군(礪城君) 송인(宋寅)을 시켜 〈도산기(陶山記)〉와 〈도산잡영(陶山雜詠)〉을 그 위에 쓰게 하고, 병풍을 만들어서 처소에 펼쳐 놓고 보면서 흠모하였다.《퇴계집(退溪集) 퇴계선생연보 제2권》 이를 본받아 영조도 1751년(영조27)에 강세황(姜世晃)을 시켜 도산서원(陶山書院)의 실경을 그리도록 하였다. 〈도산서원도〉로 이름 붙여진 이 그림은 도산서원을 중심에 두고, 앞쪽에 탁영담(濯纓潭)·반타석(盤陀石) 등을 흐르는 강물과 함께 그렸고, 왼쪽의 곡류 외에는 분천서원(汾川書院)·애일당(愛日堂)·분강촌(汾江村) 등을 그렸다.

298 내 가까운 신하 : 원문의 '邇班'은 임금 가까이에 있는 신하들의 반열로 내반(內班) 또는 근반(近班)이라고도 한다.

299 공자의……없으리니 : 퇴계가 문묘에 배향된 것을 가리킨다. 퇴계는 광해군 2년(1610) 문묘(文廟)에 배향되었다.

300 맑은 술 : 원문의 '泂酌'은 소박하지만 정성껏 차린 제수를 뜻한다.《시경》〈형작〉에 "저 길가에 괸 물을 멀리 떠다가, 저기서 떠내 여기에 붓는 정성만 지극하다면, 제사에 올릴 밥도 만들 수 있으리라.〔泂酌彼行潦, 挹彼注玆, 可以餴饎.〕"라고 하였다.

김포 중봉서원[301]에 내린 치제문 갑인년[302]

金浦重峰書院致祭文 甲寅

천지의 정기는 　天地正氣

사람을 기다려 운행하나니 　待人而行

세상에 드물게 운세를 한번 만나 　間世一値

경이 오직 돈독히 태어났네 　卿惟篤生

그 강대한 기운 배양하여 　養其剛大

자신의 몸에 수렴하니 　斂之吾身

순일한 행실 인륜을 다하였고 　純行盡倫

지극한 정성 신과 같았어라 [303] 　至誠如神

301 중봉서원(重峯書院) : 경기도 김포에 있는, 중봉(重峯) 조헌(趙憲) 선생을 제향한 우저서원(牛渚書院)을 말한다. 조헌(趙憲, 1544~1592)의 본관은 배천(白川), 자는 여식(汝式), 호는 중봉(重峰)·도원(陶原)·후율(後栗)이다. 임진왜란 때 옥천에서 의병을 일으켜 청주성을 탈환하였고 금산전투에서 전사했다. 서원은 1648년 조헌(趙憲)을 추모하여 그의 옛 택지에 창건되었고, 1675년 우저라는 사액(賜額)을 받았다. 1834년 중건되었고, 1973년 보수되었다. 흥선대원군의 서원철폐 때 훼철되지 않은 47개 서원 중 하나이다.

302 갑인년 : 영조 10년(1734) 오원의 나이 35세이다. 이해 9월 15일 김포군(金浦郡)에 있는 문렬공(文烈公) 조헌(趙憲)의 서원(書院)이 보수되고 나서 영조가 예관을 보내 치제하게 하였다.

303 지극한……같았어라 : 《중용장구》 제24장에, "지성(至誠)의 도(道)는 일이 닥쳐오기 전에 미리 알 수 있으니, 국가가 장차 일어나려면 반드시 상서로운 조짐이 있으며, 국가가 장차 망하려면 반드시 요괴스러운 일이 있으며, 시초점과 거북점에 나타나며, 사체(四體)에 동(動)한다. 그리하여 화(禍)와 복(福)이 장차 이름에 좋을 것을 반드시

성인을 본받으려는 학문[304]이요 希聖之學
왕을 보좌하려는 뜻이었는데 佐王之志
곤궁한 때를 만나서 阨于艱屯
죽음으로 의를 이루었구려 以死成義
밝은 빛 홀로 가지고 獨留耿光
해와 별처럼 찬란히 드리워 日星昭垂
완악한 자 청렴해지게 하고 나약한 자 뜻을 세우게 하니 頑廉懦立
백세의 스승이라[305] 百世之師
내 그대의 과거의 공열을 생각하며 予懷往烈
쇠미한 풍속에 가슴 치고 탄식하고 撫嘆衰俗
수양[306]의 옛 사당에 睢陽舊祠

먼저 알며, 좋지 못할 것을 반드시 먼저 안다. 그러므로 지성(至誠)은 신(神)과 같은 것이다.〔至誠之道, 可以前知, 國家將興, 必有禎祥, 國家將亡, 必有妖孽, 見乎蓍龜, 動乎四體, 禍福將至, 善必先知之, 不善必先知之. 故至誠如神.〕"라는 구절이 있다.

304 성인을……학문이요 : 원문의 '希聖之學'은 현인(賢人)의 학문을 말한다. 북송(北宋)의 주염계(周濂溪)가 말하기를, "성인은 하늘을 본받기를 바라고, 현인은 성인을 본받기를 바라고, 선비는 현인을 본받기를 바란다.〔聖希天, 賢希聖, 士希賢.〕"라고 한 데서 나왔다. 《通書 志學》

305 완악한……스승이라 : 《맹자》 〈진심 하(盡心下)〉에 "성인(聖人)은 백세(百世)의 스승이니, 백이(伯夷)와 유하혜(柳下惠)가 그런 분들이다. 그러므로 백이의 풍도를 듣게 되면 완악한 사람은 청렴해지고, 나약한 사람은 뜻을 세우게 된다.〔聖人, 百世之師也, 伯夷柳下惠是也. 故聞伯夷之風者, 頑夫廉, 懦夫有立志.〕"라고 하였다.

306 수양(睢陽) : 당(唐)나라 때 사람인 장순(張巡)을 일컫는다. 안녹산(安祿山)이 반란을 일으키자 기병(起兵)하여 안녹산을 토벌했는데, 허원(許遠)과 수양을 지키고 있다가 수양성이 함락되자 안녹산을 역적이라 꾸짖고 피살되었다. 조헌은 비록 금산(錦山) 전투에서 죽었으나 적 또한 죽거나 다친 군사가 매우 많았고 관군이 잇따라 이르러

비로소 희생과 예주를 올리노라	纔蕆牲酌
삼가 선왕의 능[307]에 절하고	屬拜先陵
경의 고향을 돌아보니	瞻卿鄕里
산하의 빛나는 영령	山河炳靈
그 비롯된 바를 상상할 수 있어라	想厥肇始
안회의 누항[308]은 비록 텅 비었으나	顔巷雖空
단간목의 마을에 예를 표해야[309] 마땅한 것	段閭宜式

피폐한 때를 이용하여 공격할까 의심하고서 무주(茂朱)와 옥천(沃川)에 주둔했던 군사들을 거두어 군영을 태워버리고 밤에 도망하여 호남이 다시 완전하게 되었으므로, 사람들은 조헌 등의 공이 장수양(張睢陽 張巡)에 비교할 만하다고 하였다.《국조보감 제31권 선조조8》

307 선릉(先陵) : 숙종의 능인 명릉을 의미하는 것으로 보인다. 경기도 고양에 있어 김포와 가까웠고 우저서원을 사액한 임금 또한 숙종이다.

308 안회의 누항 : 공자의 제자인 안회가 살던 좁고 누추한 마을이라는 뜻이다. 공자가 이르기를 "어질도다, 안회여. 한 도시락밥과 한 표주박 물로 누추한 시골구석에서 살자면 다른 사람은 그 걱정을 견디지 못하건만, 안회는 도를 즐기는 마음을 변치 않으니, 어질도다, 안회여.〔賢哉回也! 一簞食, 一瓢飮, 在陋巷, 人不堪其憂, 回也不改其樂, 賢哉回也!〕"라고 하였다.《論語 雍也》이 서원이 조헌의 옛집에 건립되었기 때문에 이른 말이다.

309 단간목의……표해야 : 수레를 타고 가다가 현인의 집을 지날 때 수레의 횡목(橫木)을 잡고 몸을 굽혀 경의를 표하는 것을 말한다. 식려(軾閭)라고도 한다. 위 문후는 어진 이를 공경하고 선비를 아끼기로 유명한 임금이다. 일찍이 위 문후가 현자(賢者)인 단간목(段干木)이 사는 마을을 지나면서 공경하는 예를 표하였다. 그러자 따라가던 사람이 "임금께서는 어째서 공경하는 예를 표합니까?" 하자, 문후가 이르기를 "이곳은 단간목이 사는 마을이 아닌가? 단간목은 현자이다. 그러니 내가 어찌 감히 공경하는 예를 표하지 않을 수 있겠는가."라고 하였다.《史記 卷67 仲尼弟子列傳》《呂氏春秋 期賢》

사당이 있는 곳에서 제사 드리니	祭社有所
밝고 정결한 제사[310] 번독스럽지 않도다	明禋非瀆
이에 춘관을 보내어	迺伻春官
이 판향[311]을 피우니	陳此瓣香
영령은 돌아보고 도우시어	靈其顧佑
우리 백성의 강상을 도탑게 하시길	敦我民綱

310 밝고……제사 : 원문은 '明禋'으로 밝고 깨끗하게 하여 지내는 제사를 이른다. 《서경》〈낙고(洛誥)〉에 "왕께서 사람을 보내와 은나라 사람들을 경계하시고 나에게 편안히 있으라고 명하시되 검은 기장과 울금(鬱金)으로 빚은 술 두 그릇으로 하시고 말씀하기를 '밝게 공경하노니, 두 손을 맞잡고 머리를 조아려서 아름답게 향례(享禮)를 올린다.' 하였습니다.〔伻來毖殷, 乃命寧予, 以秬鬯二卣曰, 明禋, 拜手稽首, 休享.〕"라고 하였다.

311 판향(瓣香) : 오이씨 비슷하게 생긴 향으로, 존경하는 어른을 흠앙(欽仰)할 때 사용한다. 송나라 진사도(陳師道)의 시 〈연국 문충공 집에서 육일당의 도서를 보고 짓다〔觀兗國文忠公家六一堂圖書〕〉에 "지난날 한 줌 향을, 공경히 증남풍을 위해 살랐네.〔向來一瓣香, 敬爲曾南豐.〕"라는 구절이 보인다.

영령전[312]에 올린 기우제문

永寧殿祈雨祭文

부족한 나 소자에게	眇台小子
어렵고 큰일을 던져주시니	艱大投躬
진실로 덕이 부족한 탓으로	良由否德
거듭 기근과 흉년을 만났습니다	荐覯饑凶
다행히 이 봄여름은	幸玆春夏
때에 맞게 비 내리고 볕 들어	時若雨暘
바야흐로 결실을 기대하였건만	方期有秋
홀연 또 큰 가뭄이 닥쳤습니다	忽復旱亢
바람만 쓸쓸하고 해는 높이 떠	風凄日杲
백곡이 장치 시들려 하니	百穀將萎
허둥지둥 굶주리는	遑遑失哺
저 남은 백성들 애처롭습니다	哀彼孑遺
내 자신을 돌아보고 허물을 반성하니	反躬省咎
마음은 불에 타는 듯한데	心焉如燬
고통 앞에서 부르짖을 제	疾痛之呼
부모가 매우 가까이 계십니다[313]	父母孔邇

312 영녕전(永寧殿) : 조선의 임금 및 왕비로서 종묘(宗廟)에 모실 수 없는 분의 신위(神位)를 봉안(奉安)하던 곳이다.

313 부모가……계십니다 : 《시경》 〈여분(汝墳)〉에 "방어의 꼬리가 붉으니, 왕실이

정성을 다하고 마음을 기울여	單誠罄臆
종묘에 공경히 제사를 지내고	祇事淸廟
조실[314]을 우러러 바라보지만	仰瞻祧室
몸소 기도할 경황이 없는지라	靡遑躬禱
종신을 대신 시켜서	庸替宗臣
공경히 작은 정성을 올리오니	恭薦菲忱
하늘에 계신 밝은 영령께서는	於昭在上
굽어 살펴주소서	庶賜鑑臨
변변찮은 몸[315]이라 탓하지 마시고	毋以眇躬
나라를 돌아보옵시고	尙顧邦國
천지의 조화를 묵묵히 도우시어	默贊玄造
신속히 비를 내려 주소서	遄降膏澤

불타는 듯하도다. 비록 불타는 듯하지만, 부모가 매우 가까이 계시니라.〔魴魚赬尾, 王室如燬. 雖則如燬, 父母孔邇.〕"라고 하였는데, 화란이 닥쳐왔지만 부모 같은 문왕이 가까이 있으니 구원해 줄 것이라는 기대를 표현한 것이다. 제사 지내는 곳이 영령전이므로 이른 말이다.

314 조실(祧室) : 종묘에서 제사를 지내는 대(代)의 수가 다 된 조상의 신주를 모셔 두는 방을 말한다.

315 변변찮은 몸 : 원문의 '眇躬'은 임금이 자신을 겸칭(謙稱)한 말이다.

원자의 수두가 회복된 뒤 종묘에 고한 제문 을묘년[316]

元子水痘平復後宗廟告祭文 乙卯

보잘 것 없는 내가 서업을 이어	藐台嗣緒
밤낮으로 두려워하였는데	夙夜□慄
우리 원량[317]을 내려 주시니	錫我元良
실로 선조께서 남몰래 도와주신 덕분입니다	寔賴庥隲
난지 백일도 되지 않아	日未過百
수두를 순하게 겪어	順經類痘
약을 쓰지 않고도 빨리 나으니	勿藥遄愈
하늘에서 보우해 주신 덕분입니다	自天其佑
침상에서도 평안하고	寢床既安
장난감 갖고 노는 것[318]도 예와 같아	弄璋如初
온갖 상서 바야흐로 이르고	百祥方至
근심이 이에 풀렸습니다	惟憂迺紓
경사가 신과 사람을 흡족하게 하고	慶洽神人

316 을묘년 : 영조 11년(1735) 오원의 나이 36세이다.

317 원량(元良) : 세자를 일컫는 말이다. 《예기》 〈문왕세자(文王世子)〉에 "한 사람 원량이 있으면 만국이 이로써 안정되니, 세자를 말한다.〔一有元良, 萬國以貞, 世子之謂也.〕"라고 하였다.

318 장난감……노는 것 : 《시경》 〈사간(斯干)〉에 "이에 아들을 낳아 침상에서 재우며 바지를 입히며 구슬을 갖고 놀게 한다.〔乃生男子, 載寢之牀, 載衣之裳, 載弄之璋.〕"라고 하였다.

기쁨이 온 천하에 흘러넘치니　歡溢區宇
선조의 영령께서　罔非先靈
오르내리며[319] 보호해 주신 덕택 아님이 없습니다.　陟降保護
길일을 택하여 기쁨을 고함에　涓吉告喜
통상의 의식을 따르니　厥遵常儀
부디 오셔서 흠향하시고　庶幾歆格
더욱더 큰 복을 내려주소서　益垂遐祺

319 오르내리며 : 원문의 '陟降'은 신령이 강림하는 모습이다. 《시경》 〈민여소자(閔予小子)〉에 "문왕(文王)의 혼령이 뜨락에 오르내린다.〔念茲皇祖, 陟降庭止.〕"라 하였고 《시경》 〈문왕(文王)〉에 "문왕의 혼령이 오르내리면서 항상 상제의 곁에 계시니라.〔文王陟降, 在帝左右.〕"라는 말이 나온다.

효종대왕께 존호를 가상하고 난 뒤 종묘에 고한 친제문 경신년[320]

孝宗大王加上尊號後宗廟親祭文 庚申

삼가 생각건대 우리나라는	恭惟我邦
명나라의 번국이라	大明之藩
충정한 마음 대대로 돈독히 하고	忠貞篤世
오래도록 황은을 받았습니다	永戴皇恩
하늘이 종주[321]에 재앙을 내려	天割宗周
사태가 망극하게 되었는지라	事乃罔極
원통함을 머금고 아픔을 참았으니[322]	含寃忍痛
이 약한 나라가 애처로웠습니다	哀此弱國
궁궐에서 예를 올릴 제	禁苑虔禮
〈소아〉를 읊으며 눈물 적시셨고[323]	宵雅漬淚

320 경신년 : 영조 16년(1740) 오원의 나이 41세이다.

321 종주(宗周) : 주(周)나라 때에 제후들이 주(周)를 종주(宗周)라 하였는데 여기서는 명나라를 가리킨다.

322 원통함을……참았으니 : 266쪽 주50 참조.

323 소아를……적시셨고 : 원문의 '宵' 자는 소(小) 자와 통용하는 것으로, 《시경》의 〈소아(小雅)〉를 가리킨다. 이 대목은 인조의 예화이다. 《인조실록》의 〈인조대왕묘지문〉에 의하면 인조는 포위된 성 안에서는 물론 환도한 뒤에도 대궐 안에서도 홀로 명나라를 향해 망궐례를 행하였다. 또한 《시경(詩經)》의 〈소아(小雅)〉를 강독하다가 "화락한 군자는 천자의 나라를 진수(鎭守)한다[至樂只君子, 殿天子之邦]."라고 한 대목에 이르러 크게 탄식하고 하염없이 눈물을 흘리니, 좌우가 다 흐느끼며 감히 우러러 보지를 못했다고 한다.

선왕의 뜻을　　先王之志
효묘께서 계승하셨습니다　　孝廟是嗣
아 아름답도다 효묘께서는　　於休孝廟
하늘이 내신 성지라　　天縱聖智
덕을 닦고 법도를 세워　　修德立經
대의를 펼 것을 맹세하였습니다　　誓伸大義
뜻과 공업이 중간에 가로막히니　　志業中閼
하늘을 어찌 믿겠습니까마는　　穹昊孰諶
그래도 남은 공열에 의지하여　　尙賴遺烈
사람이 금수가 되지 않았습니다　　人不獸禽
사람의 도리와 사물의 법칙[324]이　　民彝物則
백세토록 무너지지 않아　　百世罔隳
선현을 빛내고 후인을 계도하니　　光前啓後
천하에 할 말이 있게 되었습니다　　天下有辭
시호[325]로 행실을 드러내어　　壹惠表行
높이고 현양하니　　旣崇旣顯
이 큰 공업이　　惟玆宏業

324 사람의…… 법칙 : 《시경》〈증민(烝民)〉에 "하늘이 사람을 이 세상에 내실 적에, 누구나 하늘의 법칙이 그 속에 깃들게 하였으니 사람들이 떳떳한 본성을 가진지라, 이 아름다운 덕을 좋아하게 되었다.〔天生烝民, 有物有則, 民之秉彝, 好是懿德.〕"라는 구절이 나온다.

325 시호 : 원문은 '壹惠'이다. 《예기》〈표기(表記)〉에 "선왕이 시호로써 이름을 높이고 한 가지 선으로써 요약했다.〔先王謚以尊名, 節以壹惠.〕"라 하였는데 이는 아름다운 시호를 내려 그 이름을 높이되 여러 가지 선행을 다 들기 어려우므로 가장 큰 것으로 요약함을 이른다. 이 때문에 시호를 절혜(節惠)라고도 칭한다.

드러나 밝혀지게 되었습니다. 寔待揚闡
뒤늦게 현호를 높임에는 追隆顯號
우리 왕가에 예법이 있어 我家有禮
영고께서 간절히 원하시던 것을 寧考至願
소자가 실천하였습니다[326] 小子斯體
아 밝으신 열조께서 於昭列祖
기쁨을 함께 하시리니 庶同忻悅
일이 이루어졌음을 몸소 고하고[327] 躬詣告成
의물도 모두 질서 있게 갖추었습니다 物儀咸秩
성명[328]이 흘러넘치고 聲明洋溢
종묘[329]에 빛이 있으니 宗祏有光
바라옵건대 밝게 강림하시어[330] 冀蒙昭假
끝없는 복을 내려주소서 錫羨無疆

326 영고께서……실천하였습니다 : 숙종이 효종을 추존을 하려하였으나 미처 이루지 못하고 승하하자 영조가 그 유지를 받들어 추존한 사실을 가리킨다. 325쪽 주218 참조.

327 일이……고하고 : 원문의 '告成'은 공을 이루었다고 위에 고하는 것을 말한다. 《시경》〈강한(江漢)〉에 "사방을 경영하고는, 왕에게 성공을 고하였다.〔經營四方, 告成于王.〕"라는 말이 나온다.

328 성명(聲明) : '聲'은 원래 석(錫)·난(鸞)·화(和)·영(鈴) 등의 방울소리를 가리키고, '明'은 해〔日〕·달〔月〕·별〔星辰〕 등 깃발에 그려진 하늘의 밝은 것을 상징한다. 《春秋左氏傳 桓公2年》 이에 따라 '성명(聲明)'은 '교화와 문명'라는 의미를 지닌다.

329 종묘 : 원문의 '宗祏'은 종묘안의 신주(神主)를 안치하는 석실(祏室)을 말한다.

330 밝게 강림하시어 : 원문의 '昭假'는 정성껏 제사하여 하늘의 신을 이르게 한다는 뜻이다. 《시경》〈운한(雲漢)〉에 "대부와 군자들이 밝게 강림함에 남김이 없도다.〔大夫君子, 昭假無贏.〕"라고 하였다.

당실[331]에 올린 친제문

當室親祭文

상제께서 동국을 돌아보아	帝眷東顧
명철한 임금을 돈독히 내셨으니	篤生哲王
심원하고 명철함은 순 임금과 짝하였고[332]	文明配舜
용맹과 지혜는 탕 임금과 같으셨습니다[333]	勇智齊湯
진흙과 이슬에서 고난을 겪으신 것[334]은	艱難泥露
하늘이 성군을 만들기 위함이었고	寔天啓聖
도심을 이어받아 지키신 것은	嗣守道心
인조의 명이 있으셔서였습니다	仁考有命
효성과 공경으로 인륜을 다하고	孝弟盡倫
엄숙함과 공손함으로 스스로 삼가	嚴恭自祇

331 당실(當室) : 종묘 효종의 신실을 가리킨다. 앞 작품에 이어 효종의 존호를 가상한 뒤 올린 제문으로 추정된다.

332 심원하고……짝하였고 : 《서경》 〈순전(舜典)〉에서 순(舜) 임금의 덕을 칭송하여 '준철문명(濬哲文明)'이라고 했다. 심원하고 명철하고 문채가 나고 밝다는 뜻이다.

333 용맹과……같으셨습니다 : 상(商)나라 탕왕(湯王)의 신하 중훼(仲虺)가 걸(桀)을 정벌한 왕의 덕을 찬양하며' 천석용지(天錫勇智)'라고 한 바 있다. 《書經 仲虺之誥》

334 진흙과……겪으신 것 : 《시경》 〈식미(式薇)〉에 "임금 때문이 아니라면, 어찌 이슬 가운데 있으리오.〔微君之故, 胡爲乎中露?〕"라는 구절이 있고, 또 "임금의 몸 때문이 아니라면, 어찌 진흙 속에 있으리오.〔微君之躬, 胡爲乎泥中?〕"라는 구절이 있는데, 군주가 남의 나라에 얹혀 지내는 처지를 안타깝게 여겨서 읊은 시이다. 여기서는 청나라에 항복하여 나라 전체가 적의 수중에 들어간 상황을 비유하였다.

이에 천덕[335]을 닦고	聿修天德
왕의 의리를 따랐습니다[336]	遵王之義
우리 영왕을 생각하면	我思寧王
실로 지극한 아픔[337]을 남기셨으니	實遺至痛
중하가 오랑캐로 전락하여	中夏淝夷
북극성[338]을 향할 수 없게 되자	北辰靡拱
대국을 돌아보고 그리워하며	瞻懷大邦
눈물로 〈주아〉를 읊으셨고	淚漬周雅
선왕의 뜻을 펼치겠노라는 다짐	誓伸先志
천하에 드러내셨습니다[339]	以暴天下

335 천덕 : 제왕의 덕을 말한다. 《중용장구》 제32장에, "만일 진실로 총명함과 거룩한 지혜로 하늘의 덕을 통달한 자가 아니면 그 누가 이것을 알겠느냐?〔苟不固聰明聖知達天德者, 其孰能知之?〕"라는 구절이 있고 《논어》〈자한(子罕)〉 주에 정자가 "천덕이 있어야 왕도를 말할 수 있으니, 그 요점은 근독에 있을 뿐이다.〔有天德, 便可語王道, 其要只在謹獨.〕"라고 하였다.

336 왕의……따랐습니다 : 《서경》〈홍범〉에 "편벽됨이 없고 기울이 없어 왕의 의리를 따른다.〔無偏無陂 遵王之義〕"라고 하였다.

337 지극한 아픔 : 효종이 평소의 뜻을 견지하는 것이 너무 예리하고 때로 극심한 분노를 드러냈으므로 이경여(李敬輿)가 차자를 올려 그 점에 대한 우려를 아뢰었는데, 그에 대해 효종은 "지극한 아픔이 가슴에 있는데, 날은 저물고 갈 길이 멀구나.〔至痛在心, 日暮道遠.〕"라는 비답을 내린 바 있다. 《효종실록 8년 5월 5일》《송자대전 부록 제10권 연보》

338 북극성 : 뭇별들이 향하는 곳으로 천자의 나라, 즉 명나라를 의미한다. 《논어》〈위정(爲政)〉에 "덕정(德政)을 펴면, 제자리에 머물러 있는 북극성 쪽으로 뭇별들이 향하는 것처럼 될 것이다.〔北辰居其所, 而衆星拱之〕" 하였다.

339 눈물로……드러내셨습니다 : 주아(周雅)는 주나라 아악(雅樂)이라는 뜻으로,

"우리 천리를 밝히고	明我天理
우리 인심을 바로잡으리니	正我人心
우리가 큰 책임을 받았는데	我受丕責
어찌 정성을 다하지 않으리오	曷不時忱
문을 펼치고 무를 떨쳐	敷文奮武
우뚝 규범으로 다스릴 것이니	卓然治規
강약과 성패는	强弱成敗
우리가 생각할 바 아니네" 하셨습니다	匪我攸思
하늘이 돕지 않아	皇穹不助
큰 공을 완성하지 못하고[340]	大勳未集
오직 위대한 공업만이	惟其宏烈
천지와 함께 우뚝 섰습니다	天地與立
사람의 도리와 사물의 법칙이	民彝物則
이에 힘입어 윤몰되지 않았으니	賴不淪絶
예의 있는 기자의 나라	禮義箕邦
백성들이 오랑캐됨을 면할 수 있었습니다	人免被髮

《시경》의 소아(小雅)와 대아(大雅)를 말한다. 송시열이 지은 〈영릉지문(寧陵誌文)〉에 의하면 효종은 소아(小雅)의〈육아(蓼莪)〉시를 강할 때마다 목메어 울면서 "시는 성정에 근본하는 것이라는데 그렇다. 하물며 나처럼 선왕의 유지를 펴지 못하고 원한과 슬픔이 하늘에 사무친 사람임에랴.〔詩本性情信矣. 況予先志未伸, 含痛窮天者乎?〕"라고 하였다고 한다.《宋子大全 卷181》

340 하늘이……못하고 :《서경》〈태서(泰誓)〉에 "황천이 진노하시어 우리 문고에게 명해서 하늘의 위엄을 엄숙히 받들게 하셨는데, 큰 공을 완성하지 못했다.〔皇天震怒, 命我文考, 肅將天威, 大勳未集.〕"라는 구절이 있다.

성손이 뜻을 이어　聖孫繼志
황단이 찬란하니　皇壇有奕
크나큰 계책 현창함에　丕謨斯彰
보우하고 계도하심 싫어하시지 않을 것입니다　佑啓無斁
휘호로 아름다움을 극진히 하고　徽稱盡美
종묘 제사 매우 밝게 올리오나　宗祀孔明
오히려 염려되는 건 큰 업적이　尙懼洪業
다 밝혀지지 못할까 하는 것입니다　未極表章
높이 현책을 추상함에　加隆顯冊
우리의 전례를 따르고　率我彝典
삼가 예물을 갖추어 진설해도　恭陳備物
그 공덕 이루다 다 드러내 밝힐 수 있으리까　曷旣揚闡
종과 북이 엄숙하고 화락하니[341]　磬筦肅雝
마치 성덕의 모습 뵙는 듯합니다　如覿盛德
부디 흠향하시고 우리를 돌아보시어　庶我歆顧
길이 자손 위한 계책[342] 남겨주소서　永貽燕翼

341 종과……화락하니 : 엄숙하고 화락한 제사 광경을 묘사한 것이다. 주공(周公)이 백관을 거느리고 문왕에게 제사 드리는 광경을 묘사한 《시경》 〈청묘(淸廟)〉에 "아, 심원하도다. 이 청정한 사당이여, 제사를 돕는 공후(公侯)들이 공경하고 화락하도다.〔於穆淸廟, 肅雝顯相.〕"라는 구절이 있고, 《시경》 〈집경(執競)〉에 "종과 북이 화하게 울리며 경쇠와 피리가 쟁쟁히 울리니 복을 내림이 풍성하도다.〔鍾鼓喤喤, 磬筦將將, 降福穰穰.〕"라고 하였다.

342 자손……계책 : 원문의 '燕翼'은 《시경》 〈문왕유성(文王有聲)〉에서 주(周)나라 무왕(武王)에 대해 "후손에게 계책을 남겨 두어 공경하는 아들을 편안케 하셨다.〔詒厥孫謀 以燕翼子〕" 한 데서 온 말이다.

후릉[343]에 올린 친제문

厚陵親祭文

아 위대하신 성덕이며	於皇聖德
빛나는 중광[344]이시니	赫矣重光
중흥의 운수 크게 도우시어	弘贊興運
빛나고 위대함[345]이 일찍 드러났습니다	烈假夙彰
뛰어난 위의와 굳센 통치력[346]으로	英威桓撥
능히 반란을 진압하시니[347]	克平亂略

343 후릉(厚陵) : 조선 제2대 왕 정종(定宗, 1357～1419)과 정종의 비(妃) 정안왕후(定安王后, 1355～1412)의 쌍릉으로, 황해북도 개풍군 영정리 백마산 기슭에 있다.

344 중광(重光) : 부자간(父子間)에 왕위(王位)를 계승하는 일을 말한다. 《서경》〈고명(顧命)〉의 "옛 임금인 문왕과 무왕께서 거듭 빛을 펼치셨다.〔昔君文王武王, 宣重光.〕"라는 말에서 유래한 것이다.

345 빛나고 위대함 : 《시경》〈사제(思齊)〉에 이르기를, "이러므로 큰 환난을 끊지는 못하였으나, 빛나고 위대하여 하자가 없으셨다.〔肆戎疾不殄, 烈假不瑕.〕" 하였다.

346 굳센 통치력 : 원문은 '桓撥'로 대치(大治)의 의미이다. 《시경》〈장발(長發)〉에서 설(契)의 공덕을 기리면서, "현왕(玄王)이 굳셈으로 다스리시니 작은 나라를 받음에도 이에 마땅하며 큰 나라를 받음에도 이에 마땅하시도다. 예를 따라 이에 지나치지 아니하시니 마침내 백성들을 봄에 이에 호응하도다. 상토(相土 설(契)의 손자)가 이에 열렬하시니 나라 밖이 가지런하도다.〔玄王桓撥, 受小國是達, 受大國是達. 率履不越, 遂視旣發. 相土烈烈, 海外有截.〕"라고 하였다.

347 능히……진압하시니 : 《서경》〈무성(武成)〉에 "상제(上帝)를 공경히 받들어서 어지러운 꾀를 막으니, 화하(華夏)와 만맥(蠻貊)이 모두 따르지 않는 자가 없습니다.〔敢祗承上帝, 以遏亂略, 華夏蠻貊, 罔不率俾.〕"라고 하였다. 여기서는 이른바 1차 왕자

진심 어린 효성과 우애　孝友因心

왕실과 나라에 가득하였습니다　孚洽家國

백성들 구가하며 귀의하니　謳歌攸歸

큰 기업에 크게 응하셨고[348]　誕膺洪基

옷 늘어트리고 태평성세 이룩하시니[349]　垂衣穆淸

만물이 다 잘 이루어졌습니다　萬品咸熙

왕위를 의탁할 데 있어　神器有托

천위를 벗어버리시고　脫屣天位

태상에서 팔짱을 끼고 높이 앉으시어[350]　高拱太上

순수한 복 풍족히 받았습니다　茂迓純祉

천명[351]이 매우 굳건해지고　基命孔固

의 난을 가리킨다. 이 난을 계기로 정종은 왕위에 올랐다.

348 큰 기업에……응하셨고 : 원문의 '誕膺'은 《서경》 〈무성(武成)〉에 "우리 문고(文考)이신 문왕께서 공을 이루시어 크게 천명에 응하셨다.〔我文考文王, 克成厥勳, 誕膺天命.〕"라고 보이는바, 왕위를 이어받는 것을 의미한다.

349 옷……이룩하시니 : 의상을 드리우고 있어도 천하가 저절로 다스려진다는 말로 무위(無爲)의 정치를 이른다. 《서경》 〈무성(武成)〉에 "〈무왕(武王)이〉 의상을 드리우고 손을 모은 채로 천하가 다스려졌다.〔垂拱而天下治.〕"라고 하였고, 《주역》 〈계사전 하(繫辭傳下)〉에 "황제(黃帝)와 요(堯)·순(舜)이 의상을 드리우고 있음에 천하가 잘 다스려졌다.〔黃帝堯舜垂衣裳而天下治.〕"라고 하였다.

350 태상에서……앉으시어 : 정종은 태종에게 양위하였고 세종이 즉위하였을 때에는 태상왕의 자리에 있었다.

351 천명 : 원문의 '基命'은 '천명(天命)에 기반한다'는 뜻으로, 임금이 천명을 받아 즉위하여 정사를 행하는 것을 말한다. 《시경》 〈호천유성명(昊天有成命)〉에, "넓은 하늘이 정한 명이 있으시니, 문왕과 무왕께서 이 명을 받으셨도다. 성왕께서 감히 편안히 계시지 못하고, 밤낮으로 천명을 다지기를 크고도 치밀하게 하사, 아 계승하여 밝혀,

겸광[352]이 더욱 높아지니　　謙光益尊
깊은 사랑과 큰 은택　　深仁厖澤
백세토록 잊기 어렵습니다　　百世難諼
견매[353]의 아름다운 덕　　俔妹儷德
음공을 드리우니　　聿垂陰功
울창한 저 교산에서　　鬱彼喬山
함께 달밤에 노니시리이다[354]　　月游斯同
땅이 어찌 멀다고 하오리까　　地豈云遠
정성을 능히 펴지 못하는 것일 뿐　　誠未克伸
재계[355]하고 깨끗이 쓸고　　齊明掃灑

그 마음을 다하시니, 이에 천하를 안정시켰느니라.〔昊天有成命, 二后受之. 成王不敢康, 夙夜基命宥密, 於緝熙, 單厥心, 肆其靖之.〕" 하였다

352 겸광(謙光) : 《주역》 〈겸괘(謙卦)〉 단(彖)〉의 '겸존이광(謙尊而光)'이라는 말을 줄인 것으로, 존귀한 이의 겸손한 덕이 밖으로 성대하게 드러나 빛을 발한다는 뜻이다.

353 견매(俔妹) : 하늘의 누이동생에 비유할 만한 성덕(聖德) 있는 여인이란 뜻으로, 주 문왕(周文王)의 비(妃) 태사(太姒)를 일러 《시경》 〈대명(大明)〉에 "대방에 자식 있으니 하늘의 누이에 비유하리로다〔大邦有子, 俔天之妹.〕" 한 데서 온 말이다. 정종과 정안왕후가 합장되어 있기 때문에 이런 표현을 했다.

354 교산에서……노니시리이다 : 교산(喬山)은 옛날 황제(黃帝)를 장사 지냈던 산 이름인데, 전하여 왕릉(王陵)을 가리킨다. 여기서는 정종과 정안왕후를 장사 지낸 후릉을 가리킨다.

355 재계 : 원문의 '齊明'은 재계를 하여 정명(精明)하게 한다는 뜻이다. 《중용장구》 제16장에 공자의 말을 빌려 "귀신의 덕이 성대하도다.……천하 사람으로 하여금 재계하여 깨끗이 하고 의복을 성대히 하여 제사를 받들게 하면, 충만하게 위에 있는 듯하고 좌우에 있는 듯하다.〔鬼神之爲德, 其盛矣乎!……使天下之人, 齊明盛服, 以承祭祀, 洋洋乎如在其上, 如在其左右.〕"라는 말이 있다.

이에 길일을 받았습니다	爰卜吉辰
남기신 활을 길이 그리워하니[356]	永懷遺弓
이달이 바로 승하하신 달이라[357]	寔維斯月
서리와 이슬을 밟으며[358]	霜露之履
처창한 사모의 정 더욱 간절합니다	愴慕彌切
삼가 무덤길을 바라보면	恭瞻隧路
어슴푸레 뵌 듯하니[359]	僾然如覩

356 남기신……그리워하니 : '遺弓'은 활을 버렸다는 말로, 임금의 죽음을 상징하는 말이다. 황제(黃帝)가 형산(荊山) 아래에서 정(鼎)을 주조(鑄造)하고 나서 용을 타고 승천할 적에 신하와 후궁(後宮) 70여 인을 함께 데리고 갔는데, 여기에 참여하지 못한 소신(小臣)들이 용의 수염을 잡고 매달렸다가 용의 수염이 빠지는 바람에 모두 떨어지고, 이때 황제의 활도 함께 떨어졌으므로 백성들이 그 활을 안고 울부짖었다고 한다. 《史記 卷28 封禪書》

357 승하하신 달이라 : 이 제문은 영조 16년 경신(1740) 9월 1일(기사) 후릉에 전알하면서 올린 것인데 정종이 같은 9월 계묘 삭(朔) 26일 무진에 돌아가셨으므로 이렇게 표현한 듯 보인다.

358 서리와……밟으며 : 《예기》 〈제의(祭義)〉에 "가을에 서리와 이슬이 내리거든 군자가 그것을 밟아보고 반드시 슬픈 마음이 생기나니, 이는 날이 추워져서 그런 것이 아니다. 또 봄에 비와 이슬이 내려 땅이 축축해지거든 군자가 그것을 밟아보고 반드시 섬뜩하게 두려운 마음이 생겨 마치 죽은 부모를 곧 만날 것 같은 생각이 들게 된다.〔霜露既降, 君子履之, 必有悽愴之心, 非其寒之謂也. 春雨露既濡, 君子履之, 必有怵惕之心, 如將見之.〕"라고 하였다.

359 어슴푸레 뵌 듯하니 : 원문의 '僾然'은 고인의 모습이 어렴풋이 보이는 듯한 것을 형용한 것이다. 《예기》 〈제의(祭義)〉의 "제삿날에 방에 들어가면 애연히 자리에 모습이 보이는 것이 반드시 있고, 주선(周旋)하며 문을 나가면 숙연히 목소리가 들리는 것이 반드시 있고, 문을 나가 들으면 개연히 탄식하는 소리가 들리는 것이 반드시 있다. 그렇기 때문에 선왕의 효는 눈에서 모습이 떠나지 않고, 귀에서 소리가 끊이지 않고,

부디 보잘 것 없는 정성을 헤아리시고	庶鑑菲誠
밝게 강림하여 보우해 주소서	昭降孚佑

마음에서 심지와 기욕이 잊히지 않는 것이다. 애모(愛慕)함이 극에 이르면 엄연히 존재하는 듯하고, 성각(誠慤)함이 극에 이르면 눈앞에 드러나서, 드러나고 존재하는 것이 마음에 잊히지 않는 법이니, 어떻게 공경하지 않을 수가 있겠는가.〔祭之日入室, 僾然必有見乎其位, 周還出戶, 肅然必有聞乎其容聲, 出戶而聽, 愾然必有聞乎其歎息之聲. 是故先王之孝也, 色不忘乎目, 聲不絶乎耳, 心志嗜欲不忘乎心. 致愛則存, 致慤則著, 著存不忘乎心矣, 夫安得不敬乎?〕"라고 하였다.

지은이 **오원(吳瑗)**

1700(숙종26)~1740(영조16). 조선 후기의 문신으로 본관은 해주(海州), 자는 백옥(伯玉), 호는 월곡(月谷)이다. 할아버지는 오두인(吳斗寅), 아버지는 오진주(吳晋周), 어머니는 김창협(金昌協)의 딸이며, 해창위(海昌尉) 오태주(吳泰周)와 명안공주(明安公主)에게 입양되었다. 이재(李縡)의 처질이며 제자이다. 1728년(영조4) 정시(庭試) 문과에 장원급제하였으며 문학으로 이름이 났다. 남유용(南有容), 이천보(李天輔), 황경원(黃景源)과 더불어 영조 대 사가(四家)로 꼽히며 이들과 친밀하였고, 노론의 적통으로 당평책을 반대하였다. 청요직을 두루 거쳐 강화 유수, 홍문관 대제학, 공조참의 등을 지냈다. 사후에 아들 오재순(吳載純)의 현달로 좌찬성(左贊成)에 추증되었다. 저서로 《월곡집(月谷集)》이 있다. 시호는 문목(文穆)이다.

옮긴이

박재금(朴在錦)

1953년 부산에서 태어났다. 이화여대 국문과를 졸업하고 동대학원에서 한문학을 공부하여 〈무의자 혜심의 시 연구〉로 박사학위를 받았다. 현재 이화여대 한국문화연구원 연구교수로 재직하고 있다. 〈고려후기 게송을 통해 본 禪과 일상〉 등의 논문과 저서 《한국 선시(禪詩) 연구》가 있고, 번역서로 《심양장계》(공역), 《와신상담의 마음으로 일본을 기록하다(元重擧의 和國志)》, 《강한집》 등이 있다.

이은영(李恩英)

1965년 충북 음성에서 태어났다. 이화여대 국어국문학과를 졸업하고 동대학원에서 〈조선 초기 제문 연구〉로 박사학위를 받았다. 민족문화추진회 국역연수원 연수부와 일반연구부 과정을 졸업하였다. 현재 이화여대 한국문화연구원 연구교수로 있다. 저서에 《제문, 양식적 슬픔의 미학》·《예와 정의 조화와 변주》, 공역서에 홍길주 문집 《현수갑고》·《표롱을첨》·《항해병함》과 《역주 점필재집》, 《강한집》 등이 있다.

홍학희(洪學姬)

1965년 서울에서 태어났다. 이화여대 국어국문학과를 졸업하고 동대학원에서 〈율곡 이이의 시문학 연구〉로 박사학위를 받았다. 현재 이화여대 한국문화연구원 연구교수로 재직하고 있다. 〈한국 도학시 연구의 몇 가지 문제〉, 〈18~19세기 성해응 집안 여성들의 삶〉 등을 저술하였으며 《부사산 비파호를 날듯이 건너(成大中의 日本錄)》, 《19세기·20세기 초 여성생활사 자료집 1》, 《강한집》 등을 번역하였다.

권역별거점연구소협동번역사업 연구진

연구책임자 **김동준**(이화여자대학교 국어국문학과 교수)
교열 **김동주**(전통문화연구회 국역위원)
책임연구원 **박재금**(이화여자대학교 한국문화연구원 연구교수)
이은영(이화여자대학교 한국문화연구원 연구교수)
홍학희(이화여자대학교 한국문화연구원 연구교수)

월곡집 3

오원 지음 | 박재금 · 이은영 · 홍학희 옮김
2019년 12월 31일 초판 1쇄 발행
편집 · 발행 학자원
등록 2011.4.6 제2011-14호
주소 (134-814) 서울시 강동구 천호대로 1121
전화 02-6403-1000 | 팩스 02-6338-1001 | 이메일 hakjaone@daum.net

값 30,000원
ISBN 979-11-6247-161-6 94810
979-11-6247-099-2 (세트)